Clara Schumann

Luise G. Bachmann

Ein Künstlerleben
Clara Schumann

Voltmedia

ISBN 3-938478-27-6

Gesamtherstellung: Oldenbourg Taschenbuch GmbH, Kirchheim

Einbandgestaltung: Oliver Wirth, Paderborn

I.

DIE KÜNSTLERIN

Papillons

An der Pleiße herbstet es. Die Gärten und Baumbestände, mit denen das freie Land noch immer kräftig in die Vorstädte von Leipzig greift und stellenweise sogar bis in den dichtverwachsenen Stadtgraben, hart an den Rand der Mauern, dringt, tragen buntscheckiges Laub in wechselnder Farbenvielfalt. Die Pappeln zwischen dem Grimmaischen Tor und der alten Moritzbastion, auf der die neue Bürgerschule Meister Dauthes ihrer Vollendung entgegengeht, vergilben, und aus den letzten Wassergräben unter dem Matthäikirchhof und am dicken, trotzigen Turm der Pleißenburg leuchten die roten, gelben und grünen Farbkleckse windverwehter Blätter.

In den Gassen und Straßen von Leipzig herrscht das lebhafte, vielgeschäftige Treiben der Michaelismesse.

Vertobt sind die lärmenden Studententumulte gegen Rat und Polizei, die als kleinere Nachfahren der liberalen Pariser Julirevolution von 1830 erst vor kurzem die friedsamen Bürger Leipzigs erschreckten. Wie eh und je rollen durch die mächtigen Stadttore lange Wagenzüge mit Meßgut, und mit der Beharrlichkeit jahrhundertealter Übung klinkern die schlittenähnlich gebauten „Schleifen“ über das Katzenkopfpflaster der Steinwege, über Hainstraße, Petersstraße oder Grimmaische Gasse bis ins Herz der Stadt.

Die kleine Clara Wieck verfolgt von einem Fenster des Eckhauses Reichsstraße-Grimmaische Gasse aus lange solch ein Gefährt, bis die von zwei Pferden gezogene Schleife mit ihrer Last, einer großen Tonne, hinter dem Häuserblock zum Burgkeller auf dem Naschmarkt hinüberschwenkt. Dann wendet sich das blasse Kind seufzend vom Fenster ab und greift zögernd nach dem dickleibigen Tagebuch auf dem Tischchen neben dem Klavier.

Seine erste Seite zeigt die Schrift eines Erwachsenen von eigenartiger Prägung; seltsam gerundete Ober- und Unterlängen und sorgfältige Beachtung von Haar- und Schattenstrichen. Hier und auf vielen, vielen Folgeseiten hat die Hand des Vaters für Clara die Berichterstattung übernommen.

„Ich wurde geboren den 13. September 1819 zu Leipzig in der hohen Lilie auf dem Neumarkt und erhielt den Namen Clara Josephine. Mein Vater Friedrich Wieck hat ein Leihinstitut zu versehen und nebenbei einen kleinen Handel mit Pianoforten angefangen", steht da, und weiter unten heißt es: „Ostern 1821 zogen meine Eltern in Kupfers Haus ins Salzgäßchen, und hier war es, wo ich meine Mutter verlieren sollte. – Dieselbe verließ nämlich meinen Vater 1824, den 12. Mai, um ihrer Scheidung wegen nach Plauen zu gehen."

Lange starrt das Kind auf dieses Blatt und müht sich, das Bild der fernen Mutter sich zurückzurufen.

Fünf Jahre sind es her, seit die stille Frau mit dem feinen, weißen Gesicht zum letztenmal der Tochter mit ihrer weichen Hand ganz unnachahmlich sanft über den Scheitel strich, dann die beiden Brüder Alwin und Gustav herzte und mit Viktor, dem Jüngsten, und ihrem neuen Mann für immer nach Berlin ging. Und drüben in der Küche schilt jetzt eine andere Frau lärmend und laut die Magd: die neue Mutter mit den derben roten Backen und den hastig-flinken Bewegungen. Der Vater, wenn er meint, die Kinder hörten es nicht, nennt sie manchmal zärtlich „Clemenza". Sie ist wohl gut – der Vater sagt es oft –, aber so lieb und freundlich sein wie eine richtige Mutter, das trifft sie nicht. Auch so streicheln und liebkosen kann sie nicht. Niemand kann das. Selbst Vater nicht. Der ist zu ernst, zu streng; zu sehr ein Mann der Pflicht. Sein pflichtbewußter Sinn spricht auch aus dem Tagebuch, wo er an Stelle seiner Tochter berichtet:

„Den 18. September 1824 fing nun so eigentlich mein Vater den Klavierunterricht mit mir an." Und später: „1827 begann mein musikalischer Sinn sich immer mehr und schneller auszubilden. Mein Spiel wurde besser, mein Anschlag gut, fest und sicher, und die Kraft meiner Finger stieg so, daß ich bereits zwei Stunden hintereinander schwere Stücke mit ziemlicher Ausdauer spielen konnte. Ich wurde aber leicht eigensinnig darauf und in meinen Wünschen – unbändig – so sagt mein Vater!"

Dergleichen liest man nicht allzugerne von sich selbst. Besonders dann nicht, wenn man sich ohnehin viel Mühe gibt, artig und tugendhaft zu sein, wozu der Onkel Pastor immerdar ermahnt. Clara blättert darum schnell weiter und hält erst wieder dort lesend inne, wo von ihrem ersten öffentlichen Auftreten im prächtigen Gewandhaussaal die Rede ist, als sie im Konzert der Sängerin Fräulein Perthaler mit Vaters Schülerin Emilie Reichhold Kalkbrenners Variationen op. 94 vierhändig spielte und vielen Beifall fand.

Danach verweilt der träumerische Blick des Kindes auf den Seiten, die von einem herrlichen Erlebnis, dem Besuch des weltberühmten Virtuosen Paganini in Leipzig, künden, und schließlich auf den Stellen, die den Erfolg der ersten Konzertreise – Ostern 1830 nach Dresden – schildern.

Und nun, da man schon volle elf Jahre zählt, soll man einmal versuchen, selbst ins Tagebuch zu schreiben, wünscht der Vater. Das ließe sich wohl machen; denn mit der schwierigen Kunst des Schreibens ist man bereits einigermaßen gut vertraut. Es fragt sich bloß: Welches Ereignis dieser Tage ist würdig und wichtig genug, im Tagebuch für alle Zeiten festgehalten zu werden?

Lange sinnt Clara darüber nach. Soll sie vom „Tauchsche", dem berühmten Jahrmarkt in Taucha, erzählen, den sie am zweiten Montag im September zur Feier ihres elften Geburtstages mit Eltern und Brüdern besuchte, oder lieber von den gestern besichtigten kuriosen Meßneuigkeiten berichten: vom Taschenspieler Weisse aus Paris, vom „Elendtier" oder von den unheimlichen Wachsfiguren, unter denen auch der Kaiser Napoleon war, der vor 17 Jahren in einer großen Schlacht vor den Toren Leipzigs von den verbündeten Heeren besiegt wurde? Da schlüssig werden ist nicht leicht. Zumal immer wieder die Besorgnis auftaucht, daß Vater solch einen Bericht als viel zu kindisch rügen könnte. Und dieser Vorwurf träfe wirklich hart. Wo man doch schon ein Halbdutzend großer Klavierkonzerte studierte und mit Meister Paganini wie mit seinesgleichen verkehrt hat!

Clara kann sich nicht recht entscheiden und zupft verlegen ein wenig an dem Federkiel. Auf einmal horcht sie auf, wirft dann die Feder eilig auf den Tisch und stürzt zum Fenster.

Ein Geräusch, wie der Hufschlag vieler, vieler Pferde, wird vernehmbar, lauter und lauter. Immer näher kommt es. Und jetzt, jetzt kann Clara, während sie sich weit aus dem offenen Fenster neigt, wahrhaftig schon sehen, wie ein festlicher Zug den Markt erreicht, ja in die Grimmaische Gasse einschwenkt. In diesem Augenblick dringt auch vom Grimmaischen Tor her dumpfer Trommelwirbel. An den Fensterreihen auf der anderen Straßenseite, die ganze Gasse entlang und sogar auf dem Neumarkt drüben erscheinen die Köpfe zahlreicher Neugieriger. Unten auf den Bürgersteigen bleiben die Vorübergehenden erwartungsvoll stehen. Sie alle wollen sich das Schauspiel der feierlichen Eröffnung des Roßmarktes am ersten Meß-Sonntag nicht entgehen lassen. Dann sind die Pferde endlich da und ziehen unten vorüber. In den ersten Reihen mit Blumen und Bändern geschmückt und von buntgekleideten Männern geritten. Ganz prächtige Reittiere sieht man unter ihnen, die aus Hannover und Ostpreußen, aus

Oldenburg, Friesland und Holstein nach Leipzig zum großen Pferdemarkt der Messe kommen.

Mit heißen Wangen zählt Clara die Reihen. Sie scheinen kein Ende zu nehmen. Vom stolzen Schimmel an der Spitze des Zuges bis zu den feurigen Rappen, mit denen die große Gruppe, der leichten Reit- und Wagenpferde abschließt, stellt sie schon weit über hundert fest. Und nun kommen erst die schweren Ackergäule, die gelben Belgier, die Schleswiger, die massigen Pinzgauer. Die ersten mögen schon den weitläufigen Roßplatz hinter der Moritzbastei erreicht haben, und noch immer ziehen neue vorbei; noch immer muß die Torwache vor dem stattlichen Zug das Gewehr präsentieren.

„Nun, Clärchen, wieviel sind es heuer?“ fragt da plötzlich eine strenge Stimme, aber nicht ohne freundlichen Tonfall, neben dem Kind.

„Oh, viele, viele, Vater!“ versichert Clara eifrig. „Dort vorne bei den komischen scheckigen Pferden waren es 1.500 ...“

„Na, dann kannst du das Zählen schon seinlassen, Kind“, sagt Vater Wieck. „Schau lieber, wen ich mitbringe!“

Clara wendet sich gehorsam vom Fenster ab und sieht einen auffallend elegant gekleideten jungen Mann mit lockigem Haar, dichten Augenbrauen und einem dunklen, noch ziemlich dünnen Schnurrbärtchen, das die ein wenig wie zum Pfeifen vorgewölbten Lippen beinahe komisch anmutend umrahmt, vor sich.

„Herrn Schumann?“ verwundert sie sich, reicht dann dem Ankömmling freundlich die Hand und macht dazu einen artigen Knicks. Danach beguckt sie ihn ohne Scheu ganz gründlich vom Kopf bis zu den Füßen und stellt freimütig fest:

„Aber wie Sie sich verändert haben, seit Sie von uns nach Heidelberg gegangen sind!“

Der junge Mann betrachtet seinerseits die zierliche Elfjährige mit dem seelenvollen Blick, der etwas seltsam Frühreifes, fast leidvoll erfahren Dünkendes an sich hat, und meint dann belustigt:

„Nun, ich bin nicht der einzige, der sich veränderte, kleine Dame. Aus dem Clärchen von einst ist fast schon ein Fräulein Clara geworden."

„Nur wenn sie spielt", fällt der Vater sofort ein. „Sonst bleibt sie noch ein rechtes Kind. Das werden Sie, wenn Sie eine Weile mit uns zusammenwohnen, bald bemerken."

„Sie wohnen jetzt bei uns?" greift die Kleine dieses Wort entzückt auf.

„Freilich", versichert Robert Schumann. „Der Herr Vater hat mir die zwei Zimmer nach der Reichsstraße zur Verfügung gestellt, damit ich unter seiner ständigen Anleitung ein großer Klaviervirtuose werden kann."

„Ach nee, das wollen Sie wirklich?" ruft Clara erfreut. „Und das Studieren auf der Universität haben Sie endgültig aufgegeben?"

„Ich denke schon", erklärt der junge Mann mit einem schnellen Seitenblick auf Friedrich Wieck, den dieser lächelnd erwidert.

„Dann müssen Sie sich aber auch den Schnurrbart wieder abmachen; denn der paßt nicht für einen Künstler", sagt die Kleine mit einem schalkhaften Aufblitzen ihrer dunklen Augen.

Dieser Rat löst bei Robert Schumann herzliches Lachen aus. Auch Wieck schmunzelt, lenkt jedoch dann ab:

„Ich glaube, Clärchen, es wäre besser, wenn du Herrn Schumann zeigtest, was du in den anderthalb Jahren seiner Abwesenheit von Leipzig gelernt hast!"

Da tritt das Kind sofort gehorsam ans Klavier. Auf einen Wink des Vaters greift es nach einigen handschriftlichen Notenblättern, die das Wort „Polonaise" als Überschrift tragen, und legt sie auf das Notenpult.

„Soll das am Ende gar eine eigene Komposition sein?" fragt Schumann voll Verwunderung.

„Das ist mein Opus 1", antwortet ihm Clara stolz und beginnt zu spielen.

Kopfschüttelnd und voll Staunen folgt der junge Mann den Klängen, die ihre flinken Finger dem Instrument entlokken.

Denn was er jetzt vernimmt, dünkt wirklich außergewöhnlich. Sowohl das Stück, das kein Mensch ohneweiters einem elfjährigen Kinde zutrauen würde, wie seine Wiedergabe fesseln ihn.

„Bei Gott, ein Wunderkind!" murmelt er überrascht.

Wieck fängt das Wort auf und widerspricht:

„Nein, junger Freund! Das sagt zuwenig – ein musikalisch sorgfältig und richtig erzogenes, hochbegabtes Kind ..."

Und während die Kleine ruhig weiterspielt, enthüllt er seinem neuen Schüler Stück für Stück die Eigenheiten von Claras Kunst.

„Betrachten Sie die Hand- und Fingerhaltung", beginnt er halblaut zu erklären. „Die Finger sind nur leicht gekrümmt, so daß sie mit der Spitze, die weich und fühlsam ist, anschlagen; nicht mit den Nägeln, denen jegliches Gefühl mangelt. So wird der Ton singend und angenehm ... Daß er erforderlichenfalls auch kräftig klingt, dazu erzog ich meine Clara durch systematische Übungen. Dabei darf sie pro Tag nicht länger als drei Stunden spielen und nur dann, wenn sie frisch und ausgeruht ist. Ein Mehr bringt jeden Schüler unweigerlich dazu, sich musikalisch zu Tode zu üben. Und merken Sie, wie sie den Arm ganz ruhig hält? Nicht etwa damit wild herumrudert, was viele Virtuosen lieben, oder gar mit seiner Hebelwirkung Oktaven auf die Tasten knallt? So spielt sie graziös, elastisch und dadurch auch kraftvoll genug, bloß aus dem Handgelenk."

„Diese Schulung ist wahrhaftig bewunderungswürdig", gesteht Schumann leise. „Dazu noch so eine Begabung ... !"

„Freilich darf die nicht fehlen", bestätigt Vater Wieck. „Denn Begabung und Schulung sind die beiden unerläßlichen Grundforderungen jedes Künstlertums. Zu ihnen müssen sich jedoch Fleiß und eiserne Beharrlichkeit gesellen. Die vier zusammen erzwingen sich dann den Erfolg."

Robert Schumann senkt schuldbewußt den Kopf. Er weiß, diese Worte gelten ihm wie keinem. Er hat bisher allein mit seiner zweifellos genialen Begabung gewuchert und damit im heimatlichen Zwickau und während seiner Heidelberger Universitätszeit billige Triumphe eingeheimst. Jetzt aber steht zum erstenmal das ernste Streben vor ihm, verkörpert durch ein zartes Mädchen, durch ein Kind! Davon darf er, der junge Mann, sich nicht beschämen lassen. Und er gelobt sich, weder seinen selbsterkorenen Lehrmeister Friedrich Wieck noch Mutter und Geschwister, die ihm ungern genug die ungewisse Künstlerlaufbahn zugestanden, jemals zu enttäuschen.

Dann verfolgt er voll kritischer Aufmerksamkeit, wie die kleine Clara, interessant und geistvoll wie kaum ein Erwachsener, auf ihrem Instrument phantasiert und schließlich einige Bruchstücke seiner musikalischen Erfindung, die einmal, vervollständigt, *sein* Opus 1 bilden sollen, vom Blatt spielt. Mehr und mehr wächst seine ehrliche Bewunderung vor diesem Kind. Am Ende vermag er seine überschwenglich gewordene Begeisterung nicht länger zurückzuhalten. Er springt auf, stürzt zum Klavier, faßt Claras beide Hände und ruft:

„So kann ich meine ‚Papillons' selbst noch nicht spielen! Dafür verdient die kleine Tausendkünstlerin einen Kuß!"

Aber Clara wehrt lächelnd ab:

„Nicht jetzt! Erst später – wenn ich erwachsen bin."

„Erst später?" wiederholt Robert betroffen, und Vater Wieck schüttelt mißbilligend den Kopf.

„Freilich", fährt das Kind altklug fort. „Solange man klein ist, küssen einen die Frauen – die Männer wahrscheinlich erst, wenn man erwachsen ist ..."

Da entrunzelt sich Vaters strenge Stirn wieder, und Schumann muß unbändig lachen. Noch lachend, fragt er schließlich die kleine Hexe, was sie sich denn von ihm für ihr so meisterhaftes Spiel wünsche.

„Erzählen Sie mir ein Märchen, so wie in früheren Jahren, wenn Sie zu uns kamen. Aber ein neues, eines, das nirgendwo in einem Buch steht", bittet sie sich aus.

Robert denkt eine Weile nach, dann sagt er: „Gut", und fängt, während Clara schon voll Spannung seines ersten Wortes harrt, zu erzählen an:

Die verwunschene Prinzessin

Es war einmal ein kleines Prinzeßchen, das hielt ein böser Zauberer in seinem festen Schloß gefangen. Er nahm ihm seine goldenen Kleider weg und ließ es in einem groben Kittelchen alle Hausarbeit tun. Nur wenn er schlief oder über Land ging, holte das arme Prinzeßchen seine schönen Kleider hervor, zog sie an und stellte sich an das vergitterte Fenster seines Stübchens. Dort wartete es sehnsüchtig auf einen mutigen Mann, der es aus der Gewalt des bösen Zauberers erlöste.

Da ritt eines Tages ein junger Königssohn an dem Zauberschloß vorüber. Der hatte schon von der kleinen, verwunschenen Prinzessin gehört. Als er sie so traurig an ihrem Gitterfenster stehen sah, beschloß er, sie zu befreien. Aber er wußte nicht, auf welche Weise das geschehen sollte. Wie er so unschlüssig vor der Burg des

Zauberers verharrte, sah er auf einmal, daß die Prinzessin aus ihrem Fenster ein buntes Vögelchen entflattern ließ. Das flog geradewegs auf ihn zu, setzte sich auf seine Schulter und zwitscherte deutlich vernehmbar: ‚Du mußt bis ans Ende der Welt reiten und dort vom Mond einen silbernen Schleier holen. Wenn du den der Prinzessin zuwirfst, dann hat der Zauberer keine Gewalt mehr über sie. Sie ist befreit und wird deine Frau.'

Der Königssohn dankte dem Vögelchen für seinen guten Rat und machte sich sofort auf den Weg. Er ritt bis ans Ende der Welt; bis dorthin, wo das Meer gewaltige, haushohe Wellen wirft. Und dort war auch der Mond ganz nahe. Er zog mit großen, silbernen, schleierartigen Netzen das Wasser ganz nah an sich und ließ es wieder zurückströmen.

‚Ach, wenn ich nur ein Stück von diesem Silberschleier haben könnte!' dachte der Prinz. Der Mond wußte aber um seine Gedanken und sagte: ‚Wenn du bereit bist, dein halbes Leben dafür hinzugeben, so will ich dir ein Stück von meinem Silberschleier schenken.'

Das wollte der Königssohn gerne tun. Und siehe da: Die Wasser strömten alsogleich wieder gegen das Ufer der Welt, und auf der ersten Welle schwamm ihm der Silberschleier schon entgegen. Der Prinz ergriff ihn hochbeglückt, dankte dem Mond und ritt eilig zurück.

Er fand das Prinzeßchen wieder an seinem Fenster, wo es alle die vielen Wochen seiner Reise hindurch Tag für Tag sehnsüchtig nach seinem Retter Ausschau gehalten. Schnell warf er ihm den Schleier zu. Da sprangen die Tore des Zauberschlosses mit donnerähnlichem Krachen auf, die Prinzessin verließ ihr Gefängnis und stürzte ihm jubelnd in die Arme. Er hob sie auf sein

Pferd und führte sie mit sich heim. Dort machte er sie zu seiner Frau. Sie lebten viele Jahre glücklich miteinander und hatten schöne Kinder.

Als aber der Prinz, der längst schon König geworden war, sein halbes Leben vollendet hatte, ritt er eines Tages allein aus seinem Schloß, verließ sein Königreich und kam nicht wieder. Nur einen Brief an sie fand seine Gemahlin in seinen Gemächern. Darin stand die Geschichte ihrer Erlösung ...

Während dieser ganzen Erzählung scheint Robert Schumanns Blick seltsam verschleiert; als ob er fremde, ferne Dinge schaute, ja vielleicht gar mit seinem Helden bis ans Ende der Welt mitreiste. Jetzt, wo er selbst zur Wirklichkeit zurückfindet, sieht er in den Augen seiner kleinen Zuhörerin Tränen schimmern, und sie kommt ihm plötzlich wie das kleine verwunschene Prinzeßchen vor.

„Wie schön! – Aber so traurig ...", flüstert Clara gerührt. „Sie wissen jedesmal so wundervolle Märchen, Herr Schumann", fährt sie nach einer Weile andächtigen Schweigens fort. „Sie sollten immer bei mir bleiben."

„Das wird kaum möglich sein", meint Robert, schon wieder völlig in der Gegenwart, auflachend.

„Sie müßten mich eben heiraten", schlägt das Kind ganz ernsthaft vor.

„Hm. Das wäre eine ausgezeichnete Lösung", geht der junge Mann belustigt auf diese Idee ein. Wieck aber sagt vorwurfsvoll:

„Laß doch die Kindereien, Clara!"

Da schwenkt die Kleine mit bewundernswerter Geschicklichkeit – beinahe wie eine richtige Dame von Welt – vom Thema ab und fragt:

„Können Sie auch Märchen komponieren?"

Robert schaut sie überrascht an. Ist das auch wieder so ein naiver Einfall wie der vorige, überlegt er, oder ahnt die hochbegabte Elfjährige am Ende mehr, als manche Erwachsene wissen? Den klugen Augen möchte man es fast glauben. Darum gibt er schließlich zu:

„Ich glaube schon. Meine ‚Papillons' sollen in der Tat ein komponiertes Märchen werden. Und zwar ein Tanzmärchen von Walt und Vult und Wina ..."

„Ach, das ist schön!" jauchzt Clara und klatscht vor Freude in die Hände. „Wollen Sie mir das auch erzählen?"

„Das muß man spielen und dabei fühlen und erraten, kleine Dame", erklärt Schumann auffallend ernst.

„Und warum heißt das komponierte Märchen ‚Papillons'?"

„Papillons sind Schmetterlinge, und meine musikalischen Gedanken gleichen in vielem den Schmetterlingen", sagt Robert Schumann versonnen. „Wie bunte Falter kommen sie geflattert, schon fertig und endgültig wie diese kleinen Kunstwerke der Natur. So, wie man Schmetterlinge nur schnell erhaschen kann, so muß ich rasch und unverzüglich die Leichtgeflügelten einfangen; denn allzu flink entschweben sie, und dann ist das anmutige Getändel jäh zu Ende ..."

„Ich hoffe, daß Sie selbst beim Studium der Musik nicht Ihren flüchtigen Gedanken gleichen, lieber junger Freund!" ergreift jetzt Wieck das Wort.

„Gewiß nicht, Meister!" versichert Robert warm. „Sie sollen mich nicht mahnen müssen. Wenn es beliebt, will ich mich unverzüglich Ihrer bewährten Führung anvertrauen."

Dann winkt er Clara grüßend zu und verläßt mit Vater Wieck das Zimmer.

Kurze Zeit später vernimmt das scharfe Ohr der kleinen Künstlerin die Klänge von Hummels Klavierkonzert in a-Moll. Da weiß sie, daß Robert Schumann nach langer Unterbrechung wieder bei ihrem Vater Klavierstunde nimmt. Nun wendet auch sie sich ihrer Aufgabe zu. Ist ihr doch längst schon klargeworden, was sie als wichtigstes Ereignis selbst erstmals in ihr Tagebuch einzutragen hat. Und sie schreibt langsam und mit besonderer Sorgfalt:

„Heute ist Herr Schumann zu uns gekommen."

Intermezzo

Über die Straße von Weißenfels nach Naumburg rumpelt in der frühen Abenddämmerung eine Postkutsche. Ihre Insassen, die sämtlich am Mittag in Leipzig das unbequeme Gefährt bestiegen und alle die Stunden seither weidlich gerüttelt und durcheinandergeschüttelt wurden, sind müde.

Der behäbige Weinhändler aus Freyburg an der Unstrut schläft, und sein dröhnendes Schnarchen vermischt sich mit dem Lärm der rollenden Räder zu einem Geräusch.

Die vier ziemlich wüst aussehenden Studenten, deren ältester sich zweifellos einer sehr hohen Semesterzahl rühmen kann, haben ihr stundenlang währendes Kartenspiel beendet und unterhalten sich jetzt nur noch halblaut über ein Säbelduell, das einer von ihnen in Jena durchfechten soll. Hernach über die leider nicht mehr wiederkehrenden wundervollen Tage vor einem Jahr, als nach der kleinen Revolution von weit und breit an ihren Universitäten unerwünschte bemooste Häupter in Leipzig zusammenströmten, weil dort eine Zeitlang vom Rat der Stadt den Studenten der Wach- und Sicherheitsdienst übertragen worden war, wobei sich auch ohne Geld gar herrlich leben ließ. Schließlich über das seltsame Glück eines Füchsleins der „Saxonia" namens

Richard Wagner, der, obwohl er es in den vergangenen Osterferien zu einem Halbdutzend Herausforderungen mit den wildesten Haudegen brachte, doch alle seine Gegner noch vor Austragung seiner Engagements auf gute Art verlor, weil sie teils erkrankten, bei früheren Duellen schwer verwundet oder getötet wurden oder ihrer Schulden halber heimlich entwichen.

Claras Köpfchen wird schwer und schwerer. Nun lehnt es sich an Vaters Arm. So spürt man wenigstens, daß man doch wohlgeborgen und behütet ist. Wenn man mit solch einem guten und umsichtigen Vater reist, braucht man nicht Bange zu haben, denkt das Kind noch. Dann schläft es ein.

Der Klang des Posthorns scheucht aber bald die Schlummernden empor.

„Auf, Clärchen! Wir sind schon in Naumburg“, sagt Vater Wieck. Er reicht dem Töchterchen Hut und Mantel, sorgt in dem Wirrwarr des Aussteigens in dem dunklen, bloß von Windlichtern spärlich erhellten Hof der Posthalterei, daß das Gepäck beisammen bleibt und weiß schließlich geschickt für sich und seine Tochter das beste Zimmer des alten Einkehrgasthofes zu erlangen.

Alle diese Vorgänge kann Clara bei ihrer großen Müdigkeit kaum mehr recht verfolgen. Sie fühlt sich ganz glücklich, daß sie nach kurzer Zeit in einem fremden Bett mit dicken Kissen weiterschlafen darf.

Am nächsten Morgen reist sie wieder frisch und fröhlich mit dem Vater nach Weimar weiter. Diesmal gibt es keine Reisegefährten, und Vater und Tochter steht daher die ganze Postkutsche allein zur Verfügung. Bis Apolda dürfen sie sogar Außensitz fahren. Der Schwager erlaubt das Claras wegen gerne, obwohl sie eigentlich Innenplätze belegten. Voller Begeisterung betrachtet das Kind nun im Vorüberfahren Schulpforta, das Städtchen Kösen, die Rudelsburg und die

Ruine Saaleck und ist ganz traurig, als die Straße das Flußtal verläßt. Am liebsten möchte Clara das in voller Herbstpracht prangende, herrliche Saaletal mit ihrem Blick festhalten.

Wieck bemerkt mit Vergnügen, daß sein Töchterchen jetzt schon viel aufgeschlossener reist als bei den bisherigen Fahrten von Leipzig nach Dresden. Er hofft daher, daß die weite Reise, zu der er sich nach reiflich-langer Überlegung entschloß, nicht bloß für Claras musikalische Ausbildung erfolgreich werde, sondern für die gesamte geistige Weiterentwicklung seines Kindes gute Wirkungen zeitige.

Zu Mittag treffen die beiden Leipziger in Weimar ein und haben gleich das Glück, beim Aussteigen vor dem „Weißen Schwan" auf dem Frauenplatz Herrn Minister Exzellenz von Goethe an einem Fenster seines Hauses zu erblicken und „ihren hochachtungsvollen Gruß mit einem freundlichen" Kopfnicken quittiert zu erhalten.

Dann aber setzt eine Serie von Mißerfolgen ein.

Der herzogliche Oberhofmarschall von Spiegel, an den Wieck einen Empfehlungsbrief besitzt, hält Vater und Tochter für irgendein dahergelaufenes Musikantenpack, dem man nicht so ohneweiters das Theater für ein Konzert im hochfeudalen Weimar zur Verfügung stellen kann. Nach dieser ersten großen Enttäuschung begibt sich Wieck auf den Graben zum Oberregisseur und Sänger Genast, einem Schüler Goethes, um von ihm Hilfe und Förderung für Clara zu erhalten. Doch der Bassist läßt sich trotz Vorankündigung des Besuches einfach verleugnen. Danach suchen Wieck und Clara den berühmten Klaviervirtuosen Hummel, Mozarts Schüler und Beethovens Freund, in seiner Wohnung in der Marienstraße, gegenüber dem Jägerhaus, auf. Sie erfahren aber, er sei zur Zeit verreist. Das ist ein ganz besonders harter Schlag. Nun kann die kleine Künstlerin nicht, wie man sich fest vorgenommen, in Hummels Gegenwart seine Klavierwerke spielen, wovon man sich gerade beim Weimarer Publikum eine starke Wirkung versprochen hatte.

Schon halb verzweifelt läuft Vater Wieck tagtäglich von dem zu jenem, bis er auf den Geheimrat Schmidt stößt, der Claras Spiel großes Interesse entgegenbringt und ihr in seinem Haus eine Produktion vor den Spitzen der Weimarer Gesellschaft ermöglicht. Dabei gewinnt sich das geniale Kind alle Herzen, wird nun zu einem öffentlichen Konzert im Stadthaus eingeladen, zu einem Abend bei Hof aufgefordert und zu Goethe gebeten.

Darauf freut sich die Kleine am meisten. Hat sie doch schon in Leipzig so oft vom „Herrn Geheimrat" mit besonderer Hochachtung sprechen gehört, daß auch sie diese Einladung als Auszeichnung empfindet.

Fröhlich und unbekümmert steigt sie hinter dem Bedienten die Treppe in den ersten Stock des großen, vielfenstrigen Hauses auf dem Frauenplan empor, durchschreitet einen gelben Saal und steht im nächsten Zimmer plötzlich vor einem stattlichen alten Herrn in einem hellbraunen, langschoßigen Überrock.

Eigentlich sieht er gar nicht alt aus. Die schlohweißen Haare umgeben seinen Kopf nicht weniger großartig, wie der lichte Schein die bunten Heiligenfiguren in der Paulinerkirche schmückt, denkt Clara, während sie ihren graziösesten Knicks macht. Und Augen hat er, so groß, so tief und schön wie gewiß kein zweiter Mensch auf der ganzen Welt! Jetzt schauen sie diese Augen so gütig und freundlich an, und nun – wahrhaftig – lächelt er sogar.

Die kleine Clara kommt gar nicht los von diesem Blick. Da nimmt der Herr Geheimrat sie bei der Hand und zieht sie neben sich aufs Sofa. Und nun muß sie erzählen. Wie alt sie ist, wie lange sie schon Klavier spielt, welche Stücke sie studiert hat und vieles andere, das manchmal an ihrer Statt der

Vater schnell beantwortet. Dabei hört sie die Stimme des wunderbaren alten Herrn; und diese Stimme, die ist fast ebenso eigenartig schön wie seine Augen. Dem Kinde wird ganz feierlich zumute – wie in der Kirche am Karfreitag oder beim Reformationsfest, wenn die Thomaner eine herrliche Kantate singen. Und feierlich, wie niemals noch, setzt sich Clara Wieck an den prächtigen Streicherflügel. Aber, o weh! Er ist zu hoch, vielmehr der Stuhl für sie ist zu niedrig. Da wendet sich ihr Blick wie hilfesuchend an ihn. Und wirklich! Der Wunderbare versteht sie ohne Worte. Er geht selbst aus dem Zimmer, holt ein Kissen und legt es auf den Stuhl.

Was dann geschieht dünkt wie ein seliger Rausch. Man spielt und spielt, es kommen Leute, es wird geklatscht, und schließlich spricht der Herrliche anerkennende, lobende Worte und wünscht, man soll noch einmal zu ihm kommen.

Wieder im Gasthof, gebärdet sich der Vater heiter und aufgeräumt wie nie, küßt Clara, was doch kaum jemals, seit sie denken kann, geschehen ist, nennt sie sein Goldkind, seinen Stolz und schenkt ihr eine riesengroße Zuckertüte. Danach ermahnt er sie, die eben verflossene Stunde lebenslang nicht zu vergessen, und sagt mit einer gewissen Feierlichkeit, Seine Exzellenz der Herr Minister Geheimrat von Goethe sei der bedeutendste deutsche Dichter.

In den folgenden Tagen verläuft das Vorspiel Claras bei Hof nicht weniger ehrenvoll als zu Ostern 1830 im Schloß zu Dresden und das Konzert im Stadthaus ebenso glänzend wie das erste Auftreten als alleinige Konzertgeberin im Leipziger Gewandhaussaal im Herbst des Vorjahres. Und am 9. Oktober 1831 betritt die Kleine zum zweitenmal Goethes Haus.

Jetzt betrachtet sie auch die Umgebung des berühmten Mannes. Eine seltsame, auf einer Kugel stehende geflügelte Figur inmitten des großen Rundtisches erregt ihre Aufmerksamkeit, und zwischen Tür und Fenster fällt ihr ein riesenhafter plastischer Frauenkopf auf. All das versinkt jedoch vor Goethes Blick und Stimme.

Abermals spielt Clara ganz vorzüglich, obgleich sie sich nun zusammen mit dem Vater und einem Weimarer Musiker produziert. Goethe ist ebenso wie das erstemal von ihrem Können außerordentlich stark beeindruckt und kleidet das schließlich in die Worte:

„Über Claras Darstellung vergißt man sogar die Komposition."

Wie sie von ihm Abschied nimmt, streicht er ihr wie segnend übers Haar, schaut über sie hinweg in irgendeine unbekannte Ferne und sagt ganz merkwürdig feierlich: „Dieses Mädchen hat mehr Kraft als sechs Knaben zusammen."

Wieck weiß nicht recht, ob man über diesen Ausspruch uneingeschränkt stolz sein soll; Clara aber dünkt er so heilig wie ein Bibelwort.

Zwei Tage danach kommt noch eine große Überraschung. Der kleinen Clara wird von Sr. Exzellenz ein Geschenk zugestellt. „Der kunstreichen Clara Wieck" steht in Goethes eigener Handschrift auf dem Päckchen. Es enthält sein Bild in Bronze und zwei Widmungs- und Dankbriefe an Vater und Tochter. Darüber hochbeglückt, verlassen die Künstler am nächsten Morgen Weimar, um weiterzureisen; nach Erfurt, nach Gotha, nach Arnstadt ...

Während ihr Wagen aus der Stadt und über die Erfurter Straße rasselt, sitzt Robert Schumann in der Hinterstube seiner neuen Wohnung an der Esplanade beim Peterstor in Leipzig. Vor den Fenstern, durch die man über die Pleiße, die weiter unten klappernd die Nonnenmühle treibt, bis zu Schwägerichens Garten hinübersieht, stehen in rohen Tontöpfen aus dem nahen Klitschergäßchen rote Pelargonien in letzter Blüte. Über den Baumgruppen jenseits des Flusses verglüht langsam die Scheidesonne. Der junge Mann, der sonst diese Aussicht besonders liebt, merkt davon nichts.

Schon seit Tagen bastelt er bei verschlossenen Türen an einer geheimnisvollen Erfindung. Sie soll den ungeschickten dritten und vierten Finger seiner rechten Hand ebenso gelenkig und beide voneinander unabhängig machen wie Clara Wiecks weiche Fingerlein. Außerdem ihm das geisttötende Passagenüben, das bisher noch kein Klaviervirtuose ganz vermeiden konnte, ersparen. Heute endlich wird der Mechanismus fertig. Über dem Klavier ist ein System von Rollen und Schnüren, das mit dem Dämpfer in Verbindung steht, angebracht. Die für seine neue Methode eigens ausgeklügelten Etüden sind auch fein säuberlich auf neuen Notenblättern niedergeschrieben. Nun kann das Experiment beginnen.

Schumann schiebt die Schnurschlingen über die widerspenstigen Finger und läßt sie mit Hilfe der Pedale beim Spielen Sonderbewegungen ausführen. Es geht herrlich. Bereits nach kurzer Zeit erscheint es ihm, als ob die Finger sich leichter bewegten, obwohl ziemlich rasch Ermüdungserscheinungen eintreten. Er setzt seine Übungen bis zum völligen Eintritt der Dunkelheit fort, fest entschlossen, sie gleich am nächsten Morgen wieder aufzunehmen.

Als sich die Morgensonne über die Pultdächer der niedrigen Häuser zu Anfang der Windmühlenstraße schwingt und ihre Boten dem jungen Schläfer in seine Vorderstube schickt, erwacht Robert und will sich mit der rechten Hand den Schlummer aus den Augen reiben. Doch die Hand dünkt heute merkwürdig gefühllos. Ohne darüber weiter nachzudenken, fängt er nach dem Frühstück wieder zu üben an und führt seine Bemühungen bis gegen elf Uhr fort, obwohl sich alsbald Schmerzen einstellen. Während des Mittagessens schwillt die Rechte sichtlich an, und an eine Fortsetzung der Prozedur kann nun nicht mehr gedacht werden. Schumann ist darüber ein wenig ärgerlich; denn die ganze Sache gewinnt stark den Anschein, als ob er sich die Hand überspielt hätte, wie schon einmal vor zwei Jahren in Heidelberg, wo er eine Zeitlang sieben Stunden täglich ohne Unterbrechung übte. Andererseits liefert dieses unerwartete Ergebnis aber wieder den besten Beweis für die Zweckmäßigkeit und Wirksamkeit seiner Apparatur, tröstet er sich und unternimmt ganz frohgemut seinen täglichen Nachmittagsspaziergang gegen Connewitz.

Es herrscht prächtiges Spätherbstwetter mit einem leicht säuselnden Windhauch bei vollkommen klarer Luft. Der Weg ist angenehm, und der leichte, stechende Schmerz der Hand stört nicht weiter. Erst gegen Abend, auf dem Rückweg, verschlimmert er sich, wird immer ärger und schließlich so stark, daß Schumann kaum den Unterarm bewegen kann. Nun hilft nur noch Betäubung durch Alkohol, überlegt er.

Sein Stammlokal liegt weit von hier. Aber gleich hinter dem äußeren Peterstor winkt der Gasthof „Zur grünen Linde“, die ehemalige „Kalte Wurst“, wo seinerzeit E. T. A. Hoffmann gerne kneipte. Robert Schumann kehrt dort ein und bestellt bayrisches Bier. Dabei fällt ihm eine sonderbare, von Stimmen und Ausprobieren verschiedener Instrumente übertönte Unruhe im Nebenraum auf. Er trinkt in hastigen Zügen und fragt beim zweiten Glase nach der Ursache dieses Lärms. Der Musikverein „Euterpe“ halte seine allwöchentliche Musikprobe, bedeutet man ihm. Und als ihm die kleine Kellnerin das dritte Bier bringt, weiß sie sogar, was heute los ist. Es soll nämlich die letzte Probe der neuen Ouvertüre eines Stammgastes, eines übrigens noch beinah milchgesichtigen Achtzehnjährigen mit Namen Richard Wagner, stattfinden, weil das Stück schon morgen in der Schneiderherberge am Thomaskirchhof aufgeführt wird. Der Vereinsdirigent Müller stünde bereits auf dem Podium aus Bierkisten.

In der Tat beginnt wenige Augenblicke später das Musizieren.

Robert stellt ein ziemlich eigenwilliges Tonstück in C-Dur fest, bei dem Posaunen, Pauken und Trompeten ausgiebig zur Verwendung kommen. Dabei trinkt er ein Bier ums andere. Die Hand schmerzt stärker, sein Schädel brummt ganz wüst, und das Gedröhn der Pauken, die anscheinend gleich neben der Verbindungswand stehen, bringt ihn beinah zur Raserei. Er merkt nicht, daß der junge Komponist recht gute musikalische Einfälle auf höchst originelle Art verarbeitet, leert noch ein Glas in einem Zug, zahlt und stürzt dann in die Nacht hinaus.

Vierzehn Tage nach diesem Vorfall nehmen auch Wieck und Clara an einer großen Musikprobe teil; in der „Cäcilia", der Singakademie, die Meister Ludwig Spohr in Kassel leitet. Sie hören Chöre aus Spohrs Oper „Faust" und Teile seines neuen Oratoriums „Die letzten Dinge".

Clara betrachtet den Geigenkünstler und Komponisten vieler bekannter Opern, Violinkonzerte, Sinfonien und Oratorien voll Interesse. Sein schon leicht ergrautes Lockenhaar, die schönen, träumerischen Augen, ja seine ganze Wesensart dünkt ihr so sehr vertraut und lieb, obwohl sie ihn doch erst vor einigen Stunden bei einem Besuch mit Vater in seinem Haus kennenlernte. Da, eben während er das Haar sich aus der Stirne streicht, weiß sie, wieso das kommt. Er gleicht ein wenig Robert Schumann. Das heißt, er ist doch sicherlich so alt wie Vater, hat auch schon eine große Tochter. Aber wie er jetzt aussieht, würde wohl einmal Herr Schumann sein, wenn er älter und ebenso berühmt wie Spohr geworden ist, überlegt sie.

Nach der prächtigen Fuge: „Groß und wunderbarlich sind deine Werke, Herr" klopft der Dirigent aufmerksamkeitheischend mit seinem Taktstock auf das Pult und hält dann unter allgemeiner Spannung seiner Sänger und Musiker eine Ansprache. Er sagt, daß sie einen außerordentlichen Gast in ihrer Mitte hätten, nicht etwa ein Wunderkind, wie manche meinen möchten, sondern eine große Künstlerin, wenn auch noch jung an Jahren.

Und während er spricht, gleicht er noch viel mehr Herrn Schumann, stellt Clara fest. Es scheint ihr fast, als ob Robert Schumann Geschichten erzähle. Gerade jetzt, wo er ihr so freundschaftlich, ja fast brüderlich vertraut zunickt – er, eine Respektsperson! –, fällt es besonders auf. Vater zum Beispiel würde das nie tun!

Weitere Überlegungen und Vergleiche der Kleinen schneidet der Begrüßungsbeifall der Anwesenden ab. Sie muß nun spielen und gewinnt sich dadurch, wie bisher überall, bald eine begeisterte Anhängerschar.

Spohr setzt auch durch, daß sie bei seinem nächsten Hofkonzert im Roten Schloß mitwirken darf. Er führt sie nach dem Vortrag seines herrlichen Doppelquartetts op. 76 selbst ans Klavier und wendet ihr die Noten um.

Was sich hernach ereignet, dünkt wie ein Märchen. Der Kurprinz spricht mit ihr huldvoll und sichert dem Vater höchstpersönlich ein großes Konzert im Opernhaus zu. Viele hohe Standespersonen und Aristokraten umdrängen, bewundern und beglückwünschen Wieck und seine Tochter. Sie werden beide zur Tafel eingeladen, und Claras Platz ist neben der kurprinzlichen Familie. Das Schönste kommt zuletzt. Sie dürfen sogar noch beim nachfolgenden Ball bleiben. Lange steht Clara mit heißen Wangen an Vaters Seite auf dem Balkon und kann sich nicht sattsehen an den farbenprächtigen Uniformen und Ordensbändern der hohen Militärs, an dem glitzernden Schmuck, den herrlichen Toiletten der Damen. Da tritt Spohr zu ihnen, nennt ihnen Rang und Namen der verschiedenen Persönlichkeiten, die eben unten im Saal Quadrille tanzen. Schließlich führt er sogar die kleine Clara, um zu zeigen, daß er sie als Künstlerin hochschätzt und ihrer Leistung nach als erwachsen betrachtet, zum Tanz und exekutiert mit ihr, die sich in ihrem rosenfarbenen kurzen Hängekleidchen und den bis an die Knöchel reichenden, vorstehenden weißen Spitzenhöschen zwischen den buntgeblümten Krinolinen der Damen seltsam genug ausnimmt, einen „Deutschen". Clärchen ist dabei glückselig. So etwas Herrliches hat sie noch nie erlebt! Wie sie endlich um zwei Uhr morgens mit Vater das Fest verläßt, nimmt sie sich vor, ihren „ersten Ball" gleich morgen – oder richtiger: heute – in ihrem Tagebuch zu schildern. In den nächsten Wochen ihres Aufenthalts in Kassel ereignen sich noch mancherlei Ehrungen und Erfolge der kleinen Künstlerin, die würdig wären, im Tagebuch für alle Zeiten festgehalten zu werden.

Dagegen gestalten sich die Tage Robert Schumanns in Leipzig häufiger leidvoll.

Die überspielte Hand will gar nicht besser werden. Im Gegenteil. Der Mittelfinger scheint gelähmt und bedarf ärztlicher Behandlung. Dabei fehlt es dem jungen Mann – wie stets in seinen Studienjahren – an Geld. Die Summe, die der Vormund allmonatlich als Interessen des väterlichen Erbteils schickt, hat niemals noch gelangt und reicht jetzt weniger denn je. Beim Speisewirt wächst eine große Rechnung an, und der Mann wird bereits unwillig, weil er seit Herbstbeginn kein Geld mehr sah. Der Schneider drängt, die neuen Stiefel sind noch nicht bezahlt, so wenig wie die Miete. Der letzte Wechsel, den die allzeit hilfsbereite Mutter sandte, diente zur Abdeckung größerer Schulden für Stunden und Quartier bei Wieck, da dieser vor der langen Reise nach Paris Geld benötigte. Daß Friedrich Wieck nicht da ist, macht sich überhaupt sehr schmerzlich fühlbar. Im Vorjahr konnte man doch hin und wieder einen Taler bei ihm borgen. Jetzt müssen für all die kleinen persönlichen Bedürfnisse des Tages das Leihhaus und der Bücherschrank herhalten. Sogar die Uhr der Mutter ist bereits versetzt, und ein Buch nach dem andern wandert den bitteren Weg zum Antiquar. Wenn das so fortgeht, müssen selbst die Werke Jean Pauls, des Lieblingsdichters, daran glauben.

Doch nein! Dagegen setzt sich Florestan heftig zur Wehr, wenn je Eusebius daran nur denken wollte!

Mit diesen beiden Namen benennt sich Robert Schumann spielerisch seit einiger Zeit selbst. Den Doppelgängern Walt und Vult aus Jean Pauls „Flegeljahren" ähnlich, gewöhnt er sich, die beiden grundverschiedenen Seiten seines Wesens mit Eusebius und Florestan zu bezeichnen. Eusebius, das ist der Dichter und Träumer, der Sanfte, Gütige, der klug Verstehende, wie er den eigenen Vater noch in Erinnerung hat. Florestan verkörpert das Lebhaft-Energische des mütterlichen Geisteserbes, das sich beim Mann zu stürmischer Kämpfernatur verdichtet und Robert für alles Neue mutig einzutreten zwingt.

Daß diese Zweiteilung nicht bloß ein leeres Phantasiespiel, sondern sogar im Leben nutzbar zu verwerten ist, beweist die letzte Zeit. In Form einer Geschichte um Eusebius und Florestan hat Schumann einen zündenden, in seiner Art ganz unerhörten, seltsamen Aufsatz über den jungen Komponisten Frédéric Chopin und seine „Don-Juan-Variationen" verfaßt, die Clara Wieck für ihre Konzertreise studierte. Dieses reichlich sonderbare Musikreferat wurde in der „Allgemeinen musikalischen Zeitung" abgedruckt und fand allseits starke Beachtung.

Am Ende sollte die Geschichte mit der Hand dem Schicksal dazu dienen, die seit den Jugendtagen ganz vergessene dichterische Begabung neu zu beleben, erwägt Robert, oder vielmehr Eusebius, und Florestan beschließt in seinem

Feuereifer sofort, weiterzuschreiben, solange es eine Zeitschrift gibt, die derlei drucken will, und außerdem die unerwünschte Ruhepause zur theoretischen Vervollkommnung in der Musik gehörig auszunützen.

Zu diesem Zweck kommt Robert Schumann im Spätherbst zu Heinrich Dorn, dem musikalischen Leiter des Leipziger Theaters, um bei ihm Unterricht im Generalbaßspiel, im Kontrapunkt und in der Komposition zu nehmen.

Er findet bei ihm einen kaum mittelgroßen Jüngling mit scharf gezeichnetem Profil und lebhaften Bewegungen. Der redet ununterbrochen auf den Musikdirektor ein und will ihn anscheinend bewegen, seine Ouvertüre zu Raupachs „König Enzio" aufzuführen. Dorn stellt ihn als Herrn Wagner vor. Einen Augenblick lang erwägt Schumann, ihn zu fragen, ob er mit dem jungen Komponisten identisch ist, um dessen Werke sich der Leipziger Musikverein „Euterpe" bemüht, doch da fordert der Musikdirektor ihn zur Vorlage seiner bisherigen Arbeit auf. Er zeigt die „Papillons", die nun vollendet sind, und spielt, von seiner kranken Hand ziemlich behindert, sein schon gedrucktes Opus 1, die „Abegg-Variationen", vor.

Wagner hört aufmerksam zu, murmelt dann:

„Gute Leistung ..., aber sehr figuriert ..., nicht meine Sache!" Danach empfiehlt er sich.

Dorn schaut ihm lächelnd nach und meint zu Schumann:

„Der täte auch gut, sich ein wenig mit dem strengen Satz zu befassen. Er komponiert wie Sie; rein als Naturtalent. Aber instrumentieren kann er wie der Leibhaftige. Der Teufel mag wissen, woher er das hat! – Von Ihnen, Herr Schumann, erhoffe ich mir aber noch viel mehr ..." schließt er aufmunternd und nimmt Robert als Schüler an.

Schumann arbeitet wirklich mit Feuereifer bei ihm. Er macht erstaunlich schnelle Fortschritte im Studium der Theorie, so daß er bereits im Jänner an Wieck und Clara nach Frankfurt berichten kann: „Bei Dorn bin ich bis zur dreistimmigen Fuge."

Clara erlebt an diesem Brief eine besondere Freude. Nicht nur, daß er ihr nach der Heimkehr die Erzählung von inzwischen gesammelten „6 neuen Doppelgängergeschichten, von Scharaden, spaßhaften Rätseln und entsetzlich schönen Räubergeschichten" verheißt; er enthält einen viel, viel schöneren Satz.

„Liebe Clara! Ich denke oft an Sie ... wie ein Pilgrim an das ferne Altarbild", schreibt Robert, und dabei wird einem ordentlich warm ums Herz.

Herzenswärme und Zuneigung können aber Vater und Tochter jetzt recht wohl gebrauchen. Denn Frankfurt ist nicht Kassel oder Weimar. Hier erwartet man von den Klavierkünstlern, daß sie Mozart und Beethoven spielen, nicht die Modekomponisten von Paris, deren Werke Clara für ihren Aufenthalt in Frankreich studierte. Es ist daher auch für das geniale Kind nicht leicht, die Frankfurter zu befriedigen.

Und nach Frankfurt kommt erst das größte Abenteuer, die Reise nach Paris.

Vier Tage und vier Nächte fahren Vater und Tochter durch fremdes Land, können sich nur schwer verständigen, obwohl selbst Clara im abgelaufenen Jahr fleißig Französisch lernte. Das Essen schmeckt ganz ungewohnt, die Müdigkeit wird riesengroß. Die Kleine ist mehr als einmal dem Weinen nahe. Nur weil sie sieht, wie sich der Vater verzweifelt bemüht, ihr alle Beschwernisse doch halbwegs erträglich zu machen, hält sie sich standhaft zurück.

Wieck selbst hat arge Sorgen. In den Nachtstunden, wenn Clara schlaftrunken an seiner Schulter lehnt und endlich, zu Tode erschöpft, einschlummert, überschlägt er das bisherige Reiseergebnis.

Künstlerisch muß man es wirklich als erfolgreich bezeichnen. Man konnte viele neuen Verbindungen anknüpfen, erhielt wertvolle Empfehlungsbriefe für Paris und selbst für spätere Jahre. Claras Auftreten wurde noch sicherer, ihr Spiel reifer. Finanziell sieht es weniger gut aus. Die öffentlichen Konzerte in Weimar, Arnstadt, Kassel, Darmstadt und Frankfurt brachten wohl gute Einnahmen, aber ein Aufenthalt von viereinhalb Monaten in fremden Städten ist nicht billig und in Paris womöglich noch viel teurer. Außerdem kostet die Reise ein kleines Vermögen. Die Hofkonzerte tragen auch bei ehrenvollem Verlauf meist nur Geschenke ein – Clara besitzt schon eine kleine Sammlung von Schmuckstükken und Andenken –; nur der Kurprinz von Hessen übersandte 15 Dukaten. Und nun nähert man sich Paris. Was wird dort werden?

Die ersten Tage in der fremden Stadt sind für Wieck furchtbar schwer. Es dauert unvorstellbar lange, bis er, bei all den Schwierigkeiten der mangelnden Orts- und Sprachkenntnisse, überall vorgesprochen und die Wirkung seiner Empfehlungsschreiben erprobt hat; bis endlich die ersten Einladungen zu Musikabenden in den Salons des Adels und der Hochfinanz kommen, in denen sich beim beispiellosen Cliquenwesen von Paris ein Großteil des Musiklebens abspielt.

Danach wird es noch schwerer. Neben den derzeit in Mode stehenden glänzenden Komponisten-Virtuosen Liszt und Chopin kann Clara nicht leicht Raum gewinnen. Auch die Tatsache, daß sie vom Ausland kommt, zieht in Paris nicht, wo jetzt, da Hector Berlioz in Rom weilt, das bodenständige Musikertum kaum in Erscheinung tritt. Außerdem stellt sich heraus, daß die Instrumente, auch in den vornehmsten Häusern, durchwegs sehr schlecht sind und eine gänzlich andere Anschlags- und Spieltechnik verlangen, als Wieck seine Tochter gelehrt hat. Das geniale Kind leidet darunter sehr.

Auch die Soireen, die abends um zehn beginnen und bis in die Morgenstunden dauern, ermüden arg. Weil aber Clara sieht, wie Vater sich keine Ruhe gönnt, um ihr nur jeden Weg zu ebnen, so gibt sie sich selbst auch viel Mühe. Jedoch im gleichen Maße, wie sie diese bisher schwersten Hindernisse doch überwindet, steigt nur der Neid der schon berühmten Kollegen.

Nun heißt es: diplomatisch vorgehen und notfalls geschickt lavieren. Der allmächtige Meyerbeer, der im arg überfremdeten Musikleben von Paris eine bedeutende Stellung einnimmt, muß anders behandelt werden als Halévy, wie Moscheles oder die jüngeren Kollegen Mendelssohn und Hiller. Die Virtuosen Herz, Pixis und Kalkbrenner packt Wieck bei ihrer Komponisteneitelkeit. Mit Zähigkeit und Zielbewußtsein findet er Weg um Weg, bis schließlich doch das Endziel winkt: ein eigenes großes Konzert. Da bricht plötzlich die Cholera aus. Jetzt gilt eiliges Handeln. Das Konzert wird in kleinerem Rahmen abgehalten und bringt für Clara großen künstlerischen Erfolg. Danach verlassen Vater und Tochter fluchtartig schnell Paris und Frankreich.

Von allen diesen Nöten und Schwierigkeiten ahnt Robert Schumann in Leipzig nichts. Ihn quälen seine eigenen Sorgen genug. Nicht nur chronischer Geldmangel und vielverzweigte Verschuldung, auch die kranke Hand, die noch immer keinen Ansatz zu einer Besserung zeigt.

Wochenlang elektrisiert Dr. Hoffmann. Danach behandelt der Anatom Professor Kühl mit Branntweinspülungen und Kräuterverbänden. Ein Homöopath verordnet seltsame Mittelchen. Sogar geheimnisvolle „Tierbäder“ finden Anwendung. Trotzdem fehlt jeglicher Erfolg. Aus allen diesen Enttäuschungen flüchtet sich Robert in die Arbeit und versucht sich an „Studien nach Capricen von Paganini“. Wenn er aber dann das Komponierte auf dem Klavier zu Gehör bringen will und die Hand ihn daran hindert, packt ihn Verzweiflung, die sich nur durch Alkohol betäuben läßt. So wird manche Nacht mit neugewonnenen Freunden durchzecht; mit dem trinkfesten Musiklehrer Julius Knorr und dem Maler Peter Lyser, der seines künftigen bitteren Geschickes wegen auch Anlaß genug findet, Vergessenheit zu suchen. Denn er, der ehemalige Kapellmeister und leidenschaftliche Musikfreund, hat Ertaubung zu befürchten.

Hin und wieder verfaßt Schumann einen musikalischen Aufsatz in seiner eigenartigen, bisher nicht dagewesenen stark poetischen Weise. Aber all das befriedigt nicht. Man muß ein neues Ziel gewinnen. Daß die Virtuosenlaufbahn durch den erlahmten Finger verschlossen bleibt, sagt ganz deutlich das Gefühl, und jeder neue ärztliche Mißerfolg bestätigt es.

An einem Tag, da alle Unbefriedigung und Zukunftssorge sich so sehr verdichtet, daß selbst der Unterricht bei Dorn darunter merklich leidet, empfiehlt ihm der verständnisvolle Musikdirektor, zur Ablenkung ein Karnevalsfest mit Maskentreiben beim Legationsrat Gerhard, dem künstlerisch begabten Großkaufmann, in Richters Garten vor dem Ranstädter Tor zu besuchen. Alle Musiker und Musikfreunde kämen dorthin.

„Woher soll ich am späten Nachmittag noch ein Kostüm nehmen?“ fragt Schumann und denkt dabei an seine durchaus nicht rosige Finanzlage.

Dorn lacht.

„Da wissen Sie sich nicht zu helfen? Sie kennen doch, wie jedermann, das Zugstück unseres Theaters ‚Der reisende Student‘! Die Utensilien, um sich als Hauptperson daraus zu kostümieren, dürften Ihnen als ehemaligem Studenten kaum fehlen.“

Das leuchtet Robert ein. Er dankt für diesen Rat und taucht tatsächlich abends als „Reisender Student“ in Gerhards Villa auf. Er trägt den Schläger geschultert und mit einem langen Pfeifenrohr durch den Bierzipf in den Farben der „Marcomannia“ zusammengebunden. Daran baumeln ein winziges Bündel und eine Laute.

Obwohl maskiert, wird er um seines Kostüms willen mit großer Begeisterung empfangen und fühlt sich bald im lustigen Maskentreiben durchaus heimisch. Beinahe dünkt der Abend wie der Larventanz aus Jean Pauls „Flegeljahren“, schießt es ihm durch den Kopf, und er erwartet fast, daß die Musik jetzt seine „Papillons“ anstimmt. Da hängt sich eine gutgewachsene Holländerin an seinen Arm.

„Kennst du mich denn nicht, Fridolin?“ fragt sie schelmisch kichernd, und aus den Schlitzen ihrer schwarzen Samtmaske funkeln ihn zwei wohlvertraute blaugraue Augen an.

„Livia Gerhard? ...“ Überrascht erkennt er die von ihm schon oft bewunderte Nichte des Hausherrn, deren außerordentlich schöne Sopranstimme ihn bei Musikabenden im Hause Gerhards stets entzückte.

„Pst! Ich bin eine Maske“, verweist sie. „Die haben keine bürgerlichen Namen und sagen einander du.“

„Warum nennst du mich dann Fridolin?“

„Das ist ja nicht dein bürgerlicher Name“, pariert sie lachend. „So heißt du doch nur für die, die dich lieben ...“

Irgend etwas Eigenartiges im Stimmklang der Holländerin bei diesen Worten läßt ihn aufhorchen. Das hört sich verteufelt echt an. Und um die Wahrheit ihrer Worte zu erproben, drückt er den Arm der schönen Maske zärtlich an sich. Da schmiegt sie sich noch enger an ihn und flüstert vertraulich:

„Warum warst du so fremd zu mir, als ich dich vorhin im Wintergarten ansprach?“

„Vorhin? ... Im Wintergarten? ...“ wiederholt Robert entgeistert. „Ich kam doch eben erst und war noch gar nicht im Wintergarten.“

Die Maske wird ärgerlich.

„Nicht feig sein, Fridolin!“ mahnt sie. „Wenn du mir auch erst entwischt bist, so brauchst du das nicht zu leugnen. Ich nehme es als Maskenscherz.“

Doch Robert versetzte heftig:

„Das war nicht ich! Das muß ein Doppelgänger von mir gewesen sein ...“

Im Augenblick erscheint es ihm, als sähe er im Gewühl der Masken tatsächlich einen zweiten „Reisenden Studenten“ auftauchen. Nun dünkt auch die Musik vertrauter. Das sind doch irgendwie die „Papillons“! Hier steht er da wie Walt, dort drüben geistert Vult, sein zweites Ich, und beide kreisen sie um Wina, die heute als Holländerin auftritt. Verwirrung packt ihn. Die Grenze zwischen Wirklichkeit und Traum verschwimmt. Er reißt die schöne Maske wild an sich und tanzt mit ihr toll durch den Saal. Dabei glaubt er den Doppelgänger ständig aufs neue da und dort zu sehen. Nur seine Tänzerin bemerkt ihn nicht und findet Fridolins Erregung komisch. Auf einmal streift sein zweites Ich beim Tanzen seinen Arm. Schumann erstarrt, läßt seine Maske los. Und wie der Spuk vor seinen Augen wiederum zerstiebt, trennt er sich hastig von seiner Wina, um jenen unheimlichen anderen zu suchen.

Er folgt ihm durch einen zweiten Saal, den Wintergarten, einen langen Gang. Dann sieht es aus, als ob der Doppelgänger in den Garten hinausliefe. Robert eilt ihm auch dahin nach, verliert ihn aber im Gewirr der Irrgänge des alten französischen Parkes, obwohl den Fackeln hell erleuchten. Sollte er in eine der vielen künstlichen Grotten entschwunden sein? Doch vorn beim Pavillon, wo man am Tage über die Frankfurter Wiesen bis nach Lindenau blickt, taucht er wieder auf! Da merkt auch Schumann, wo er hinzielt. Auf der zugefrorenen Elster tummeln sich im Scheine bunter Lampions Masken auf Schlittschuhen. Nun strebt auch er der glatten

Fläche zu. Am Ufer stehen Bediente des Legationsrates und schnallen jedem Gast, der daran Freude findet, Eisschuhe an. Jetzt kann der Kerl Robert nicht mehr entgehen. Eislaufen ist schon seit der Kindheit seine Stärke. Blitzschnell flitzt er auf den blanken Dingern übers Eis; geradewegs dem Doppelgänger in die Arme.

„Hoho, Herr Wagner! Sie sind mein Doppelgänger?“ erstaunt er sich, als beide nach heftigem Zusammenprall nebeneinander auf dem Eise sitzen und Richard Wagner seine herabgeglittene Maske erst umständlich neu vornehmen muß, und lacht befreit auf.

„Wir sind nicht ganz gleich, mein Verehrtester“, sagt Wagner und weist auf seinen Bierzipf, der die Farben der „Saxonia“ zeigt. „Wir gleichen überhaupt einander weniger, als es den Anschein hat ...“ Damit ist er flink auf den Beinen und fährt davon.

Schumann verläßt die Eisbahn und kehrt beruhigt langsam ins Haus zurück. Aber im Wintergarten sieht er plötzlich zwischen zwei Orangenbäumen wieder seinen Doppelgänger, diesmal mit der Holländerin in traulichem Getändel. Nun wird es ihm zu bunt. Der Wagner kann das unmöglich sein. Der tummelt sich doch unten auf dem Eis! Narrt ihn wirklich ein Spuk? Ist Vult gekommen, ihm Wina zu entführen?

Da schlägt es zwölf. Die Masken fallen. Neben Livia Gerhard steht ein junger Mann mit schärferem Profil als Schumann, schmalem Gesicht, Bartkoteletten.

„Schauspieler Albert Lortzing“, stellt er sich mit einer eleganten Verbeugung der Dame vor. „Ich habe mir erlaubt, in meiner Theaterrolle aufzutreten.“

Schumann kommt lachend näher und nennt seinen Namen. Nun enthüllt der Doppelgängerspuk sich als ein Scherz von Dorn, der dreimal den gleichen Rat erteilte.

„Es ist nur nett, daß er sich dazu drei Komponisten aussuchte", findet Lortzing fröhlich. „Jetzt müßten wir eigentlich nach Heinrich Marschner fahnden. Vielleicht ist er ein vierter ‚Reisender Student'!"

„Marschner weilt hier?" fragt Schumann schnell.

„Freilich. Wir proben doch schon heftig auf seine neue Oper ‚Hans Heiling'", versicherte der Schauspieler, und Livia Gerhard bestätigt:

„Er war sogar bereits bei uns."

Daß sich danach Schumann plötzlich und unmotiviert empfiehlt und hastig Raum und Haus verläßt, erstaunt die junge Livia und Albert Lortzing sehr, und beide finden seine launenhafte Art höchst sonderbar.

Robert stolpert im Mondschein heimwärts. Der Scherz Dorns geht ihm nicht aus dem Sinn. Ebenso nicht Lortzings Bemerkung. War es die Absicht seines Lehrers, ihm jenen Weg zu weisen, der ihm jetzt, nach dem Unglück mit der Hand, allein in der Musik noch offensteht? Oder sollte Dorn das Schicksalswerkzeug sein, durch das er selbst sein wahres Lebensziel findet? Darüber gibt es keine Gewißheit. Nur eines wird Robert Schumann klar und klarer: Was Wagner kann, was Lortzing leisten wird und Marschner schon bewiesen hat, zumindest das, wenn nicht noch mehr, fühlt er die Kraft in sich, gleichfalls zu schaffen.

Durch diese neue Zielsetzung wieder sicher und hoffnungsfroh geworden, begrüßt er freudig Wieck, der mit der Tochter Anfang Mai zurückkehrt.

„Woher wissen Sie von unserer Heimkehr?" erstaunt sich der Klaviermeister, als ihn sein Schüler, kaum eine Stunde nach erfolgter Ankunft, aufsucht.

Schumann spricht von Ahnungen und geheimnisvollen Botschaften der Lüfte und lächelt dabei Claras Bruder Alwin schelmisch zu, der ihm die Neuigkeit frisch hinterbrachte.

Dann läßt er sich von dem überglücklichen Vater alle Triumphe und Erfolge der kleinen Künstlerin stolz berichten und forscht schließlich nach dem Verbleib der Heldin aller dieser Ereignisse.

Sie sei in der Küche, wird ihm bedeutet.

Da geht er hinaus und findet dieselbe Clara Wieck, die Goethe, Spohr und viele andere Künstler bewunderten und die in Kassel an der kurfürstlichen Tafel speisen durfte, in einem einfachen Hauskleidchen vor dem Küchentisch, Messer putzend.

„Ach, Fräulein Clara, wissen Sie, wie mir das vorkommt?" fragt er nach der ersten herzlichen Begrüßung mit einem beziehungsvollen Blick auf die Umgebung. – „So wie im Märchen. Wenn Aschenputtel nach dem Ball die schönen Kleider abgelegt hat – oder ..."

In diesem Augenblick denkt Clara an das gleiche wie er. „Wie die ‚Verwunschene Prinzessin'", ergänzt sie schnell.

Robert nickt.

„Er nahm dem Prinzeßchen seine goldenen Kleider weg und ließ es in einem groben Kittelchen alle Hausarbeiten tun ...", sagte er leise.

Die Kleine lacht.

„Nur etwas fehlt: Der böse Zauberer."

„Der ist wahrscheinlich eben über Land gegangen", meint Schumann scherzend. „Und auch der Prinz wird sich noch finden", setzt er arglos hinzu.

Das Kind antwortet darauf nicht. Es stellt sich die Märchenszene, wie der Königssohn das kleine Prinzeßchen zum erstenmal sieht und es zu erlösen beschließt, ganz bildhaft vor. Und der Prinz, der schaut dabei ganz ähnlich wie Herr Schumann aus, der sich in den sieben Monaten des Fernseins so sehr verändert hat und soviel reifer, ernster, männlicher geworden ist, daß man es gleich merken muß.

Auch Wieck bemerkt es bald. Am stärksten aber, als er, kaum daß er Roberts Mißgeschick mit seiner Hand erfährt, sofort mit ihm nach Dresden zum königlichen Leibarzt Hofrat Carus reist. Dort empfangen beide die völlig hoffnungslose Auskunft, daß der gelähmte Finger zeitlebens nicht voll einsatzfähig werden wird. Damit ist Schumann die Virtuosenlaufbahn endgültig abgeschnitten. Auf diese gänzliche Zertrümmerung aller bisherigen Zukunftshoffnungen folgt zu Friedrich Wiecks maßloser Verwunderung weder ein Verzweiflungsausbruch noch stumpfe Resignation. Robert nimmt die Entscheidung ruhig hin und sagt bloß:

„Wenigstens lenkt mich vom produktiven Schaffen künftighin nichts mehr ab."

Da weiß Wieck, daß Schumann seinen Weg schon klar vor sich sieht und er ihm jetzt nur raten, doch nicht mehr helfen kann. Er merkt auch, daß der hochbegabte junge Mann in den letzten Monaten Clara als Komponist weit überflügelte, obwohl die Kleine aus Paris bereits ihr Opus 3 mitbrachte. Daher sorgt er eilig dafür, daß auch die Tochter bei Dorn Kompositionsunterricht nimmt.

Und dann beginnt, während die bisher üblichen Märchenerzählungen langsam seltener werden, ein musikalischer Wetteifer zwischen Clara und Robert.

Clara hat ihr drittes Werk mit Vaters Einwilligung Schumann gewidmet. Das läßt nun Robert keine Ruhe. Er plant eine ähnliche Gabe an seine kleine Freundin. „Intermezzo" nennt er das Klavierstück, das gewissermaßen das Zwischenspiel der Ereignisse, seit er Wiecks Hausgemeinschaft verließ, darstellen soll. Aus einem Stück werden aber sechs, weil allerlei zu schildern ist. Nicht nur er selbst, auch Clara soll darin ihr musikalisches Porträt erhalten. Denn ihre jetzige Art – die Mischung von oft völlig erwachsen dünkender Verständigkeit und gleich daneben hervortretender Kindlichkeit –

verlockt geradezu zu musikalischer Charakterisierung. Clara wieder schreibt ein kleines Rondo und komponiert im Angedenken schöner Märchenstunden einen „Doppelgängerchor".

Daneben läuft zwischen Schumann, der nun vor der Stadt, in „Rudolphs-Garten" gegenüber der Pleißenburg, wohnt, und seiner kleinen Freundin ein anmutiger Briefwechsel, wenn sie durch Arbeit verhindert sind, zusammenzukommen. Clara muß jetzt neben ihren eigenen Studien bereits die jüngeren Brüder im Klavierspiel unterrichten, weil Vater meint, daß man sich auch zum Lehramt durch frühe Übung vorbereiten soll, und Robert kann sich oft vom Schaffen nicht recht losreißen. Da schlägt er zum Ersatz für wirkliches Beisammensein sympathetische Mittel vor, um einander wenigstens geistig nahezukommen. Beide spielen dann zu gleicher Zeit das gleiche Musikstück und denken ausschließlich aneinander. Sollte Clara darauf vergessen, so droht Robert, sich in Gestalt einer plötzlich reißenden Klaviersaite in Erinnerung zu bringen. Aber solcher Gewaltmittel bedarf es gar nicht. Die Kleine denkt schon eine Stunde vorher, ja oftmals täglich an ihn und ist sorgsam bemüht, das geistige Stelldichein nicht zu versäumen.

Es schafft doch ein beglückendes Gefühl, mit einem so schönen, interessanten, hochbegabten jungen Mann befreundet zu sein und musikalische Gedanken mit ihm austauschen zu dürfen! Noch feiner ist es freilich, mit Schumann stundenlang spazierenzugehen, nach Connewitz, mit den Brüdern zusammen in die Menagerie oder längs der Pleiße zum „Brand"-Vorwerk.

Bei einem Ausflug nach dem „Brand" gesteht auch Robert seiner kleinen Freundin die große Sorge ein, wie er der heißgeliebten Mutter die Geschichte mit der kranken Hand, die alle Hoffnungen auf eine Virtuosenlaufbahn zerstört, recht schonend beibringen soll.

„Wenn ich Herr Schumann wäre, so würde ich eine Sinfonie komponieren und trachten, daß sie im Herbstkonzert meiner Freundin Clara Wieck in Zwickau zur Aufführung kommt", rät die Kleine mit komisch zur Schau getragener Würde. „Da kann dann die Frau Mutter sehen, daß ihr Sohn es gar nicht nötig hat, selbst Klavier zu spielen."

Robert muß über den so feierlich erteilten Rat erst lachen, findet ihn aber gleich hinterher ausgezeichnet und beschließt, ihn baldmöglichst in die Tat umzusetzen. Weil beide nun solcherart gemeinsame Konzertunternehmer und somit Verbündete sind, wandern sie im Mondschein gravitätisch Arm in Arm heim. Clara fühlt sich dadurch glücklicher denn je im Leben.

Danach beginnt ein Komponieren, Studieren, Projektieren, und Mitte November ist es schließlich so weit.

Im frühverschneiten Zwickau hängen überall Plakate, die das Konzert des Wunderkindes Clara Wieck ankündigen. Darin wird auch die Uraufführung einer Sinfonie von Robert Schumann verheißen. Das stolze Gesicht von Roberts Mutter strahlt vor Glück, sooft ihr Blick vom ersten Stock ihres Hauses auf dem Hauptmarkt auf die gegenüberliegende Häuserzeile fällt, wo solch eine Ankündigung klebt und zu ihr hinaufzugrüßen scheint.

Als dann die Post aus Leipzig einfährt und außer ihrem Robert noch Friedrich Wieck und jenes dreizehnjährige Wunderwesen Clara mitbringt, von dem der Sohn mehrfach begeistert schrieb, kennt ihre Freude keine Grenzen. Sie zeigt der Kleinen das stattliche Haus der Familie Schumann vom Erdgeschoß bis zum Dache, verweilt besonders lange in den Räumen der Kinderzeit des Lieblingssohnes und schließt das kluge Kind, das für ihren Mutterstolz anscheinend viel Verständnis findet, schon in der ersten Stunde ganz ins Herz. Gar als Clara darauf brennt, Roberts spätere Stube kennenzulernen und die Aussicht aus seinen Fenstern zu besehen. Während Frau Schumann mit Clärchen gerade am Fenster steht, geht eben Robert unten vorüber und grüßt herauf. Da fühlt die Mutter auf einmal, daß zu ihr und ihrem Sohn auch dieses noch kindjunge Ding gehört, und in jäh aufwallendem warmem Liebesgefühl zieht sie Clara plötzlich an sich und flüstert ihr zu:

„Du mußt einmal meinen Robert heiraten!"

Beglückt gewahrt sie, wie die schönen, dunklen Augen des Kindes bei diesen Worten aufleuchten. Und das stummernsthafte Kopfnicken der Kleinen verspricht mehr als tausend Eide.

Am Abend erringt dann Clara den größten Konzerterfolg ihres jungen Lebens. Stürmischer Beifall erschüttert den Saal, das Publikum dringt noch während des Spiels begeistert zwischen die Orchesterpulte und bis zum Klavier vor, und Friedrich Wieck muß sich stolz gestehen, daß seine Tochter noch nie so herrlich gespielt hat wie heute.

Die Sinfonie von Robert Schumann erregt weniger Enthusiasmus. Sie ist zu neu, zu fremd. Doch bloß die Tatsache, daß eine Komposition ihres Robert und neben der Darbietung einer solchen Künstlerin zur Aufführung gelangt, entzückt Frau Schumann so sehr, daß sie dem zerstörten Virtuosentraum nicht mehr nachtrauert. Sie sieht die Zukunft ihres Sohnes schon bunt und hoffnungsfroh vor sich. Robert wird komponieren und immer mehr und mehr berühmt werden und Clara in ein paar Jahren als seine Gattin seine Klavierwerke in ihren öffentlichen Konzerten herrlich zur Geltung bringen. Ja, so muß es sein! Kann es ein größeres Glück, ein idealeres Zusammenarbeiten zweier hochbegabter Menschen geben?

Vorläufig ist es noch nicht so weit. Robert will einige Monate bei seinen Angehörigen verbringen. Wieck kehrt mit seiner Tochter nach Leipzig zurück. Unter Tränen und mit langem Tücherschwenken nimmt Clara von Robert, von seiner Mutter und von Zwickau Abschied.

Während Schumann noch bei den Seinen weilt, spielt Clara Wieck wieder einmal im Leipziger Gewandhaussaal. Auch diesmal steht eine Sinfonie auf dem Programm. Ihr Komponist heißt aber nicht Schumann, sondern Richard Wagner.

Der nunmehr Zwanzigjährige ist nicht so nett zu ihr wie Robert, findet Clara. Er behandelt sie noch ganz als Kind, während er die mitwirkende Sängerin Livia Gerhard, die keine drei Jahre mehr als Clärchen zählt, mit „Fräulein" anspricht. Wie anders stellt sich da Schumann zu ihr! Seit sie von ihrer großen Reise zurückkehrte, nennt er sie immer „Fräulein Clara" oder „liebe Freundin". Das macht schon Freude. Man fühlt sich viel erwachsener! Sogar die frühere Anrede „kleine Dame" gebraucht Schumann nicht mehr. Er ehrt in ihr eben, wie auch Goethe und Spohr, die Künstlerin. Warum der Wagner sie durchaus als Wunderkind betrachten will, wird ihr nicht klar. Vergnügen bereitet ihr sein herablassendes Getue, mit dem er den Erwachsenen betont, durchaus nicht. Wer weiß, ob diesen Wagner in fünfzig Jahren noch ein Mensch kennt, denkt sie verärgert. Dagegen Schumann! Es kann nicht anders sein, als daß er sehr berühmt wird.

Zunächst freilich erntet die Sinfonie von Wagner in Leipzig mehr Erfolg als Roberts Werk in Zwickau. Die kleine Clara ist darüber fast empört, und um Schumann auf keinen Fall zu kränken, schreibt sie ihm von dem ganzen Abend nichts, obwohl er ihr nicht wenig Hervorrufe eintrug. Nur ihrem Tagebuch vertraut sie das Erlebte ärgerlich an.

Nach Roberts Rückkehr verlaufen die meisten Monate des Jahres 1833 gleichartig wie die Wochen vor der Fahrt nach Zwickau.

Die kleine Clara übt und studiert, der Vater erteilt ihr nun auch Gesangunterricht, und mancherlei kleine Kompositionen des genialen Kindes entstehen. In der Freizeit gibt es Spaziergänge mit Robert Schumann und musikalische Unterhaltungen. Schumann selbst schafft emsig. Nach den sechs Intermezzi beginnt er eine Variationenreihe über das Thema von Claras Opus 3. Damit setzt er gewissermaßen sein vormaliges Geschichtenerzählen und Rätselaufgeben auf musikalischem Gebiet fort. Eines seiner „Impromptus", wie er die Variationen nennt, dünkt eine gefühlvolle Märchenerzählung, ein zweites wird zur waffenklirrenden Rittergeschichte, und andere gleichen Rätseln, Scharaden oder launischen Gedankenspielen. Vater Wieck bemüht sich, für Roberts Kompositionen Verleger zu gewinnen, was ihm auch stets gelingt. So fließt die Zeit ruhig dahin, bis Schumann schwere Schicksalsschläge treffen.

Völlig unerwartet verliert er in rascher Aufeinanderfolge einen lieben Bruder und Schwägerin Rosalie, der er nächst seiner Mutter schöne, treu behütete Jugendtage dankt. Diese beiden Todesfälle teurer Angehöriger erschüttern sein seelisches Gleichgewicht sehr stark. Dazu kommt, daß die neue Wohnung, die er in Helferichs Haus in der Burgstraße bezieht, im vierten Stockwerk liegt und statt der freundlichen Aussicht ins Freie nur den Blick auf Dächer und Giebel bietet. Robert fühlt sich steinunglücklich, ja krank. Als er seinem Arzt alle Beschwerden klagt, an denen er leidet, rät ihm der, ohne seine Klagen besonders ernst zu nehmen, mehr Geselligkeit zu pflegen und bald zu heiraten.

Davon kann allerdings noch keine Rede sein. Er hat kein Amt, kaum einen Beruf, kein Einkommen. Aber mehr unter Menschen gehen, das ist möglich.

So trifft sich Schumann fast allabendlich mit Wieck, Knorr, Lyser, dem originellen Friedrich Wenzel mit dem altmodischen Locken-Toupet, dem erst vor kurzem aus Stuttgart zugewanderten begabten Ludwig Schunke, dem jungen Arzt Dr. Reuter und manchem der Leipziger Theatermusiker in der alten Wirtschaft „Zum arabischen Caffe Baum“ auf dem Barfußberg, wo auf der Reliefplastik über dem Türschild ein Knabe dem im Schatten des Kaffeebaumes ruhenden Türken eine ziemlich große Tasse Kaffee kredenzt.

Hier wohnte vor mehr als dreißig Jahren Kotzebue, noch früher verkehrte da Goethe, und selbst den alten Thomaskantor Johann Sebastian Bach mochte dieses verheißungsvolle Türschild verlockt haben, wenn er die Stadt durch das gegenüberliegende Barfußpförtchen verließ, um längs der Pleiße zu lustwandeln oder den Apelschen Vergnügungsgarten aufzusuchen.

Die gemütliche Höhle taugt daher so recht als Stelldichein für Künstler und kunstbegeisterte Gesellen.

Da sitzen sie nun jeden Abend im traulichen Ofenwinkel – Schumann auf einem eigenartigen Stuhlmöbel mit Seitengriffen und ohne Rückenlehne –, qualmen, trinken bayrisches Bier und unterhalten sich über Musik, von den Problemen des Tages bis zu den ewig unveränderlichen Grundgesetzen dieser Kunst.

So sammelt sich auch einmal an einem Abend gegen Wintersende die Tafelrunde: Es fehlen nur Robert Schumann und Friedrich Wieck. Die beiden weilen im Gewandhaus, wo eben die alljährliche Aufführung der IX. Sinfonie von Ludwig van Beethoven stattfindet.

Die ersten drei Sätze dieses Werkes werden nach altem Brauch vom Orchester allein gespielt; so recht und schlecht als eben eine führerlose Herde so ein Kunstwerk spielen kann. Wenn es ganz wüst dünkt, so zieht der tüchtige Konzertmeister Matthäi am ersten Geigenpult den Bogen stärker aus und markiert durch einige eindrucksvolle Gesten Anfang und Ende. Ehe der vierte Satz beginnt, erscheint, weil im Gewandhaus nur Werke mit Gesangstimmen von einem Dirigenten geleitet werden, der dicke, gemütliche Musikdirektor Pohlenz. Er begrüßt als höflicher Mann erst das Publikum mit der Andeutung einer Verbeugung, was infolge seiner persönlichen Beliebtheit mit lauten vorschußweisen Beifallsbezeigungen vergolten wird. Dann hebt er gravitätisch seinen imposanten blauen Stab, und die Musik setzt ein. Beileibe nicht in ebenso kämpferischer, wilder Art, wie Beethoven es wollte, wohl aber spielt sich alsbald ein ganz hörbarer Kampf ab, und zwar zwischen den Kontrabässen einerseits und dem Musikdirektor als Gegenpartei. Manchmal bemerkt man wieder Einhelligkeit, danach gewinnt man abermals den Eindruck, als sollte alles aus den Fugen gehen.

Robert, der auf der Galerie in Wiecks Loge sitzt und diese unglaublichen Vorgänge nicht nur gut hört, sondern auch mit den Augen verfolgen kann, hält diese Qual schließlich nicht länger aus und stürzt hinaus. Wieck wartet, wohl kopfschüttelnd und mit den Darbietungen höchst unzufrieden, das Ende ab und begibt sich dann vom Gewandgäßchen nach dem Barfußberg, findet aber Schumann im „Kaffeebaum“ noch nicht vor.

Erst als alle Anwesenden von den Konzertereignissen durch ihn genugsam unterrichtet sind, kommt endlich Schumann angeschnaubt; ohne Hut, das Haar vom Wind zerwühlt und wie der Mantel schneeüberflockt und in unglaublicher Aufregung. Er mag wohl in seinem Ärger sonder Ziel durch Leipzigs Straßen gestürmt sein.

„Freunde!“ sagt er, noch ehe er den Mantel abgeworfen hat, „Freunde! Was sich heute ereignete, das darf in Leipzig niemals wieder vorkommen. Das ist ja tiefste Schmach und Schande für die Stadt, in der ein Telemann, ein Bach, ein

Adam Hiller und ein Heinrich Marschner wirkten! Wenn alle übrigen Leipziger Bürger lederne Philister sind und ihre Tage stumpf und tatenlos verdämmern, dann wollen uns wenigstens wir zusammentun, damit der alte Schlendrian endlich begraben wird."

Begeisterte Bravo-Rufe bestätigen, daß er seinen Freunden aus dem Herzen redet.

Er fährt drum mit gleichem Eifer fort:

„In Leipzig fehlt es zum ersten an heilsamer Kritik. Die ‚Allgemeine musikalische Zeitung' ist bloß ein ‚Ja-und-Amen-Blatt'. Zum andern fehlt es an Männern, die es besser machen als die Verzopften, Alt- und Warmeingesessenen. Liebe Freunde! Ich schlage vor: Wir schließen uns zu einem Bund zusammen. So wie die Meistersinger die Kunst im Zeichen ihrer Fahne hochhielten, die den königlichen Sänger David, den Schrecken der Philister, zeigte, so wollen wir ihn den ‚Davidsbund' benennen, weil wir gegen jegliches Philistertum zu Felde ziehen."

Knorr ruft enthusiastisch: „Es lebe der ‚Davidsbund'!" Gläser werden geleert und unter allgemeiner Zustimmung sofort der Vorschlag Schumanns angenommen. Nur der alte Praktiker Wieck geht gleich aufs Ganze und fragt:

„Wie aber soll der ‚Davidsbund' gegen die Philister wirksam ankämpfen?"

Doch Robert scheint auch das schon überlegt zu haben.

„Wir gründen eine neue Zeitschrift für Musik", erklärt er, „und üben mit ihrer Hilfe an allen musikalischen Schöpfungen und Leistungen wahrheitsgetreu und schonungslos Kritik. Das kann auf die Dauer nicht erfolglos bleiben; denn eine tadelnde Stimme hat die Stärke des Klanges von mehr als zehn lobenden ..."

„Ob aber in Leipzig noch für eine neue Musikzeitschrift Platz ist?" gibt Wieck zu bedenken.

„Neben dem ‚Ja-und-Amen-Blatt' der Philister!" meldet sich Knorr.

„Eine Zeitschrift für zukünftige Musik fehlt noch", entgegnet Schumann leidenschaftlich. „Eine richtige Musik-Zeitschrift soll ja nicht bloß die Gegenwart abspiegeln; der sinkenden muß die Kritik vorauseilen und sie gleichsam aus der Zukunft zurückbekämpfen."

„Doch Leser sind dazu immerhin nötig", meint Reuter.

„Die lassen sich leicht gewinnen. Wir treten eben in dieser Zeitschrift als ‚Davidsbündler' mit lauter geheimnisvollen Namen auf. Das allein lockt die Neugierigen an. Von dieser Sorte gibt es in Leipzig, wie überall, eine Überfülle", entwikkelt Robert gleich einen Plan.

„Das hat schon Kopf und Fuß", lobt Wieck. „Wenn sich das Feuer jugendlicher Begeisterung mit Überlegung paart, dann muß die Sache werden. Ihr Jünglinge habt damit einen schweren Gang vor euch. Doch auch ein großes Ziel; ihr schafft fürs Licht."

„Fürs Licht! Fürs Licht!" jubelt die Jugend begeistert.

Und der schwerhörige Maler Lyser, der nur Teile der Unterhaltung auffängt, sagt prophetisch:

„Alles, was Jugend, folglich Zukunft hat, wird schließlich auf der Welt Anklang finden."

„Gewiß!" bestätigt Schumann. „Wir wollen auch trachten, bessere Leistungen in unserer Kunst zu vollbringen als die Philister. Jeder von uns, der selbst schaffen und wirken kann, stellt sich dem ‚Davidsbund' zu Diensten. Außerdem soll unser Bund noch die bedeutendsten jetzt lebenden Musiker – gleichsam als Ehrenmitglieder – einschließen."

„Ja, das soll er! Das ist ein prächtiger Gedanke! Damit fangen wir gleich heute an", stimmen die anderen sofort zu.

„Dann", schließt Robert Schumann langsam und fast feierlich, „ernenne ich im Namen aller ‚Davidsbündler' zum ersten Ehrenmitglied unseres Bundes die junge Leipziger Künstlerin Clara Wieck und verleihe ihr den Bündlernamen *Chiara.*"

Carneval

„Freu dich, Clärchen!" sagt Vater Wieck an einem wetterwendischen Apriltag beim Lesen der Post ungewöhnlich heiter. „Der Brief aus Asch verheißt uns eine angenehme Überraschung. Noch diese Woche kommt deine Freundin Ernestine von Fricken nach Leipzig und wird einige Zeit bei uns wohnen, damit sie bei mir Stunden nehmen kann."

„Ach nee! Ist das aber schön!" entzückt sich die Kleine und freut sich tatsächlich mächtig.

Ernestine von Fricken, die Tochter eines Rittergutsbesitzers aus Asch in Böhmen, kommt also wirklich! Sie hat doch nicht darauf vergessen, was sie nach schnell geschlossener Freundschaft in Plauen bei Claras letztem Konzert versprach, wo sich die beiden gleichaltrigen Mädchen so rasch fanden!

Die kleine Clara denkt ausdrücklich „gleichaltrig", obwohl sie weiß, daß Ernestine um drei Jahre mehr zählt als sie selbst; denn sie beide schienen in Plauen so sehr ein Herz und eine Seele und paßten derart vorzüglich zueinander, als ob sie in der Tat an einem Tag geboren wären.

Sie wird also eine Freundin haben, stellt die Kleine ganz begeistert fest. Die erste Freundin ihres Lebens! Ach, wie mag das herrlich sein! Bisher gab es freilich hin und wieder bei Bekannten oder in der Schule einige nette kleine Mädchen. Aber die besaßen so völlig andere Ansichten; wußten vieles nicht, was man längst schon kannte; spielten, halb erwachsen, noch mit Puppen, was man nur als kleines Kind getan, kicherten oft ohne ersichtlichen Grund komisch vor sich hin und trieben untereinander allerlei Heimlichkeiten.

Wenn Clara dann von diesen Dingern als von ihren Freundinnen sprach, dann schüttelte die alte, wortkarge Magd, die sie einst an Mutterstelle aufgezogen, mißbilligend den Kopf und meinte verächtlich:

„Freundinnen? Ach nee, dees sin nich Freundinnen; nur bloß bekannte Meechen."

Und Vater fand, als sie ihm diese Äußerung sagte:

„Johanna hat ganz recht. Einer richtigen Freundin muß man alles anvertrauen können, was das eigene Herz bewegt. Dazu taugen diese dummen Dinger nicht. Du brauchst auch keine Freundin. Du hast ja deinen Vater. Der ist für dich die beste Freundin. Und außerdem dein Tagebuch; dem kannst du alles anvertrauen ..."

Nun aber würde man eine wirkliche, richtige Freundin besitzen und immer mit ihr zusammen sein!

Zwei Tage nach Empfang der hoffnungsvollen Botschaft – man schreibt den 21. April 1834 – kommt tatsächlich eine vornehme Reisekutsche angefahren und ihr entsteigt ein feiner alter Herr, der Rittergutsbesitzer Baron von Fricken, mit seiner Tochter Ernestine, einem blühenden jungen Mädchen im holden Liebreiz seiner siebzehn Jahre. Wenige Augenblicke später liegen die beiden Freundinnen einander in den Armen.

Danach zeigt Clara ihrer Ernestine den prächtigen Streicherflügel, den ihr der Vater zu Weihnachten schenkte, die ganze Wohnung und selbstverständlich das für sie bestimmte Zimmer nach der Reichsstraße zu. Sie hilft der Freundin auspacken und bestaunt die vielen duftigen, geblumten oder zartgestreiften Seidenkleider, die Schals und Pelerinen und noch mehr Korsett, Anstandsrock und Krinoline. Denn Ernestine kleidet sich bereits wie eine erwachsene junge Dame.

Dann rückt Clara auf der resedagrünen, ripsbespannten Chaiselongue ganz nah an die Freundin heran und fragt flüsternd:

„Weißt du auch, was das für eine sonderliche Stube ist? – Hier hat Herr Schumann gewohnt."

Und wie daraufhin Ernestine wissen will, wer denn das wäre, legt sie los:

„Herr Schumann! Das ist der beste, schönste und begabteste Mensch, den ich kenne. Das heißt, zumindest unter den jungen Herren", verbesserte sie sich schnell, weil ihr im Augenblick der alte Herr Geheimrat Goethe einfällt, der doch den unvergeßlich stärksten Eindruck auf sie machte, als sie ihn, wenige Monate vor seinem Tod, in Weimar sah. „Er ist mir der Liebste unter all unseren Bekanntschaften, und wenn du ihn erst kennenlernen wirst, mußt du ihn auch liebhaben."

Da lächelt die Siebzehnjährige eigenartig und meint, sie wüßte einen Herrn in Asch, der sei ihr sicher lieber.

„Kann der auch so herrlich komponieren wie Herr Schumann?" forscht Clara, etwas enttäuscht. „Leitet er am Ende auch eine Zeitschrift für Musik, oder hat er etwa einen so hochinteressanten, geheimnisvollen Bund gegründet, wie die ‚Davidsbündler' sind, die unter merkwürdigen Namen auftreten und nach denen die halbe Stadt vor Neugierde verrückt ist? ..."

Das verneint die Freundin freilich alles und wird nun doch einigermaßen gespannt, wie dieser Wundermann aussehen mag. Als er am selben Tag noch bei Wieck zu Besuch kommt, findet sie ihn nicht uninteressant.

Er aber trägt von der blonden, hold erblühten Mädchengestalt einen unauslöschlich tiefen Eindruck mit sich heim.

Am nächsten Nachmittag besucht er wieder die Familie Wieck, und jetzt betrachtet ihn die junge Ernestine von Frikken schon mit anderen Augen. Denn Clara war inzwischen unermüdlich, ihr die Vorzüge des Freundes ins rechte Licht zu setzen. Sie hat ihr am Vormittag mit großem Eifer Stücke von Schumann vorgespielt, die sogenannten „Abegg-Variationen“, dann Intermezzi und Impromptus und schließlich Roberts „Neue Zeitschrift für Musik“ gegeben. Da liest nun Ernestine eine ganz seltsame Kritik über eine Komposition des jetzt in Riga befindlichen vormaligen Leipziger Musikdirektors und Lehrers von Schumann und Clara Wieck, Heinrich Dorn. Sie lautet:

Bouquet musical von Heinrich Dorn.

Ein Geschenk von zwei bis drei Blumen sagt mehr als ein ganzer Tragkorb. Deshalb möchte ich das ‚Bouquet‘ weg. Warum so deutsche Blumen in französische parfümierte Töpfe setzen? Ein Titel, wie ‚Narcisse, Veilchen und Hyacinthe – drei musikalische Gedichte‘ klingt auch, und gut. –

Was spricht denn die Hyacinthe? – sie sagt: mein Leben war so schön wie mein Ende, denn der schönste Gott hat mich geliebt und getötet. Aus der Asche sproß aber die Blume, die dich trösten möchte.

Und die Narcisse? – sie spricht: denk’ an mich, damit du nicht übermütig werdest in deiner Schönheit. Denn als ich mein Bild zum erstenmal in den Wellen sah, konnte ich den eigenen Reiz nimmer vergessen, so heftig mich auch Echo liebte, die ich verstoßen hatte. Darum haben mich die Götter in die blasse Blume verwandelt, aber ich bin schön und stolz.

Und das Veilchen erzählt: – eine wonnige Maimondnacht war. Flog ein Abendfalter heran, sagte: ‚küsse mich!‘ Ich aber zog meinen Duft tief in den

Kelch, daß er mich für tot hielt. Kam eine lose Zephyrette, sagte: ‚sieh wie ich dich überall finde, komm doch in meine Arme und in die Welt – da unten sieht dich niemand'. Als ich antwortete: ‚ich wolle schlafen', flog sie fort und sagte: ‚du bist ein schläfrig eigensinnig Geschöpf, da spiel' ich mit der Lilie'. Rollte ein dicker Thautropfen auf mich, sprach: ‚in deinem Schoß muß sich's so recht bequem liegen bei Mondschein'. Ich aber schüttelte mit dem Kopf, daß er herunterfiel und zerrann. Als nun auch von fern ein Mondstrahl heranschlich und ich das Geißblatt bat, daß es mich verstecken möchte, sagte die hohe Lilie zu mir: ‚pfui, schäme dich, sieh, wie ich prange, wie mich Schmetterling küßt, Thautropfen und Mondstrahl, und wie die Menschen an mir stehen bleiben und mich ‚schön' nennen – dich aber bemerkt in deinem Versteck niemand'. Antwortete ich: ‚laß mich nur, hohe Lilie! – denn früh kam ein schüchterner, schöner Jüngling zu mir und sprach so freundlich: ‚wie lieb du bist – aber warte nur bis Abend, dann pflücke ich dich für sie*'. Lilie sagte: ‚dich wollte er pflücken? Du bist ein eingebildet Ding – mir versprach er's.' Als ich antworten wollte: ‚du lügst, hohe Lilie', kam der Jüngling mit dem Mädchen, verschlungen Arm in Arm. Da bog er sich zu mir herunter, sagte: ‚wie gleichst du* ihr*' – und brach mich; aber ich ruhe gebrochen so gern an ihrer Brust.*

Das könnte ich mir bei euch denken, ihr Blumen, wäret ihr auch nicht von dem Mann gezogen, der mir Aufklimmendem zuerst die Hand gab, wenn ich zu zweifeln anfing, mich wohl höher zog, damit ich vom gemeinen Menschentreiben weniger sähe und mehr vom reinen Kunstäther.

Eusebius.

Ernestine überrascht diese Kritik sehr. Das also ist Herr Schumann? Nicht nur ein genialer Komponist, ein geistvoller Kritiker – ein Dichter kommt ihr entgegen! Etwas Derartiges hat sie wirklich noch nicht erlebt.

Wie das junge Mädchen ihn dann leibhaftig wiedersieht, begreift sie auch das Feuer seines Blickes. Florestans Geist und Kampfesmut funkelt sie an. Ebenso fühlt sie Eusebius' Innigkeit, als er ihr mit unnachahmlicher Zartheit die Hand küßt und danach lange schweigend in die Augen schaut. Sie, die schon mehrfach Kavaliere um sich scharte, wird plötzlich rot wie ein Schulmädchen.

Aber gerade die reizende Verlegenheit läßt sie so hold erscheinen, daß Robert sie am liebsten stundenlang nur betrachten möchte. Weil das zur Zeit nicht möglich ist, erbittet sich Schumann von Vater Wieck, die beiden Freundinnen am nächsten schönen Maientag ins Rosental, zu Kintschy, zu begleiten.

„Freust du dich, Ernestine?" fragt Clara, als die Freundin schon lange vor der vereinbarten Zeit ihre Klavierübungen abbricht, um sich sorgfältig umzukleiden.

„Freilich", gibt das Fräulein von Fricken ohne weiteres zu. „Herr Schumann ist tatsächlich ein interessanter junger Mann."

„Siehst du!" sagt Clärchen triumphierend. „Hab' ich zuviel versprochen?"

Dann gehen sie zu dritt ins Rosental und verleben bei Schokolade und Kuchen in Kintschys Wirtschaft einen vergnügten Nachmittag, dem ein noch weit vergnügterer Heimweg folgt. Denn Robert ist aufgeräumt, erzählt Geschichten aus seiner Jugend und aus der Heimat, ernst, heiter und rührselig in wunderlichem Durcheinander, und unterhält damit die Mädchen.

Am nächsten Tag erscheint Schumann schon eine Stunde früher als sonst bei Wieck und findet Clara noch bei ihren täglichen Studien am Klavier. Er meint, er habe bloß gedacht, an einem ganz besonders schön geratenen Maientag könnte man auch einmal die altgewohnte Ordnung umstoßen. Doch Wieck und Clara wollen davon nichts wissen. Schumann begibt sich, um zu warten, ins Wohnzimmer hinüber, und Ernestine leistet ihm dabei Gesellschaft.

„Wissen Sie, Fräulein Ernestine, was ich heute morgens entdeckte, als mich Finkenruf und Meisensang in den Gärten der Querstraße zum Frühaufstehen mahnten?" beginnt er das Gespräch. „Sie werden es nicht erraten. Ich fand auf einmal, daß Sie in einer sehr musikalischen Stadt daheim sind."

„Wie soll ich das verstehen?" fragt Ernestine, ein wenig verwirrt.

„Ja, denken Sie: Da pfeift und lockt so ein kleiner gefiederter Sänger gerade vor meinem Fenster. Und was? Immerzu as – c – h. Ich mache mir einen Scherz, antworte drauf und pfeife gleichfalls as – c – h. Das geht so eine Weile hin und wieder, bis es dem kleinen Kerl zu dumm wird und er davonfliegt. Da wird mir plötzlich klar, daß die drei Noten nichts anderes als ‚Asch', Ihre Geburtsstadt, bedeuten."

„Ach, wirklich!" verwundert sich das Fräulein und setzt ein wenig zögernd hinzu: „Da sind Sie gar am Morgen schon an mich erinnert worden? ..."

„Und wie lieb und sinnig", versichert Schumann mit einem leuchtenden Blick, „denn jetzt kommt erst das Allerschönste. Man kann nämlich Ihre Heimat auch anders musikalisch deuten." Er geht zum Klavier und spielt a – es – c – h. – „A – Es – C und H sind aber gleichzeitig die einzigen musikalischen Buchstaben in meinem Namen S C H u m A n n. Ist das nicht fein?"

„Wunderbar ...", flüstert Ernestine. Und Robert merkt, daß auch das Mädchen dieses Zusammentreffen als schicksalhaft empfindet. Da wird er still und schaut ihr bloß tief in die Augen.

Kurze Zeit später kommt Clara angesprungen; besonders heiter und vergnügt, weil der Vater ihr zum Lohn für gutes Spiel die letzte Viertelstunde erließ. Danach geht's gegen Reudnitz zu. Denn diesmal ist das Ziel der „Kuchengarten".

War gestern Robert mitteilsam, so ist es heute Clara. Sie zeigt ihrer Freundin am Ende der Grimmaischen Gasse, wo noch vor wenigen Jahren der alte Schuldturm stand und erzählt, daß das Gelände des zwischenweilig auch abgebrochenen Stadttores ein thüringischer Hofzuckerbäcker namens Wilhelm Felsche erworben hat und dort ein prächtiges Lokal errichten wolle. Sie passieren dann die neuen Anlagen vor der Universität, hinter der Johanniskirche das äußere Grimmaische Tor, verlassen schließlich die Dresdner Chaussee und wandern über die Reudnitzer Wiesen ihrem Ziel zu. Dabei berichtet Clärchen von ihrem erstmals selbst verdienten Geld, den 30 Talern Erlösanteil aus dem ersten Gewandhauskonzert im Jahre 28.

„Davon habe ich 20 Taler gleich Vater für seine Mühe gegeben und den Rest mit meinen Brüdern auf mehreren Ausflügen im ‚Kuchengarten' verschmaust", plappert sie lustig drauflos und merkt nicht, daß die beiden andern ganz schweigsam sind.

Doch beim nächsten Ausflug zum „Brand" fällt ihr auf, daß Robert und Ernestine so wenig sprechen und bloß einander anschauen. Ja, daß Schumann sogar manchmal vor lauter Aufmerksamkeit für Ernestine die großen Steine, die allenthalben auf dem Weg liegen, nicht bemerkt, so daß er unfehlbar stolpern müßte, wenn ihn nicht seine kleine Freundin jedesmal noch rechtzeitig am Rockschoß zupfen würde.

Bei dieser fürsorglichen Aufmerksamkeit versieht sich Clara einmal selbst und purzelt über einen größeren Brokken. Nun legen die beiden andern wieder zuviel Sorgfalt an den Tag.

„Hoho, kleine Dame, hoffentlich haben Sie sich nicht verletzt", sagt Schumann besorgt und bittet das gnädige Fräulein – womit er Ernestine meint –, ihr das Kleidchen abzustäuben und zu ordnen. Darüber ist Clara so tief gekränkt, daß sie in Tränen ausbricht.

„Kleine Dame" nennt er sie wieder, wie früher noch als Kind, entsetzt sich die schon Vierzehnjährige! Dagegen ist Ernestine für ihn stets das „gnädige Fräulein". Ist man denn gar so unbedeutend, daß man noch als Kind behandelt werden darf?

Wie sie dann am „Schneckenberg" vorüberkommen, erinnert Robert gar daran, daß man noch im vergangenen Winter dort Schlitten fuhr und auf blankgeeisten Bahnen mit den Brüdern im Hockesitz dem „Schlittern" huldigte. Fast sieht es so aus, als wollte er sie mit Absicht vor Ernestine als Kind hinstellen und demütigen. Das von dem besten Freund erleben zu müssen, ist sehr schmerzlich. Und dieser Schmerz wächst dadurch turmhoch auf, daß man ihn diesmal nicht, wie bisher, der Freundin eingestehen darf. Denn die ist sichtlich mit Schumann eines Sinnes.

Da bleibt nur noch das Tagebuch. Ihm allein vertraut Clara mit bewegten Worten die bittere Enttäuschung des Tages an.

Noch in derselben Woche nimmt Friedrich Wieck Claras Tagebuch einmal zur Hand, weil er darin noch immer musikalische Ereignisse, Bemerkungen über seine Lehrmethode und Beobachtungen festhält, die später einmal seiner Tochter wertvoll sein könnten, und liest dabei die Zeilen, die das Kind zuletzt eintrug. Sie stimmen ihn sehr nachdenksam.

Das sieht ja fast so aus, als ob die Kleine sich betrübe, weil Schumann Ernestine besonders bevorzugt! Am Ende ist Robert gar in das Fräulein von Fricken verliebt, überlegt der alte Klaviermeister. An sich wäre das nicht verwunderlich – und eigentlich für beide Teile gut. Die einzige Tochter des Freiherrn von Fricken ist sicher eine reiche Braut. Da fielen Schumanns mangelndes Wirtschaftstalent und seine Schulden nicht so ins Gewicht. Im Gegenteil. Er, der sonst tadellose, noble Charakter und hochbegabte junge Mensch würde durch solch eine Heirat richtig instand gesetzt, allein nur seinem künstlerischen Schaffen leben zu können. Man täte somit beiden lieben Schülern nur Gutes, wenn man eine etwa vorhandene Neigung zueinander unterstützte. Freilich darf Clärchen darunter nicht leiden, wenn es wirklich so ist.

Wieck bespricht sich deshalb mit seiner Clemenza, die mit fraulichem Scharfblick mehr an Robert und Ernestine beobachtete, als er bisher bemerkte. Frau Wieck macht darauf aufmerksam, daß Schumann jetzt tagtäglich kommt, was früher nicht immer der Fall war, und daß das Fräulein, wenn es nicht Klavier spielt oder liest, meist gar nichts tut und die Zeit mit träumerischem Sinnen vertrödelt. Das sei ein untrügliches Zeichen für die Verliebtheit eines jungen Mädchens.

Über diese Darlegung lacht Wieck, kneipt seine um zwanzig Jahre jüngere zweite Gattin zärtlich in den vollen Arm und meint:

„Ja, du, Clemenza, mußt das wissen!"

Dann aber wird er wieder ernst und fragt:

„Was sollen wir da mit Clara anfangen? Sie ist zwar noch ein Kind. – Ich kann mir aber immerhin denken, daß es sie ein wenig betrübt, wenn sich der Freund, der Spiel- und Studiengefährte ihrer Jugend, jetzt gar nicht mehr mit ihr befaßt und nur noch Aug und Ohr für dieses fade Gänschen Ernestine hat; denn als etwas anderes kann man die Fricken – bei allem Liebreiz – nicht bezeichnen."

„Schick sie nach Dresden zu Reissiger", schlägt Frau Clemenza vor. „Sie kann dort sicherlich irgend etwas lernen;

Komposition, Instrumentation oder dergleichen. Bis sie zurückkommt, ist das honigsüße Getue der beiden andern vorbei, sie sind verlobt oder gar schon verheiratet. Derlei verwindet man in ihrem Alter noch sehr schnell."

Und so geschieht es in der Tat.

Clara geht zwar im Augenblick nicht gern von Leipzig fort. Allerdings weiß sie nicht warum. Sie hat aber ein leises Gefühl der Unruhe. Wie wenn ihr hier in ihrer Abwesenheit etwas verlorengehen könnte. Doch gibt sich das in Dresden, wo sie viele neue Eindrücke erwarten, ein neues Studium sie fesselt. Es bleibt nur merkwürdig, daß Schumann gar nicht schreibt! Bereitet ihm die Redaktion der Zeitschrift, da Knorr jetzt krank ist, wirklich so viel Mühe? Selbst ihr prachtvoller Brief zu seinem 24. Geburtstag am 8. Juni erhält erst nach fünf Wochen eine Antwort. Die freilich befriedigt ganz. Sie zeigt den alten Robert, der in seiner schnurrigen Art erzählt und fragt und dem kein Mensch der Welt je böse sein kann.

Gegen Ende Juli gibt es im Hause Wieck ein freudiges Ereignis. Frau Clemenza bringt ihr zweites Töchterlein zur Welt. Clara und ihre beiden Brüder Alwin und Gustav, die in Dresden im Institut sind, reisen zur Taufe nach Leipzig heim.

Ehe sich der schwerfällige Kasten der „Dresdner Diligence" in Bewegung setzt, kommen noch ein blondes junges Mädchen mit einer älteren Begleiterin als letzte Passagiere.

„Emilie! Wie herrlich!" begrüßt Clara voll Begeisterung die älteste Tochter des amerikanischen Konsuls Friedrich List, mit der sie nach gemeinsamem Konfirmandenunterricht vor einem Halbjahr in Leipzig eingesegnet wurde.

Emilie List kehrt von einem Aufenthalt in Bad Schandau nach Leipzig heim. Die beiden Mädchen tauschen nun ihre gegenseitigen Erlebnisse, seit sie sich nicht gesehen, aus. Im Eifer der Erzählung stört auch die unbequeme Art des Reisens nicht. Als aber hinter Meißen die Neuigkeiten sich erschöpfen und die ersten Ermüdungserscheinungen auftreten, verrät Emilie, daß man nicht mehr lange unter so großen Anstrengungen zwischen Leipzig und Dresden reisen müsse. Ihr Vater habe schon in Amerika eine Eisenbahn gebaut und werde nicht mehr rasten und ruhen, bis man auch in Deutschland „per Dampf" fahren könne.

„Per Dampf? Das klingt ganz komisch", findet Clara. „Wie ist denn das? Braucht man dazu keine Pferde mehr?"

Da erzählt Emilie, was sie von der Art einer Dampflokomotive und einer richtigen Eisenbahn auf Schienen weiß. Clara ist davon ganz gefangengenommen.

„Und so eine Eisenbahn soll auch bei uns gebaut werden?" fragt sie erregt. „Und bald schon?"

Die junge Emilie List meint, in ein paar Jahren wäre es so weit. Ihr Vater fände in Leipzig bei den reichen Handelsherren viel Verständnis für sein Projekt, zumal bereits im Jahre dreißig der Kramermeister Tenner den Bau einer Bahn gefördert hätte. Außerdem dächte Friedrich List ja nicht an eine einzige Linie, sondern an ein weitverzweigtes Netz über ganz Deutschland.

„Ach nee! Das wäre herrlich!" entzückt sich Clara. „Dann brauche ich meine Konzertreisen nicht mehr in der langweiligen Postkutsche machen. Emilie, wenn das wahr wird, so führe ich dich als meinen Gast drei Tage hintereinander in den ‚Kuchengarten'!"

Ob sie so viel Geld besäße, forscht Emilie List. Ihr Taschengeld würde das kaum erlauben.

„Ich hab' doch selbstverdientes Geld", sagt Clara stolz. „Vater bewahrt es für mich auf. Wenn ich davon etwas benötige, gibt er mir immer; für Kleider, Reisen oder zu Geschenken. Ich kann mir schon fast alles, was ich brauche, selbst bezahlen."

Das scheint Emilie wiederum interessant, obwohl sie sich in Amerika an manche seltsamen Sitten gewöhnen mußte. Schließlich finden die Mädchen, daß sie beide ganz ungewöhnliche Schicksale erlebten und sich dadurch von anderen Gleichaltrigen unterschieden. Und sie nehmen sich vor, Freundinnen zu werden.

Wieder daheim, freut sich Clara unbändig über ihr süßes, flachsblondes und pausbackiges neues Schwesterchen, das in dem gleichen dicken Steckkissen mit den breiten Klöppelspitzen eingepackt liegt, das schon der kleinen Marie, Mutter Clemenzas ältester Tochter, als Taufkissen diente.

Weniger freut sie sich über die Wahl der Taufpaten der kleinen Cäcilie, die auf Robert Schumann und Ernestine von Fricken fiel, obwohl das bei den freundschaftlichen Beziehungen zur Familie Wieck nicht weiter verwunderlich ist. Es tut ihr irgendwie weh, Robert und Ernestine so nebeneinander zu sehen. Darüber tröstet nicht einmal der Umstand, daß sie bei der Tauffeier zum erstenmal nach der Einsegnung ihr langes weißes Konfirmandenkleid mit der engen Taille und dem Krinolinenrock tragen darf und darin wie eine vollerwachsene Dame aussieht. Denn Robert Schumann bemerkt es ja gar nicht. Der muß sich vorzugsweise um seine Mitpatin, die Ernestine, kümmern. Und die ist auch von ihren Pflichten und ihrer Wichtigkeit am Tauftage so voll erfüllt, daß sie für Clara kaum einen Blick hat.

Der einzige, der sich ein wenig Claras annimmt, ist Roberts neuer Freund, Herr Banck. Er gehört auch zu den „Davidsbündlern" und erzählt ihr, daß sie nun alle bündlerische Namen trügen. Schumann nenne sich, wie schon lange, Florestan-Eusebius, Knorr wäre Julius, Ludwig Schunke Jonathan, Vater Wieck Raro, Lyser werde als Fritz Friedrich bezeichnet und er selbst hieße Serpentin. Die Stadt Leipzig aber habe den Namen Firlenz erhalten. Sie sprächen auch viel von ihrem ersten Ehrenmitglied und erwählten Mitarbeiter Chiara.

Das hört sich gut an. Clara berichtet auch darüber in ihrem Tagebuch: „Ich lernte Herrn Banck kennen. Er ist ein höchst gebildeter Musiker und Gesangkomponist und Lehrer, der mir meinen Aufenthalt sehr angenehm macht."

Wieder nach Dresden zurückgekehrt, kommt der Kleinen die schwere Enttäuschung, die ihr Roberts Nichtbeachtung bei der Taufe bereitete, stärker zum Bewußtsein als im Augenblick. Er hätte einer Freundin, die er zwei Monate nicht sah, doch wenigstens ein Viertelstündchen widmen können, sagt sie sich voll Bitterkeit, Briefe schreibt Schumann auch keine mehr, und selbst der geistige Kontakt, der noch vor Halbjahresfrist jegliche räumliche Trennung überbrückte, fehlt jetzt gänzlich.

Ach, wie war das schön, wenn sie zu bestimmten Stunden die gleichen Musikstücke spielten und fest aneinander dachten! Ob das noch möglich wäre, überlegt Clara. Ob Schumann etwa jetzt zum Beispiel auch am Klavier sitzt, wie sie selbst? Und was er da zu spielen beabsichtigt? Seine neue „Toccata" oder die „Paganini-Studien", die auch vor ihr auf dem Klavierpult liegen?

Draußen vor dem Fenster steht ein Lindenbaum in Blüte. Ein Schwirren und Summen ist um ihn, als ob die ganze Insektenwelt sich hier ein Stelldichein geben wollte. Auch bunte Falter kommen angeschwebt, und einer, der sich wohl verirrte, flattert ins Zimmer, umgaukelt ein wenig den Blumenstrauß auf dem Klavier und fliegt dann wieder fort.

Clara schaut dem kleinen Wunder sehnsüchtig nach.

Wie haben es die Schmetterlinge gut! Die können fliegen, denkt sie seufzend. Wenn sie doch auch ein Falter wäre! Dann würde sie sich ohneweiters in Roberts Stube stehlen und ihn so lang umschmeicheln, bis er sie sähe.

Doch halt! Jetzt weiß sie auf einmal, was sie spielen muß, was Schumann selbst im Augenblick auch spielt: die „Papillons“. Das wollte ihr gewiß der kleine geflügelte Bote verraten. Am Ende kam er gar von Robert! Und schon beginnt sie das Musikstück, das sie zum Glück auswendig weiß. Sie spielt es mit Begeisterung, gut wie noch nie. Doch diese Hochstimmung dauert nicht lange an: Die Freude zerrinnt bald wieder. Das Echo aus der Ferne fehlt. Jene Gewißheit, die sie sonst immer stark erfüllte, daß Schumann im selben Augenblicke sicher an sie denke, sie kann man nicht erzwingen.

Denn Robert denkt auch nicht an sie. Auf seinem Schreibtisch steht Ernestinens Bild, und die Tonreihen, die sich ihm in rascher Aufeinanderfolge am Instrument zu neuen Klangfantasien fügen, entspringen dem Thema AS – C – H und A – ES – C – H. Er schafft an einem Stück für Ernestine.

Betrübt sucht Clara unter ihren Noten das Chopin-Konzert heraus, das ihr der Vater, der seit gestern in Dresden weilt, zu üben auftrug. Doch plötzlich läßt sie alles sein und stürzt ans Fenster. Ein Posthornruf von draußen hat sie aufgeschreckt. Die Diligence aus Leipzig fährt in Dresden ein. Die Kleine sieht den Vater durch den Vorgarten auf die Straße gehen und mit dem Postillon verhandeln. Nach einer Weile, die wie eine Ewigkeit dünkt, kehrt Vater Wieck ins Haus zurück. Und er hält einen Brief in seiner Hand. Clara meint, das Herz müsse ihr zerspringen vor freudiger Erwartung. Denn dieser Brief kann nur von Schumann sein oder zumindest eine Nachricht von ihm bringen; das weiß sie ganz gewiß. Schon hört sie Vaters Schritt auf dem Flur. Jetzt öffnet er die Tür. Rasch steht sie auf, eilt ihm entgegen.

„Denk dir, Clärchen, was die Mutter schreibt“, beginnt Wieck freundlich. „Schumann hat sich mit Ernestine verlobt.“

Da glaubt Clara einen heftigen Schlag zu fühlen, ein Klirren und ein Splittern wie beim Wagenunfall, den sie auf ihrer letzten Konzertreise erlitt. Dann ist der gleiche dumpfe Schmerz in der Herzgegend da wie damals, und vor den Augen wird es schwarz. Durch diese wohltätige Dunkelheit dringt schließlich Vaters Stimme wie aus weiter Ferne. Er fragt besorgt:

„Ist dir nicht gut, Kind? Du bist so blaß ..."

Das weckt sie wieder. Sie schlägt die Augen auf, schüttelt nur stumm den Kopf, geht zum Klavier und schickt sich an zu üben.

Wieck ist beruhigt und verläßt das Zimmer. „Es hat sie überrascht. Anscheinend aber nicht gekränkt", denkt er. „Sie ist eben wirklich noch ein Kind."

Dasselbe Kind weint nachts so lang in seine Kissen, bis ihm der Schlaf Vergessen schenkt.

Am nächsten Morgen läßt Clara alle für diesen Tag geplanten musiktheoretischen und kompositorischen Arbeiten sein, setzt sich gleich an ihr Instrument, spielt und übt stundenlang. Nicht Schumanns Werke. Die kann sie nicht vor sich sehen, ohne daß ihr die Tränen in die Augen treten. Sie will sich einen neuen Meister erobern: Ludwig van Beethoven.

Durch Vaters Erzählungen weiß sie von ihm, dem sie, wie auch den Komponisten Weber und Schubert, einige Jahre Zeitgenossin hatte sein dürfen, ohne ihn freilich zu sehen oder zu erkennen. Weiß, daß er durch Krankheit, völlige Ertaubung und vielerlei Enttäuschungen Unsagbares litt und dennoch nicht zerbrach, weil seine Kunst ihn stärkte und alles Leid ihn nur zu größeren Leistungen befähigte. Ihm, diesem Großen, Unerreichbaren, nachzueifern und wenigstens seine Werke zu studieren und in die Öffentlichkeit zu bringen, nimmt sie sich jetzt vor.

Das scheint zunächst ein ungeheuerliches Unterfangen. Wer von den heutigen Virtuosen spielt denn Beethovens Werke? Und welches Publikum – mit Ausnahme von Frankfurt – will sie hören? In kleinen Zirkeln, vor feinen Kennern kann man Beethoven vorführen, sagt Vater, doch im Konzertsaal nicht. Aber man muß es versuchen. Freilich geht es vorerst darum, den großen, leidvollen Kämpfer zu verstehen und Schritt für Schritt mehr in sein Schaffen einzudringen. Merkwürdigerweise dünkt das aber jetzt, wo man soeben bitteres Leid erfuhr, viel leichter als bisher.

Mit Staunen merkt Vater Wieck, daß er der Schülerin auf einmal nicht mehr den gefühlsmäßigen Inhalt eines Stückes zur Gänze nahebringen muß, sondern daß sie zum erstenmal ihn selbst erfaßt. Dagegen erkennt Clara mit freudiger Verwunderung, daß die Musik nicht nur Spenderin festlicher Stunden, nicht bloß Pflicht, Aufgabe, Beruf sein kann; daß sie dem Traurigen, Enttäuschten, dem Menschen, der sein Liebstes, den nächsten Freund plötzlich verlor, zur allerbesten Freundin wird.

Wie notwendig Clara die Freundin, die Trösterin Musik braucht, das sieht sie erst in den nächsten Wochen in Leipzig, wo es Ernestine und Schumann entgegenzutreten gilt.

Ernestine ist merkwürdig zurückhaltend, geradezu befangen, wie Clara heimkehrt. Sie weicht ihr sichtlich aus und meidet krampfhaft ein Gespräch unter vier Augen. Als sie ihr Vater nach Asch heimholt, trauert ihr niemand in der Wieckschen Familie nach.

Im Hause Grimmaische Gasse 36 ist es jetzt ziemlich still. Clara empfindet es wenigstens so. Schumann bleibt aus. Angeblich macht ihm die Zeitschrift so viel Arbeit, da Knorr und Wieck aus der Redaktion ausschieden. Nur für den „Kaffeebaum" und das bayrische Bier hat er allabendlich stundenlang Zeit, behauptet der Vater, der hin und wieder auf den Barfußberg geht. Auch schafft er emsig an seinem neuen Klavierwerk über die vier Noten A, ES, C, H. Ganz ohne daß er anfangs wollte, werden es lauter Faschingsschwänke, ein richtiger „Carneval". Und nicht nur Ernestine kommt als „Estrella" neben Harlekin, Pierrot und Colombine darin vor, sondern auch Chiara.

Die aber stürzt sich mit Eifer in die Vorbereitungen für eine winterliche Konzertreise. Sie übt und übt, damit die Leere, die sie kaum ertragen kann, wenigstens tagsüber zeitweise vergessen wird. Nachts freilich träumt sie immer von Robert; von gemeinsamen Spaziergängen zum Brand, nach Connewitz, auf die Insel Buen Retiro in Schimmels Teich, vom Treffen ihrer Gedanken, der Doppelgänger, über dem Thomaspförtchen, nachdem sie beide zur gleichen Zeit ein und dasselbe Musikstück spielten. Und als Vater einmal erzählt, Schumann sei zu den Seinen heimgefahren, schreibt sie voll Bitterkeit ins Tagebuch: „Den 25. reiste Herr Schumann nach Zwickau, das heißt nach Asch."

Auch die Konzertreise verläuft öd, trotz aller bunten Abwechslung, trotz großer Ehrungen und Bancks Begleitung für Clara. Es fehlen Schumanns Briefe, die sie sonst da und dort erwarteten, auf die man sich freuen konnte, die noch in jede fremde, kalte Stadt Wärme, Duft und Vertraulichkeit der Heimat brachten.

An einem regnerischen Apriltag schwankt der gelbe Postwagen endlich am Eutritzscher Chausseehaus vorbei und erreicht bald danach die Stadt. Am nächsten Tag, als das „Leipziger Tageblatt" wie immer die Torzettel veröffentlicht, die alle ankommenden Reisenden, Ziel und Quartier verzeichnen, steht unter „Hallesches Tor":

„Auf der Wittenberger Post: Hr. Klavierlehrer Wieck nebst Dem. Tochter, v. hier, v. Hamburg zurück, Hr. Schriftsteller Banck, dtto."

Diese Ankündigung liest auch Robert Schumann und begibt sich noch am selben Nachmittag zu Wieck.

Er findet im Wohnzimmer neben seinem Lehrer ein blasses junges Mädchen mit dunklem Haar und träumerischen Augen in einem eleganten Krinolinenkleid neuester Mode und grüßt flüchtig. Das Fräulein verläßt danach sofort den Raum.

„Nun, was sagen Sie zu Clara?" erkundigt sich Vater Wieck. „Gewachsen, was! Nicht mehr als Wunderkind vorzuführen; trotzdem reich an Ehren und Erfolgen heimkehrend." Und er schildert in seiner gewohnten großartigen Weise die Konzerte seiner Tochter in Magdeburg, Schönebeck, Halberstadt, Braunschweig, Bremen und Hamburg.

Inzwischen liegt Clara im Nebenzimmer weinend in den Armen ihrer Freundin Emilie List und schluchzt: „Ach, ich liebe doch keinen wie den, und er hat mich nicht einmal angesehen!"

Robert holt aber bald den Mangel seines ersten Besuches nach; denn schon am nächsten Tag erscheint er wieder und widmet sich nun sichtlich Clara. Das Mädchen ist diesmal ruhig und freundlich und gibt, wie immer, kluge, verständige Antworten. Bis ein verhängnisvolles Stichwort fällt. Mutter Clemenza spricht es am gemeinsamen Kaffeetisch aus.

„Wie geht es Ihrem Fräulein Braut, der Ernestine?" fragt sie geradezu.

Wieck meint jovial: „Sicherlich gut."

Clara aber glaubt, ihr Herz müsse im Augenblick stillestehen und wird noch blasser als sie ist.

Schumann scheint über diese eigentlich selbstverständliche Frage fast betreten und sagt erst nach einer kleinen Pause, deren Verlegenheit ein jeder spürt: „Ich glaube, wir werden nicht heiraten."

„Oho, lieber Schumann, nicht gleich verreden", poltert Vater Wieck los. „Sie haben sich wohl ein wenig verzankt mit dem Fräulein. Derlei besagt unter Brautleuten wenig. Sie dürfen sich doch eine so glänzende Partie nicht entgehen lassen: die Erbin eines Rittergutsbesitzers!"

„Ernestine ist nicht die Tochter des Barons von Fricken", berichtet Robert ruhig und setzt noch hinzu: „Außerdem sind wir zwei grundverschiedene Menschen, die auf die Dauer schwerlich zueinander passen würden."

Dann rührt er eifrig in seiner Tasse und schlürft mit Todesverachtung Frau Wiecks Kaffee, der für seinen Geschmack viel zu dünn ist. Inzwischen können sich die arg in Aufruhr geratenen Gemüter wenigstens äußerlich beruhigen.

Schumanns Eröffnungen wirken auf die Anwesenden verschiedenartig.

Wieck nimmt sie nach flüchtiger Überraschung gar nicht ernst und hält sie für die rasch wechselnde Laune eines etwas exaltierten jungen Menschen.

Frau Clemenzas Neugierde kreist um die höchst sensationelle Mitteilung, daß Ernestine nicht Herrn von Frickens Tochter sei, und sie erwägt sofort ein Dutzend Fragen nach den näheren Umständen.

Clara aber vernimmt beglückend den einen Satz: „Ich glaube, wir werden nicht heiraten!" Ihn wiederholt sie sich tagsüber immerfort, ihn ruft sie sich noch nachts vor dem Einschlafen ins Gedächtnis, und mit ihm zieht eine scheue Hoffnung als warme, selige Freude in ihr Herz.

Diese Hoffnung wächst langsam, aber stetig, als Robert nunmehr wieder fast alltäglich kommt und die alte Freundschaft in gemeinsamen Musikstunden, Ausflügen und Unterhaltungen auflebt. Dem so verheißungsvollen Frühling folgt ein schöner Sommer, der gegen den Herbst zu zwar Trennungen beschert, jedoch auch Briefe Schumanns. Einer von ihnen macht das junge Mädchen besonders glücklich.

„Mitten unter all den Herbstfesten und sonstigen Freudenhimmeln guckt immer ein Engelskopf hindurch, der dem einer mir sehr wohlbekannten Clara aufs Haar gleicht“, beginnt er und bringt eitel Sonnenschein ins Haus; denn er beweist zu deutlich, daß Robert nicht bei Ernestine weilt und daß, wie einst, seine Gedanken selbst aus der Heimat sehnsüchtig nach Leipzig wandern. Noch prächtiger als der Anfang ist der Schluß des Briefes, der gar verrät: „Sie wissen, wie lieb ich Sie habe ...“ Das ist ein Wort, das man nicht leicht vergessen kann!

Bald nach Claras sechzehntem Geburtstag, den alle Davidsbündler mit ihr feiern und ihr gemeinsam eine goldene Uhr verehren, erscheint dann in Schumanns Zeitschrift ein „Schwärmbrief“ von Eusebius an Chiara. Ihm müssen, so glaubt Clara, nun auch die fremden Leser entnehmen, daß Clara Wieck für Robert Schumann nicht nur die geniale Künstlerin ist, die er bewundert, sondern auch der Mensch, mit dem ihn starke geistige Beziehungen verbinden. Oder verbindet sie beide am Ende gar das Schicksal selbst, fragt sich oft Clara; das Schicksal, das aus der seltsamen Zusammenstellung ihrer Namen im Kalender zu sprechen scheint, wo Clara und Eusebius nur durch Aurora – die Morgenröte künftigen Glücks – getrennt sind.

In diesen Tagen zeitigt das unentwegte Eintreten der Davidsbündler gegen alles überlebte Alte in Firlenz einen unerwarteten Erfolg. Der Gewandhaus-Dirigent Pohlenz tritt zurück und sein Nachfolger in der Leitung der Gewandhaus-Konzerte wird trotz ihrer ehrwürdigen Tradition ein junger Mann, der erst 26 Jahre alte Felix Mendelssohn, ein Enkel des bekannten Philosophen Moses Mendelssohn.

Felix Mendelssohn, ein hochbegabter Komponist, der schon als Jüngling mit seiner „Sommernachtstraum-Musik“ Aufsehen erregte, als Zwanzigjähriger in Berlin als musikhistorische Tat die Wiedererweckung Johann Sebastian Bachs durch eine Neuaufführung der vor 100 Jahren geschriebenen „Matthäuspassion“ unternahm, in England mit seiner „Hebriden-Ouvertüre“ hellsten Beifall erwarb und durch seine dreijährige Tätigkeit als städtischer Musikdirektor in Düsseldorf seinen Berliner Dirigentenruf nur noch steigerte, bringt in die öffentliche Musikübung der Pleißestadt einen neuen Zug.

Bisher stand das aufgeführte Musikstück im Mittelpunkt der Aufmerksamkeit des Konzertpublikums, und bei Orchesteraufführungen fiel die Hauptehrung dem Komponisten zu. Der neue Gewandhaus-Dirigent versteht es aber, sofort sich selbst in den Brennpunkt des musikalischen Geschehens zu rücken und den Kapellmeister als Hauptperson des Konzertes erscheinen zu lassen. Die unter seiner Leitung zu Gehör gebrachten Kunstwerke behalten wohl die ihnen eigene Bedeutung, teilen sie aber mit der Leitung des Dirigenten. Wie er die Werke sieht und auffaßt, wird nun besonders wichtig, er, der alsbald durch seine vielen Freunde und Verwandten und immer zahlreicher werdende Begeisterungsfähige als Virtuose seines Faches sich feiern lassen muß.

Um seine Art der Wiedergabe ins richtige Licht zu setzen, führt Felix Mendelssohn neben noch unbekannten neuen besonders häufig wohlbewährte, anerkannte Kompositionen auf. Daher hört man neuerdings recht oft Beethovens Werke im Leipziger Gewandhaus.

An einem nebligen Novemberabend gehen Schumann, Clara und Vater Wieck nicht völlig befriedigt von einer Aufführung der VII. Sinfonie Ludwig van Beethovens gemeinsam aus dem Konzert heim und die Davidsbündler Eusebius-Florestan, Chiara und Raro geraten dabei in hitzige Erörterungen, was eigentlich der Komponist mit diesem Werke sagen wollte. Das Für und Wider ihrer Meinungen setzt sich dann noch im Erkerzimmer der Wieckschen Wohnung fort, bis Freund Florestan an den Flügel tritt und das Musikstück aus der Erinnerung wiedererstehen läßt.

„Für mich ist die A-Dur-Sinfonie von Beethoven die lustigste Hochzeit", versichert Robert im Spielen lebhaft. „Die Braut aber", – und dabei haftet sein Blick versonnen auf Clara – „ein himmlisches Kind mit einer Rose im Haar, aber nur mit einer ..."

Das junge Mädchen senkt freudig erregt das Köpfchen, um sein Erröten zu verbergen; denn heute trägt man tatsächlich nur eine Blume. Das Bild, das Schumann schildert, ist zudem so wunderschön, so hoffnungsvoll! Fast wie im Traum hört Clara, wie er danach von vielen Gästen, Maibäumen, lustigen Bändern schwärmt und später, beim Allegretto, die köstliche ländliche Stille des Hochzeitsdorfes mit Falterflug und Blütenschnee ausspinne. Obwohl sie früher über Beethovens Musik anderer Meinung war, nimmt sie die Deutung Robert Schumanns ganz gefangen. Neben ihr findet kein anderer Gedanke Raum; nur noch Gefühl. Und das verrät ihr untrüglich, daß Schumann sie jetzt liebt.

Robert Schumann redet im Spiel sich immer tiefer in seine Begeisterung hinein und erzählt:

„Wie sich nun alles ordnet und der Priester jetzt zur Braut und jetzt zum Glücklichsten redet, und wie er ihnen vorspricht von den Pflichten des Bundes und dessen Zwecken, und wie sie ihr Glück finden möchten in Eintracht und Liebe, und wie er sie dann fragt nach dem ‚Ja', und sie es ausspricht, fest und lang ..."

Clara wird dabei heiß und kalt vor wonnigem Entzükken.

Auf einmal bricht Robert jäh ab und springt vom Stuhl auf. „Malt euch das Bild nach eurer Weise weiter!" sagt er heftig. „Ich kann nicht mehr ..." Und schickt sich an zu gehen.

Vater Wieck schüttelt den Kopf über derlei verrückte Exaltation der Jugend und fordert seine Tochter auf, Schumann die Treppe hinab zum Tor zu geleiten.

„Dieser Schumann ist doch ein unberechenbarer Mensch“, meint er dann in der Schlafstube zu Frau Clemenza. „Vor ein paar Monaten tat er, als wäre ihm die Ernestine nicht mehr so wichtig und heute schwärmt er von Braut und Hochzeit, daß man ihm deutlich anmerkt, er möchte das fade Gänschen am liebsten schon morgen zum Traualtar führen.“

In Claras Hand zittert das Licht, als sie für Robert die Stufen beleuchtet. Sie weiß plötzlich, obwohl sie vor ihm geht, daß er sie jetzt mit seinem Blick umfaßt, und ahnt, daß auch er kaum seine Selbstbeherrschung aufrechterhalten kann. Einer geheimnisvollen, unausgesprochenen Aufforderung folgend, stellt sie unten im Flur die Lampe ab. Im nächsten Augenblick umschließen sie zwei Männerarme ganz fest und läßt ein endlos langer Kuß sie schier vor Seligkeit vergehen. Vor ihren Augen wird es dunkel, in ihrem Herzen aber hell; denn Robert hat zu ihr gefunden.

Am nächsten Tag verläßt sie mit ihrem Vater Leipzig und fährt nach Zwickau, Plauen, Glauchau und Chemnitz, um dort zu konzertieren.

Der Vater hält ihr die Vortragsfolgen vor, begründet, warum sie in der Stadt dieses Stück, in jener jenes spielen soll, zählt die Personen auf, die man besuchen wird, redet und redet. Sie hört kaum hin. Ihre Gedanken sind anderswo. Ein neues, unbekanntes Glück beseligt sie. Sie wird geliebt!

Von allen Städten, die Wieck nennt, besitzt nur eine unvergängliche Bedeutung: Zwickau. Es ist für sie die Stadt, wo Robert geboren wurde, wo sie als Roberts Braut jetzt Roberts Mutter wiedersehen soll. Was sonst sich noch ereignen mag, ist ihr nicht wichtig.

Kurz vor Claras Konzert kommt Schumann auch nach Zwickau und sucht zuerst die Mutter auf.

Ihr legt er offen klar, warum er Ernestine nicht ehelichen kann. Sie ist nur die Pflegetochter des Freiherrn von Fricken – nicht seine Erbin, als die sie auftrat. Er kann mit seiner Zeitschrift nicht so viel verdienen, um eine Frau, um eine Familie zu erhalten. Die Zinsen seines Erbteils reichten bisher nicht einmal zu seinem Lebensunterhalt. Dazu scheint Ernestine noch verwöhnt und, wie er schon längst hätte bemerken sollen, geistig nicht genug begabt, ihn zu verstehen, sein Leben mitzuerleben. Die Leidenschaft für sie war bloß ein schöner Sommertraum. Er will ihr nun ihr Wort zurückgeben.

Die sorgenvollen Augen der Mutter werden hell, während Robert das alles vorbringt.

„Gott sei gedankt, daß du das selbst einsiehst, mein Kind", sagt sie befreit. „Mir tut das junge Ding zwar leid – weil es dich liebhat und sich kränken wird. Ein kleiner Kummer jetzt ist aber besser als später das Unglück von euch beiden."

Dann streicht sie ihm die widerspenstige Locke aus der Stirn und meint bedächtig:

„Für dich gibt's ja doch nur eine einzige Frau."

„Clara? ..."

Robert fragt es mit leuchtendem Blick und Frau Schumann nickt stumm.

Auch Clara bleibt vor Freude stumm, wie Robert an ihrem Konzertabend ganz unerwartet in das Künstlerzimmer des Saales der Zwickauer Gewandmacherinnung tritt. Wieck wundert sich, daß Schumann auch nach Zwickau kam, hat aber wenig Zeit zu fragen, weil es noch tausend Dinge zu bedenken gibt. Während er auf einige Minuten den Raum verläßt, um den Klaviersessel auf seine richtige Höhe zu überprüfen, schließt Robert schnell die junge Künstlerin in seine Arme und küßt sie leidenschaftlich.

„Nun wirst du spielen wie noch nie", verheißt er und eilt auf seinen Platz im Zuschauerraum zurück.

Kaum ist er in der ersten Reihe angelangt, so tritt schon Clara in ihrem blauen Kleid auf das Podium. Er sieht, daß sie schneller als sonst atmet, die blassen Wangen leicht gerötet hat und, noch verwirrt vom überraschenden Erlebnis, sich nicht getraut, ihn anzuschauen. Das dünkt so hold, so wundervoll, daß Robert alles um sich herum vergißt und nur nach ihr blickt. Sie spielt ihr eigenes, selbstkomponiertes Klavierkonzert, und das erhöht den Zauber noch beträchtlich.

Ihr erstes Thema fliegt wie ein junger Phönix auf. Dann scheinen sich weiße, sehnende Rosen und perlende Lilienkelche, Orangenblüten und Myrten vor Eusebius zu neigen. Dahinter wehen Zweige von Erlen und melancholische Trauerweiden in leichtem Wind. Aus all den Blumen und Zweigen taucht aber immer wieder ein strahlendes Mädchenantlitz empor.

Erst der rauschende Beifall weckt Robert aus seiner Entrückung und läßt ihn begeistert miteinstimmen. Auch jetzt kann ihn Clara, die mehrfach aufs Podium kommen und sich verbeugen muß, nicht ansehen ohne zu erröten, und draußen erhascht er unter unzähligen Leuten nur einen hastigen Händedruck.

Danach hebt eine neue Trennung an.

Sie ist kurz; denn zu Weihnachten treffen Vater und Tochter wieder in Leipzig ein. Doch Robert erscheint nicht, wie sonst, bei Wieck. Dagegen wird Clara von ihm ein wundervoller Blumenstrauß aus weißen Rosen und Lilien, Myrten und Orangenblüten ins Haus gebracht und noch ein geheimnisvolles Päckchen. In Gegenwart der Eltern öffnet sie es und steht vor Staunen starr. Es enthält ein blausamtenes Schmucketui mit einem kostbaren Perlenkollier.

„Ist denn der Schumann komplett verrückt geworden?" poltert Vater Wieck in seiner Überraschung los. „Wie kommt er zu einem derart wertvollen Präsent?"

„Auch die Blumen müssen ein kleines Vermögen gekostet haben", pflichtet Frau Clemenza kopfschüttelnd bei. „Wer schickt auch schon solche Blumen zu Weihnachten! Das sieht ja beinahe wie ein Brautgeschenk aus ..."

„Vielleicht soll es eines sein", sagt Clara, noch ganz überwältigt, leise.

„Ach, quatscht doch nicht so dumm", verweist Wieck ärgerlich. „Wir sind doch in Leipzig und nicht in Asch. Und du bist – Gott sei Dank – nicht Ernestine!"

„Wenn er aber Ernestine nicht heiraten will", wagt sich Clara abermals schüchtern vor.

„Das ist seine Privatsache", erklärt Wieck schroff. „Sofern er aber ernste Absichten auf die Hand eines anderen Mädchens hegt, so muß er auch mit ihren Angehörigen reden, und zwar eine offene und deutliche Sprache und nicht in geheimnisvollen, blumigen Umschreibungen nach dem Muster von Florestan und Eusebius. Im wirklichen Leben darf man sich nicht so gehaben wie in der ‚Neuen Zeitschrift für Musik'."

„Ich glaube, das wird er auch tun, sobald ihm Ernestine sein Wort endgültig zurückgegeben hat", versichert Clara mutig.

„Ach was, das ist doch alles Unsinn", brummt Wieck böse, und Frau Clemenza beeilt sich, ihn zu begütigen:

„Da hast du sicher recht, Friedrich; denn Perlen gibt man nicht als Brautgeschenk. Perlen bedeuten Tränen ..."

„Ja, Freudentränen!" denkt Clara beglückt, nimmt Blumen und Geschmeide an sich und trägt alles in ihr Zimmer.

Dort tut sie etwas, was ihr bisher fremd war. Sie stellt sich vor den Spiegel, besichtigt aber nicht, wie sonst, ihr weißes

Kleid, sondern betrachtet sich selbst, streng prüfend, ob sie sich auch wirklich für Robert hübsch genug dünkt. Dann legt sie sich die Perlenkette um die Stirn und übers Haar, drückt den Blumenstrauß so fest an sich, daß sie von der Berührung der kühlen Blüten mit ihrer Haut ein feiner Schauer überrieselt, und lächelt ihrem Spiegelbild glückselig zu. Nun hat sie sich bereits als Braut für ihn geschmückt!

Dieser Gedanke ist so unsagbar schön, daß ihr dabei tatsächlich Freudentränen in die Augen treten.

Am nächsten Morgen überrascht sie der Vater mit einer unliebsamen Nachricht. Sie soll sofort mit ihm nach Dresden fahren und dort im Jänner zwei Konzerte geben; nachher aber noch weiterreisen. Neben dem Einpacken schreibt sie schnell ein Brieflein an Robert, das Alwin in seine neue Wohnung an der Promenade trägt. Jubelnde Freude, herzlicher Dank und Abschiedsschmerz wechseln wunderlich darin. Am Ende aber steht die Hoffnung, daß Schumann sie in Dresden bald besuchen werde.

Und diese Hoffnung trügt auch nicht.

An einem düsteren Hornungsnachmittag mit starkem Schneetreiben und dichtem Flockenwirbel befindet sich Clara eben bei ihrer Dresdner Freundin Sophie Kaskel, als dort ein neuer Besucher gemeldet wird und zu ihrer namenlosen Freude Robert ins Zimmer tritt. Kaum weiß sie, ob sie wache oder träume; denn Schumann dünkt irgendwie anders als sonst, viel ernster, wortkarg, feierlich. Auch Sophie Kaskel entgeht das nicht. Sie schiebt dieses Verhalten auf ihre unerwünschte Anwesenheit und macht sich erbötig, an Stelle ihrer Freundin ins Theater zu gehen.

„Daß du mich hier gefunden hast“, sagt Clara, als sich Sophie entfernt hat, innig, und ihre Augen glänzen vor Glück.

„Ich war zuerst bei Reissiger“, antwortet Robert kurz.

„So weißt du auch, daß Vater auf einige Tage verreist ist?“

„Ja. Aber heute mußte ich zu dir kommen; auch wenn alle deine Verwandten um dich gewesen wären, auch wenn ich viele hundert Meilen zu dir hätte fahren müssen ... Ich brauche dich, Clara!“ stößt Schumann hervor und reißt sie in seine Arme. „Jetzt habe ich nur mehr dich auf dieser Welt. – Gestern ist meine Mutter gestorben ...“

Clara starrt ihn tief betroffen an. Dabei steht Mutter Schumanns Bild vor ihr, das Bild der stolzen und dennoch gütigen Frau, die sie bereits als Kind dem Sohn zur Braut bestimmte, die sie vor wenigen Wochen wie eine Tochter aufnahm und behandelte. Nun ist auch diese Mutter viel zu früh von ihr gegangen ...

„Niemand kann einem Menschen die Mutter ersetzen“, beginnt das Mädchen leise und gibt damit die bittere Erfahrung der eigenen mutterlosen Jugend preis. „Was aber eine Frau, die dich liebhat, dennoch tun kann, das darfst du auch von mir erwarten. Komm immer zu mir, wenn's dich drängt, die Mutter aufzusuchen“, bittet sie. Da schließt sie Robert noch fester in seine Arme.

Hernach reden sie beide viel von der Verstorbenen. Langsam wird dann aus dem Reden gemeinsames Schweigen, das Schweigen zum sanften Kosen, und aus dem Kosen erblüht das selige Geborgensein zweier Herzen aneinander. So vergehen Stunden, vergehen Tage. Bis Schumann sich gewaltsam losreißt, um endlich nach Zwickau zu reisen. Clara begleitet ihn zur Post.

„Wenn wir wieder in Leipzig sind, geh' ich zu deinem Vater“, flüstert Robert, ehe er einsteigt. „Bis dahin bleib mir treu!“ Und sie neigt wehmütig den Kopf mit dem roten Hütchen. Ein kurzes Tücherschwenken und abermals beginnt eine Trennung.

„Auf wie lange?“ fragt sich das Mädchen. Und wie ein fernes Echo klingt's in ihrem Herzen: „Lange!“

Wenige Stunden später ist der Vater da.

Nach alter Gewohnheit fragt er die Magd, während sie ihm die Reisetasche abnimmt, nach den letzten Neuigkeiten. Die Dienerin erzählt arglos, Herr Schumann aus Leipzig sei fünf Tage in Dresden und häufig zu Besuch gewesen. Der alte Herr scheint darüber nicht gerade begeistert, gibt aber, wie immer, eine anständige „Diskretion“ und geht zu Reissiger, noch ehe er die Tochter aufsucht. Bei ihm erkundigt er sich gleich nach der Begrüßung, ob die Besuche Schumanns immer in seiner oder der Gattin Gegenwart stattgefunden hätten. Reissiger verneint das und meint mit feinem Lächeln, man müsse einem Brautpaar doch auch einmal ein Stündchen zu ungestörter Aussprache gönnen. Und auf Friedrich Wiecks erregtes Forschen, wen er als Brautpaar zu bezeichnen beliebe, erklärt er, alle Welt in Dresden halte Schumann und Clara für ein Paar und jedermann sei der vollen Überzeugung, Wieck selbst habe sich Robert von allem Anbeginn zum Eidam und künftigen Gatten seiner Tochter erzogen. Diese Mitteilung versetzt Vater Wieck in heftige Aufregung. Er begibt sich sofort zur Sophie Kaskel, erhält aber von ihr nur die Bestätigung dieser Meinung. Das bringt ihn noch mehr auf; denn nichts lag ihm je ferner. Niemals im Leben hat er sich für seine Clara einen Menschen zum Gatten gewünscht, der zwar hochbegabt ist, aber bisher kaum etwas Rechtes verdiente, dabei Schulden besitzt und, wie sich aus zahlreichen, bei ihm gemachten Anleiheversuchen schließen läßt, offenbar nicht im geringsten wirtschaften kann.

Wenn nun die fremden Leute schon Schumann für seinen künftigen Schwiegersohn halten; was denkt erst seine Tochter? Plötzlich wird ihm ihr Verhalten seit Roberts Verlobung mit Ernestine klar und klarer. Das unerfahrene Ding ist einfach in den hübschen jungen Mann vernarrt, und der scheint skrupellos genug, aus dieser Unvernunft des Kindes in Zukunft Vorteil ziehen zu wollen. Dabei war er, Wieck, obendrein so ungeschickt, die jungen Leute täglich beisammen sein zu lassen. Das muß aber jetzt ein Ende haben, nimmt er sich fest vor.

Mit dieser Absicht kommt er in Reissigers Haus zurück und geht sogleich zu Clara. Sie tritt ihm herzlich, wie stets, entgegen.

„Du bist schon hiergewesen, Vater, und ich erfuhr nichts davon", sagt sie mit ehrlichem Bedauern.

„Ja freilich", knurrt Wieck. „Weil dir dein Vater auch nicht so wichtig ist. Wenn ich der Schumann wäre, dann hättest du wahrscheinlich meinen Schritt bereits auf der Treppe gehört. Aber so! Was ist schon ein Vater? Auch wenn er sich seit deinem fünften Lebensjahr mit dir allein beschäftigt und sich dauernd geschunden und geplagt hat, damit aus dir einmal die erste Klaviervirtuosin und Komponistin der Welt wird! Wenn er auch seine Älteste, allen anderen Kindern zum Schaden, immer vorzog, wenn er nichts anderes tut als sich sorgen und mühen, damit dir eine glänzende Zukunft winkt. Im Augenblick, wo dann ein junger Laffe daherkommt und der Demoiselle Tochter den Kopf verdreht, gilt so ein Vater gar nichts."

Clara ist ganz entsetzt über diese Vorwürfe, die wie ein Ungewitter über sie herabprasseln.

„Aber, Vater, was habe ich dir getan, daß du so unzufrieden mit mir bist?" fragt sie verschüchtert.

„War nicht Schumann heimlich in meiner Abwesenheit hier?" fährt Wieck böse auf. „Gesteh auf der Stelle!"

„Er war hier."

„Und da soll ich mit dir nicht unzufrieden sein", grollt er, „da soll ich nicht wütend werden, wenn ich von fremden Leuten hören muß, daß meine Tochter im Begriff steht, sich an einen Bruder Liederlich wegzuwerfen, der erst gestern seine Braut verließ, weil er weiß, daß sie nichts erbt, und heute dich umgarnt, damit du einmal mit deiner Kunst, die du zur Gänze deinem Vater dankst, für ihn arbeitest ..."

„Vater!" ... versucht Clara bittend einzuwerfen.

„Schweig!" herrscht sie Wieck an. „Ich kenne Schumann besser als du. Ich weiß, daß er Schulden über Schulden hat und trotzdem Nacht für Nacht mit seinen sauberen Freunden durchschwärmt und zecht. Ich weiß, daß er oft einen eben erborgten Taler schon in der nächsten Stunde zum Fenster hinauswirft. Und sowas soll meiner Tochter den Kopf verdrehen! Nein, mein Kind! Das werde ich von nun an nicht mehr dulden."

„Er ist doch alle die Jahre zu uns gekommen ...", meint Clara entschuldigend, vergrößert aber damit ihres Vaters Wut noch mehr.

„Das ist jetzt aus! Vorbei!" schreit Wieck wild. „Wenn er mir noch einmal ins Haus kommt, schieß ich ihn nieder wie einen tollen Hund, und ebenso, wenn ich jemals erfahre, daß du ihn anderswo, ohne mein Wissen, triffst."

Da bricht Clara weinend zusammen.

Wieck rührt das aber nicht. Er hält es für das beste, diese unsinnige Liebschaft, die seine Tochter bestimmt ins Unglück stürzen muß, sogleich und gründlich zu vernichten. Er verlangt noch alle Briefe Roberts und will ihm dann ein für allemal seinen Standpunkt schriftlich klarmachen.

Clara leidet namenlos. Sie weiß ja, wieviel Dank sie ihrem Vater schuldet und daß er nur ihr Bestes will. Wie aber soll sie jetzt von Robert lassen, an dem ihr Herz mit allen Fasern hängt, von Robert, der eben erst die Mutter verlor, von Robert, dem sie Treue zugelobte!

Sie möchte aufschreien vor Weh, wie Vater roh ihr Schreibfach aufreißt und Roberts Briefe schnell zusammenrafft und fortnimmt.

In all dem Jammer und von der Sorge gepeinigt, was er jetzt Schumann schreiben wird, sieht sie aber doch, daß er die Schmuckschatulle nicht beachtet. So darf sie Roberts Brautgeschenk vielleicht behalten, hofft sie zitternd.

Als Wieck den Raum verläßt, sucht sie rasch das blausamtene Schmucketui heraus, um es an anderer Stelle aufzuheben, wo es dem Vater nicht unter die Augen kommt. Wie sie es öffnet, um noch einen Blick auf Roberts Andenken zu werfen, fällt eine Träne auf den Samt.

„Perlen bedeuten Tränen“, sagte die Stiefmutter, kommt ihr dabei blitzartig in Erinnerung. Nun sind die Tränen da.

Wochen vergehen dann; Wochen zermürbenden Harrens und bangster Befürchtungen. Wieck reist mit seiner Tochter von Dresden nach Görlitz, von dort nach Breslau weiter. Konzert folgt auf Konzert, Einladung auf Einladung. Die junge Künstlerin feiert Triumphe, obwohl sie einzig und allein ihre Musik aufrecht erhält; denn unentwegt quält sie die Angst, Robert könnte glauben, sie sei mit ihrem Vater eines Sinnes. Erst daheim in Leipzig verliert sie diese Sorge, als ihr eines Tages eine neu erschienene Komposition Robert Schumanns überbracht wird: die Klaviersonate in fis-Moll. Sie trägt die Widmungsworte: „Clara zugeeignet von Florestan und Eusebius.“ Wieder und wieder küßt das junge Mädchen heimlich das Blatt mit der Dedikation. Dann fängt sie das Stück zu studieren an.

Schon auf der ersten Seite fühlt sie: Nun ist der „Carneval“ mit seinem Suchen und Schwanken vergessen, vergessen Ernestine und auch die neue unheilvolle Entzweiung. Diese Musik klingt wie durchtränkt von Roberts Liebe. Sie dünkt ein einziger Herzensschrei nach ihr.

Selbst Wieck scheint das zu merken. Wenn er auch seiner Tochter nicht verbietet, dieses Stück zu spielen, so schickt er doch, gleichsam als Antwort auf die Widmung, Schumann seine Briefe, die er in Dresden Clara abgenommen, jetzt zurück.

Robert empfängt sie tief erschüttert und weiß nun nicht, wie er sich Claras Haltung denken soll. Hat auch sie ihn aufgegeben oder folgt sie nur dem väterlichen Machtspruch? Da fällt ihm plötzlich jenes Märchen ein, das er vor Jahren bei seinem Einzug in Wiecks Wohnung der kleinen Clara erzählte: das Märchen von der verwunschenen Prinzessin. Und jäh erkennt er die unheimlich große Ähnlichkeit dieser Geschichte seiner jugendlichen Phantasie mit Claras eigenem Geschick.

Nun hält auch sie ein mächtiger Zauberer fest.

Er aber wird sie am Ende doch aus der Gefangenschaft erlösen, nimmt er sich vor. Selbst wenn er wie der Königssohn, dafür sein halbes Leben geben müßte.

Novelletten

Ein bleigraufarbener Himmel lastet an einem drückend heißen Sommernachmittag über Leipzig, als der gelbe Wagen der Dresdner Diligence über den Grimmaischen Steinweg rollt und beim neuen Postgebäude, an dem noch teilweise gebaut wird, haltmacht.

Unter den aussteigenden Reisenden befindet sich auch die nunmehr bald achtzehnjährige Clara Wieck, die eben von einem längeren Erholungsaufenthalt bei Pirna zurückkehrt. Das Mädchen stellt erstaunt fest, daß weder Vater noch sonstige Hausangehörige sie erwarten. Was soll man denn da mit der großen, buntgestickten Reisetasche, mit Hutschachtel und Korb anfangen? Die breiten Kieswege und die ovalen Rasenflächen des erst langsam Form und Gestalt annehmenden Augustusplatzes sind fast menschenleer, weil ein Gewitter aufzieht und jeder schnellstens heimwärts trachtet. Sorgenvoll schweift Claras Blick vom Teubnerschen Haus zur Universitätsfassade Schinkels, von der Paulinerkirche bis zur Post.

Auf einmal sieht sie zwei Gestalten in höchster Eile auf sich zustürmen und erkennt in der einen Nanni, die neue Magd ihrer Eltern. Ein Mann begleitet sie.

„Ach nee, Bergschreiber Becker, Sie sind es!" begrüßt Clara begeistert den einzigen alten Freund Robert Schumanns, der auch jetzt noch mit ihrer Familie in Verbindung steht.

„Ja, Fräulein Clara", versetzt er heiter. „Ihr Herr Vater konnte leider nicht abkommen. Ich glaube, er hat wegen des Saales Ihres Konzertes vom Dreizehnten einige Schwierigkeiten. Als mir Frau Wieck das klagte, machte ich mich gleich erbötig, mit Nanni mitzulaufen. Nun sind wir da und sagen Ihnen ein herzliches ‚Willkommen in Leipzig'!"

Noch während Becker redet, fährt ein scharfer Windstoß über den Augustusplatz und fegt Wolken von Staub vor sich her. Im nächsten Augenblick fallen schon Tropfen. Der Bergschreiber weist Nanni rasch an, mit dem Gepäck im Postgebäude das Gewitter abzuwarten und lädt Clara ein, inzwischen mit ihm das nahe „Café Français" von Felsche aufzusuchen. Kaum haben die beiden sein schützendes Dach erreicht, so bricht schon das Unwetter los. Blitz folgt auf Blitz; Donner auf Donnerschlag. Unaufhörlich fluten Regenströme hernieder.

Bei Felsche sind, weil es noch früh am Nachmittag ist, wenig Gäste. Man kann sich daher einmal völlig ungestört ausplaudern, was vor drei Wochen, als Becker von seiner Arbeitsstätte Freiberg nach Dresden kam, unmöglich war. So gerät das Gespräch bald auf Robert Schumann.

„Es ist so schrecklich“, klagt Clara. „Wir sind in den vergangenen anderthalb Jahren gänzlich auseinander gekommen. Nicht nur, daß Vater nie schön von Schumann sprach, auch mein Gesangslehrer, der Davidsbündler Banck, lachte mich aus, wenn mir die Tränen in die Augen traten, sooft er von Roberts Gleichgültigkeit, seinen rasch wechselnden Neigungen und wüsten Sitzungen im ‚Kaffeebaum‘ erzählte. Ich mußte zudem wirklich manchmal mutlos werden und glauben, daß er mich vergessen hat. Nicht einmal mein Klavierkonzert zu besprechen fand er der Mühe wert! Und soll es mich nicht kränken, wenn er mich in seiner Zeitschrift als Pianistin Ambrosia lächerlich macht? ...“

„Aber liebste, beste Demoiselle Clara! Davon kann doch gar nicht die Rede sein!“ begütigt Becker. „Robert wollte bloß dem eingebildeten Banck eins auswischen, weil er Sie schon überall als seine Braut ausgab.“

„Wie? Was? Das sollte Banck gewagt haben?“ Clara ist ganz entsetzt über so viel Schlechtigkeit. „Jetzt verstehe ich freilich, daß ihm in Leipzig der Boden heiß wurde und er fortmußte, als er schließlich sah, daß sich seine Prahlereien nicht verwirklichen lassen. Denn ich gab ihm nie auch nur das kleinste Zeichen einer anderen als völlig gleichgültigen Gesinnung“, versicherte sie entrüstet.

„Da sind wieder einmal zwei treue, edle Seelen beinahe die Opfer der Gewissenlosigkeit eines ganz gemeinen Kerls geworden“, stellt Becker fest. „Gott sei Dank, nur beinahe! Roberts Liebe und Treue steht trotz allem noch immer unerschüttert – und Sie, liebe Freundin? ...“

„Mein Herz ist stets bei ihm“, sagt Clara schlicht, aber ihre dunklen Augen leuchten dabei auf.

„Sofort muß er das erfahren, von Ihnen erfahren, Demoiselle Clara“, drängt der Bergschreiber. „Dann wird gleich alles wieder gut.“

„Ich nahm mir ohnehin schon vor, bei meinem Konzert am Dreizehnten seine fis-Moll-Sonate zu spielen ...", erklärt das junge Mädchen.

„Ob das nicht zu wenig, oder vielmehr zu unbestimmt ist?" meint Becker zweifelnd.

„Glauben Sie? – Was soll ich aber noch tun? Es ist für mich so schwer ..."

„Bedienen Sie sich meiner. Ich bin zur Überbringung jeder Botschaft gern bereit", bietet sich Becker an. Clara überlegt lange.

Es ist nicht leicht, selbst dem besten Freund zu vertrauen, wenn man soeben die ganze Schlechtigkeit, deren erbärmliche, niedrige Kreaturen fähig sind, erfahren hat. Auch dünkt es eher Pflicht des Mannes, in einer solchen Lage den ersten Schritt zu tun. Jetzt wäre eine Mutter vonnöten wie noch nie, denkt das Mädchen sehnsüchtig. Die wüßte sicher Rat. So hat man niemand, dem man trauen darf, als nur sein eigenes Herz. Das aber spricht für Robert und billigt Beckers Plan.

„Dann gehen Sie zu Schumann", beginnt sie zögernd, „und bitten Sie ihn in meinem Namen um die Rückgabe seiner Briefe, die Vater ihm nach seiner Dedikation der fis-Moll-Sonate geschickt hat ..."

„Das ist ein Vorschlag!" lobt der Bergschreiber freudig. Auch der Himmel scheint damit einverstanden; denn im selben Augenblick bricht draußen aus den Regenwolken der erste Sonnenstrahl, und über dem Augustusplatz wölbt sich ein prächtiger Regenbogen.

Ihn bemerkt gleichfalls die behäbige Witwe Devrient, bei der seit Jahresanfang 1836 Robert Schumann im sogenannten „Roten Kolleg" neben der neuerbauten Buchhändlerbörse wohnt. Aus den Hinterhausfenstern des stattlichen alten Gebäudes aus rotem Rochlitzer Tuff in der Ritterstraße, die gegen die Promenade weisen, kann man den Regenbogen in seiner seltenen Größe und Leuchtkraft bewundern. Frau Devrient möchte am liebsten ihren überaus stillen Mieter, der nur hin und wieder über die Tasten tobt, auf das Naturschauspiel aufmerksam machen. Jedoch wie sehr sie sich bemüht, durchs Schlüsselloch nach ihm zu gucken oder irgendein Lebenszeichen aufzufangen; sie hört und sieht nichts von ihm.

Am Ende ist der feine, liebe, junge Herr noch krank, bekümmert sie sich. Heute nacht hat er sogar im Traum laut aufgeschrien, daß es durch die Seele schnitt. Oder arbeitet er vielleicht? Dann dürfte man ihn freilich jetzt nicht stören, überlegt die Gute.

Schumann sitzt aber auf seiner niedrigen Chaiselongue vor dem Klavier und versucht krampfhaft, sich jenes Traumes zu entsinnen, der ihn zur Nacht so quälte, daß er noch jetzt, nach vielen Stunden, wie zerschlagen und keines richtigen Gedankens fähig ist. Denn als er jäh aufwachte, zerstob der ganze böse Spuk, und neben der ungeheuren Müdigkeit und Leere blieb nur der rätselhafte Wunsch, das Traumbild nochmals zu beschwören.

Was mag es denn gewesen sein? Er sinnt und grübelt.

War es nicht gar in einer Kirche? Ja. Erst wie zu St. Nikolai drüben. Jetzt erinnert er sich auch langsam der palmbaumähnlichen Säulen. Dann schien es wieder der düstere, feierliche Hochraum der Thomaskirche, und er saß an der Orgel, die einst Johann Sebastian Bach gemeistert.

Langsam legt er die Hände auf die Tasten des Klaviers. Genau so griff er in die Orgel! Und nun taucht plötzlich das vergessene Bild empor.

Er soll zu einer Trauung spielen. Unten steht der Pastor von St. Thomas vor einem Brautpaar und redet auf die jungen Leute ein. Er muß indessen warten, bis der Ehrwürdige schweigt und Bräutigam und Braut die Ringe wechseln. Die beiden sind zu weit entfernt. Er kann sie nicht erkennen und sieht nur, daß die Braut einen ganz wundervollen Blumenstrauß von weißen Rosen, Lilien, Myrten und Rosmarin im Arm hält. Merkwürdig, daß er das bemerkt – auf die Entfernung! Nun kommen wohl die Namen. Der Mann ist ihm ganz unbekannt. Aber die Braut! Hilf, Himmel! Das ist ja Clara Wieck! – Wie Feuer frißt sich der Gedanke ins Gehirn. Man möchte aufspringen und kann nicht. Die Hände krampfen sich zusammen, suchen, gerungen, Halt und Hilfe über den Wolken; finden nichts. Das Herz ruft nach Gott, dem einzigen Helfer: „Laß das vorübergehen, Gott, mein Gott! Laß mich darüber nicht wahnsinnig werden!“ Ein unnennbarer Schmerz im Nacken foltert, sticht, brennt, bohrt. – Man möchte schreien, schreien ...

„Was ist dir, Schumann? Du bist verstört und bleich. Fieberst du denn?“ fragt eine wohlbekannte Stimme besorgt neben ihm.

Ist das Johann Sebastian Bach? Ist das der Herr der Thomasorgel? Jemand faßt Roberts Hände. Obwohl den ganzen Körper ein eisigkalter Frost durchschauert, sind sie heiß.

„Schumann, komm doch zu, dir! Ich bin es, Becker“, spricht die Stimme weiter. „Clara schickt mich zu dir ...“

„Frau Clara, willst du sagen“, ruft Robert, höhnisch auflachend.

„Du bist wohl toll“, entfährt es Becker, der dann das gesprochene Wort am liebsten wieder unausgesprochen machen möchte. Denn der Freund wird plötzlich fahl.

„Jetzt nicht“, sagt er unendlich müde, und sein Lächeln ist so bitter, daß es Becker weh ums Herz wird. „Aber ehe du kamst, da marterte mich wirklich der schrecklichste Gedanke, mit dem der Himmel strafen kann: die Angst, den Verstand zu verlieren. Becker! Wer einmal so vernichtet war, der kennt kein Leiden, keine Krankheit, keine Verzweiflung, die größer wäre", wird er wieder lebhafter. „Verhehl mir nichts!" beschwört er seinen Freund. „Ich weiß, sie ist verheiratet ..."

„Was fällt dir ein! Du träumst ja", beruhigt Becker. „Sie ist dir treu wie eh und je und wird zum Zeichen ihrer unwandelbaren Liebe und daß sie sich vor aller Welt zu dir bekennt, in ihrem nächsten Konzert öffentlich deine fis-Moll-Sonate spielen."

„Das ... wäre wahr?" flüstert Robert noch halb ungläubig.

„Willst du noch mehr Beweise? Sie erbittet sich deine Briefe, die Wieck gegen ihren Willen dir sandte, zurück. Genügt dir auch das nicht?"

„Es ist genug ..."

Ein seliges Leuchten tritt in Schumanns Augen. Und nach einer Weile tief ergriffenen Schweigens beginnt er langsam: „Sag ihr, daß ich die alten Briefe nicht mehr hergebe ... Nur neue kann sie haben, Tag um Tag. – Und ... sag ihr auch, daß ich mich hin und wieder zum Verzicht zwang, aber nie aufhörte, sie heiß zu lieben ..."

Wie Becker das bestellt und Clara einen neuen Brief von Robert überbringt, wird auch das Mädchen überglücklich, und alle bange Sorge, die sie seit ihrer Unterredung mit Bekker im „Café Français" befiel, ist jetzt wie ausgelöscht. Denn Schumann bittet sie darin nur um ihr Jawort, dann will er in wenigen Wochen, an ihrem 18. Geburtstag, bei Vater Wieck in aller Form um ihre Hand anhalten.

Es ist kaum auszudenken, wie das werden wird! Clara möchte am liebsten vor Freude hintereinander lachen und weinen. Aber sie darf sich gerade in diesem Augenblick nicht schönen Zukunftshoffnungen hingeben, sondern muß sich beherrschen und alle ihre Gedanken auf Schumanns Werk hinlenken, das sie noch in derselben Stunde nach außenhin zum erstenmal den Leipzigern vorführen, in Wirklichkeit aber einzig und allein für Robert spielen wird. Schon trägt sie ihr Konzertkleid, der Vater mahnt zum Aufbruch und unten harren bereits die beiden „Portechaisenträger“ mit der Sänfte, um sie nach altgewohntem Brauch die kurze Entfernung von der Nikolaistraße, aus der neuen Wohnung Wiecks, durch Schuhmacher- und Salzgäßchen nach dem Naschmarkt zu bringen, wo ihr Konzert im Saal des wundervollen alten Börsengebäudes stattfinden soll.

Auf dem Weg dahin fällt es Clara zum erstenmal auf, wie seltsam sich seit einiger Zeit in Leipzig Altes mit Neuem schier Schritt für Schritt berührt. Da wohnt zum Beispiel Robert in einem Haus, das schon weit länger als 300 Jahre steht; die Buchhändlerbörse daneben ist eben fertig geworden. Draußen vor der Promenade fährt jetzt seit einigen Monaten die neue Eisenbahn bis Althen, und sie steigt eben an den Schranken der alten Börse, wo die Portechaisenträger seit eh und je ihren angestammten Standplatz haben, aus einer Sänfte. Dann schreitet sie mit Vater die sinnvoll gebrochene, zweiarmige Treppe aufwärts und betritt kurze Zeit später den Börsensaal.

Bei ihrem Erscheinen empfängt sie lebhafter Beifall, für den sie mehrmals danken muß. Dabei sieht sie, daß Schumann in der dritten Reihe sitzt und unverwandt nach ihr blickt. Da klopft ihr das Herz so laut, daß sie vermeint, man müsse es im ganzen Saale hören, und sie, die niemals noch vor einem Auftreten etwas wie Aufregung verspürte, fängt an zu zittern. Die Augen schweifen hilflos zur prächtigen Stuckdecke empor, gleiten über das Deckengemälde, die Medaillons; nirgends ein Halt.

Wieck merkt ihre Unruhe, glaubt, der Stuhl sei ihr zu niedrig und schiebt ihr beflissen ein Kissen unter. In dem Moment taucht die Erinnerung an Goethe auf und an sein Scheidewort: „Dieses Mädchen hat mehr Kraft als sechs Knaben.“ Das wirkt wie eine wundersame Stärkung.

Man wird es jetzt beweisen.

Clara schließt kurz die Augen und konzentriert sich scharf auf Roberts Stück. Danach beginnt die linke Hand die schwer-zähflüssigen Triolen, die rechte läßt die scharfgezackte Melodie ertönen, die letztlich in einem heißen Schmerzensausbruch gipfelt. Dann kündet sie von Florestans Leidenschaft, bringt die Empfindsamkeit Eusebius' zum Klingen, spielt Roberts Trennungsschmerz, Roberts Verlassenheit, Roberts wilde Verzweiflung. Sie weiß plötzlich, daß er an dieser Stelle ihr Bild heraufbeschwor, um mit der Fernen, Verlorengeglaubten Zwiesprache zu pflegen, daß er ein andermal trotz aller Mühe sie nicht finden konnte. Immer mehr, immer tiefer lebt sie sich in das Stück, das sie seit Monaten schon zu kennen glaubte, in Roberts Musik, die nicht die strenge Objektivität der alten Meister kennt, ebenso aber dem Glanz des reinen Virtuosentums fernbleibt, die schrankenloses Selbstbekenntnis ist, das eigene Leben darlegt, das eigene Herzblut verströmt, Lust, Leid und Sehnsucht nach dem Glück so deutlich ausspricht wie bisher keine andere Musik.

Während Clara in der Nachempfindung ihres Spiels dem Schöpfer des Musikstückes immer näher kommt, fühlt sie gleichzeitig mit dem stets wachen sechsten Sinn des wahren, gottbegnadeten, nachschaffenden Künstlers, daß ihre Zuhörer mit ihr mitgehen, mitahnen, mitleiden. Und schließlich packt es sie als wie ein wilder Rausch. Die letzten Takte spielt nicht mehr sie; es spielt aus ihr.

Wie danach das Konzert ausklingt, wie sie nach Hause gelangt, weiß sie später nicht mehr. Nur einer Sache ist sie sicher, daß Robert sie verstanden, daß er ihr öffentliches Bekenntnis zu ihm erkannt hat. Und das allein ist wichtig für sie.

Dazu tritt noch ein günstiges Konzertergebnis. Robert wird durch ihre Uraufführung seiner Sonate eine Annäherungsmöglichkeit an Vater Wieck geboten, die bisher fehlte, und noch am 13. August 1837 kann sie im Tagebuch vermelden: „Früh schrieb Schumann an Vater ein Brieflein voll Gemüth, worin er sich für den gehabten Genuß bedankt."

Die fis-Moll-Sonate, das geniale Mittel, womit sie diesen von ihr so heiß erstrebten Erfolg erreichte, ist ihr seither noch vielmals lieber als bislang, und manchmal, wenn sie ihre täglichen Übungen und das Studium neuer Werke beendet hat, nimmt sie die ihr gewidmete Sonate noch einmal vor. So auch an einem schönen Spätsommerabend Anfang September.

Als sie aber ihre Hände von den Tasten gleiten läßt, hört sie, wie jemand unten in der Nikolaistraße die ersten vier Takte der Sonate pfeift. Das kann nur Robert sein, durchfährt es sie. Robert ruft nach ihr! Der Augenblick ist günstig. Die Eltern sind vor kurzem ausgegangen. Außer ihr weilt nur die Magd Nanni mit den beiden kleinen Halbschwestern Marie und Cäcilie im Haus. Da schwinden die bisherigen Bedenken schnell. Sie denkt nicht mehr daran, daß Vater einmal Schumann zu erschießen drohte, daß eine wohlerzogene Tochter aus gutem Haus nicht einem Manne auf die Straße nachläuft. Sie hüllt sich in ein Tuch und eilt hinab zum Haustor.

Unten sieht sie im ungewissem Schein der Rüböllaterne einen Mann, der höflich seinen Hut zieht. Das muß Robert sein, sagt sie sich und folgt ihm, wie er einige Häuser weitergeht, bis zum Durchgang von Deutrichs Hof. Dort wendet er sich jäh, zieht sie in einen dunklen Winkel und schließt sie fest in seine Arme. Danach steckt er ihr ohne ein weiteres Wort einen Ring an: den Verlobungsring. Und schließlich zeigt er ihr den Text des Briefes, mit dem er morgen um sie werben will, und sie vereinbaren, wie sie mit Nannis Hilfe einander Botschaft geben können. Eine halbe Stunde später hat Clara ungesehen die elterliche Wohnung wieder erreicht. Noch in der Nacht träumt sie von der Begegnung.

Dann ist der achtzehnte Geburtstag da.

Clara erwacht froh und zuversichtlich. Es scheint ihr, als könnte der Tag nur Gutes bringen. Auch ist der Himmel blau, die Welt voll Sonne; wie ein Symbol für eine schöne Zukunft. Die Angehörigen gratulieren herzlich, voran Vater, der, wie immer, einige feierliche Worte spricht. Dann schneidet die Stiefmutter den Geburtstagskuchen an. In diesem Augenblick schrillt die Klingel im Flur. Ob es die Post ist, bangt Clara. Da bringt auch schon Nanni Vater Wieck mehrere Briefe. Die drei obenauf liegenden zeigen das gleiche Kuvert und tragen, das verrät dem Mädchen ein schneller Blick, sämtlich Roberts Handschrift. Schumann hat demnach nicht nur an Vater, sondern auch an Mutter Clemenza und an sie geschrieben.

Wieck zieht sich, wie stets, mit den Postsachen zurück, um sie in Ruhe zu Überlesen. Clara schmeckt plötzlich der Geburtstagskuchen nicht mehr, so groß ist ihre Aufregung. Sie steigert sich aber noch, als nach einer Weile Vater nach der Stiefmutter ruft, die eben von Madame Stegmayer, der Gattin des Theaterkapellmeisters, Besuch erhält, und nun Frau Clemenza samt ihrer Freundin zu sich bittet.

„Jetzt haben wir die Bescherung", schilt Wieck, in seiner Stube ärgerlich auf und ab gehend, und schiebt jeder der Frauen einen Brief hin. „Da, lest! Schumann wirbt um Clara und noch dazu in einer so raffinierten Weise, daß man ihm gar nicht grob begegnen, ja, kaum nein sagen kann. ‚Achtzehn Monate haben Sie mich geprüft', schreibt er. Ist mir doch gar nicht eingefallen! ..."

„Mir schreibt er auch recht artig", muß Frau Clemenza zugeben, und Madame Stegmayer legt den Werbebrief gerührt aus der Hand.

„Wirklich schön und so herzlich!" stellt sie fest. „Besonders der Schluß: ‚Mit dem tiefsten Ausdruck, dessen ein geängstigtes, liebendes Herz fähig ist, flehe ich Sie an: Seyn Sie segnend, einem Ihrer ältesten Freunde wieder Freund und dem besten Kinde der beste Vater.‘ Stegmayer hat meinem Vater nicht so geschrieben ...“

„Der Kapellmeister Stegmayer ist auch ein Mann“, fährt wütend Wieck auf. „Das da ist ja ein weibisches Gejammer. Drum wirkt's auch auf die Damen ... Und sowas soll ich meine Clara geben!“

„Ja, denken Sie denn nicht daran?“ fragt die Kapellmeisterin neugierig.

„Ach wo! Meine Clara ist nicht dazu erzogen, daß sie einen Hungerleider von Komponisten heiratet. Wenn die Henriette Sonntag, bloß eine Sängerin, Gräfin Rossi wurde, so kann sich für die erste Klaviervirtuosin und Komponistin der Welt ebenso etwas Besseres als der Herr Schumann finden. Außerdem ist das Kind erst achtzehn Jahre, hat noch kaum was von der Welt gesehen, war einmal in Paris, einmal in Berlin. Was ist das schon! Wien, Paris, London, Berlin, Petersburg und Rom müssen von ihrem Ruhm widerhallen. Nicht umsonst habe ich mich dreizehn Jahre um ihre Ausbildung bemüht. Jetzt kommt da ein junger Laffe, der nichts hat und nichts ist, daher und verdreht ihr den Kopf, damit er die Ehren und Vorteile mit ihr einheimst. Und mir, dem sie alles verdankt, soll das Nachsehen bleiben. Nein, nein! So einfach geht das nicht!“

„Du hast freilich recht, Vater, wenn du sie jetzt noch nicht heiraten läßt“, pflichtet Frau Wieck, wie stets sofort zu ihres Gatten Meinung umschwenkend, bei. „Clara ist ja der Triumph deiner Schule. Durch sie strömen dir andere Schüler zu. Wenn sie einmal verheiratet ist, vergessen die Leute deine Verdienste, und deine ganze Arbeit war umsonst.“

„Ich heiratete auch erst mit 25 Jahren“, verkündet Madame Stegmayer würdig. „Eigentlich wäre es nur einfache kindliche Dankespflicht, wenn Clara ebensolange wartet.“

„Dafür will ich gleich sorgen“, versichert Wieck, grimmig lächelnd, und greift nach seinem Hut.

Kaum eine Viertelstunde später betritt er Schumanns Stube im „Roten Kolleg“.

Robert empfängt ihn außerordentlich höflich und dankt ihm für den Vertrauensbeweis, den er ihm durch seinen Besuch gibt. Wieck ist aber sehr formell und kommt gleich auf den eben erhaltenen Brief zu sprechen.

„Sie schrieben von hochfliegenden Plänen, von begeisterten Herzen, vom Bewußtsein eines herrlichen Wirkungskreises ... Das alles sind nur schöne Worte, junger Mann“, sagt er kalt. „Erzählen sie lieber, was Sie tatsächlich zu bieten haben. Ich als Vater habe wohl das Recht zu einer solchen Frage.“

Da gesteht Schumann, daß er bisher bloß über den Zinsenertrag seines Elternerbes verfügt, das selbst nicht realisierbar sei, weil es im Zwickauer Verlagsgeschäft seiner Brüder festliege, und über den Reingewinn aus seiner Zeitschrift. Die Zinsen betrügen bestenfalls 500 Reichstaler pro Jahr und aus der Zeitschrift erlöse er in der gleichen Zeit etwa 300 Taler.

„Das ist alles?“ fragt Vater Wieck hochfahrend. „Das bieten Sie einer Clara Wieck?“

„Im Augenblick ja“, antwortet Robert leise. „Doch in der Zukunft ...“

„Die Zukunft kennen weder Sie noch ich“, schneidet ihm Vater Wieck das Wort ab. „Wer bürgt dafür, daß Sie stets schaffensfähig sind? Sie können krank werden, nicht arbeitsfähig sein – wenn ich nicht irre, war das schon einmal so –, und dann soll meine Clara Mangel leiden? Ein so leichtsinniger Vater bin ich nicht, daß ich das dulde.“

Was er sich denn als Einkommen von Claras Gatten vorstelle, forscht Schumann etwas bedrückt.

„Mindestens 3.000 bis 4.000 Taler“, erklärt Wieck. „Oder wollen Sie, daß mein Kind dann im stillen weint, wenn sie kein großes Haus führen kann? Wenn sie, die Vielverwöhnte, keine Gesellschaften geben kann, was doch schon ihre Kunst verlangt?“

Das dünkt denn Schumann doch zuviel und er meint, so wie er Clara kenne, würde sie das kaum tun.

„Ah, Sie halten meine Clara, die erste Klaviervirtuosin und Komponistin der Welt, wohl für ein anspruchsloses Hausmütterchen“, höhnt Wieck. „Etwa soll sie nur kochen, Strümpfe stopfen und fleißig Kinder kriegen.“

Kinder seien Gottes Segen, sagt Robert ruhig.

„Aber nicht für eine Clara Wieck“, braust sein Gegenüber auf.

Da verläßt Schumann seine ganze Überlegung und Selbstbeherrschung und er verweist auf Friedrich Wiecks erste Gattin Marianne Tromlitz, die auch eine tüchtige Pianistin gewesen wäre und ihm trotzdem vier Kinder geschenkt habe, darunter das Wunder an Begabung, Clara.

„Madame Bargiel ist eben ein Exempel für meine Meinung“, faucht Wieck böse, „Was ist denn aus ihr geworden? Die früh vergrämte und verhärmte Frau eines kleinen Musikers, die ihre einstige Kunst vergessen hat und nur noch vegetiert, nicht lebt. Das Unglück ihrer Mutter darf sich bei Clara nicht wiederholen!“ schreit er geradezu und springt von seinem Stuhl auf.

Schumann sieht nun seine Sache schon fast verloren und versucht verzweifelt einen letzten Ansturm auf Wiecks väterliches Gefühl.

„Sie wissen doch, wie sehr ich Ihre Clara hochschätze und verehre, wie ich sie liebe, und daß sie selbst auch keinen anderen Mann je wählen wird. Glauben Sie nicht, daß wir, die wir so gut zusammenpassen, die seligsten Menschen der Welt würden, wenn Sie uns segnen?" Die Worte sind eher eine Bitte als eine Frage.

„Zunächst gewiß", gibt Wieck zu. „Nur auf die Dauer läßt sich von der Liebe allein nicht leben."

„Aber Sie können doch nicht Ihrer heißgeliebten Tochter die schönsten Jugendjahre nehmen. Schon allein dieser Gedanke würde mich tief erschüttern."

„Mich erschüttert gar nichts", erklärt Wieck eisig und schickt sich an zu gehen.

„So darf ich Clara jetzt nicht wiedersehen?" fragt Robert niedergeschmettert.

„In Gegenwart von Freunden, an öffentlichen Orten jederzeit, wenn's Ihnen Freude macht; nur nicht in meinem Haus", ist die fast höhnisch klingende Antwort. „Sie können ihr auch schreiben, soferne Ihnen ein Gedankenaustausch, der durch meine Hände geht, erwünscht ist ..."

„Und Hoffnung auf die Zukunft geben Sie mir keine?" Wie ein gequälter Aufschrei dünkt diese Frage.

„Wenn Ihr Jahreseinkommen 4.000 Taler beträgt, können wir ja weiterreden", meint Wieck mit erschreckendem Gleichmut, nimmt seinen Hut und verläßt den Raum, ohne den ganz vernichteten jungen Mann noch eines Blickes zu würdigen.

Clara hört den Vater heimkommen. Er begibt sich aber sofort zu Mutter Clemenza und ihrer Freundin und spricht mit ihr kein Wort. Auch mittags nicht. Selbst nicht am Abend, obwohl er in ihren sehnsuchtsvollen Augen Angst, Sorge und bittendes Verlangen um eine Entscheidung lesen könnte, soferne er sich die Mühe nähme, sie anzuschauen. Schließlich kann das Mädchen bei aller Selbstbeherrschung die Tränen nicht mehr länger zurückhalten und schreibt weinend in Gegenwart des Vaters ins Tagebuch:

„An meinem Geburtstag kam unter anderem ein Brief von Schumann. Darüber schreiben, würde Bögen ausfüllen."

Da steht Wieck hinter Clara, schaut ihr über die Schulter und liest ihre Eintragung.

„Ich hätte nicht gedacht, daß du so unvernünftig bist", sagt er tadelnd. „Wenn du die exaltierten Briefe Schumanns durchaus in die Hand bekommen mußt ... Ich bin ja doch kein Unmensch, sondern dein Vater, der dein Bestes will ..." und er wendet sich zu seinem Sekretär, um ihr die Briefe einzuhändigen.

Doch in Clara regt sich nun der Stolz. Jetzt, wo sie merkt, daß alle Hoffnung, die sie und Robert in ihren Geburtstag setzten, zunichte geworden ist, braucht sie die Briefe auch nicht. Sie schüttelt nur stumm den Kopf und läuft hinaus. In ihrem Zimmer schluchzt sie dann so herzzerbrechend, daß sogar Nanni es im Vorbeigehen hört und mitleidig anfragt, ob sie nicht irgendwie behilflich sein darf. Clara schickt die treue Magd zu Robert, um ihm zu sagen, wo er sie morgen treffen kann.

Am nächsten Tag besucht sie zum letztenmal ihre Freundin Emilie List; denn der Vater will mit ihr nach Wien reisen und auch Herr List verläßt nun mit seinen Angehörigen Leipzig, um sich nach Paris zu begeben.

Die Eisenbahn, die er mit Zähigkeit und Zielbewußtsein projektierte, durchsetzte und schließlich so weit baute, daß man in kaum zwei Jahren schon bis Dresden fahren wird, bringt ihrem Schöpfer wenig Freude. Mit Tränen der Entrüstung in den Augen erzählt Emilie, wie man ihrem Vater, der sein ganzes Vermögen dem Bahnbau opferte, Aktien und eine Direktionsstellung versprochen und nichts von allem gehalten habe. Bloß ein Ehrengeschenk von 4.000 Talern wurde ihm überreicht, das kaum seine Auslagen decke.

„Und so gehen wir jetzt von Leipzig", sagt sie trotzig. „Wenn man meinen Vater innerhalb des großen Vaterlandes, weil er in Reutlingen geboren ist, in Sachsen als Ausländer behandelt, so wollen wir wieder ins richtige Ausland. Vielleicht anerkennt man dort seine außerordentlichen Pläne und Leistungen eher."

Auch Clara kann von Enttäuschungen reden und berichtet von ihrer derzeit hoffnungslosen Liebe. Dann umarmen die Mädchen einander schluchzend, und Emilie List küßt Clara Wieck zum letztenmal.

Noch tief erschüttert von diesem Abschied, eilt Clara in Reichels Garten. Immer schneller wird ihr Schritt. Schließlich läuft sie fast die schnurgerade ausgerichteten, verschnittenen Baumhecken des französischen Parks entlang. Da, vorne bei der Statue der Juno, steht in der Tat ein Mann. Es ist Robert. Er kommt auf sie zu, begrüßt sie stumm und führt sie tiefer in den Park. Und nun erfährt Clara endlich die schicksalsvollen Ereignisse ihres 18. Geburtstages.

„Im Augenblick vermag ich kaum etwas für uns zu tun", schließt Robert tief betrübt, „und gerade das ist so fürchterlich für mich ..."

Clara ist zwar bedrückt, aber nicht hoffnungslos.

„Du kannst doch schaffen, dir als Komponist einen geachteten Namen erwerben", tröstet sie, „und deine Kompositionen müssen einmal einen Ertrag liefern. Das wird Vater schon Achtung abnötigen und ihn milder stimmen."

„Glaubst du das wirklich?" zweifelt Schumann noch ein wenig.

„Ich bin fest überzeugt", versichert Clara, „so fest, wie ich an unsere Liebe glaube!"

„Dagegen wurde ich seit meinem großen Mißerfolg bei deinem Vater wieder ganz mutlos", klagt Robert. „Nun kam es doch fast ebenso wie in dem Märchen, das ich dir am Tage meines Einzuges bei euch erzählte. Dich, meine liebe, verwunschene Prinzessin, hält jetzt dein Vater, kaum anders als ein böser Zauberer, gefangen. Ach, wenn auch ich einen silbernen Schleier fände, durch den ich dich erlösen könnte!"

„Den findest du bestimmt, Robert", spricht ihm Clara Mut zu. „Der Silberschleier ist doch deine Kunst. Sie richtet mich immer wieder auf, wenn ich noch so traurig bin; sie wird es sein, die dir schließlich die Mittel schafft, die Vater verlangt."

„O du, mein tapferes Mädchen!" bewundert Schumann, und „Du sollst mit mir zufrieden sein!" verspricht er. Dann nehmen sie voneinander zärtlich Abschied auf viele Monate.

Schumann begibt sich von Reichels Garten jenseits der Pleiße auf den Barfußberg, in den „Kaffeebaum".

Hier hat sich seit der Gründung seiner Zeitschrift manches geändert. Der Davidsbündler Jonathan, Ludwig Schunke, ist tot. Serpentin, der hinterhältige Banck, mußte Leipzig verlassen. Wieck, den sie Meister Raro hießen, wurde zum Feind, Julius Knorr schied aus der Arbeitsgemeinschaft. Von den alten Freunden sind nur noch der taube Maler Lyser, der Theaterkapellmeister Stegmayer und Dr. Reuter da. Dafür thront Felix Mendelssohn, der Gewandhaus-Dirigent, unter dem Davidsbündler-Namen Felix Meritis in der Mitte, ein junger, hochbegabter Engländer, William Sterndale Bennet, hat sich hinzugefunden und Goethes Enkel Walter kommt hin und wieder. Schumann selbst ist im letzten bitteren Jahr sehr still geworden. Florestans Begeisterung fehlt oft; bloß der ruhige Eusebius blieb.

So auch heute. Schumann sitzt auf seinem lehnelosen Stühlchen und trinkt schweigend sein Bier, während die Tischrunde sich leidenschaftlich über die neue Oper von Meyerbeer „Die Hugenotten" unterhält. Einer meint, man dürfe diesem Komponisten einigen Esprit nicht absprechen, ein anderer spricht vom gut gelungenen Pagenlied, Meritis-Mendelssohn gar von lebendig dargestellten Volksszenen. Da erwacht in

Schumann das alte Feuer Florestans und er fährt finster dazwischen:

„Was ist das alles gegen die Gemeinheit, Verzerrtheit, Unnatur, Unsittlichkeit und Unmusik des Ganzen! Schwelgen, morden und beten; nichts weiter findet man in den ‚Hugenotten'. Und das läßt man sich alles gefallen, weil es hübsch in die Augen fällt und von Paris kommt. Es ist zum Ekeln!"

Der Gewandhaus-Dirigent versucht dagegen geltend zu machen, daß die Handlung einer Oper anderen Gesetzen unterliege als denen der bürgerlichen Lebensführung. Schumann aber erwidert erregt: „Die Gesetze der Kunst sind die Gesetze der Moral", und hüllt sich dann wieder in hartnäckiges Schweigen. Erst als von den Schwierigkeiten junger Komponisten, einen Verleger zu finden, die Rede ist, ergreift er nochmals das Wort und schlägt die Begründung einer Autorengemeinschaft zur Herausgabe der Musikwerke aller lebenden Meister vor. Diese Idee wird begeistert aufgegriffen. Nur Mendelssohn, der Erfolgreichste von ihnen allen, pflichtet nicht bei.

„Sie können uns freilich nicht verstehen", sagt Schumann traurig, und es kommt ihm zum erstenmal zum Bewußtsein, welch tiefklaffender Unterschied zwischen ihm und dem von ihm als Musiker bisher neidlos anerkannten Mendelssohn besteht.

Durch die unerwartete Meinungsverschiedenheit ärgerlich geworden, verläßt er dann den „Kaffeebaum" früher als gewöhnlich und geht mit sachten, ein wenig auf den Zehenspitzen wippenden Schritten allein seiner Behausung zu. Der Mond versilbert die sanft geschwungenen Giebel der alten Häuser auf dem Barfußsteig, tastet sich in die Dachluken und guckt neugierig in die Gassen. Fast scheint es, als lache er mit seinem ganzen prallen Kugelgesicht über die närrische Stadt Firlenz, die es bei derart viel Musik, bei einer

Überfülle von Solisten, Orchesterkonzerten und Opern kaum nötig hätte, sich für oder gegen fremde Modestücke zu erhitzen. Oder macht er sich etwa über den einsamen Wanderer lustig?

Schumann freut plötzlich der Heimweg durch Gäßchen und Straßen nicht mehr und er sucht die Durchgangshöfe auf, die vom Westen nach Osten in stattlicher Anzahl die wenigen wirklichen Straßen nach dieser Richtung ergänzen. Er schleicht fast durch Bartels-Hof und schiebt sich längs der „Alten Waage" über den Nordrand des Marktes. Dann nimmt ihn der Engschlund von Kochs-Hof auf. In der Reichsstraße schwankt er ein wenig zwischen Amtmanns- und Deutrichs-Hof, wählt aber schließlich den letzteren. Und da steigt plötzlich die Erinnerung an das so wundervolle Wiederfinden mit Clara auf. Ihr Bild selbst wird ihm gegenwärtig und läßt ihn nicht mehr los. Auch nicht, als er schon längst in seiner Stube im „Roten Kolleg" ist.

Musik umfließt sie; ein Fülle köstlicher Melodien. Dabei dünkt sie so hold, so schön und eigenartig, daß man sie gar nicht von sich lassen möchte. Doch wie sie festhalten, daß sie nicht entschwindet? Nur wieder durch Musik erscheint das möglich. Eusebius und Florestan müssen zusammenhalten und ihr Geschichten vorplaudern von künftigem Glück, vom Abend vor dem schönsten, den es geben wird.

Robert sitzt hochbeglückt an seinem Flügel und spielt und achtet nicht der späten Stunde. Sogar das Pochen eines schlafgestörten Nachbarn überhört er und ebenso den Schreckstoß eines Besenstieles an die Stubendecke der unteren Etage. Erst als einige grobe Scheltestimmen über ihm laut werden, schließt er das Fenster und setzt sich an den Tisch. Dort bannt er seine inneren Geschichte, das Brausen, Tönen, Klingen in seiner Brust, auf Notenlinien und arbeitet im Feuereifer die Nacht hindurch. Ihr folgen noch viele

Tagesstunden und nochmals Tag und Nacht. Dann liegt die neue Reihe von Musikstücken vor ihm, die er „Davidsbündlertänze“ nennen will. Sie alle – fein säuberlich rein geschrieben – sollen Clara zugleich mit einem Brief erfreuen.

Den Brief mit dieser Notenfracht schickt er nach Dresden, wohin sich Wieck und seine Tochter als erste Reisestation wandten. Als er dort eintrifft, sind Wiecks schon abgereist. Der Kapellmeister Reissinger, in dessen Hand er kommt, ändert die Anschrift in „Prag“ und bezahlt die Postgebühren dahin. In Prag verfehlt der Brief abermals seine Empfängerin, die tags vorher die Stadt nach zwei Konzerten und bisher beispiellosen Erfolgen verließ. Nun erhält er als neue Adresse „Wien“.

Zur gleichen Zeit fahren Vater Wieck und Clara in der Wiener Kurierpost durch den dichten Novembernebel. Städtchen und Orte gleiten geisterhaft vorüber, aus dem breiten Donaufluß steigen gleich Schemen noch dickere Schwaden naßkalten Brodems. Dann lichtet sich das Grau – Mitfahrende verraten, daß sie schon in der Vorstadt sind – und plötzlich bricht die Sonne sieghaft durch.

Jetzt sieht man die Stadt selbst, die hinter Mauern, Türmen, Bastionen über einem Flußarm thront; ihr jahrhundertealtes Wahrzeichen, der Riesenturm des Stephansdomes, reckt sich in ihrer Mitte, und ein ganz wundervoller Kranz von Bergen scheint die Schöne zu umarmen. So dünkt es Clara auch noch, als sie bereits den Donauarm überqueren und sich dem Rothenturm-Tor nähern.

Kurze Zeit später macht Clara mit ihrem Vater die ersten praktischen Erfahrungen auf Wiener Boden. Einer der Zollbeamten hilft ihr galant aus dem Wagen, die ziemlich reichhaltige Bagage wird behutsam abgeladen, und nach sorgfältiger Prüfung ihrer ausländischen Pässe, die sie als sächsische Staatsangehörige ausweisen, und erteilter Auskunft, daß Clara hier konzertieren wolle, verzichtet der Herr Zollaufseher auf eine Revision des Gepäcks und wünscht ihnen sogar guten Erfolg. „Wir haben die Herren Sachsen immer gut leiden können“, fügt er freundlich hinzu. „Die saubere Demoiselle wird sicher bei uns ihr Glück machen, wenn s' nur 's Publikum ein bissel lieb anschaut.“ Und der Amtsdiener mit dem mächtigen Schnauzbart grüßt daraufhin mit einem überhöflichen „Schamster Diener die Herrschaften!“

Auch in ihrem Gasthof finden die beiden Reisenden auffallende Dienstbeflissenheit und ein Zuvorkommen aller ihrer Wünsche. Eine warme Welle von Vertrauen und Liebenswürdigkeit schlägt ihnen entgegen. Man fühlt sich schon im ersten Augenblick nicht mehr als Fremder, sondern wie daheim.

Clara ist ganz entzückt von dieser Stadt. Gar als sie mit Professor Fischhof, dem Mitarbeiter der „Neuen Zeitschrift für Musik“, an den sie Empfehlungsbriefe hatten, die Gassen und Straßen durchstreifen darf, die herrlichen Paläste bewundert, die Pracht der Kirchen bestaunt und über die Basteien und Glacis promeniert, wo man schöne Ausblicke auf die vielen Vorstädte mit ihren Adelsschlössern, die anmutigen Winzerörtchen jenseits des Linienwalles, die waldigen Berge und den mächtigen Strom gewinnt.

Wieck spricht Wien weniger an. Er sieht sogleich die Hindernisse, die hier für Clara höher als irgendwo aufwachsen.

Es sind ja erst zehn Jahre her, daß Beethoven starb, daß Schubert wirkte. Die Generation, die neben dem unerreichten Großmeister des modernen Klavierspiels aufwuchs, lebt noch, wenn sie auch heute Czerny oder Thalberg anhimmelt. Die Stadt, in der seit Glucks und Haydns Tagen die größten Meister der Musik zumindest eine Zeitlang weilten, beherbergt mehr musikverständige Menschen und kunstbegeisterte Dilettanten als Leipzig und Dresden zusammen. Wieck findet auch tatsächlich viele Schwierigkeiten vor, bis sich Clara endlich in dem Salon einer kunstbegeisterten Bankiersfamilie erstmals produzieren kann.

Da fliegen ihr freilich alle Herzen zu.

Die Frau Baronin umarmt sie voll Rührung und nennt sie in einem Atem „Wundermädel" und „Tausendsassa". Vier elegante Damen mittleren Alters – die Schwestern Fröhlich, mit denen Schubert musiziert hat, flüstert man dem Vater zu – umdrängen sie und drücken ihr die Hand. Die Hübscheste von ihnen, die ihre Schwestern Kathi nennen, sagt freundlich:

„Ich muß Sie gleich mit dem Herrn Hofkammerarchivdirektor Grillparzer bekanntmachen. Das ist der berühmte Dichter, der die wunderschöne Grabrede für den Herrn van Beethoven verfaßt hat", und führt sie zu einer Gruppe Herren, in deren Mitte ein etwas vergrämt und melancholisch aussehender hoher Vierziger steht. Grillparzer spricht sich auch ganz begeistert aus und meint: „Mit solchen Wunderwesen sollte man nur in Versen reden." Da ruft eine Stimme aus dem Hintergrund: „Sie, das merken S' Ihnen, Demoiselle Clara! Denn so freigebig mit seine Lobsprüch is er selten, der Herr von Grillparzer. Er ist mehr als a guter Mensch, er is a merkwürdiger Mensch, und die bloß guten Menschen san noch ka Merkwürdigkeit ..."

Im Gelächter der Umherstehenden erfährt sie, daß der Zwischenrufer der Komödiendichter Nestroy war, und dann lernt sie noch andere Dichter kennen; den Herrn von Bauernfeld, den interessanten Niembsch von Strehlenau, der als Nicolaus Lenau so wundervolle Lieder schreibt, Castelli, Feuchtersleben. Sogar ein leibhaftiger Graf ist unter ihnen, der seinen stolzen Namen Auersperg unter dem Pseudonym Anastasius Grün verbirgt. Auch Maler werden Clara präsentiert. Bekannte Namen, wie Waldmüller, Daffinger, Danhauser, Fendi klingen an ihr Ohr. Bloß die Musiker fehlen. Allein

Fischhof vertritt sie. Dagegen stellt sich ein kleiner Dicker als Bäuerle, der Besitzer der weitbekannten „Theaterzeitung“ vor. Und eifrige Kenner und Musikfreunde sind alle Anwesenden, ja vielfach sogar Mitglieder der Wiener „Gesellschaft der Musikfreunde“, die seit 1811 im Musikleben Wiens eine ähnliche Bedeutung besitzt wie das Leipziger „Gewandhaus“. Nur daß die Wiener noch ein Konservatorium haben.

Wieck ist über den ersten Erfolg seiner Tochter in Wien sehr beglückt, wenn ihm auch die verbindliche Art des hier heimischen heiteren Menschenschlages nicht zusagt, ja ihn geradezu stört. Clara kehrt von dem Musikabend in so guter Stimmung wie schon lange nicht heim, und ihre Freude steigert sich noch ins Ungemessene, als ihr Nanni vor dem Schlafengehen eine Brief- und Notensendung von Robert übergibt.

Wieder und wieder überliest sie das Schreiben. Zwei Stellen daraus muß sie sogar küssen. Sie handeln von der neuen Komposition, die ihr den Brief noch teurer macht. „Ein ganzer Polterabend ist die Geschichte, und Du kannst Dir nun Anfang und Schluß ausmalen“, schreibt der Liebe, Gute und verrät noch von seinen neuen „Davidsbündlertänzen“: „Sie sind in der schönsten Erregung entstanden, wie ich mich nur je besinnen kann ...“

Vor Clara steigt die dämmerdunkle Abschiedsstunde in Reichels Garten auf, wo Robert von dem Märchen sprach. Jetzt webt er wirklich an dem Silberschleier, der sie erlösen soll. Wie schön ist das! Am liebsten möchte sie die „Davidsbündlertänze“ noch heute spielen; so neugierig ist sie darauf. Die nächsten Tage stiehlt sie sich, sobald Wieck weggeht, dazu Zeit ab. Es sind für sie die herrlichsten Stunden seit Wochen.

Der Vater merkt schließlich, daß sie viel fröhlicher als bisher ist, und mutmaßt einen geheimen Briefwechsel mit Robert. Das freut ihn zwar gar nicht, doch will er ihr die frohe Stimmung vor dem bevorstehenden ersten öffentlichen Konzert nicht stören. Er sinnt überhaupt darüber nach, ob es nicht zweckmäßiger wäre, das Mädchen langsam und möglichst unmerklich mit Vernunftgründen von der Liebe zu Schumann abzubringen, als Clara durch Schelten und Verbote zur Widersetzlichkeit aufzustacheln.

Die ersten Versuche in dieser neuen Taktik lassen sich gut an. Der große Erfolg ihrer öffentlichen Konzerte Mitte und Ende Dezember und schließlich bei Hof vor dem Kaiserpaar, der eine Kette gesellschaftlicher Triumphe nach sich zieht, tut das Seine dazu, um Clara die Vorteile eines Lebens im Mittelpunkt des Interesses und der Verehrung aller schätzenswert zu machen; eines abwechslungsreichen und berauschend schönen Lebens, das sie an Schumanns Seite nicht fortführen könnte.

Unglücklicherweise für Wieck, der nunmehr alles bestens eingeleitet glaubt, schreibt sie darüber an Robert, und Schumann fühlt, daß ihre Festigkeit, zu ihm zu halten, arg bedroht ist, und antwortet gekränkt und tief besorgt. Damit rührt er an Claras Herz. Das Mädchen merkt, daß es auf bestem Wege war, den Liebsten zu verlieren, und die Freude an äußerlichem Glanz ist plötzlich wie hinweggeweht. Vor Clara steht wieder nur noch Robert. Sogar am Weihnachtsabend.

„Wie sollte ich den Christabend schöner feiern, als mich mit Dir zu unterhalten", beginnt sie ihren Weihnachtsbrief. „Wo magst Du jetzt sein? Ob du recht glücklich bist? Doch ja – Dir brennt ja der Baum der Liebe! –"

Damit bahnt sich die alte innige Verbindung über Raum und Zeit hinweg von neuem an. Wenn sich die körperlichen Hüllen nicht fassen können, so treffen sich die Geister wie einst im noch halb kindlich unbewußten Spiel ihre Gedanken – die „Doppelgänger". Bald finden sie einander mit unfehlbarer Sicherheit. Mitten im lebhaften Gesellschaftstrubel vernimmt das Mädchen seinen Namen und glaubt die Stimme Roberts gehört zu haben. Der nächste Brief bestätigt dann, daß Schumann tatsächlich zur gleichen Zeit ausschließlich an Clara dachte. Dagegen wünscht sich diese am Abend vor der Jahreswende ganz intensiv in Roberts Nähe. Sie möchte bei ihm sitzen, ihm in der Scheidestunde des alten Jahres in die Augen schauen. Wirklich verrät wenige Tage später sein Brief aus der Silvesternacht, daß sie ihr Ziel erreichte; denn Schumann schreibt:

Sylvesternacht 1837, nach 11 Uhr.
Schon seit einer Stunde sitze ich da. Wollte Dir erst den ganzen Abend schreiben, habe aber gar keine Worte – nun setze Dich zu mir, schlinge Deinen Arm um mich, laß uns noch einmal in die Augen sehen – still – selig –.
Zwei Menschen lieben sich auf der Welt. –
Eben schlägt es drei Viertel. –
Die Menschen singen von ferne einen Choral – kennst Du die zwei, die sich lieben? Wie wir glücklich sind – Clara, laß uns niederknien! Komm, meine Clara, ich fühle Dich – unser letztes Wort nebeneinander dem Höchsten – – –

Und nun beginnt für Clara eine seltsame Zeit.

Innerlich ist sie Robert stärker als je verbunden. Diese Gewißheit verleiht ihr aber auch nach außen mehr Heiterkeit und Ruhe. Alles Bedrückte und Verquälte ihres Wesens aus den Tagen, in denen sie Schumann seelisch fern stand, fällt von ihr ab. Ihr Vater glaubt deshalb, daß sie sich doch von Robert langsam loslöst, und bemüht sich, sie wieder mit der alten Liebe früherer Tage zu umsorgen, als noch allein sein Wort ihr heilig war. Clara fühlt nun die große Liebe beider

Männer zu ihr und hofft drum heiß auf eine nahe, glücklichere Zukunft, die alle Gegensätze überbrückt.

Es kann ja gar nicht anders sein. Der Vater, dem sie so viel dankt, muß schließlich alle seine Wohltaten noch mit dem größten Werke edler Vaterliebe krönen und ihren Bund mit Robert segnen, erwartet sie. Daß jeder der zwei ihr so Nahestehenden sie ganz für sich will, wird ihr nicht klar. Es zu erkennen, gönnt ihr der rasche Ablauf der äußeren Geschehnisse in diesen Wochen zu wenig Ruhe und Besinnung; denn sie gewinnt sich eben als Künstlerin die alte Kunststadt Wien in einem beispiellosen Siegeslauf.

Das erste und das zweite Konzert bescheren schon Beifall wie selten, günstige Blätterstimmen und wachsende Anhängerschar. Das Hofkonzert sichert die Huld des Kaiserpaares und die Bewunderung höfischer Kreise. Das dritte öffentliche Auftreten überbietet jedoch alles bisher Dagewesene.

Auf Vaters Rat spielt Clara im Saale der Gesellschaft der Musikfreunde in der Tuchlauben den Wienern zum erstenmal Beethoven.

Da bricht ein ungeahnter Jubel aus. Wieder und wieder muß sie danken. Während sie aber in der Mitte des Podiums einen ihrer vielen Knickse absolviert, drückt ihr der Vorstand des Orchesters von rückwärts einen Lorbeerkranz ins dunkle Haar. Es ist der erste ihres Lebens, und das erschüttert sie so sehr, daß sie sich nicht zu fassen weiß. Die Wiener aber toben vor Begeisterung und schreien „Hoch!“, „Hoch Clara Wieck!“, wie sie das feine, schlanke Mädchen in seiner reizenden Verlegenheit dort oben stehen sehen; die große Künstlerin – trotz ihrer achtzehn Jahre –, die nun der Lorbeer ziert.

Aber damit beginnen erst die außerordentlichen Ehrungen, die die Musikstadt Wien Clara Wieck zudachte.

Im Künstlerzimmer drängen sich Herren im braunen und blauen Frack, mit Ordenssternen, in Uniformen. Vater Wieck umringen Kritiker und preisen seine Tochter als gefühlvollste Klaviervirtuosin, die über Liszt und Thalberg, die Größten unter Großen, zu stellen sei. Dagegen steht vor Clara ein älterer Herr, der zweite Präsident der Gesellschaft der Musikfreunde in Wien, und überreicht ihr mit einer längeren, wohlgesetzten Rede eine Rolle, die ihre Ernennung zum Ehrenmitglied dieser Körperschaft enthält.

„Sind nicht auch Beethoven, Spohr und Weber ...?“ fragt das junge Mädchen klopfenden Herzens.

Der Präsident bejaht und bestätigt, daß sie sich diesen großen Ehrenmitgliedern würdig anschließe. Clara findet in ihrer tiefen Bewegung dafür kaum einige Dankesworte, da tritt der Minister Graf Kolowrat vor sie hin, kündigt ihr die Ernennung zur kaiserlich-königlichen Kammervirtuosin an und versichert, daß diese allerhöchste Entschließung ohne Beispiel dastehe und wahrscheinlich auch niemals mehr vorkommen werde, weil sie nicht nur eine Ausländerin und Protestantin, sondern auch die weitaus Jüngste der acht Kammervirtuosen sei. Unter den vielen Gratulanten, die sie beglückwünschen, ist auch der Dichter Grillparzer. Er drückt ihr nur die Hand und sagt, sein Dank für diesen Abend würde sie am nächsten Tag erfreuen.

Am Morgen bringt dann ein Bote ein Gedicht von seiner Hand, das auch in der „Wiener Zeitschrift für Kunst und Literatur“ zum Bericht über Claras Konzert abgedruckt erscheint. Es lautet:

Clara Wieck und Beethoven
(f-Moll-Sonate)

Ein Wundermann, der Welt, des Lebens satt,
Schloß seine Zauber grollend ein
Im festverwahrten, demantharten Schrein,

Und warf den Schlüssel in das Meer und starb.
Die Menschlein mühen sich geschäftig ab,
Umsonst! Kein Sperrzeug löst das harte Schloß
Und seine Zauber schlafen, wie ihr Meister.
Ein Schäferkind, am Strand des Meeres spielend,
Sieht zu der hastig unberufnen Jagd.
Sinnvoll-gedankenlos, wie Mädchen sind,
Senkt sie die weißen Finger in die Fluth,
Und faßt, und hebt, und hat's. – Es ist der Schlüssel!
Auf springt sie, auf, mit höhern Herzensschlägen,
Der Schrein blinkt wie aus Augen ihr entgegen.
Der Schlüssel paßt. Der Deckel fliegt. Die Geister,
Sie steigen auf und senken dienend sich
Der anmuthreichen, unschuldsvollen Herrin,
Die sie mit weißen Fingern, spielend, lenkt.

Vater Wieck ist über diese seiner Tochter widerfahrenen Ehrungen außer sich, und sein Entzücken steigert sich noch, wie ihm der Reinertrag des letzten Konzerts mit baren 1.035 fl. bekanntgegeben wird. Daneben reift seine bisherige Meinung, daß Schumann Claras gar nicht würdig ist, durch die Ereignisse geradezu zur unumstößlichen Gewißheit; denn eine k. k. Kammervirtuosin kann einfach nicht mehr einen unbekannten Musiker heiraten, und Claras Vorsprung an Berühmtheit holt jetzt der gute Mann, auch wenn er sich viel Mühe gibt, zeitlebens nicht mehr ein.

Wieck ahnt dabei nicht, wie sehr ein ihm verheimlichter, durch Nannis und Dr. Reuters Hilfe häufiger Wechsel glühender Liebesbriefe zwischen den jungen Leuten und die eigenartige, fast überirdisch anmutende Fähigkeit der Liebenden zu immer neuer, wunderbarer seelischer Vereinigung durch gegenseitiges Gedenken Robert befeuert und seine Schaffenskraft erhöht. Er weiß nichts von Schumanns letztem Brief, in dem er schrieb: „Wie gönne ich Dir diese Lorbeerkränze – aber freilich auch tausend machen noch keinen von Myrten – den setze ich Dir allein auf Dein schönes schwarzes Haar ...“, und gleichzeitig an Fischhof seine frisch gedruckten „Phantasiestücke“ für Clara schickte. Wie sollte er vermuten, daß Robert schon eine neue Notensendung auf den Weg bringt und Clara mitteilt: „Da habe ich Dir denn auch so entsetzlich viel komponiert in den letzten drei Wochen – Spaßhaftes, Egmontgeschichten, Familienszenen mit Vätern, eine Hochzeit, kurz äußerst Liebenswürdiges – und das ganze ‚Novelletten‘ genannt ...“; daß Schumann, durch all diese Hindernisse nicht gehemmt, sondern zur Arbeit lebhaft angespornt, sich in pausenlosem Schaffen auf seine Art den Weg zu einer künstlerischen Höhe erkämpft, auf der er Clara nicht nur ebenbürtig, sondern noch Überlegen ist; ja, daß nunmehr gar die Verleger seine geniale Eigenart erkennen und nach neuen Werken Robert Schumanns geradezu verlangen. Claras Vater lebt zu sehr im Taumel der Wiener Wieck-Begeisterung, daß er dergleichen für möglich hielte.

Clara ist in der Tat bereits zur Modeerscheinung geworden. Die Damen der Gesellschaft lassen sich wie sie frisieren; die Haare glatt, über beiden Augenbrauen schräg gescheitelt und sanft oval über die Ohren gelegt. In den Geschäften sind zartblaue Seidenschals gefragt, wie Clara sie bevorzugt. Die Marke „à la Wieck“ wird zum Begriff.

Als Friedrich Wieck gegen Wintersende zu einer Gesellschaft bei Professor Fischhof kommt, wo Clara bereits auf ihn wartet, schwenkt er freudestrahlend ein Zeitungsblatt und berichtet stolz den versammelten Musikfreunden: „Es gibt jetzt bereits überall in den großen Wiener Kaffeehäusern, in Konditoreien und Hotels die ‚Torte à la Wieck‘. Sogar Bäuerle zeigt sie in der Theaterzeitung an.“ Dann zückt er umständlich seine Lorgnette und liest mit erhobener Stimme vor: „... sie ist eine ätherisch hingehauchte Mehlspeise, die sich den Essern von selbst in den Mund spielt.“

Begeistertes Beifallsklatschen der Anwesenden beschließt diese Ankündigung, und man verabredet sich untereinander, in nächster Zeit in öffentlichen Lokalen nur noch diese Süßigkeit zu essen. Clara empfindet derlei lächerliches Getue bereits als lästig.

„Wenn solche Genüsse locken, wo bleibe da ich mit meinen neuen ‚Novelletten‘ von Robert Schumann?“ fragt sie.

Da jedoch rufen sofort alle:

„Erst die ‚Novelletten‘! Lieber die ‚Novelletten‘ spielen! Die Torte läuft uns nicht davon.“

Vater Wieck ist wie vor den Kopf geschlagen.

Was fällt denn Clara ein? Wie kann sie etwas vortragen, das nicht vorher mit ihm vereinbart wurde, überlegt er wütend. Und wiederum von diesem windigen Kerl, dem Schumann? Es ist einfach infam! Dabei darf er die fremden Leute doch nicht merken lassen, daß diese Sache ohne sein Wissen angezettelt wurde. Er setzt daher seine übliche wichtige Miene auf, tritt an den Flügel und macht sich ans Umblättern der Noten. Dabei verfolgt er jede Zeile mit eifersüchtig forschendem Blick.

Der Musiker in ihm begreift bald Robert Schumanns ganz außerordentliche Leistung. Er erkennt, daß hier einer aufgestanden ist, um mannhaft und erfolgreich gegen das reine Virtuosentum der Nachfahren Beethovens und Schuberts zu streiten, daß in Schumanns Kompositionen sich in der feingliederigen Figurierung und in der Auflösung der geschlossenen Thematik der Klassiker zu zahllos vorübergleitenden melodiösen Motivbildungen ein neuer, von poetischem Empfinden durchdrungener Klavierstil ausspricht.

Die Zuhörer nehmen die Stücke als musikalische Neuigkeit mit Dankbarkeit für die verehrte Klavierkünstlerin hin.

Clara allein fühlt, daß Robert mit seinen „Novelletten" sich die Geschehnisse der letzten Monate vom Herzen schrieb; daß vieles aus ihrem jüngst vergangenen und gegenwärtigen Leben darin zum Tönen kommt und manches aus einer noch fremden Zukunft vorweggenommen wird.

Beim Heimgehen forscht dann der Vater, woher sie diese Noten erhielt. Wie sie mit gutem Gewissen sagen kann, Schumann habe sie, wie bereits andere vorher, an seinen Mitarbeiter Professor Fischhof gesandt, redet er kein Wort weiter von der Sache, und Clara denkt schon, die Überraschung habe ihn nicht geärgert, weil er jetzt Robert wieder wohlgewogen ist.

Wieck aber ist viel ärgerlicher, als sie glaubt. Er sieht deutlich, daß alle Weiber unvernünftig sind. Clara macht leider da ebensowenig eine Ausnahme wie ihre Mutter oder Frau Clemenza. Man kann wahrscheinlich Frauen gar nicht zur Vernunft erziehen oder durch Vernunftgründe gewinnen, findet er schließlich. Man muß sie zu allem, sogar zu ihrem eigenen Vorteil, lenken. Und dazu ist er fest entschlossen.

Noch in der Nacht entwirft er einen hinterhältigen Plan, die beiden Liebenden arglistig zu täuschen und ihnen eine künftige eheliche Verbindung unmöglich zu machen.

Am nächsten Morgen fängt er zu Claras unnennbarer Freude von selbst über Schumann zu reden an und erwähnt, daß man dem Gedanken an eine Heirat doch nähertreten könnte, soferne Robert mehr als 2.000 Taler jährlich verdiene. Dann setzte er der Hochbeglückten auseinander, diese Aussicht bestünde wohl in Leipzig kaum, dagegen vielleicht in Wien. Wenn sich Schumann entschlösse, mit seiner Zeitung nach Wien zu gehen, so würde am Ende noch alles gut, meint er.

Clara ist ganz begeistert und will Robert sofort veranlassen, seine Zeitschrift in Wien bei Diabelli im Paternostergaßl oder bei Haslinger in der Tuchlauben herauszugeben. Sie ahnt ja nicht, was Vater Wieck aus eigener Erfahrung in Geschäften und bei Behörden weiß: daß dieselbe Stadt, die großen Künstlern zujubelt wie keine zweite, derzeit für den Ausländer, der sich hier niederlassen und arbeiten will, die ärgsten Fußangeln und Schwierigkeiten vorbereitet. Sollte Schumann jedoch die allgewaltige Zensur, den Polizeipräsidenten Sedlnitzky und obendrein den überaus mißtrauischen Staatskanzler Metternich für sich gewinnen können, dann ist er in der Tat ein Wundermann, erwägt Wieck. Wahrscheinlicher dünkt freilich, daß er sich gar nicht zu soviel Anstrengungen aufschwingt. Daher muß er eben den Platz für einen besseren Freier räumen, soferne es nicht noch günstiger wäre, Clara nicht zu verheiraten und mit ihr so lange herumzureisen, bis man sich ein Vermögen erworben hat.

Bevor auf Claras Vorschlag von Schumann eine Stellungnahme einlangt, bietet Wien der jungen, hochgefeierten Klaviervirtuosin noch eine letzte Sensation. Franz Liszt, der Hexenmeister des Klaviers, der ganz Europa in seinem Bann hält, trifft ein, bezaubert Hörer, bezaubert Herzen, bezaubert schließlich auch Clara Wieck, die mehrfach mit ihm spielt. Sie schreibt von ihm begeistert in ihr Tagebuch:

„Er ist mit gar keinem Spieler zu vergleichen – steht einzig da. Er erregt Schrecken und Staunen und ist ein sehr liebenswürdiger Künstler. Seine Erscheinung am Clavier ist unbeschreiblich – er ist Original – er geht unter beim Clavier ... Sein Geist ist groß, bei ihm kann man nur sagen ‚seine Kunst ist sein Leben'."

Dann langt auch Roberts Antwort ein. Schumann erklärt sich bedingungslos bereit, nach Wien zu ziehen. Daraufhin wird Vater Wieck auf einmal wieder knurrig und unfreundlich und drängt auf eilige Heimreise. Sogar die Schubert- und Beethoven-Gedenkstätten in den Vororten und Dörfern um Wien, zu denen Clara noch pilgern will, läßt er sie nicht mehr aufsuchen. Allein den Friedhof in Währing, wo beide Meister ihre Ruhestätte fanden, gesteht er zu.

An einem launischen Apriltag verlassen Wieck und seine Tochter in einem sogenannten „Comfortable“ Wien durch das alte Schottentor. Sie sichten im Vorüberfahren in einiger Entfernung das mächtige Schwarzspanierhaus, wo Ludwig van Beethoven starb. Doch alle Bitten Claras, anzuhalten, sind vergeblich. Der Vater ist besonders schlechter Laune. Er beachtet weder die Erklärungen des biederen Mannes auf dem Kutschbock, der vom „Josefinum“ und von den Gärten und Adelspalästen auf dem Weg erzählt, noch will er einen kleinen Umweg zum nahen Geburtshaus Schuberts zugeben. Ihn ärgert, daß eben wieder ein Regenschauer niedergeht. Ihn ärgert eine Weile später der Sonnenschein. Die Kuppel der St.-Johann-Kapelle am Linienwall gefällt ihm nicht und ebensowenig das Dörfchen Währing mit seiner anspruchslosen Kirche. Da vor dem Friedhoftor der Frühlingswind ein paar vom Winter vergessene Flocken vor sich hertreibt, läßt er gar das Kutschendach hochziehen und bleibt grämlich im Wagen sitzen, während Clara allein die ihr so heiligen Gräber aufsucht.

Ihr ist ganz feierlich zumute, wie sie vor den zwei Steinen steht; besonders vor jenem, der Beethovens Namen trägt.

Das Wissen um seinen vorbildlichen Lebenskampf hat ihr in einer Zeit der tiefsten Herzensnot und bitterster Bedrängnis die Kraft gegeben, in ihrer Kunst weiterzustreben; der Dienst an seinem Werk, dem sie sich damals verschrieb, bescherte ihr vor wenigen Wochen die herrlichsten Triumphe ihres Lebens. Dank und Bewunderung trägt sie für ihn, den Großen, Gewaltigen, dem sie sich weiter anvertrauen will. Robert riet ihr, einige Myrtenzweige auf des Titanen Grab zu legen. Und das erfüllt sie jetzt.

„Von Robert und Clara“, sagt sie leise. Der Sturmwind fegt die Worte fort und trägt sie in Unendlichkeiten; zu ihm ...

Dann scheint es ihr, als ob Schumann an ihrer Seite weile und aus dem dünnen Schleier des zartergrünten Weidenbaumes jener Erdenfesseln längst entrückte Herrliche vor sie beide hinträte und ihre Hände ineinander lege. Sie merkt nicht, daß der Sturm an Hut und Bändern zerrt und ihre Röcke bauscht. Sein Rauschen ist Musik. Beethovens Klänge brausen ihr aus ihm entgegen. Aus seiner IX. Sinfonie ertönt der „Freudenhymnus“: „Wer ein holdes Weib errungen, mische seinen Jubel ein. Ja, wer auch nur eine Seele sein nennt auf dem Erdenrund ...“

Tränen stehen in ihren Augen. Wie eine gütige Hand streicht’s über ihre Wangen. Der Lufthauch trocknet sie. Die Stimmen schweigen. Sie fühlt sich wiederum allein.

Dennoch verläßt sie Beethovens Grab ganz wundersam getröstet. Sie weiß nun plötzlich sicher, daß sie alles Schwere, was noch vor ihr liegt, doch meistern wird. Und mit dieser Gewißheit reist sie neben ihrem Vater, der auch die Folgetage mürrisch, scheltend und unzugänglich bleibt, nach Leipzig heim.

In Leipzig hebt eine neue Not an.

Clara lebt nun mit Robert in einer Stadt, ja selbst in allernächster Nähe seiner Wohnung im „Roten Kolleg“, und darf den Liebsten doch nicht sehen. Vater hat zwar in Wien so nebenher gesagt, Schumann könne wieder als „Hausfreund“ zu ihnen kommen; doch lehnt der Stolz des jungen Mannes das entschieden ab. Wenn er nicht als der künftige Eidam angesehen werden mag, dann will er lieber nie mehr Wiecks Wohnung in der Nikolaistraße betreten. So können die beiden einander nur heimlich auf wenige Augenblicke sehen.

Einmal trifft Clara ihren Robert am „Dreitürmeblick“, wo man kaum fürchten muß, von Wieck gestört zu werden, weil er die Gegend des „Kaffeebaumes“ seit langem meidet. Ein andermal stoßen sie zufällig auf dem Markt zusammen und huschen heimlich in das Hohmann-Haus, um einander ein paar liebe Worte zuzuflüstern. Etliche Male bemerkt auch Clara plötzlich vor der „Hohen Lilie“ am Neumarkt, daß sich ein Schuhband lockert, und findet immer wieder im düsteren Hof ihres Geburtshauses den gleichen ritterlichen jungen Mann, der es neu knüpft. Am liebsten benützen aber die Liebenden den ihren Wohnungen ganz nahen „Alten Hof“ zu einem kurzen Stelldichein. Hier kann Clara ganz unauffällig durchgehen, während Robert im ersten Stock an der Balustrade der schönen, offenen Holzgalerie lehnt und auf sie wartet. Meist schlüpfen sie dann beide noch ein Stockwerk höher und drücken einander im Treppenhaus die Hände oder riskieren schnell ein Küßchen. Diese abenteuerlichen Begegnungen ergänzt ein Briefwechsel, der ohne Nannis Hilfe und Dr. Reuters Schrift, die Wieck nicht kennt, an Stelle von Robert Schumanns Hand, nicht denkbar wäre.

Vater ist mürrisch, bezweifelt Schumanns Festigkeit und spricht ihm jede Energie zur Gründung einer neuen Existenz in Wien ab. Daß der junge Komponist in den letzten Monaten nicht nur die „Kreisleriana“ schuf, sondern auch die reizenden „Kinderszenen“, die guten Absatz finden und alle Klavierspieler entzücken, anerkennt er nicht als Leistung.

Damit die Liebenden einander noch einmal länger sprechen können, greift Robert zu einer Kriegslist. Er verläßt Leipzig in aller Öffentlichkeit, um angeblich auf vierzehn Tage nach Zwickau zu gehen. Wie vorhergesehen, nimmt das Wieck sogleich zum Anlaß, um ganz beruhigt eine notwendige Geschäftsreise für seine Instrumentenhandlung zu unternehmen. Kaum ist er fort, kehrt Schumann schleunigst nach Leipzig zurück. Nun gibt es einen Abschied auf lange Zeit; denn niemand weiß, wie viele Monate Robert in Wien bleiben muß, und Clara soll im Winter gar nach Paris reisen. Am 27. September treffen die Liebenden zum letztenmal in Günzens Haus im Thomasgäßchen zusammen und beschwören ihren künftigen Bund.

Als Wieck heimkommt und hört, daß Schumann wirklich nach Wien gefahren ist, ärgert er sich fürchterlich. Er dünkt sich wie in eigener Schlinge gefangen. Was soll er tun, wenn Robert Schumann doch Glück hat, eine Konzession für die Herausgabe seiner Zeitschrift in Wien erlangt und gar das Unternehmen florieren sollte? Denn daß er Clara ihm auch dann nicht geben will, ja einfach nicht hergeben kann, das wird ihm angesichts dieser Gefahr, die freilich in gar weiter Ferne steht, besonders deutlich. Er würde sich um alle Früchte seiner Arbeit am Studium seiner Tochter bringen. Und außerdem ist da noch irgendeine rätselhafte innere Stimme, die ihn vor Schumann warnt und ihn befürchten läßt, daß Clara jedenfalls mit ihm unglücklich werden muß. Die Stimme spricht nicht weniger laut und überzeugungsvoll als seinerzeit vor der Geburt des ersten Kindes, als er sich vornahm, es zur Künstlerin heranzubilden, wenn es ein Mädchen sei.

Die ganze Sache scheint wie verhext, stellt Friedrich Wieck immer wütender fest. Da hat man gleich, als Clärchens Schwärmerei für Schumann auffiel, das Kind entfernt, damit der Jüngling bald seine Ernestine heiratet. Was nützte es? Auf die Entfernung dünkten der Kleinen offenbar Robert Schumanns wenige Vorzüge herrlicher als in der Nähe, und der kam schließlich auch dahinter, daß sich von einer Clara Wieck mehr holen läßt als von der dummen Ernestine. Auch später schürten die Trennungen das Feuer nur noch mehr. Man darf also auch von der jetzigen nichts Gutes gewärtigen. Es war schier alles schlecht, wie man es auch machte! Die Strenge zeitigte Ungehorsam, die Milde löste unerwünschte Hoffnungen aus. Vernunftgründe verfehlten ihre Wirkung. Was bleibt da zu versuchen übrig?

Aber eines hat er nicht probiert, fällt Wieck da plötzlich ein. Dem unerfahrenen Ding ganz deutlich darzulegen, wie sehr es seinen Vater braucht; daß es ohne diesen treuen Helfer und Freund – trotz aller guten Leistung – als Künstlerin nicht weiterexistieren kann. Ja. Das müßte geschehen! Denn dann besteht die Möglichkeit, Clara ganz einfach vor die Entscheidung zu stellen: Vermagst du deinen Vater zu entbehren, der für dich sorgt, arbeitet, schafft oder den exaltierten, in allen Lebenslagen unbeholfenen Schumann, für den du sorgen, arbeiten und schaffen müssen wirst?

Jetzt steht nur mehr die Frage offen, wie man das Kind von seiner Unentbehrlichkeit am besten überzeugt.

Nach längerem Nachdenken entschließt sich Vater Wieck, die neunzehnjährige Clara alsbald allein nach Paris zu schicken und erst nachzukommen, wenn sie darum bittet, weil sie sich selber nicht zu helfen weiß und auch von Schumann, der in Wien weit weg ist, keine Hilfe erfährt. Daß dieser Fall bestimmt eintritt, daran ist nach den seinerzeitigen Pariser Erfahrungen gar nicht zu zweifeln.

Auf diese Weise wird Clara wieder Wachs in ihres Vaters Hand. Und das genügt.

Am 8. Jänner 1839 fährt Clara tatsächlich in Begleitung einer eigens dazu aufgenommenen Französin ohne ihren Vater nach Paris, schreibt jedoch darüber vertrauensvoll in ihr Tagebuch:

„Vater konnte seiner Geschäfte wegen nicht gleich mit, kommt aber nach."

Die Konzertreise läßt sich von allem Anfang recht ungemütlich an. Auf der Fahrt nach Nürnberg wird der Postwagen durch Schneeverwehungen einige Male in äußerst gefahrvolle Lagen gebracht. Wie fehlt da der Vater, der immer ein beruhigendes, aufmunterndes Wort in solchen Lagen wußte! Noch mehr fehlt er in Nürnberg selbst. Clara muß

Besuche machen, Briefe schreiben, Freibillette verschicken, sich ein brauchbares Klavier besorgen, stimmen lassen, mit dem mitwirkenden Orchester verhandeln, außerdem noch üben und proben. Es ist fast zum Verzweifeln. Zu allem Überfluß sagt noch das Orchester ab.

Nun überfällt sie ein Gefühl unendlicher Verlassenheit, und Mutlosigkeit droht sie zu überwältigen. Jetzt sieht sie erst, welche Beschwernisse ihr Vater bisher aus dem Wege räumte, und hofft inbrünstig, daß er recht bald nachkomme.

In Stuttgart, wo sie wieder haltmacht, sieht es nicht besser aus. Im Gegenteil. Hier läuft ihr die Französin weg, und Vater schreibt, er käme nicht: Sie sollte einmal sehen, ob sie sich allein forthelfen könne.

Das schmettert Clara vollends nieder.

Bis jetzt hat sie noch nie an ihres Vaters Liebe gezweifelt und alle Hindernisse, die er einer Verbindung mit Schumann entgegengesetzt, mit seiner Sorge für eine gute Zukunft erklärt. Jetzt wird sie erstmals in diesem Glauben wankend. Das ist unendlich bitter und schmerzt tief. Wem soll man noch vertrauen, wenn selbst der Vater sein Kind verläßt?

Bloß der Gedanke an Robert hält sie aufrecht. Sie sucht und findet in der etwa gleichaltrigen Henriette Reichmann eine neue Reisebegleiterin und fährt mit ihr mutig nach Paris weiter.

Dort ist ihr erster Gang zur Post, um Roberts Briefe zu beheben; ein völlig ergebnisloser Weg, weil sie nicht im Besitze einer Vollmacht ist. Es dauert drei Wochen, bis dieses Dokument von Schumann aus Wien eintrifft. Die Zwischenzeit füllen zahllose Versuche aus, in Paris Fuß zu fassen. Es scheint unmöglich. Ein junges Mädchen, das ohne väterlichen Schutz auftritt und nicht einmal eine ältere Verwandte um sich hat, findet fast überall verschlossene Türen statt hilfsbereiter Mitmenschen. Das predigt ihr auch Fechner, ein ihrer Stiefmutter verwandter Maler, und rät ihr ständig, wieder heimzufahren, ohne selbst für sie einen Finger zu rühren. Das einzige Glück für Clara in diesen Tagen ist, daß sie Emilie List, die mit ihrem Vater in Paris weilt, aufsuchen kann und schließlich mit ihnen und Henriette sogar gemeinsam hausen darf.

Als sie endlich Roberts Briefe doch empfängt, erfährt sie daraus, daß alle Hoffnungen auf Wien bisher gescheitert sind. Von einer Konzessionserteilung kann keine Rede sein. Es will auch kein Verleger Schumanns Zeitschrift übernehmen. Robert muß schließlich gar Stunden geben, um seinen Lebensunterhalt in Wien zu sichern.

Das muß Clara bald auch in Paris. Denn ein Konzert ist noch in weiter Ferne. Alle Klaviervirtuosen von Paris setzen schier hintereinander Abende an; wie wenn sie ihrer jungen Kollegin das Konzertieren dadurch unmöglich machen wollten, und als sich endlich eine Matinee bei dem Verleger Schlesinger ermöglichen läßt, behandeln die Mitwirkenden Clara so kränkend, daß sie auf ihre Hilfe verzichtet und allein spielt. An eine Weiterreise nach England oder Holland kann unter solchen Umständen nicht gedacht werden. Auch mangelt es dazu an Mitteln.

All das weiß Vater Wieck genau durch Fechners laufende Berichte und wartet nun tagtäglich auf Claras Hilferufe und Bitten. Die aber bleiben aus. Denn das junge Mädchen versucht mit eiserner Energie, allein weiterzukommen. Das raubt dem sonst vernünftigen Mann alle Besinnung. Er schreibt an seine Tochter einen vorwurfsvoll-drohenden Brief um den anderen, schüttet dagegen vor ihrer Freundin Emilie List sein Herz aus und klagt, daß Claras Undank und eine etwaige Verbindung mit Schumann ihn vorzeitig ins Grab brächten.

Clara leidet unter Vaters Drohungen, die sie in ihrer jetzigen Lage geradezu als herzlos empfindet, namenlos. Wie sie aber das an Emilie gerichtete Schreiben liest, macht sie sich wieder heftige Selbstvorwürfe, weil sie den ehemals so hochverehrten Vater durch ihre Schuld unglücklich glaubt. Zur gleichen Zeit muß sie außerdem Robert Mut zusprechen, damit der tief Enttäuschte die Kraft findet, nach Leipzig heimzukehren, da alle Hoffnungen fehlschlugen. Sie selbst ist blaß und kränklich und einem seelischen Zusammenbruch nahe. Ihr einziger Trost in diesen fürchterlichen, beinahe hoffnungslosen Wochen sind Schumanns Kompositionen, der „Silberschleier der Kunst", wie sie manchmal wehmütig sagt.

Endlich gelingt ihr ein Konzerterfolg.

Unmittelbar danach empfängt sie einen Brief des Vaters, worin er von ihr fordert, daß sie sich schriftlich verpflichten soll, Robert für immer zu entsagen. Dann wolle er ihr sofort hilfreich zur Seite stehen.

Wieck hält sie jetzt für so zermürbt, daß er auf einen Erfolg dieser letzten Aktion sicher rechnen zu können glaubt. Aber er unterschätzt die Seelenstärke seines Kindes. Außerdem kommt sein Vorschlag bereits zu spät; denn noch am selben Tag trifft auch ein Schreiben Roberts ein, dem ein Ersuchen an das Gericht um Erteilung der Heiratserlaubnis nach erlangter Großjährigkeit beiliegt, das Clara als seine Braut mitunterzeichnen soll.

Da schwankt sie nicht mehr zwischen kindlicher Dankbarkeit und Liebe, sondern antwortet dem Vater mutig:

„Unsere Meinungen stehen zu schroff einander gegenüber; Du bist zu fest überzeugt von der Schlechtigkeit Schumanns; ich vom Gegenteil und daß nur Er es ist, der mich beglücken kann. Deine Bedingungen habe ich nicht unterschrieben, und ich sage Dir, ich unterschreibe sie nie ..."

Was sie mit Roberts Ansuchen an das Gericht tun soll, das weiß sie freilich nicht so schnell. Wie wird sich Vater dazu stellen, wenn seine eigene Tochter gegen ihn einen

Prozeß anstrengt, fragt sie sich immer wieder. Noch in der Nacht steht sie auf, macht Licht, sucht nach einem Medaillon mit Friedrich Wiecks Bild und forscht lange in seinen stolzen, strengen Zügen. Schließlich glaubt sie gar seine Stimme zu vernehmen und zu hören, wie er unerbittlich sagt:

„Wenn ihr einen Prozeß beginnt, dann will auch ich Prozeß führen, und ihr werdet in fünf Jahren noch nicht verheiratet sein."

Da stöhnt sie verzweifelt auf: „Robert! Robert! Was soll ich tun?"

In diesem Augenblick erwacht Schumann in Leipzig aus unruhigem Schlaf. Es ist ihm, als hätte Clara nach ihm gerufen. Er tastet im Dunkeln nach ihrem Bild, das über seinem Bett hängt, und drückt es an die Lippen.

„Clara, bleib fest!" beschwört er die Entfernte.

Die liest inzwischen nochmals seinen Brief und die Eingabe ans Gericht durch. Dabei findet sie in dem Briefumschlag ein bisher unbeachtet gebliebenes Blatt. Und das enthält ein Lied.

Ein Lied von Robert, der immer nur für das Klavier schuf. Das muß etwas ganz Außerordentliches sein. Sein Titel lautet: „Du Ring an meinem Finger."

Atemlos vor Spannung überfliegt Clara lesend die Notenzeilen. Dann rührt sie langsam an Roberts Ring, ihren Verlobungsring, den sie noch nie von sich gelegt hat. Er sitzt ganz fest, wie angegossen. Von Dankbarkeit erfüllt, erkennt sie jetzt den Rat, den der Geliebte ihr durch dieses Lied weit über tausend Meilen sendet. Sie greift entschlossen nach Tinte und Feder und unterfertigt ohne Zittern das Ansuchen um Heiratserlaubnis als Robert Schumanns Braut mit: Clara Wieck.

Nachtstücke

Friedrich Wieck geht im Klavierzimmer schweigend und ohne Unterbrechung auf und nieder.

Seit er von einer Unterredung mit seiner aus Paris nach Leipzig zurückgekehrten Tochter Clara, die nunmehr bei Frau Carl, der Schwester ihrer Mutter, wohnt, heimkam, gehabt er sich so sonderbar. Frau Clemenza wird dabei schier ängstlich. Es ist doch sonst nicht seine Weise, von Dingen, die er eben erlebte, nicht zu reden. Im Gegenteil. Wieck spricht sich gerne und häufig aus, freilich in einer Art, die keinen Widerspruch gestattet und eher einem Selbstgespräch denn einer Wechselrede gleicht. Dagegen jetzt dieses verbissene Schweigen! Das dünkt beinahe unheimlich.

Frau Wieck möchte dem Gatten den offensichtlich schweren Anfang irgendwie erleichtern. Auch ist sie selbst sehr neugierig. Jedoch unmittelbar zu fragen, getraut sie sich nicht recht. So sagt sie endlich schüchtern:

„Du hast wohl deine Tochter nicht getroffen? ..." Da hält Wieck jäh mit einem Ruck vor ihr an und schreit, daß sie zusammenschrickt:

„*Meine Tochter?* ... Ich habe nur zwei Mädchen, die auch deine Kinder sind ... Clara ist nicht mehr meine Tochter! ..."

Und dann, als hätten diese Worte den unnatürlich starren Damm des Schweigens restlos hinweggeräumt, bricht er in hemmungslosem Zorn aus:

„Das ist nicht mehr mein Kind! So würde Clara niemals sprechen, wenn nicht ein anderer aus ihr redete. Dieser Schumann, dieser elende Frauenverführer, dieser ganz gemeine, abgefeimte Wicht, dem Frauen nichts anderes sind als eine bequeme Art, sich zu versorgen, der hat sie so beeinflußt und umgarnt, daß sie gar nicht mehr zu erkennen ist, daß sie den eigenen Vater, der ihr Bestes will, beleidigt, kränkt, mit Füßen tritt, *den* Vater, der sich zwei Jahrzehnte lang für sie und ihre Zukunft aufopferte wie niemals noch ein Vater ... und alle seine anderen Kinder um ihretwillen benachteiligte. – Oh, es ist grauenhaft ... es ist gemein und niederträchtig! – Erwürgen könnt' ich diesen Kerl, wenn ich ihn vor mir hätte! ..."

„Aber Friedrich! Du darfst dich nicht so aufregen", begütigt Frau Wieck besorgt. „Der Arzt verbietet dir ..."

„Was liegt mir mehr an meinem Leben, wenn ohnehin alle Mühe umsonst war!" fährt Wieck auf. „Wenigstens kann die Undankbare sich einmal sagen, daß ihr sauberer Kumpan ihr half, den eigenen Vater vorzeitig ins Grab zu bringen

„Du hast doch noch uns. Denk doch an uns!" fleht Frau Clemenza, „Denk an Marie und Cäcilie! ... Du mußt dich uns erhalten und deinen Söhnen."

Das bleibt nicht ohne Wirkung auf den Erbosten.

„Es ist wahr, Clemenza", gibt er schließlich zu. „Aber soll man da nicht außer sich geraten, wenn das offenbar gegen mich aufgehetzte junge Ding nicht einsieht, daß ich nur auf ihr Wohl bedacht bin, und meinen wirklich gutgemeinten Vermittlungsvorschlag brüsk ablehnt?"

„Ja, freilich. Du meinst es immer gut", pflichtet ihm seine Frau schnell bei, „noch viel zu gut ..." Und setzt dann, weil sie die Neugier nach Wiecks Vermittlungsvorschlag nicht mehr bändigen kann, hinzu: „Sicher hast du Clara keine schweren Bedingungen gestellt."

„Ich verlange nur, was ich als verantwortungsbewußter Vater, der Schumann kennt, verlangen muß", erwidert Wieck heftig. „Sie soll auf ihre Ersparnisse aus unseren gemeinsamen Konzertreisen verzichten; denn die mag ich nicht dem Verschwender und Schuldenmacher in den Rachen werfen. Wenn er sich – wider Erwarten – bessert, kann ich ihr das Geld, das sie ja mir und meiner Aufopferung verdankt, noch immer geben. Außerdem muß ich darauf bestehen, daß

Schumann ihr von seinem Vermögen für den Fall einer Trennung jetzt schon achttausend Taler verschreibt und sie zur Universalerbin einsetzt. Nur so ist sie gesichert, wenn es ihn einmal gelüstet, sie ebenso zu verlassen wie die Ernestine."

„Und das lehnt sie ab?" fragt Frau Wieck kopfschüttelnd. „Das ist doch alles pure Fürsorglichkeit!"

„Nichts anderes. Aber was glaubst du, was sie mir darauf erwiderte? Kein Mann würde auf solche Vorschläge eingehen. So ein Begehren sei eines Vaters unwürdig. Es ist des Mannes Sache, über das Geld der Frau zu walten; nicht umgekehrt, und was dergleichen Redereien sind. Mir war dabei ganz sonnenklar, daß Schumann aus ihr spricht; denn meine Tochter, die könnte sonst nicht derart verblendet sein, daß sie als Feindseligkeit auffaßt, was allein ihrer Sicherheit dienen soll. Und darum ist meine Wut über den Kerl, der mir mein Kind raubt, so groß ..."

Nicht weniger als Vater Wieck ist aber auch Clara von der Richtigkeit ihrer Handlungsweise überzeugt.

Sie darf doch nicht auf das, was sie in all den Jahren schwer verdiente, jetzt verzichten, sagt sie sich immer wieder. Sie kann ja nicht ganz ohne Ausstattung und Einrichtung zu Robert kommen; ärmer als das ärmste Mädchen, das sie kennt! Wie wollte sie es übers Herz bringen, zu Schumann über die Sicherstellung nach einer Trennung oder gar nach seinem Tod zu sprechen? Trennung – Tod! Was sind denn das für fürchterliche Worte! Von ihnen reden, während man mit allen Kräften heißer Liebe und Sehnsucht um die Vereinigung kämpft? Robert würde das niemals verstehen. Sein zartbesaitetes, so überaus empfindliches Gemüt könnte das sicher nicht ertragen. Dabei ist es der eigene Vater, der das fordert!

Wie soll man diesem Chaos von Gefühlen, Empfindungen, Gedanken entfliehen?

Clara greift nach dem Tagebuch, dem einzigen Freund, dem sie sich nach der Trennung vom Vater rückhaltlos anvertrauen darf, ohne zu kränken, ohne Schmerz zu bereiten. Seit ihrer Abreise von Paris und der Ankunft in Deutschland nahm sie es nicht zur Hand. Nun hofft sie, wenn sie die jüngst vergangenen Begebenheiten noch einmal vor sich auferstehen läßt, ein wenig Trost oder doch Ruhe und Sicherheit zu finden.

An die ungetrübt herrlichen Tage von Altenburg denkt sie, wo sie Robert nach eineinhalb Jahren wiedersah, und schreibt dann:

„Den 24. August ging Robert, nachdem wir drei glückliche Tage miteinander verlebt hatten, nach Leipzig. Möge mir der Himmel Kraft genug verleihen, den nächsten Kampf mit dem Vater zu überwinden. Es wird mir schwer werden, es möchte mir das Herz zerreißen, wenn ich an alles denke, was er an mir gethan, und daß ich ihm jetzt öffentlich gegenüberstehen muß. – Der Himmel wird mir verzeihen! Ein gutes Bewußtsein erhält meinen Muth und tröstet mich. Roberts Liebe beglückt mich unendlich. – Ein Gedanke beunruhigt mich zuweilen, der, ob ich es vermögen werde, Robert zu fesseln! Sein Geist ist so groß und in diesem Punkt kann ich ihm doch gar wenig genügen, wenn ich ihn auch ganz verstehe! Das muß ihn nun wohl einigermaßen entschädigen.

Jetzt trachte ich auch darnach, soviel als möglich mit der Künstlerin die Hausfrau zu vereinigen. Das ist eine schwere Aufgabe! Meine Kunst lasse ich nicht liegen, ich müßte mir ewige Vorwürfe machen. Sehr schwer denke ich mir die Führung einer Wirtschaft, immer das rechte Maß und Ziel zu treffen, nicht zuviel auszugeben, aber auch nicht in Geiz zu verfallen. Ich denke mit der Zeit alles das zu lernen.

Wenn ich mit Robert vereint sein werde, werde ich erst recht heiteren Sinn bekommen – meine letzten drei Jahre habe ich verkümmert; so lange ich zu Haus war, keinen Tag verlebt, ohne die verwundendsten Kränkungen ertragen zu müssen. Hätte der Vater manchmal in mein Inneres sehen können, er hätte Mitleid gehabt; er ist sehr gut und hat an mir gethan, was kein Vater so leicht thut, aber eine edle, schöne Liebe kennt er nicht und versteht sie auch nicht. Dies thut übrigens meiner kindlichen Liebe zu ihm keinen Abbruch. Ich fühle manchmal das tiefste Mitleid für ihn, ich möchte ihm gern lohnen, doch was kann ich für mein Herz!

Wir sind zum Vergleichstermin vor dem richtigen Prozeßbeginn bei dem Pastor Fischer gewesen, doch Vater ist auf die Vorladung nicht gekommen.

Einige schöne, glückliche Tage haben wir miteinander verlebt; wir spielten vierhändig, dann zweihändig ... Robert phantasiert himmlisch – man möchte vergehen in seinen Tönen, seine Accorde versetzen Einen ganz in eine andere Welt. Ich möchte die Musik mit der Liebe vergleichen! Ist sie gar zu schön und innig, so macht sie Schmerzen, mir geht es so, das Herz möchte mir springen manchmal dabei.

Ich habe heute mit meinem Vater gesprochen. Er dauert mich so sehr, und doch, war er nicht grausam? Ich fühle aber demohngeachtet eine so unauslöschliche Liebe für ihn – ein freundliches Wort von ihm und ich wollte nicht mehr der Schmerzen gedenken, die er mir verursacht hat. Sein Anblick hat mich sehr erschüttert, doch stimmte mich ein wehmüthiger Blick von ihm weich, so waren es seine rauhen Worte oft, die mich wieder verletzten und erkälteten. Ich begreife seine Härte nicht und seinen entsetzlichen Haß auf Robert, den er früher so sehr liebte, auch nicht. Er machte Robert sehr schlecht und zerriß mir bald das Herz damit. Er gab mir Bedingungen an, nach deren Erfüllung er das Gericht autorisieren wollte, uns das Jawort an seiner Statt zu geben. Diese Bedingungen können wir natürlich nicht erfüllen, und so muß die Sache gerichtlich abgemacht werden.

Als ich dem Vater sagte, ich müsse doch Geld zu einer Einrichtung haben, sagte er ‚wenn dein Bräutigam dich liebt, so wird er dir 1.000 Thaler auf so feine Weise in die Hände spielen, daß du es kaum merkst'. Das empörte mich bis in das Innerste hinein! Das ist also der Lohn für mein jahrelanges Herumreisen? Ich soll mich von meinem Bräutigam ausstatten lassen? Nein, dazu bin ich zu stolz. Was soll ich nun aber anfangen, kein Geld in den Händen, ach Himmel, das ist doch hart! Mich drücken jetzt gar viele Sorgen. Auch für die Zukunft ist mir bange ..."

Während Clara das niederschreibt, streicht ihr eine gütige Hand unendlich zart über den glatten Scheitel. Sie schaut auf. Ein feine, stille Frau mit gramdurchfurchten Zügen steht neben ihr: Marianne Bargiel, ihre Mutter.

„Verzage nicht, mein Kind! Es wird schon alles gut werden", tröstet sie.

Clara springt auf und umarmt sie stürmisch.

„Mutter! Liebe Mutter!" schluchzt sie an ihrem Hals. „Daß du da bist. Daß du zu mir hältst!"

„Ach, Kind! Ich weiß, ich hätte früher kommen – ich hätte dich vielleicht niemals verlassen sollen!" seufzt Frau Bargiel, die tags vorher aus Berlin in Leipzig anlangte, um ihrer Tochter im Kampfe um ihr Lebensglück beizustehen. „Aber du kennst ja jetzt deinen Vater! – Er ist zu hart, versteht uns Frauen nicht. Ich mußte von ihm gehen und du, du mußt es auch. – Wir müssen unserem Herzen folgen. Wir Frauen gehorchen anderen Gesetzen als der Mann. Unser Gesetz heißt Liebe. Es bringt uns Glück und bringt uns Leid. Wir sind ihm unentrinnbar untertan."

„Du Liebe, Gute ...", stammelt Clara getröstet und küßt die Mutterhände, die von harter Arbeit rauh und rissig sind.

Wie wertvoll es ist, daß ihre Mutter bei ihr weilt, merkt Clara dann besonders in den nächsten Tagen.

Der erste Termin vor dem Appellationsgericht rückt näher. Die Unruhe, die sie seit ihrer Unterredung mit dem Vater nicht verläßt, steigert sich bei Schumann zu ständiger Aufregung. Wie wird sich Wieck verhalten? Diese Sorge lauert als bange Frage selbst hinter dem harmlosesten Gespräch. Allein Frau Bargiel vermag da einigen Trost zu spenden; sie, die einst gegen Friedrich Wieck um ihre Freiheit auch kämpfen mußte und nur sehr schwer seine Einwilligung zu ihrer Scheidung erlangte.

Außerdem schwankt Schumanns Gesundheitszustand häufig und schafft dadurch Clara nicht wenig Kümmernis. Einmal ist Robert heiter und beglückt das Mädchen durch sein Klavierspiel, dann wieder bleibt er plötzlich aus und schreibt verzweifelte Briefe. „Nun bitte ich Dich, meinen Namen manchmal leise dem Höchsten auszusprechen", fleht er sie darin an; „denn ich kann Dir sagen, ich kann kaum noch beten, so bin ich vom Schmerz niedergebeugt und verstockt. Ich habe doch eine große Schuld auf mir, daß ich Dich von Deinem Vater getrennt habe – und dies foltert mich oft ..." Manchmal kommt er sich von den ständigen Aufregungen wie ausgebrannt vor und ohnmächtig, je wieder zu schaffen. Dagegen quälen ihn Stunden später traurige Gesichte und werden zu Musik. So komponiert er schließlich vier Stücke, die er erst „Leichenfantasie" nennt, später aber als „Nachtstücke" bezeichnet. Spuk und Gespenster, Brausen und dumpfes Tönen, schmerzliches Stöhnen und gellende Geisterlustigkeit treiben darin ihr Unwesen.

Nächtliches Grauen, Nacht und Verzweiflung des Geistes befällt jetzt Schumann auch sonst oft.

Bleich und verstört kommt er zum ersten Verhandlungstermin vor dem Appellationsgericht; bleich und zitternd steht Clara neben ihm, die Augen angstvoll zur Tür gerichtet, durch die der Vater eintreten muß.

Doch Wieck erscheint auch diesmal nicht. Sein Anwalt überreicht einen schriftlichen Protest und unterbreitet den Vorschlag, Clara möge mit ihrer Heirat bis zur Volljährigkeit warten und inzwischen mit ihrem Vater noch einmal reisen, wofür er ihr 6.000 Taler als sicheren Ertrag garantieren will.

Clara fühlt schmerzbewegt, daß es der letzte, verzweifelte Versuch des Vaters ist, sein Kind zurückzugewinnen. Wie gern wollte sie ihm noch diese eine Freude machen! Aber sie sieht gleichzeitig, wie Robert noch blasser wird und ihre Entscheidung wie ein Todesurteil erwartet. Da bleibt sie stumm.

An ihrer Statt antwortet Dr. Einert, ihr Advokat, und lehnt den Vorschlag ab.

Dieser Fehlschlag versetzt nun Wieck in namenlose Wut. Jetzt ist es für ihn ganz gewiß, daß Clara völlig unter Schumanns Einfluß steht.

Wie gegen Abend die Magd vom Hause Carl bei ihm erscheint, um Claras Wintermantel abzuholen, schreit er die Botin an:

„Den Mantel für die Mamsell Wieck will Sie? Wer ist denn diese Mamsell Wieck? Ich kenne nur zwei Fräuleins Wieck, das sind meine beiden Töchter hier. Eine andere dieses Namens kenne ich nicht!“

Wenn da nicht eine Mutter nahe wäre, die all das Böse fortstreicheln und fortküssen kann, so müßte man verzweifeln.

Es wird aber noch ärger. Denn Wiecks Empörung gegen Schumann und seine treue Braut schlägt nun in wilde Abneigung um, und er verliert in seinem blinden Haß jeglichen Sinn für Mäßigung. Jetzt strebt er offensichtlich, Schumann zu vernichten und Clara als Künstlerin unmöglich zu machen, damit sie, die sonst Mittellose, wieder von ihm abhängig würde.

Als Frau Bargiel ihre Tochter mit nach Berlin nimmt und Clara dort konzertieren will, um sich ihren Lebensunterhalt selbst zu verdienen und der von schweren materiellen Sorgen geplagten Mutter nicht zur Last zu fallen, stößt sie Schritt auf Schritt auf Intrigen ihres Vaters.

Wieck sucht zu verhindern, daß sie ein ihr wohlvertrautes Klavier, das seiner Instrumentenhandlung entstammt, erhält. Er bearbeitet die ihm wohlbekannten Berliner Kritiker und schreibt gar an den König, den er beschwört, ein von einem Elenden demoralisiertes Mädchen nicht gegen den Willen ihres Vaters auftreten zu lassen. Freilich nützt das alles nichts. Clara hat trotzdem großen Erfolg. Ja, gerade durch diese Quertreibereien und Verleumdungen werden die Berliner auf sie aufmerksam und strömen in hellen Scharen in ihre Konzerte. Sogar der König erscheint, und mit ihm hält ganz Berlin zu dem mutigen Mädchen, das sich den Mann seiner Liebe gegen alle Hindernisse erringen will.

Aber es ist doch unendlich bitter, zu wissen, daß hinter allen diesen Schwierigkeiten der eigene Vater steht.

Dazu quälen Claras Mutter Sorgen über Sorgen.

Ihr Gatte Bargiel ist schon seit langem schwer krank, kann seinem Beruf als Musiklehrer nicht mehr nachgehen, nicht unterrichten. So muß sich Marianne Bargiel auf jene Zeit besinnen, da sie noch Marianne Tromlitz hieß und als erster Triumph der Schule Friedrich Wiecks im Leipziger Gewandhaus auftrat. Sie ist gezwungen, den Schülern ihres kranken Mannes Stunden zu geben, nebenbei die Kinder zu versorgen, den Kranken zu pflegen und den ganzen Haushalt ohne Hilfe zu versehen. Manchmal fallen Lektionen aus oder bezahlen die Schüler schleppend. Dann wird beim Bäkker, Metzger oder gar im Grünkramladen auf Borg gekauft.

Zum erstenmal in ihrem Leben sieht sich Clara im Hause Bargiel wirklicher Bedrängnis, ja Not gegenüber. Sie nimmt der Mutter Stunden ab, wirtschaftet für sie in der Küche und lernt dabei langsam die bisher unbekannt gewesenen Hausfrauenpflichten kennen. Schließlich hilft sie auch hin und wieder mit den Einnahmen ihrer Konzerte aus.

Dann ist auf einmal der zweite Leipziger Gerichtstermin herangekommen. Sie fährt zu Tante Carl und steht mit Robert wieder vor den Richtern.

Diesmal erscheint auch Wieck.

Er sieht angegriffen und überwacht aus; sogar gealtert. Bei seinem Anblick krampft sich Clara vor Mitleid und jäh aufquellender kindlicher Liebe das Herz zusammen. Sie möchte diese Hand küssen, die in vieltägiger Mühe eine lange Eingabe geschrieben hat, um sich die Tochter wieder zu erobern. Sie möchte über das arg schütter gewordene Haar streichen und das Haupt berühren, dem sie so vieles dankt. Der Vater schaut sie aber gar nicht an und entwickelt leidenschaftlich die Gründe seiner Weigerung gegen die Eheschließung seiner Tochter mit Robert Schumann.

„Der Kläger kann eine Clara Wieck nicht standesgemäß und ihrem künstlerischen Rang entsprechend soutenieren", ruft er laut und übereifrig. „Einkünfte und Vermögen sind geringfügig, seine Talente zum Wirtschaften mehr als fragwürdig. Ich bin in der Lage, Zeugen zu nominieren, die dartun können, daß er verschuldet war und trotzdem unverhältnismäßig großen Aufwand trieb. Auch hat er meiner Tochter, obwohl er seine Miete nicht bezahlen konnte, einmal eine kostbare Perlenkette zum Präsent gemacht ..."

Diese Einwände widerlegt Robert ruhig und leidenschaftslos mit einer Sachlichkeit, die Clara niemals noch an ihm bemerkte. Er weist ein Jahreseinkommen von mehr als tausend Talern nach und nennt Zeugen für seine jetzige solide Lebensweise. Einige flotte Studentenjahre dürfte man ihm nicht anlasten, erklärt er. Ein freies, ungebundenes Leben in dieser Zeit sei bei fast allen Söhnen aus guten Häusern üblich.

„Aber der Kläger hat auch sonderliche Eigenschaften, die es mir nicht rätlich erscheinen lassen, ihm meine Tochter zu verheiraten“, fährt Vater Wieck verärgert und mit schriller Stimme fort. „Er spricht leise und undeutlich, ist in Gesellschaften auffallend schweigsam, schreibt eine unleserliche Hand, hat einen eigentümlich wippenden Gang, bekommt Angstzustände, wenn er sich in hochgelegenen Wohnungen oder Örtlichkeiten aufhält, und zeigt in seinen Kompositionen eine seltsame, unruhige Hast, die fast krankhaft anmutet. Ich kann unmöglich einen solchen Menschen als Vater meiner künftigen Enkel wünschen“, schließt er böse.

Schumann ist über diese gehässig dünkenden Ausführungen so betreten, daß er nicht gleich die richtige Entgegnung findet. Aber sein Advokat tut sie mit ein paar Worten in Bausch und Bogen als ganz unwesentlich ab.

Das erbost Wieck noch mehr, und er schießt nun mit einem tückischen Blick auf Robert und Clara seinen letzten, giftigsten Pfeil ab.

„Der Kläger ist ein Trunkenbold!“ schreit er wild heraus. „Soll ich mein Kind einem als notorischer Trinker bekannten Subjekt zur Ehe geben? Das kann kein Gericht begehren; denn das wäre wider jedes Recht und Gesetz!“

Robert Schumann sinkt in seinem Stuhl zusammen. „Muß ich mich so beleidigen lassen?“ stöhnt er schmerzlich auf.

Clara redet ihm zu, will ihn begütigen, aber sein Anwalt nimmt dieses Stichwort auf und protestiert gegen die unerhörte Beleidigung seines Klienten. Dawider redet Wieck, der Wiecksche Advokat, die Beisitzer des Senates besprechen erregt den Fall, bis der Präsident die Klingel schwingt, Ruhe gebietet und Wieck das Wort entzieht.

Dann wird noch gestritten und protokolliert, und schließlich verlassen Schumann und Clara mehr tot als lebendig den Gerichtssaal.

Am Abend dieses Tages schreibt das Mädchen verzweiflungsvoll ins Tagebuch:

„Dieser Tag hat uns getrennt auf ewig, wenigstens das zarte Band zwischen Vater und Kind zerrissen – mein Herz ist auch, als wäre es zerrissen!“

Achtundvierzig Stunden später reist sie mit Robert nach Berlin zurück; zur Mutter. Bei ihr verbringen sie das letzte Weihnachtsfest als Brautleute. Frau Bargiel bemüht sich, durch viel Liebe und Freundlichkeit Clara und Robert das Böse der letzten Zeit vergessen zu lassen.

Kaum aber ist Robert wieder nach Leipzig zurückgekehrt, so nahen neue Bitternisse. Nach Neujahr wird der Urteilsspruch erwartet. Zu Schumanns härtester Enttäuschung erfolgt er aber nicht. Wohl werden Wiecks Einwände sämtlich als unerheblich abgewiesen, bis auf einen; den einen fürchterlichsten, daß Robert Schumann ein Trinker ist. Ihn durch Zeugen zu erweisen, erhält Wieck eine Frist von sechs Wochen. Das kann eine Verlängerung des Prozesses um viele Monate mit sich bringen.

Aber nicht allein diese Aussicht, der Vorwurf selbst drückt Schumann tief nieder. Er weiß, er hat in jenen Tagen, da Clara für ihn gänzlich verloren schien, manchmal das Maß, das er sonst immer wahrte, erheblich überschritten. Und andere wissen es auch; der Gastwirt vom „Kaffeebaum“, die „Davidsbündler“, Menschen wie Banck! Sollte man ihm das heute anlasten wollen? Das wäre teuflisch. Denn kein anderer als Wieck war es, der ihn damals durch seine Härte und Herzlosigkeit dazu brachte.

So schreibt er einen trüben Brief an seine Braut, die vor dem Antritt einer Konzertreise durch Norddeutschland steht, wozu sie ihre Mutter begleiten soll.

„Ich bedarf jetzt des Trostes und der Ermuthigung mehr als Du“, klagt er. „Vergiß das nicht, mein Mädchen, und verzeihe mir, wenn ich Dir einmal traurig schreibe. Arbeite recht, tritt bald Deine Reise an. Fremde Luft und fremde Gesichter zerstreuen wenigstens. Hätte ich doch auch Energie, in die Welt hinaus zu schweifen. Sehen möchte ich Dich nicht eher, als bis das letzte Urteil die Schmach von mir genommen, die Dein Vater über mich gebracht hat ..."

Doch auch Clara findet in der Fremde nicht Zerstreuung, sondern neuen schweren Kummer. Noch in Berlin, aber bald ebenso in Hamburg, Bremen und Lübeck behandeln sie die Leute auf einmal mit einer Art mitleidiger Aufmerksamkeit und mit zartem Zuvorkommen.

Sie kann sich das erst nicht enträtseln. Bis ihr die Mutter schließlich doch schonend verrät, sie habe erfahren, Wieck schicke in ohnmächtiger Wut, daß sie ohne ihn und gar in Begleitung und mit Hilfe ihrer Mutter konzertiere, an alle Kritiker, Musiker und Konzertunternehmen lithographierte Abschriften seiner Erklärung vor Gericht gegen Schumann.

Das ist ein böser Schlag und Clara leidet darunter namenlos. Als aber Wieck, wie stets, den Bogen überspannt und auch Briefe versendet, in denen er sich über das „abgefallene, verworfene, boshafte Mädchen, das bereits den Lohn für seine schändliche Tat finde", entrüstet, schlägt die Stimmung völlig zu Claras und Schumanns Gunsten um. Die junge Künstlerin erlebt Erfolg um Erfolg, weil doch jeder die von ihrem eigenen Vater verleumdete Clara Wieck sehen und selbst würdigen will.

Dazwischen ängstigen sie oft Roberts Briefe mit ihrer tiefen Melancholie und seltsam geheimnisvollen Andeutungen über Arbeiten, von denen sie noch nichts erfahren soll.

Erst als der Frühling ins Land kommt und alles sprießt und knospet, bereitet sich langsam eine Wende vor.

In einer Zeit, da alle Musiker in Deutschland durch Wiecks teuflische Machinationen wissen, daß Robert Schumann der Trunksucht bezichtigt ist, ernennt ihn die Universität in Jena zum Ehrendoktor.

Wieck tobt und wütet, wie er das erfährt. Denn damit gelingt es Schumann, der ihm die Tochter nehmen will, zum erstenmal, den Vorsprung, den Clara als anerkannte Künstlerin vor ihm besitzt, zu überwinden.

Ja, mehr noch. Mit der Ehrendoktorwürde hat er jetzt Clara Wieck, „die erste Klaviervirtuosin und Komponistin der Welt", schon überflügelt. Nun tritt zur Eifersucht des Vaters, der seine Tochter nicht dem Gatten gönnt, auch noch der abgrundtiefe Neid, der dadurch schwerverletzte Stolz, daß nicht das eigene Kind als Komponistin den höchsten Ruhm erntet, sondern der leider viel begabtere Robert Schumann. So wachsen Wut und Haß gegen Robert ins Ungemessene. Und dazu kommt noch das Bitterste für Friedrich Wieck: Er findet jetzt nicht einen einzigen Zeugen, der gegen Robert Schumann auftreten möchte, und muß schließlich den letzten, bösesten Einwand vor Gericht zurücknehmen.

Zur gleichen Zeit empfängt Clara von ihrem Robert eine Notensendung, die das Geheimnis der letzten Wochen löst. Sie enthält ein Lied, „Der Nußbaum".

Nun zieht in die Herzen der beiden gehetzten, verquälten jungen Menschen die Freude ein. Sie weckt bei Schumann Lied um Lied, den köstlichen Saum zum Silberschleier der Erlösung, mit dem der Königssohn nunmehr das kleine verwunschene Prinzeßchen ganz aus der Gewalt des Zauberers holt. Das Grauen und der Spuk der „Nachtstücke" versinken. Es naht der Tag für

Robert und Clara.

Romanze

An einem prächtigen Sommermorgen wandern Robert und Clara über den Augustusplatz gegen den Johanniskirchhof zu.

Ihr Schritt ist ein froher, beschwingter, auf ihren Mienen liegt fröhliches, unbekümmertes Lachen. Sie fühlen sich wie auf einer Entdeckungsreise; neugierig, tatenlustig, hochgespannter Erwartungen voll. Obliegt ihnen doch das schönste Tun eines jungen Paares, das Suchen der ersten gemeinsamen Wohnung.

Tante Carl hat in Erfahrung gebracht, daß der Maurermeister Friedrich August Scheidel draußen in der Vorstadt bei der Dresdner Chaussee ein großes Grundstück am „Burzelgraben" verbaute. Dorthin führt sie zuerst ihr Weg. Sie finden nahe dem Landhaus des Professors Hermann Brockhaus, der eine Schwester des jetzt in Riga befindlichen kleinen Richard Wagner ehelichte, zwischen Wiesen und Feldern ein unansehnliches Täfelchen mit der Inschrift „Inselstraße".

„Das ist doch der Weg zur ‚Milchinsel'", ruft Clara entzückt. „Und auch der ‚Kuchengarten' liegt nicht weit von hier." Daraufhin findet Robert, in der Nähe solcher „süßen" Örtlichkeiten müßte ganz reizvoll wohnen sein.

Auf der Inselstraße erheben sich noch wenig Häuser, und die beiden jungen Leutchen müssen eine Weile laufen, ehe sie vor Nr. 5, einem stattlichen Gebäude mit fünfzehn Fenstern Front, fast palastartig anmutendem Mittelbau und breitem Balkon in der ersten Etage, stehen.

„Hier soll es sein?" fragt Clara ganz betreten. „Das ist doch schöner als Selliers-Hof ..."

„Und neuer als das ‚Rote Kolleg'", fügt Robert lachend hinzu. Dann treten sie in den breiten Torweg ein, suchen den Hausmann und steigen mit ihm zwei Treppen empor zur kleinen Wohnung der oberen Etage. Zwei putzige Stuben und eine Kammer gegen Westen wenden die Fenster zur Straßenseite. Aus ihnen sieht man bis zu den Pappeln des „Schneckenberges". Küche, Kammer und eine kleine Hinterstube weisen ostwärts.

„Da werde ich mich einquartieren", beschließt Schumann. „Die Morgensonne soll mich zu früher Arbeit anspornen."

Clara dagegen läuft in den Vorderstuben umher und fahndet nach einem günstigen Platz für ihren Flügel. Robert sucht sie schließlich. Aus dem Suchen wird ein Jagen und Haschen, bis Schumann die Flüchtige in der Kammer ereilt, sie einfängt und nach Herzenslust abküßt.

„Und weißt du auch, wo wir jetzt stehen?", fragt er dann schalkhaft. Clara schüttelt den Kopf. Da flüstert er ihr schnell ins Ohr:

„In der künftigen Kinderstube."

Erst wird das Mädchen rot wie eine purpurflammende Rose, stimmt aber dann in Roberts fröhliches Lachen mit ein, und lachend erscheinen sie beide vor dem Hauseigentümer und nehmen die Wohnung in Miete.

Auf dem Heimweg wird jedoch Clara ganz ernst, ja sogar traurig. Es fällt ihr nun schwer aufs Herz, daß sie, die berühmte Künstlerin, nicht einmal das hat, was doch das einfachste Bürgermädchen besitzt: eine Ausstattung.

„Du sollst dafür ganz andere Dinge erhalten, mein Herzensmädchen", tröstet sie Schumann, und überreicht ihr dann bei Tante Carl sein neuestes in Druck erschienenes Opus 28, drei Romanzen. Von ihnen begeistert die mittlere in Fis-Dur Clara am meisten.

„Diese Romanze ist wie ein Zwiegesang, ja wie ein Liebesduett", bewundert sie.

„*Unser* Liebesduett", verbessert Robert. „Die Romanze unserer Liebe, die sich nun schönstens erfüllt."

Nach diesen froh verbrachten Stunden kommt es noch einmal zu einer Trennung, zur letzten vor jenem Tag, der den beiden als herrlichster vorschwebt. Clara reist mit Tante Carl nach Thüringen, um die Wartezeit, bis der Ehekonsens rechtsgültig vorliegt, nutzbar zu verbringen. Jena und die thüringischen Fürstenhöfe werden besucht. In Weimar gibt sie im Stadthaus das letzte Konzert als Clara Wieck. Dann treffen Braut, Mutter und Freunde nacheinander zur Feier des Polterabends in Leipzig ein. Er beschert Clara ein wunderbares Brautgeschenk: Robert überreicht ihr einen prächtigen Notenband mit Goldschnitt. Es ist eine Sammlung herrlichster Lieder, „Myrthen" genannt, und beginnt mit einer „Widmung" über den Text „Du meine Seele, du mein Herz ..."

Tief ergriffen gleitet Claras Blick von Blatt zu Blatt. Es grenzt ans Wunderbare, findet sie. Der bisherige Schöpfer neuer, bahnbrechender Klaviermusik erweist sich jetzt plötzlich als Meister des Liedes. Was darf sie da noch von der Kunst ihres Robert erwarten? Ein unnennbares Glücksgefühl durchströmt sie. Sie weiß, ihr Leiden und ihr Kämpfen war nicht umsonst. Vor ihr steht eine Zukunft, schöner und aussichtsreicher denn je vor einer Frau.

Sie empfindet das ebenso tief und voll am nächsten Morgen in der Kirche von Schönefeld, als sie in Gegenwart von Bergschreiber Becker, der sie dereinst zu Schumann zurückführte, und Doktor Reuter, der in den trüben Jahren die briefliche Verbindung der Getrennten förderte, mit Robert den Bund fürs Leben schließt.

Der Tag verrauscht wie ein einzig schöner Traum, und am nächsten Morgen erwachen die jungen Eheleute an Claras 21. Geburtstag zum erstenmal im eigenen Heim.

In den umliegenden Gärten jauchzen die Vögel ihre Geburtstagskantate. Unter dem Dach, gleich über ihren Fenstern, zwitschern glückverheißende Schwalben, die sich zur langen Reise rüsten. Sonnenglanz und Herbstpracht verklären den Tag.

Langsam und überselig schreiten Robert und Clara von Raum zu Raum. Sie wollen ihre erste eigene Wohnung richtig genießen. In Roberts Stube halten sie die längste Rast. Hier liegt auf dem Schreibtisch mit dem hohen Bücheraufsatz, den Bachs und Händels Büsten bekrönen, ein neues Buch: das Tagebuch ihrer Ehe. Staunend schlägt es Clara auf und liest darin die erste Eintragung von ihres Gatten Hand:

„Das Büchlein, daß ich heute eröffne, hat eine gar innige Bedeutung; es soll ein Tagebuch werden, über alles, was uns gemeinsam berührt in unserem Haus- und Ehestand; unsere Wünsche, unsere Hoffnungen sollen darin aufgezeichnet werden; auch soll es sein ein Büchlein der Bitten, die wir aneinander zu richten haben, wenn das Wort nicht ausreicht; auch eines der Vermittlung und Versöhnung, wenn wir uns etwa verkannt hatten; kurz ein guter, wahrer Freund soll es uns sein, dem wir Alles anvertrauen, dem unsere Herzen offen stehen ... Alle acht Tage wechseln wir ab in der Führung des Sekretariats; alle Sonntage ... erfolgt die Übergabe ... Das Geschriebene wird alsdann gelesen, im Stillen, oder auch laut, je nachdem der Inhalt es verlangt, Vergessenes nachgetragen ... und überhaupt der ganze Lebenslauf der Woche sorgfältig erwogen, ob es auch ein würdiger und tätiger war, ob wir uns nach innen und außen immer mehr im Wohlstand befestigt, ob wir uns auch in unserer geliebten Kunst immer mehr vervollkommnet.

Die Aufzeichnungen in einer Woche dürfen nie unter einer Seite betragen; wer dagegen fehlt, bekömmt eine Strafe, die wir uns aussinnen wollen.

Eine Zierde unseres Tagebüchleins soll wie gesagt die Kritik unserer künstlerischen Leistungen werden; z.B. kömmt genau hinein, was Du vorzüglich studiert, was Du componiert, was Du Neues kennen gelernt hast, und was Du davon denkst; dasselbe findet bei mir Statt. Eine andere Hauptzierde des Buches bilden: Charakterschilderungen z.B. bedeutender Künstler, die wir in der Nähe gesehen. Anekdoten, Humoristisches bleibt keineswegs ausgeschlossen.

Das Schönste und Herzigste aber, was das Buch enthalten soll, will ich Dir, mein liebes Weib, nicht noch beim Namen nennen: Deine und meine schönen Hoffnungen, die der Himmel segnen wolle. Deine und meine Besorgnisse, wie sie das Leben in der Ehe mit sich bringt; kurz allen Freuden und Leiden des ehelichen Lebens soll hier eine treue Geschichte geschrieben werden, die uns noch im späteren Alter erfreuen wird.

Bist Du mit alle diesem einverstanden, mein Herzensweib, so schreibe Deinen Namen unter meinen, und laß uns als Talisman noch die drei Worte aussprechen, worauf alles Glück des Lebens beruht:

Fleiß, Sparsamkeit und Treue.

Da greift die junge Frau nach der Feder und setzt unter Robert Schumanns Namen die Worte:

Dein Dir von ganzer Seele ergebenes Weib Clara.

II.

DIE FRAU

Er, der Herrlichste von allen

Clara Schumann steht vor dem Küchentisch und schält Kartoffeln. Auf dem Herd siedet das Wasser mit sprudelndem Murmeln und mahnt sie zur Eile. Nun fängt auch der Schmorbraten zu zischen an und will gewendet werden. Die junge Frau springt hastig herbei, greift da und dort zu, rührt um, dreht den Braten, schiebt das Gemüse auf das Feuer und setzt sich dann, als alles für den Augenblick versorgt dünkt, todmüde ein wenig auf das Küchenbänkchen.

Sie legt die Hände auf die heißen Wangen, fühlt an den Schläfen, wie das Blut unruhig pulst, und tut ein paar herzhafte, tiefe Atemzüge.

Wirtschaften ist gar nicht leicht, stellt sie dabei fest. In der letzten Zeit, seit ihr manchmal plötzlich sterbensübel wird und sie den Küchendunst oft kaum ertragen kann, findet sie das häufig.

Wenn man sich aber hinterher wieder ganz frisch fühlt, macht das Kochen, Räumen und Rumoren doch viel Spaß. Es vollzieht sich ja in der eigenen Wohnung, in ihrem schwer genug errungenen Haushalt! Die Besinnung daran erweckt sofort einen warmen Freudestrom, ein tief beglükkendes Gefühl sicherer Geborgenheit. Und außerdem geschieht alles für Robert, der nebenan in der Hofstube unheimlich fleißig komponiert; Lied um Lied. Schon zählen sie weit über hundert. Für seine Bequemlichkeit – was täte man da nicht!

Frau Clara hebt den Kopf und lauscht, ob nicht ein neuer Klang zu ihr herübertönt, ein neues Lied sich so ankündigt. Doch bleibt es still. Schumann schreibt wahrscheinlich soeben. Dagegen schrillt im Flur die Klingel – einmal, zweimal.

Wer mag das sein?

Rasch bindet Frau Schumann die Küchschürze ab, rückt schnell die allergefährlichsten Kochtöpfe an den Herdrand und geht nachsehen.

Das tut sie stets ein wenig ungern. Man weiß doch nie, wer draußen wartet! In solchen Augenblicken sehnt sie sich hin und wieder nach einer Magd, die ihr den Weg zur Tür abnehmen könnte. Es wäre aber vorläufig unökonomisch, bereits ein Dienstmädchen zu halten, wo Sparsamkeit noch sehr geboten scheint. Später, wenn erst ein Kind da ist, wird es unumgänglich sein, denkt Clara Schumann beim Aufschließen. Und dann steigt ihr das Blut zu Kopf und zwingt sie, gegen einen leichten Schwindel anzukämpfen, denn auf der Schwelle steht eine überelegante junge Dame und mustert sichtlich etwas mitleidig ihr Küchenkleid.

„Fräulein Livia Gerhard?“ verwundert sich Frau Clara.

Die Besucherin lacht leicht verlegen und meint: „Wie schön, daß Sie mich gleich erkennen, obwohl wir uns lange nicht sahen ...“ Dann schlüpft sie aus ihrer kostbar pelzgefütterten Mantille und folgt der Hausfrau in die gute Stube.

Clara ist froh, daß darin seit einer Woche endlich ihr alter Streicher-Flügel steht, den Vater nach ihrer Verheiratung lange nicht herausgeben wollte und erst über Vermittlung eines gemeinsamen Freundes, des Majors Serre aus Maxen bei Dresden, auslieferte; denn ohne das Instrument dünkt der Raum ziemlich bescheiden eingerichtet. Das kommt ihr besonders jetzt zum Bewußtsein, da sie, schmerzlich bewegt, mitansehen muß, wie der unerwartete Besuch mit flinken Blicken alles zu bemerken, ja alles sofort abzuschätzen scheint.

Dabei plaudert Livia Gerhard unaufhörlich weiter, erinnert Clara an gemeinsam erlebte Konzertaufführungen und Veranstaltungen, ja schließlich an ihr Debüt als Sängerin im Leipziger Gewandhaus vor acht Jahren, als sie mit der damals dreizehnjährigen Clara Wieck und dem jungen Richard Wagner erstmals vor das verwöhnte Gewandhaus-Publikum trat.

„Sie sind seither berühmt geworden“, stellt sie fest. „Auch ich erwarb mir als Konzertsängerin einen guten Namen. Was aber aus Wagner wurde, weiß ich nicht.“

Nun kann endlich Clara Schumann reden. Darüber vermag sie Auskunft zu geben. Denn Wagner schreibt hin und wieder unter dem Namen „Valentino“ für Roberts Zeitschrift und sendet aus Paris, wo es ihm nicht allzu glänzend zu gehen scheint, fleißig Musikbriefe.

„Ach“, bedauert Livia Gerhard. „Also doch auch verkommen! Es ist ja jammerschade, wie viele hoffnungsvolle Talente im Laufe der Zeit verkümmern. Da ist der Wagner, der sich offenbar zu früh an die unrichtige Frau kettete. Da sind Sie, die Sie seit Ihrer Verheiratung wohl kaum mehr ein Klavier anrührten. Und ich bin gleichfalls bald jenen zuzuzählen, die die Hoffnungen ihrer Bewunderer nicht erfüllen können, weil ich mich auch demnächst verheiraten werde und mein Bräutigam von einem weiteren öffentlichen Auftreten nichts wissen will.“

Diese Worte empfindet Clara wie einen Dolchstoß. Ist es bereits so weit, daß man von ihr nichts mehr erwartet, fragt sie sich zitternd, daß man sie mit Wagner, von dem sie nie viel hielt, und jener Livia Gerhard, die ihre Kunst mehr aus gesellschaftlichen Rücksichten als aus innerem Drang ausübte, vergleicht?

Während Frau Schumann darüber noch verzweifelt nachsinnt, spricht die Sängerin längst schon von etwas anderem: von der prächtigen Ausstattung, die ihr Oheim, der Großkaufmann Legationsrat Gerhard, ihr zu geben versprach, vom Reichtum ihres künftigen Gatten, des kurfürstlichen Kammerrates Bankier Doktor Frege. Obwohl sie kaum recht hinhört, empfindet Clara alles, was Livia Gerhard sagt, irgendwie schmerzlich. Ist diese Frau, mit der sie nie nähere

Freundschaft verband, nur deshalb ganz unerwartet und bisher völlig unmotiviert hierhergekommen, um ihr lauter Dinge zu erzählen, die sie verletzen, ja kränken müssen?

Ehe sie diese Frage noch klären kann, ruft ein zischendes Geräusch und ein plötzlich eindringender brenzlicher Geruch Clara schleunigst in die Küche, und sie muß ihren Gast nach einigen schnell gestammelten Entschuldigungen alleinlassen.

Bei ihren verzweifelten Bemühungen, den angebrannten Braten zu retten, vernimmt sie auf einmal Klavierspiel.

Ist das Robert? Doch nein! Die Klänge scheinen aus der guten Stube herüber zu dringen. Livia Gerhard spielt. Jetzt beginnt sie sogar zu singen. Man kann es ganz deutlich hören. Clara kennt auch das Lied nur zu gut. Ist es doch eines ihrer Lieblingsstücke aus Roberts „Frauenliebe und -leben". Was fällt der Frau nur ein! Hart nebenan, nur durch einen schmalen Gang und zwei Türen getrennt, sitzt Robert und arbeitet, das heißt, braucht viel Ruhe, entsetzt sich Clara Schumann. Und Livia Gerhard singt? Immer lauter, immer deutlicher klingt es: „Er, der Herrlichste von allen ..."

Clara weiß sich nicht zu helfen. Am Ende wird Robert gestört, glaubt vielleicht sogar, daß sie spielt und singt, sie, die nie eine Taste anrühren würde, wenn er schafft! Am liebsten möchte sie sofort ins Zimmer stürzen und der Sängerin Einhalt gebieten. Doch da ist der dumme Braten. Sie muß ihn erst rasch in eine neue Pfanne geben, wenn er nicht ganz verderben soll, und dann das Fenster öffnen, damit die kalte Hornungluft den überaus lästigen, brenzlichen Geruch vertreibt, ehe er sich in der Wohnung ausbreitet.

Bei allen diesen Tätigkeiten wird sie aber notgedrungen veranlaßt, nebenbei Livias Gesang zu lauschen. Und der fesselt sie immer mehr. Welchen Ausdruck, wieviel Innigkeit und überströmendes Gefühl legt die Sängerin in dieses Lied! Wie muß sie ihren künftigen Gatten lieben, daß sie all das, was dieses Lied enthält, so nachfühlen kann. Da, jetzt abermals, bei der Wiederholung! Wie vermag sie doch die schrankenlose Bewunderung, die grenzenlose Hingabe wiederzugeben, die in dem „Er, der Herrlichste von allen ..." lebt. Oder ... ist es am Ende gar nicht Dr. Frege, der in Livia Gerhard das Empfinden für dieses Lied entzündet?

Wie ein Blitz durchfährt Frau Clara dieser Gedanke.

Nun wird der Braten auf einmal unwichtig. Auch die Sorge um die Störung Roberts vergißt sie. Nur die Sängerin will sie sofort sehen; ihr ins Auge blicken, ihr ins Herz schauen. Sie verläßt eilends die Küche und betritt ganz erhitzt und aufgeregt das Zimmer, als Livia Gerhard eben den letzten Ton ausspinnt.

Ein seltsam weicher, fast demütiger Zug liegt um Livias Lippen, wie sie die Schlußakkorde spielt. Ihre bisher stolze, ja königliche Haltung scheint viel bescheidener, beinahe unterwürfig geworden; ihr Blick dünkt sehnsuchtsvoll verschleiert. Und Clara Schumann weiß, wie sie Livia Gerhard betrachtet, plötzlich instinktiv, daß diese Frau den gleichen Mann verehrt, dem ihre Liebe und Bewunderung gilt – daß Livia Robert Schumann liebt.

Ihre Gedanken kreisen einige Herzschläge lang wunderlich wild durcheinander. Dann steht sie bei der Sängerin und hört sich selbst mit völlig fremder Stimme sagen:

„Das war ganz außerordentlich schön. Nur schade, daß ich meinen Mann nicht rufen kann. Er arbeitet gerade und duldet dabei keine Störung."

Da erhebt sich Livia Gerhard vom Instrument – ihre Haltung ist wieder hoheitsvoll wie zuvor – und antwortet ruhig und beherrscht:

„Gerne hätte ich ihm meine Bewunderung für dieses Lied und manches andere ausgedrückt. Wenn das nicht möglich ist, muß ich es auf ein andermal verschieben."

Dann nickt sie Frau Schumann grüßend zu und schickt sich an zu gehen.

Clara bleibt wie von einem Traum befangen zurück. Erst als Robert zu ihr tritt, sie an den Händen faßt und zu ihr spricht, wacht sie auf.

„Ich hab' dir etwas mitgebracht, Clara“, verrät er mit seinem feinen, gütigen Lächeln, das man an ihm so lieben muß.

„Ein neues Lied?“ fragt die Frau erwartungsvoll.

„Lies“, antwortet er einfach und reicht ihr ein Blatt. Verwundert erblickt Clara darauf nicht eine einzige Note – nur Worte – und liest erstaunt:

Du Geist der Wolke, trüb und schwer,
Fliegst drohend über Land und Meer,
Dein grauer Schleier deckt im Nu
Des Himmels klares Auge zu,
Dein Nebel wallt herauf von fern,
Und Nacht verhüllt der Liebe Stern!
Du Geist der Wolke, trüb und feucht,
Was hast du all mein Glück verscheucht,
Was rufst du Tränen ins Gesicht
Und Schatten in der Seele Licht?
O wende, wende deinen Lauf –
Im Tale blüht der Frühling auf!

Wie sie bei der letzten Zeile angelangt ist und nun nicht weiß, was sie mit diesem Gedicht anfangen soll, reicht ihr Schumann einen Bogen Notenpapier. Es trägt oben die Schlußzeile der Verse als Motto und in der Mitte prangt die Überschrift

Frühlingssinfonie
in B-Dur
Von Robert Schumann

Claras Herz pocht mit hüpfend-schnellen Schlägen.

„Du hast eine Sinfonie komponiert – in vier Wochen?" Atemlos vor Freude stößt sie das hervor.

Schumann streicht lächelnd in sanft-kosender Berührung über die heißen Wangen der Erregten.

„Im Frühling unserer Ehe eine Frühlingssinfonie", flüstert er, über ihre Mitfreude tief beglückt.

Da bricht die junge Frau plötzlich in Tränen aus.

„Du Guter, Herrlicher! Du kannst mich jetzt schon beschenken", schluchzt sie an seinem Hals, und er weiß nicht, ob das vor Glück oder vor Kummer ist. „Ich aber habe noch nichts ..."

„Aber, Clärchen!" versucht er zu beruhigen. „Du hast doch mit mir zusammen den Liebesfrühling komponiert; unseren Liebesfrühling!"

„Das wohl", gibt Clara zu. „Aber *mein* Geschenk, Robert, meines, das, was du dir vom ersten Tag unserer Ehe gewünscht hast, das kommt erst im Spätsommer oder gar erst im Herbst ..."

Auf einmal begreift der Mann und schließt sie fest in seine Arme. „Clara, meine liebe, süße Clara!" jubelt er, und sie ist so glücklich wie noch nie.

Dann sitzen sie nebeneinander auf dem Sofa und raten an dem ewig neuen Geheimnis künftigen Eheglücks. Wird es ein Junge sein, wird es ein Töchterlein?

„Lieb wird es sein", findet Robert. „Und eine neue Sinfonie soll es begrüßen."

Clara will aber erst die „Frühlingssinfonie" sehen. Er bringt die vielen, vielen sorgfältig beschriebenen Bogen und sie blättert darin mit dem Entdeckungseifer eines seligen Kindes. Danach bauen sie an nahen Zukunftsplänen. Bei ihrer Uraufführung will Frau Clara auch wieder als Virtuosin vor das Konzertpublikum treten; zum erstenmal als Clara Schumann.

„Genau so wie in Zwickau mit dir zusammen bei deiner Allerersten!" schlägt sie vor.

Er wünscht sich jedoch mehr Erfolg als damals; mindestens so viel, wie Richard Wagner zu verzeichnen hatte, da er ein wenig später mit Clara und Livia Gerhard zusammen seine erste Sinfonie aufführte.

Bei diesem Wunsch erinnert sich die junge Frau an den eben vorher empfangenen überraschenden Besuch und erzählt davon.

Schumann hört verwundert zu.

So? Livia Gerhard war da und sang eines seiner Lieder? Gar „Er, der Herrlichste von allen!" Er vernahm zwar im Eifer seiner Arbeit nichts davon, besinnt sich aber jetzt mit einmal an eine längst vergessene Begebenheit: Wie er mit der als Holländerin kostümierten Livia Gerhard beim Maskenfest ihres Oheims, als „Reisender Student" verkleidet, tanzte und Doppelgänger ihn ängstigten und narrten. Das liegt freilich weit hinter ihm. Nun fürchtet er keinen Doppelgänger mehr und kennt auch seinen Weg. Die Sinfonie wird das beweisen.

„Ich weiß nicht ..., ich glaube ..., ich könnte mir denken, daß Livia dich lieber hat, als du vermutest", sagt Clara zögernd und ein wenig zaghaft in sein Schweigen hinein.

Da lacht Robert fröhlich und befreiend auf.

„Livia Gerhard? Die liebt erst sich, danach das Geld und hinterher noch das, was ihr als Sängerin Ehrungen und Ruhm einträgt. Darunter vielleicht ein ganz klein wenig die Lieder eines gewissen Robert Schumann. – Der aber ist glücklicher als je ein Märchenprinz; denn er hat seine Clara ..."

So glücklich wie ein Märchenprinz betritt er auch fünf Wochen später, an einem prächtigen Frühlingstag, das Gewandhaus zur ersten Aufführung seiner „Frühlingssinfonie", steigt die bequeme Bibliotheksstiege zwei Treppen hoch und sucht schließlich im Obergeschoß seine Loge auf, die sich, wie alle Seitenlogen des Gewandhaussaales, schrägwandig in den Dachstuhl des alten Gebäudes schmiegt.

Von ihr aus blickt er in den menschengefüllten Saal hinab. Kein Plätzchen ist mehr leer. Auf den rückwärtigen Sitzen, die sich dem Orchester voll zuwenden, bemerkt er mit Hilfe des Lorgnons manches bekannte Gesicht. Viele ehemalige „Davidsbündler" nehmen sie ein und warten auf die Sinfonie ihres Meisters. In den einander gegenüberstehenden Hauptsitzreihen sieht er im Mittelgang, ganz nahe dem Podium, Livia Gerhard in großer Toilette mit ihrem Gatten, dem Kammerrat Dr. Frege. Sie hält den feinen Spitzenfächer halb vors Gesicht und scheint ihm, wie er von oben zu erkennen glaubt, dahinter zuzulächeln. Da muß er grüßen. Nun macht sie auch den Kammerrat auf ihn aufmerksam, und der nickt ihm gleichfalls freundlich zu.

Das Publikum verharrt in atemloser Spannung. Selbst das sonst übliche Gemurmel vor dem Anfang fehlt. Und dann tritt Clara ein. Sie wird von einem wahren Beifallssturm empfangen. Immer wieder muß sie danken, die holde Frau; erst vor Aufregung blaß, jetzt rot vor Freude, ja schließlich noch, nachdem sie sich schon setzte.

Während Robert sie von oben her mit liebevollen Blicken umfaßt, betrachtet unten Livia Frege sie kritisch und forschend. Das ist nicht mehr die schüchterne junge Frau, die sie im Küchenkleid, erhitzt und sichtlich überrascht, empfing, stellt sie erstaunt fest. Ist es das vornehm wirkende schwarze Spitzenkleid oder der sichtlich kostbare Schmuck, der die Erscheinung adelt? Doch schon nach wenigen Akkorden fühlt die Sängerin: Es ist die Kunst, die Clara Schumann über alle hier Versammelten erhebt. Denn so spielt wirklich allein nur sie.

Der weich-singende, seelenvolle Anschlag eignet von allen Klaviervirtuosen nur ihr. Das innige, poetische Durchdringen des Musikstückes, das gleichsam neugeschaffen unter ihren Händen hervorquillt, dünkt einmalig. Sie weiß männliche Kraft mit wundervoll weiblichem Gefühl zu paaren, ja selbst rein technisches Passagenwerk ebenso in perlende Klarheit aufzulösen wie daraus geheimnisvolles Rauschen und Fluten zu entwickeln oder zarte Glockentöne hervorzuzaubern. Ein Wunder ist sie, diese Clara Schumann, eine ganz große Künstlerin.

Ob sie aber trotzdem für Robert Schumann die richtige Frau sein mag, fragt sich Livia Frege, während eine Sängerin Lieder von Schumann singt. Die Zeit, in der er bloß für das Klavier schuf, scheint vorbei. Jetzt strömt sein Liederborn sich aus; jetzt müßte eine Sängerin an seiner Seite stehen! Begabt wie sie – verliebt wie sie! Ja. Livia gesteht es sich ganz unumwunden selber ein: Für sie wäre Robert Schumann zweifellos „der Herrlichste von allen“; ein schöner Mann, ein großer Geist, einer, in dem es nicht nur singt und tönt, der auch formen kann. Das beweist seine „Frühlingssinfonie“.

Ihr erster Trompetenruf klingt wie ein Weckruf, und alle die herrlichen Melodien, die in dem daran überreichen Werk aufblühen, vereinigen sich zu einem harmonisch wohlabgerundeten Gefüge. Man fühlt, es muß so sein, wenn man den inneren Grund auch nicht erkennt. Das hört sich anders an als eine Mendelssohnsche Sinfonie! Feuer ist drin und Kraft und doch viel Lieblichkeit. Und diese völlig verschiedenen Elemente vertragen sich, ergänzen einander, verschmelzen zu untrennbarer Einheit. Das dünkt das Wunderbare an der Komposition, das jeder merkt und Livia Frege umsonst zu deuten sucht.

Clara, die nunmehr neben Robert in der Loge sitzt, kennt das Geheimnis. Die endliche Erfüllung lang ersehnten Lebensglückes hat Robert so verwandelt, den stolzen Stürmer Florestan mit dem Denker und Träumer Eusebius vereinigt.

Ihr scheint es recht und billig, daß seine Sinfonie eine Teilnahme findet wie keine seit Beethoven, und glückselig ahnt sie, daß dieser überreiche Beifall am Anbeginn einer langen, glänzenden Kette großer Werke steht.

Am Tage nach dem Konzert empfängt Schumann von Doktor Frege und seiner Gattin eine sehr herzlich gehaltene Gratulation zu seinem glänzenden Erfolg, und zu Sommeranfang laden Livia Frege und ihr Mann das Ehepaar Schumann zu sich ein.

Frau Clara geht in diesen Tagen nicht mehr aus. Sie strickt eifrig an kleinen Häubchen, häkelt Spitzen für künftige Steckkissen und näht entzückende, winzige Kinderhemdchen mit puppenartig zierlichen Ärmelchen.

„Ist das nicht viel zu klein?“ fragt Robert zweifelnd.

Clara lächelt über diesen Einwand.

„Du wirst ja sehen ...“ verheißt sie.

Dann redet sie ihm zu, allein das Ehepaar Dr. Frege zu besuchen. Erst will er nicht. Schließlich fügt er sich aber, halb widerstrebend, wie sie darauf hinweist, daß in der Catherstraße Nr. 11 seit Jahr und Tag berühmte und interessante Persönlichkeiten verkehren, so daß er es gewissermaßen seinem Ruf schuldig sei, auch hinzukommen.

Gern bringt sie diese Argumente freilich nicht vor. Bloß aus Pflicht. Wie Robert fortgeht, schaut sie ihm noch lange nach und bleibt am offenen Fenster sitzen und blickt über die grünen Gärten am Burzelgraben gegen die Stadt, die hinter den Schwanenteich-Anlagen und den Pappeln des Schnekkenberges ihre Türme und Dächer herüberlugen läßt.

Sicher wird sich Livia Frege freuen, wenn Robert allein zu ihr kommt, denkt sie dabei. Vielleicht hat sie sich auch deshalb mit ihrer Einladung so lange Zeit gelassen, um ihr, die nun bald das Kindchen erwartet, die Möglichkeit einer Annahme zu benehmen. Wer kann das wissen? Livia verfügt über eine prachtvoll ebenmäßige stolze Erscheinung, ist außerdem klug, gewandt und obendrein verliebt. Ob man nicht besser getan hätte, Robert nicht zu diesem Besuch zu überreden? Der Glanz des Fregeschen Haushalts kann ihn, den einst daheim Verwöhnten, an die Behaglichkeit seines Zwickauer Elternhauses erinnern und ihm die Gegenwart drückend erscheinen lassen. Wahrscheinlich will Livia auch singen! ...

Livia Frege singt.

Da steht die schöne junge Frau in einem Kleid von wasserblauer Seide unter dem großen Kristalluster des Fregeschen Musiksaales. An Hals, Brust und Armen wetteifert edelgeformter, kostbarer Perlenschmuck mit dem feinen Opalton ihrer Haut. Der Kerzenglanz läßt ihr leuchtendes Blondhaar goldgleißend aufschimmern. Der starre Blick ihrer blaugrauen Augen hat etwas Geheimnisvolles, Märchenhaftes an sich, von dem man nicht leicht loskommt. So singt sie Schumanns schönste Lieder aus dem Eichendorffschen Liederkreis.

Der Zauber der „Mondnacht“ zieht vorüber. Über die flimmernden Mondstrahlen der Klavierbegleitung schwingt sich die Gesangsmelodie, in träumerischer Schwärmerei erglühend, auf, und Livia legt all ihre Sehnsucht in dieses Lied. Im „Zwielicht“ gewinnt ihre von leichter Schärfe übertönte Stimme einen gespenstisch-unheimlichen Klang. Die leise Wehmut des Stückes „In der Fremde“ trifft sie meisterhaft. Es ist ergreifend, wie sie die Trostlosigkeit des Alleinseins wiederzugeben vermag.

Schumann starrt ganz verzückt auf seine Sängerin. So hat er seine Lieder noch nie gehört. Doch seine Bewunderung steigert sich noch stetig, als Livia Frege den Zyklus „Frauenliebe und -leben“ singt.

Stockend und verträumt ringt sie sich das Liebesgeständnis los: „Seit ich ihn gesehen.“ Das „Er, der Herrlichste von allen" jauchzt sie freudig heraus, um hinterher in demütige Zärtlichkeit zu versinken, und in dem Lied „Ich kann's nicht fassen, nicht glauben" zuckt heiße Leidenschaft empor.

Die Folgelieder rauschen an Robert vorbei wie ein buntes Traumspiel. Danach, als die Sängerin lauter Beifall umtost, den sie auf ihn ablenken möchte, geht er, von dem Musikerlebnis noch ganz gefangen, mit ein paar unsicheren, wippenden Schritten auf sie zu, um ihr zu danken. Doch fehlen ihm im Augenblick die richtigen Worte. Er küßt ihr nur die Hand, wobei er deutlich fühlt, wie ihre feinen Finger beben, und legt alle Bewunderung und Dankbarkeit in einen langen Blick, mit dem er sie umfaßt.

Livia erwidert ihn glückstrahlend. Sie ist von ihrem Sieg fest überzeugt. Dann umdrängt sie der Kreis der Verehrer und glückwünschenden Enthusiasten. Als er sich lichtet, ist Schumann verschwunden.

Er taumelt wie ein Traumbefangener durch einige Räume der Fregeschen Wohnung und sinkt schließlich in einem kleinen Kabinett mit glänzenden Seidenstühlen und zierlichen Porzellanfiguren auf Kommoden und in blanken Vitrinen müde in einen Fauteuil.

Der zauberhafte Eindruck der letzten Stunde läßt ihn nicht los. Er sieht noch Livia vor sich; geheimnisvoll lockend, märchenhaft. Sieht das glänzende Blondhaar, die Nixenaugen. Und plötzlich wird ihm ein Eichendorffsches Gedicht gegenwärtig. Tonempfindungen erwachen. Die Stimmung des deutschen Waldes mit Zweigerauschen und Hörnerklang lebt auf. Er hält sie auf einem Blatt Papier, das er in seiner Tasche findet, fest und formt die Wechselrede des „Waldgesprächs" in Töne.

Es ist schon spät, es wird schon kalt,
Was reit'st du einsam durch den Wald?

Der Wald ist lang, du bist allein,
Du schöne Braut! Ich führ' dich heim!

beginnt der Mann, vom Liebreiz einer eigenartigen Frau gefesselt. Sie antwortet in weichen, klagenden Melodien, verlockt, reizt ihn noch mehr; denn

So reich geschmückt ist Roß und Weib,
So wunderschön, so wunderschön der junge Leib,

bis ihm der Blick der kühlen Nixenaugen erschauernd die Gefahr verrät, in die er sich verstrickte. In wildem Aufschrei stößt der Verzauberte hervor:

Jetzt kenn' ich dich – Gott steh' mir bei!

und in lähmendem Erschrecken ringt er sich ihren Namen ab:

Du bist ... die Hexe ... Loreley.

Während er das hört und niederschreibt, bricht auch der Bann, der Robert den Abend über gefangenhielt. Den letzten Vers skizziert er bloß andeutungsweise und schickt sich dann zu gehen an. Hier hält ihn nun nichts mehr.

Auf der mit holländischen Kacheln verkleideten Treppe trifft er Albert Lortzing. Den freut das Treiben oben auch nicht. Er trägt ihm seine Begleitung an, und beide schreiten Arm in Arm in die laue Frühsommernacht hinaus.

Daheim in der Inselstraße findet Frau Clara diesen Abend keinen Schlaf. Eine seltsame Unruhe hat sie gepackt und läßt sie nicht los. Sie hört Stunde um Stunde den Glockenschlag vom Johanniskirchhof durch die Stille der Nacht herübertönen, und ihre Angst um Robert steigt.

Endlich, nach drei Uhr morgens, vernimmt sie leise Schritte auf der Gasse, das Knirschen des Hausschlüssels im Schloß, das Knarren der Torangeln.

Wie Robert ins Zimmer tritt, macht sie schweigend Licht und sucht seinen Blick. Er ist vollkommen ruhig und klar.

„War es schön?“ fragt sie vorsichtig tastend.

„Bei Albert Lortzing drüben in der ‚Funkenburg‘, woher ich eben komme, schön“, sagte Schumann langsam. „Der Mann ist unheimlich begabt. Er spielte mir aus seiner neuen Oper ‚Der Wildschütz‘ vor, daß ich mich lange nicht vor Staunen darüber fassen konnte. Nur eines will er nicht einsehen: daß die deutsche Oper auch noch nach Mozart und Weber weiterentwicklungsfähig ist. Für ihn hat nur das heitere Singspiel Zukunft.“

„Und ... kannst du ihm beweisen, daß er im Unrecht ist ...?“ forscht Clara.

„Ich werde es ihm beweisen“, versichert Robert Schumann. „Heute schrieb ich bei Freges noch ein Lied. Es mag für längere Zeit das letzte sein. – Jetzt widme ich mich ganz und gar der Sonatenform, der Sinfonie, und dann, dann kommt die Oper an die Reihe ...“

Darauf antwortet Frau Clara nichts. Er meint, sie schliefe schon und löscht das Licht. Sie aber bewundert Robert, wie er um seinen Weg weiß, und ist von Glück und Freude erfüllt; denn sie ist voll überzeugt, daß Livia Frege nun keine Macht mehr über ihn gewinnt.

Die Arbeit an der neuen Sinfonie in d-Moll schreitet tatsächlich rüstig vorwärts; bis in die letzten Augusttage. Um die Monatswende erfaßt Schumann Sorge und Unruhe. Er kann auf einmal nicht mehr recht weiter. Sein ganzes Denken und Fühlen kreist um Claras nahe schwere Stunde. Sie selbst lebt freilich in freudiger Erwartung. Ihr Aussehen ist aber nicht gut. Das Gesichtchen scheint blasser und schmaler denn je; nur die Augen sind groß und leuchtend. Robert empfindet diesen Gegensatz geradezu als unheimlich.

Dann kommen eine Nacht und ein Morgen, der seine unentwegte leise Furcht zu höchster Besorgnis steigert. Stundenlang hält man ihn fern, während Clara, seine Clara, leidet. Er darf nicht zu ihr und möchte doch so gerne die lieben Hände küssen, von ihrer hohen Stirn die hellen Schweißtropfen trocknen, ihr sagen: „Du bist mein tapferes, mein liebes Weib. Du weißt ja nicht, wie ich dich bewundere!" Das alles ist ihm jedoch verwehrt. Er zählt die Viertelstunden, zählt, halb verzweifelt, gar die Minuten. Die Zeit scheint im Schneckentempo hinzuschleichen.

Draußen zieht ein Gewitter auf. Blitz um Blitz zuckt. Donner rollen und Regenschauer rasseln herab. Sollte das ein böses Zeichen sein? In dem Getöse der Elemente glaubt Schumann mehr als einmal schmerzliches Stöhnen und leises, quäkendes Weinen zu vernehmen. Doch das ist Täuschung. Erst gegen elf Uhr vormittags, als das Gewitter sich langsam verzieht, läßt man ihn zu Clara.

Sie ist noch bleich und sichtlich ermattet, aber schöner denn je. Nun leuchtet nicht nur der Blick, ihr ganzes Antlitz strahlt vor Seligkeit.

„Schau, Robert!" flüstert sie, „dort ... mein Geschenk!" ... Überglücklich sieht er ein kleines Mädchen, noch rot und runzelig, aber mit dunklem Haar wie Clara – sein erstes Töchterlein.

An Claras 22. Geburtstag, den Mutter und Kind schon frisch und fröhlich feiern, empfängt es den Namen Marie. Robert Schumann legt ihm und der jungen Mutter als Taufgeschenk die neue Sinfonie in die Wiege und ernennt die Kleine mit allerlei launigen Scherzworten zum ersten Ehrenmitglied ihres Bundes.

Frau Clara horcht dabei auf den tieferen, heimlichen Klang seiner Worte und merkt feinfühlig, daß in ihnen der selige Glockenton der Freude mitschwingt. Das macht sie noch glücklicher. Sie kann sich kaum Schöneres denken, als ihm, den sie gerade jetzt ob seiner großen Güte und herrlichen Begabung neuerlich bewundern darf, Freude zu bereiten.

Anfangs wollt' ich fast verzagen

Claras Kindchen wächst und gedeiht prächtig. Was gibt es da in den Folgewochen und -monaten für Wunder zu bestaunen! Das erste Lächeln, das erste Lallen, das erste spielende Gegreife, das Aufrichten und Sitzen, das erste Wort, den ersten Zahn, den ersten Schritt. Von einem Tag zum andern ereignet sich ständig Neues, das die jungen Eltern entzückt und beglückt. Wie reizend ist doch schon das schlafende Engelchen, wenn es das Däumchen in den kleinen, rosigen Mund steckt. Und erst das wache Kind! Bis es Geräusch und Stille, Nahes und Fernes, Weiß und Farbig unterscheidet; welche Stufenleiter von Erfahrungen und Freuden für die junge Mutter!

Auch Schumann beschäftigt sich viel mit seinem Kind. Ihm widmet er sein „Schlummerlied" in Es-Dur, die innigste Komposition, die er für Klein-Mariechen schafft.

Bei aller Mutterseligkeit kommt aber in Clara Schumann zeitweise ein Gefühl von Unbefriedigung hoch, das sie wohl einschläfern, aber nicht gänzlich überwinden kann. Es bedrückt sie oft, daß sie monatelang keine Taste anrührte, und mancher Stoßseufzer, manche nur halb verhehlte Klage über den Mangel an künstlerischer Betätigung stiehlt sich in den Wochen jungen Mutterglücks in ihr Tagebuch.

Im ersten Ehejahr hatte man wenigstens mit Robert fleißig studiert, Bildungslücken ausgefüllt und gemeinsam mit dem geliebten Mann die Werke großer Komponisten durchgearbeitet. Wenn man schon nicht üben durfte, weil Robert an seinen Sinfonien komponierte, so war doch eine rege geistige Betätigung möglich, ein Sammeln und Reifen, ein tiefes Verstehen, Begreifen und Eindringen in die Kunst der großen Meister, die man früher bloß ehrfurchtsvoll bewundert hatte, unverkennbar. Dazu kam das holde Wunder des Wachsens und Werdens in ihr selbst, das hoch beglückte und viele Seelenkräfte band.

Das alles fällt jetzt weg. Entweder arbeitet Schumann – dann darf Clara nicht spielen oder gar üben, weil er es durch zwei Türen und einen Gang unweigerlich hört – oder er widmet die Freizeit seinem Töchterchen. Und da muß man erst recht aufmerksam dabei sein; denn junge Väter haben ganz seltsame Methoden, mit ihren Kindern umzugehen. Fand da doch Robert irgendwie heraus, daß es Mariechen Spaß bereitet, wenn man sie wie einen Ball hochwirft und wieder fängt. Das Kind jauchzt dazu, und dem Vater dünkt dieses Spiel gar zu vergnüglich. Da ist energisches mütterliches Eingreifen nötig, weil schließlich Kinder für Erwachsene kein Spielzeug sind.

So wächst bei allem äußeren Glück die innerliche Unbefriedigung.

Manchmal möchte die junge Frau fast verzagen. Sollte sich ihre Kunst so groß, so einmalig entfalten, um nun ganz zu verkümmern? Ist es, seit sie den Liebesbund mit Schumann schloß, wirklich nur ihre Pflicht, zu dulden, zu entsagen, das zu entbehren, was ihr eineinhalb Jahrzehnte das Höchste war: ihre Kunst? Hat sie tatsächlich nur noch die Verpflichtungen gegen Gatten und Kind zu erfüllen? Dürfen die vielen Menschen, denen sie Stunden reinster Beglückung und Erhebung schenkte, an sie keine Ansprüche mehr stellen? Oder muß sie nicht doch auch für sie da sein? Gewiß gehört die Frau ins Haus, gewiß umschließt ihr erster und vornehmster Pflichtenkreis die Familie; aber gilt das auch für sie, gilt das auch für die Künstlerin? Darüber grübelt Clara oft in der Nacht noch nach.

Sie findet keine richtige Antwort, keinen Ausweg aus der Wirrnis vieler Fragen. Und zu Robert davon zu reden scheut sie sich.

Er ist so zartfühlend, so gut, dabei aber auch leicht verwundbar. Könnte er ihre Nöte nicht mißverstehen und befürchten, daß sie in ihrer Ehe nicht jenes Glück zu finden glaube, das sie beide erträumten?

Es wurde ihr ja in reichem Maße zuteil. Jede andere Frau wäre wunschlos an ihrer Stelle.

Jede andere Frau! Das ist es. Ihr Schicksal gleicht eben nicht dem ihrer vielen Schwestern. Schon als Kind unterschied sie sich in Lebensart und -weg von ihren Freundinnen und den übrigen gleichaltrigen Mädchen. Irgendwie kommt sie von dem Gedanken nicht ganz los, daß für sie andere Maße und andere Pflichten gelten.

In dunklen Stunden taucht sogar die Erinnerung an Vater Wiecks Ansichten auf. Am Ende hatte er nicht gar so unrecht, wenn er sich ihrer Verheiratung widersetzte, mahnt insgeheim eine leise Stimme. Vielleicht wäre es ihre Pflicht als Künstlerin gewesen, allein durchs Leben zu gehen. Sie aber wollte beides gewinnen: das Glück des Künstlers im Neugestalten und Verschenken und das des Menschen an seiner Lebensbestimmung. Gibt es das überhaupt zugleich? Für den Mann sicherlich. Ist es aber auch der Frau beschieden? Diese Frage brennt und quält und findet keine richtige Lösung.

Sie versinkt, wenn Mariechen nach ihrer Mutter die winzigen Händchen ausstreckt und lächelnd „Mama, Mama!“ lallt, oder wenn Robert seine „liebe, kleine Mama“, wie er die Gatten nunmehr nennt, in seine Arme schließt. In stillen Stunden oder durch äußere Geschehnisse heraufbeschworen, taucht sie jedoch um so drohender empor.

Besonders als Franz Liszt nach Leipzig kommt und mit Clara Schumann zusammen konzertieren will.

Weil dabei Roberts d-Moll-Sinfonie und sein „Ouverture, Scherzo und Finale“ betiteltes neues Werk aufgeführt werden soll, findet sich für Clara plötzlich Zeit und Möglichkeit zum Üben. Was aber nützen die Tage, ja selbst Wochen! Alltäglich müßte sie sich einige Zeit ihrer Kunst widmen können. Ein Virtuose, der das verabsäumt, verrostet, bleibt zurück.

Früher hat sie den Klavierkünstler und Komponisten Franz Liszt bewundert, ihm nachgestrebt, von ihm gelernt. Jetzt frißt sich ein nagendes Gefühl der Trauer, des Nichtmehrmitkönnens in ihr Herz. Ist das gar Neid?

Was sie selbst als technische Unzulänglichkeit empfindet und dem Publikum sorgfältig zu verbergen trachtet, versucht Clara Schumann durch Innigkeit, durch seelenvolles Spiel, durch bisher unbekannte Gemütstiefe in der Wiedergabe der Klavierstücke wettzumachen. Das freilich fehlt wieder Liszt. Er hat dergleichen aber durchaus nicht nötig; denn er kann brillieren, durch unerhörte technische Fertigkeit blenden und gleißen.

Zum erstenmal erahnt Frau Clara, wie sehr verschieden der Weg des Mannes und der Frau unter den Künstlern ist. Der Mann, wenn er die Meisterschaft erreicht, ist wie ein König. Alles wird ihm untertan; nicht nur Verehrer und Bewunderer, auch die nächste, persönliche Umgebung, sogar der eigene Genius. Die Frau muß nebenher gegen tausend Kleinigkeiten weiterkämpfen: Die Angehörigen verlangen ihre Rechte von ihr, die Haushaltssorgen fordern ihr Teil. Daneben steht die Kunst, groß und unerbittlich – eine Herrscherin.

Da heißt es überall Pflichten erfüllen, heißt es dienen. Vielleicht wird freilich gerade dadurch das Werk der Frau viel tiefer, innerlicher, tröstet sich Clara Schumann. Am Ende haftet der Mann mit seinem Schaffen überhaupt mehr an der Oberfläche. Dann denkt sie an Robert Schumann, den immer stiller Werdenden, scheu Zurückgezogenen. Der dringt doch auch in die Tiefe mit seiner Kunst? Und weil er für sie Inbegriff und Beispiel männlichen Schaffens ist, formt sie nach ihm ihr Bild vom männlichen Künstler und nicht nach Liszt.

Franz Liszt rückt ihr durch diesen Fehlschluß, immer ferner. Was an ihm männlich ist, hält sie für Oberflächlichkeit, das Kraftvolle, Sieghafte, nach dem sie selbst sich insgeheim heiß sehnt, für Pose. So endet der gemeinsame Konzertabend im Leipziger Gewandhaus mit einem innerlichen Mißklang für Clara Schumann und bereitet eine Entfremdung mit Liszt vor.

Ein Gutes wirkt er aber nach. Er hat Claras Verlangen nach eigener künstlerischer Betätigung so sehr verstärkt, daß sie nun, als an Robert und sie im Spätwinter 1841 die Einladung zu einer Konzertreise in norddeutsche Städte ergeht, alle Bedenken Schumanns zerstreut und nach Versorgung Mariechens bei Verwandten mit ihm die Fahrt antritt.

In Bremen glückt auch alles über die Maßen gut. Roberts Sinfonie empfängt reichen Beifall und Clara findet als Virtuosin viel Erfolg.

Anders wird es bei der nächsten Station in Oldenburg.

Nach Clara Schumanns Konzert erscheint ein großherzoglicher Kammerherr im Künstlerzimmer und überbringt der gefeierten Künstlerin die Einladung zu einem Hofkonzert. Von Robert Schumann wird dabei mit keinem Wort gesprochen. Außerdem ist unglückseligerweise der Kammerherr nicht im geringsten musikalisch und hat von Schumanns Namen und Bedeutung keine Ahnung.

„Eh ... Sie sind wohl ebenso wie wir vom heutigen Abend begeistert", wendet er sich ein wenig herablassend an den Meister. „Eh ... Es muß ein schönes Gefühl sein, eine so gefeierte Künstlerin zur Frau zu haben ..." Und weil Schumann beharrlich schweigt fügt er noch hinzu: „Sie lieben wahrscheinlich auch Musik ..."

„Leider nicht, Herr Graf", antwortet da Schumann schroff. „Ich bin vollständig unmusikalisch."

„Ach, wie schade!" bedauert der Kammerherr ehrlich. „Hoffentlich ... eh ... erben dann ihre Kinder die Begabung der Mutter."

Dafür hat Robert nur ein grimmiges Lächeln.

Und wie sich seine Gattin am nächsten Tag zum Hofkonzert ankleiden will, fragt er erstaunt:

„Du sagst nicht ab? Du hättest doch allen Grund dazu nach den gestrigen schweren Beleidigungen!"

Frau Clara ist aber anderer Meinung.

Gerade weil man von ihm hier noch nichts wisse, müsse sie der Einladung um so eher Folge leisten, findet sie. „Wer soll dann die Leute mit Robert Schumanns Werken vertraut machen, wenn nicht ich", fügt sie arglos hinzu und kränkt ihn dadurch noch mehr.

Am tiefsten jedoch, als sie, vom Hof zurückkommend, begeistert von dem Erfolg seiner „Novelletten" erzählt.

„Was soll mir ein Erfolg bei solchen Philistern", murrt Robert und drängt auf schnelle Abreise.

Selbst die gute Aufführung seiner Sinfonie in Hamburg stimmt ihn nicht fröhlicher. Er will auf einmal heim. Auch nähert sich die Zeit, für die er sich von seiner Zeitschrift in Leipzig Urlaub nahm, dem Ende. Vor Clara hingegen stehen noch einige Pläne: Kiel, Lübeck, Kopenhagen.

Es ist die künstlerische Freiheit, nach der sie strebt, das brennende Verlangen, das, was sie selbst fühlt, auch anderen darzubieten. Daneben gilt es freilich, ihren Namen zu erhalten und für den Haushalt, der in den letzten Monaten arge Belastungen erfuhr, einen namhaften Zuschuß zu verdienen. Dawider erhebt sich ihr Pflichtgefühl gegen Mann und Kind. Sie möchte zu Mariechen heim, möchte an Roberts Seite bleiben.

Die Wahl ist furchtbar schwer. Sie dünkt fast als ein Wählen zwischen Familienglück und Kunst.

Nach harten inneren Kämpfen siegt die Kunst. Clara entschließt sich, allein weiterzureisen; Robert Schumann kehrt heim.

Doch schon in Kiel überfällt Frau Clara der Trennungsschmerz so heftig, daß sie ihr Konzert absagen muß. Und wie gar Stürme toben und die Schiffahrt lahmlegen, irrt sie untätig von Kiel nach Lübeck und von dort wiederum nach Hamburg zurück und ist verzweifelt. Nur der Gedanke, ein angefangenes Beginnen nicht wieder aufgeben zu dürfen, spornt sie schließlich an, doch noch nach Kopenhagen zu reisen.

Die Überfahrt wird unruhig. „Windstärke 8", sagen die wenigen auf Deck verbliebenen Passagiere besorgt.

Clara Schumann sucht ihre Kabine auf. Sie fühlt sich elend. Soll das Seekrankheit sein? Sie hat doch vorsichtshalber nichts gegessen! Es schwankt der Boden, schwankt das Bett; die Lampe pendelt hin und her. Frau Clara muß die Augen schließen und versucht, an etwas Musikalisches zu denken. Am liebsten möchte sie ein Werk von Robert aus der Erinnerung beschwören. Doch das Rauschen und Brausen vor ihrer Luke, der schaukelnde Rhythmus des ständigen Hebens und Senkens läßt es nicht zu. Irgendwie kommt ihr die „Wanderer-Fantasie" in den Sinn, die neulich Liszt vortrug. In Gedanken daran schlummert sie ein.

Im Traum sieht sie sich am Klavier in einem Konzertsaal und spielt. Ihr Spiel geht unentwegt weiter – Takt für Takt die „Wanderer-Fantasie“ – das Bild des Saales wechselt aber ständig. Der Leipziger Gewandhaussaal, die Königliche Oper in Berlin, der Saal der Gesellschaft der Musikfreunde in Wien, das Stadthaus in Weimar, das Opernhaus in Kassel, Salon Erard in Paris, dazwischen Räume, die sie gar nicht kennt, ziehen bilderbogenartig an ihr vorüber.

Schon geht das Stück zu Ende, da reißt auf einmal mit lautem Knall eine Saite. Wie Kinderweinen tönt es dann. Nicht nur von einem Kind. Sie hört ganz deutlich mehrere Kinder klagen, zwei, drei, noch eins und noch eins. Sie meint, es wären sechs oder sieben. Dann stürzen Leute aus dem Publikum aufs Podium und einer schreit: „Robert Schumann ist ins Wasser gegangen!“ Danach dröhnt ein dumpfer Schlag.

Sie fährt empor, erwacht, findet erstaunt, daß das Schwanken sehr nachgelassen hat, und an die Türe pocht die Stewardeß und meldet, Falsterbo, Schwedens Südspitze, sei schon in Sicht.

Die Ereignisse der nächsten Stunden löschen den bösen Traum schnell aus. Die Fahrt durch den Sund, das Auftauchen der Insel Amager, die grünen Kupfertürme Kopenhagens, die Mitreisende ihr benennen. Schloß Rosenborg, der Runde Turm, St. Peter und St. Nicolai, die Christiansborg, der Schneckenturm von Frelserkirche und die Salamander vom Börsenturm fesseln sie mächtig. Ebenso die Inselforts, der Hafen, die prächtige Strandpromenade der „Langen Linie“.

Und dann betritt sie die Stadt.

Schon nach wenigen Tagen umgibt sie eine Schar zuverlässiger Freunde und Bewunderer; der Schriftsteller Hejberg, seine Frau, die berühmte Schauspielerin, der Komponist Niels Gade, der Dichter Andersen, die jungen Prinzen von Hessen und Holstein-Glücksburg. Ihre Konzerte haben Erfolg, ihre Kritiken sind gut, ja vorzüglich. Sie lebt beglückt in jener Atmosphäre, die der ausübende Künstler zeitweise braucht, die ihr Jahre hindurch das Heim ersetzen mußte. Doch abends, wenn sie schlafen geht, und morgens, gleich nach dem Erwachen, fliegen ihre Gedanken, sehnsuchtsvoll wie eh und je, zu Robert und zu ihrem süßen kleinen Kindchen. Und Tag um Tag verstärkt sich diese Sehnsucht.

Inzwischen sitzt Schumann allein und unfroh in der Inselstraße. Keine Arbeit will glücken, keine Freude aufkommen. Sein Leben dünkt ohne Clara leer. Das Kleinkind in der Wiege ist kein Ersatz für die ferne Mutter. In der aufgezwungenen Einsamkeit denkt Robert Schumann über sein und seiner Gattin Leben nach und findet, daß er der Künstlerin Clara in dem vergangenen Jahr viele Hindernisse bereitete. Das darf nun nicht mehr vorkommen, nimmt er sich vor. Wenn ihr schon sein Schaffen gewisse Rücksichten auferlegt, so will er sie wenigstens an den Freuden der Arbeit teilhaben lassen und auch auf Reisen ihr zur Seite stehen.

Während er sich das zurechtlegt, meldet die neue Dienstmagd Besuch: einen Herrn aus Paris. Schumann verwundert sich. Wer mag das sein. Liszt weilte doch erst vor kurzem in Leipzig. Chopin ist krank. Sonst weiß er niemand. Auch der Besucher, ein kleiner, lebhafter Mann um Dreißig, mit dichten Bartkoteletten, dünkt unbekannt. Erst wie er ihn herzlich begrüßt und redet, dämmert die Erinnerung an die letzte Begegnung auf dem Elstereis in Gerhards Garten.

„Herr Richard Wagner ...“, beginnt Robert Schumann unsicher.

„Gewiß“, versichert der eilfertig. „Überglücklich, daß Sie den Pariser Mitarbeiter an Ihrer Zeitschrift gleich erkennen! Habe mich sehr verändert. Ja, Magdeburg, Riga, Paris waren ungute Lebensstationen! Doch jetzt wird es anders. Stehe sozusagen am Vorabend des Erfolges. Meine große Oper ‚Rienzi‘ kommt demnächst in Dresden zur Uraufführung. Reise zum Einstudieren dahin. Besuche hier nur Mutter und Geschwister. Wollte aber dabei auch den Mann begrüßen, der immer für mich ein Stück Hoffnung in meiner Heimat war."

Das klingt so herzlich, daß Schumann wärmer als gewöhnlich fragt, was sein Besucher für nächste künstlerische Pläne habe.

„Die allergrößten, Verehrtester, die allergrößten", erklärt Wagner eifrig. „Nicht weniger als eine gründliche Reform der Oper. Bedenken Sie: Die Oper gelangte nach Deutschland als vollkommen fertiges ausländisches Produkt, dem Charakter der Nation vom Grund aus fremd. Und so blieb es im wesentlichen bis heute."

Schumann schüttelt den Kopf über diese Ansicht. „Aber Gluck, Mozart und Beethovens ‚Fidelio'", wirft er ein.

„Haben daran im Grunde wenig geändert. Während Mozart und Gluck italienische und französische Opern komponierten, bildete sich in Deutschland die eigentlich nationale Musik auf völlig anderen Grundlagen als denen des Operngenres aus. Ganz abgewandt von der Oper entfaltete sie sich von Bach bis Beethoven als reine Instrumentalkunst zur Höhe ihres wundervollen Reichtums. Vergleichen Sie doch die ausgezeichnet entwickelten Formen einer Beethovenschen Sinfonie mit den Teilen seines ‚Fidelio'! Weil er in der Oper sich überall behindert fühlte, lebte er sich in der Ouvertüre aus."

Diese Meinung läßt sich nicht recht ablehnen. Aber sie zu bekräftigen, kann Schumann sich auch nicht entschließen. So weicht er einer weiteren Diskussion mit einer Frage aus.

„Und wie denken Sie sich diese Reform?" forscht er.

„Zunächst beginne ich mit dem Text", erläutert Wagner sofort. „Sie wissen ja, daß ich mir meine Texte selber schreibe. Mein nächstes Werk wird keine historische Oper mehr sein. Ich entlehne von nun an meine Stoffe der deutschen Sage", verkündet er feierlich.

„Warum das?" will Schumann wissen.

„Einmal ist sie der Urquell des Wesens unserer Nation; älter, tiefer, ursprünglicher als die Geschichte. Es liegt zudem in unserer Zeit, sich auf dergleichen Quellen zu besinnen. Und außerdem enthält sie das Wunderbare an sich. Damit ist ein für allemal der unnaturgemäße Vorgang, daß zeitlich bestimmte Menschen dort singen, wo sie *reden* sollten, ausgeschaltet. Wir brauchen nicht mehr halb singspielmäßig mit Sprechstellen und Gesang abwechselnd experimentieren, wie Weber, Marschner, Lortzing sich quälten und noch mühen, sondern erhalten Raum für eine neue Form, die unendliche Melodie."

So habe er das bisher noch nicht betrachtet, gesteht Schumann erstaunt und findet den Wagner auf einmal recht beachtenswert. Der aber lädt ihn noch ein, sich einmal in Dresden den „Rienzi" anzuhören, und verläßt ihn dann ebenso rasch und unerwartet, wie er auftauchte.

Schumann sinnt lange über diesen Besuch nach. Bei tieferer Überlegung muß er Wagner schließlich vollauf beipflichten. Dabei wächst auch in ihm der Wunsch, zur Formung der deutschen Oper das Seine beizutragen.

Ehe er dazu kommt, erreicht ihn ein Brief Claras, der ihre Rückkunft meldet. Vor dieser freudigen Nachricht versinken für den Augenblick alle Pläne und Absichten. Er macht sich sofort reisefertig und eilt ihr nach Magdeburg entgegen.

Claras Herz klopft schneller, als er sie dort ganz unvermutet an der Schiffslände erwartet, wie sie den Hamburger Elbedampfer verläßt. Tränen der Freude treten ihr in die Augen. Sie kann nicht reden und reicht ihm nur stumm beide Hände. Es ist wie ein Gelöbnis, künftig bei ihm zu bleiben oder nur mit ihm zusammen zu reisen. Er aber sagt schlicht:

„Ich bin so froh, daß ich dich wieder habe. Nun kommen wieder bessere Zeiten."

Es leuchtet meine Liebe

Robert Schumann steht am Fenster seiner Komponierstube in der Inselstraße und starrt ins winterliche Schneetreiben.

Auf dem Dache des Hinterhauses liegt eine dichte weiße Flaumdecke. Vor den Scheiben wirbelt weißes Geflirre. Ja selbst von der dunklen Schreibtischplatte nebenan schimmert ein Notenblatt in unberührtem Weiß. Wohin der stille Mann die Blicke schweifen läßt, überall leuchtet ihm das strenge, kalte Weiß entgegen. Sogar von den Büsten der beiden Tonheroen Bach und Händel auf dem Bücherbord. Das alles blendet und verwirrt. Schumann schließt die Augen; denn sie schmerzen schon schier unerträglich. Doch bringt das keine Linderung. Im Gegenteil. Das Schmerzgefühl verdichtet sich, greift bohrend tiefer bis ins Hirn und wird schließlich zu einem dumpf lastenden Druck, der jede Denkkraft lähmt.

Wie erst ins Flockentreiben, so starrt er jetzt ins Dämmerdunkel des Raumes. Eine Mattigkeit überkommt ihn, Ruhebedürfnis. Langsam wächst der Wunsch nach Dunkel, nach dem Schlaf. Doch dort auf dem Boden, zwei Schritte von ihm entfernt, befindet sich noch etwas Grelles, Weißes. Das irritiert, stört, läßt keine Ruhe. Schon einmal quälte es ihn. Was war es bloß? Er sinnt und sinnt; dann weiß er es plötzlich. Es ist der Brief von Richard Wagner aus Dresden, worin er ihm über das Textbuch von „Paradies und Peri" schrieb. Jetzt erinnert er sich sogar wörtlich an seinen Inhalt, wie wenn er ihn auswendig gelernt hätte.

In kalter, klarer Deutlichkeit steht das Schriftbild vor ihm, ohne daß er das Papier noch einmal ergreifen und entfalten muß. „Ich gestehe, daß Sie mich schon mit der bloßen Nachricht und der Nennung Ihrer Komposition erfreut haben", schrieb Wagner. „Ich kenne dieses wundervolle Gedicht nicht nur, sondern es ist mir auch schon durch meinen musikalischen Sinn gefahren; ich fand aber keine Form, in welcher das Gedicht wiederzugeben sei, und wünsche Ihnen daher nur Glück, das Richtige gefunden zu haben ..."

Robert lacht rauh und bitter auf.

Die Form freilich, die hat er gefunden, als er sich entschloß, „Das Paradies und die Peri", jene sehnsuchtsbange muselmanische Legende, die in der Wunderwelt des Gartens Eden, in Indien, Ägypten und Arabien spielt, zum Oratorium zu gestalten, als er eine neue Musikgattung damit prägen wollte, die nicht mehr in der Kirche beheimatet wäre, nicht mehr biblische Texte brauche, sondern das Zauberland des Märchens in den Konzertsaal trüge. Aber was nützt es denn, die Form zu finden, wenn ihm ihr Inhalt, die blühenden Melodien fehlen, von denen das Werk schier überquellen müßte!

Seit seinem bisher einzigen Klavierquintett fühlt er sich nach Jahren rastloser Arbeit wie ausgebrannt. Es tönt und klingt nicht mehr in ihm. Der Melodienstrom versiegte.

Nur eine von allen, die sein künftiges Werk beleben sollen, rang er sich in heißen Mühen ab; den Schmerzensruf der Peri, des gefallenen Engels, vor Edens Tor: „Verstoßen! Verschlossen aufs neu' das Goldportal. Gerichtet, vernichtet ..." Aus tiefster Herzensnot ist er geboren, dem niederschmetternden Empfinden des Nichtmehrweiterkönnens, der qualvollen Ohnmacht des schöpferischen Menschen entwachsen.

Der Gedanke daran erschüttert Schumann so stark, daß ihm die Tränen in die Augen treten. Unsicher tastet er sich an seinen Schreibtisch und bricht dort schluchzend zusammen.

So findet ihn Frau Clara. Sie streicht ihm behutsam über das lange Haar, flüstert ihm zärtliche Worte zu, richtet ihn langsam auf, setzt sich zu ihm und schlingt den Arm um seine Schulter.

„Nicht kränken, nicht verzweifeln, Robert!“ bittet sie. „Zehn Jahre lang hast du der Welt die herrlichsten Klavierwerke geschenkt, dann kam das Liederjahr unserer Vereinigung, das Sinfoniejahr und ein Jahr der Kammermusik. Nun bist du müde, hast dich verausgabt wie noch keiner, brauchst Ruhe. Gerade aus der Stille wird wieder Neues erwachsen. Hab doch Geduld!“

„Ich kann nicht ruhen, muß weiter“, stößt Schumann heiser hervor. „In mir ist eine Unruhe, ein Zwang, jede Stunde zu nützen ...“

„Du nützt sie am besten, wenn du neue Kraft sammelst.“

„Kraft! Das ist es ja gerade, was mir fehlt“, greift der Mann hastig das Wort auf. „Ich besaß sie, als ich allein stand und einem einzigen Instrument, dem Klavier, mein Denken und Fühlen anvertraute. Sie war in mir, als ich in dir das holde „Du“ gefunden und Lied auf Lied, die Zweisamkeit von Instrument und Stimme, meinem Herzen entströmte; sie riß mich fort, als du mir das Wir, die Familie, schenktest, und befeuerte mich zu sinfonischen, zu kammermusikalischen Werken, in denen nicht mehr zwei, sondern eine Familie von Instrumenten sprechen. Jetzt aber, wo ich zu allen Menschen reden möchte, alle die unzähligen Brüder und Schwestern in mir tönen sollen, jetzt verläßt sie mich. Ist das nicht zum Verzweifeln?“

Wieder gleitet die Hand der Frau sanft über sein Haar.

„Ein ganz klein wenig noch Geduld, Robert!“ beschwört ihn Clara. Dabei sinnt sie unablässig auf Abhilfe. „Soll ich dir vorspielen?“ forscht sie tastend.

„Nein, nein!“ fährt er auf. „Ich kann kein Klavierspiel vertragen!“

Das tut ihr weh. Sie möchte ihm doch irgendwie behilflich sein. Daß seine schroffe Ablehnung ihr auch tage- und vielleicht gar wochenlang die eigene künstlerische Tätigkeit verbietet, daran denkt sie im Augenblick gar nicht.

„Oder soll ich dir was singen?“ schlägt sie unermüdlich weiter vor. „Komm, großer Junge! Wenn du auch schon Papa bist, ich sing’ dich doch in Schlummer“, schmeichelt sie, zieht ihn unter Scherz- und Koseworten ins Schlafzimmer hinüber, drängt ihn auf die Chaiselongue, setzt sich zu ihm, streicht ihm behutsam über die schmerzenden Schläfen und summt sein „Schlummerlied“.

Er läßt sie lächelnd gewähren.

Sie ist so gut, so fürsorglich, wie wenn sie seine Mutter wäre. Die eigene Mutter lebt in ihr wieder auf. „Ja, sing – die ‚Peri‘ sing ...“, flüstert er wundersam beruhigt. Dann schlummert er tatsächlich ein. Clara betrachtet ihn lange.

Wie schade, daß sie nicht auch über eine schöne Stimme verfügt, denkt sie dabei bedauernd. Vielleicht hülfe es ihm wirklich weiter, wenn er die wenigen Melodien, die er bisher von seinem neuen Oratorium schuf, hören könnte. Und plötzlich steht ein Name vor ihr: Livia Frege. Wenn sie doch deren Stimme hätte! Oder ... sollte Livia am Ende selbst herkommen?

Die Stunde, da sie in dieser Wohnung weilte, wird gegenwärtig, der Augenblick, da man erkannte, daß sie Robert liebt. Die Qual des Abends und der Nacht lebt wieder auf, als Schumann bei ihr war und als man zitterte und bangte, er sei dem Zauber ihrer Stimme und ihres Wesens schon verfallen. Soll man, darf man diese Gefahr für Ruhe und Familienglück, die nun gebannt scheint, noch einmal selbst heraufbeschwören?

Darüber sinnt Frau Clara während der Nacht nach und auch am Tage, wenn sie Mariechens Nachmittagsschlaf bewacht und wenn sie fühlt, wie sich das neue Kind, das sie erwartet, unter ihrem Herzen regt, wenn sie den Pulsschlag dieses neuen Lebens zu verspüren glaubt. Die Kinder, die sie mit Robert noch mehr als bisher vereinen, scheinen sie zu mahnen: „Hilf unserm Vater! Denk nicht an dich – denk nicht an uns. Denk nur an ihn!“

Sie überlegt und grübelt, quält sich, ringt. Drei Tage später steht ihr Entschluß fest.

Als Robert von einem Spaziergang statt angeregt nur übermüdet heimkommt, sich nicht zur Arbeit entschließt, sondern über Gedankenarmut und Schaffensunlust klagt und es ihr nur mit unsäglicher Mühe gelingt, ihn durch Mariechens kindliches Getändel ein wenig abzulenken, hält sie den Augenblick für günstig. Sie schützt Besorgungen in der Stadt vor und begibt sich zu Livia Frege.

Zum drittenmal in zweieinhalb Jahren stehen die beiden Frauen, die Robert Schumann lieben, einander gegenüber. Diesmal anders als in der Inselstraße, anders als im Gewandhaussaal.

„Ich komme mit einer ungewöhnlichen Bitte zu Ihnen“, beginnt Clara Schumann ohne weitere Umschweife.

Frau Frege betrachtet sie erstaunt. Robert Schumanns Gattin sucht sie auf? Clara Schumann will ein Anliegen an sie vorbringen?

„Mein Mann ist müde, ist krank“, fährt Clara fort, erzählt von der für ihn unsäglich qualvollen Arbeitsstockung, berichtet von Roberts Verzweiflung. „Er hat ein neues Werk angefangen und kann nicht weiter“, erklärt sie. „Wollen Sie ... würden Sie versuchen – ihm zu helfen? ... Ich glaube und hoffe heiß, wenn er das Stück, das er geschaffen hat, hört – wenn er es von Ihnen hört – findet er neue Kraft ...“

Livia Frege bleibt darauf stumm. In ihren kühlen graublauen Nixenaugen steht grenzenlose Verwunderung.

„Wie käme ich dazu?“ forscht sie endlich langsam und hoheitsvoll.

Clara erschauert vor diesem Blick, erschrickt vor der Unpersönlichkeit dieser Worte. Ist sie in der Tat herzlos? Will sie mich noch mehr demütigen, fragt sie sich verzweifelt. Doch sofort rafft sie sich wieder auf. Es geht ja um Robert, geht um sein Werk, hält sie sich vor Augen. Da gilt keine Kränkung, keine Demütigung.

„Ich dachte, wenn Sie es nicht aus Freundschaft für den Künstler tun, so wenigstens aus Liebe zu seiner Kunst“, sagt sie mit bleichen Lippen. „Sie, die Sie Roberts Lieder wie keine zweite singen können ...“

Während sie spricht, überlegt Livia Frege blitzschnell den Vorteil dieses Angebotes. Clara, die offensichtlich alle die Monate her Schumann von ihr ferngehalten, braucht sie. Schumann braucht sie vielleicht noch mehr, Sie soll ihn sehen, soll vor ihm singen, ihm Kraft und Feuer zum Weiterschaffen geben, um ihn sein können! Es wäre Irrsinn, diese Chance nicht zu benützen!

„Gut. Ich komme“, verspricht sie.

Es klingt wie triumphierend; denn sie weiß jetzt, daß sie diesmal siegen wird.

Frau Clara will ihr danken, faßt ihre Hand, blickt ihr in die Augen. Darin liest sie mit Schrecken den Stolz der Überlegenen. Da steigt eine heiße Angst in ihr auf. So darf es nicht werden, wie Livia es meint, entsetzt sie sich. Doch wie es ändern, wenden?

„Leicht ist es mir nicht gefallen“, beginnt sie tonlos. „Sie werden mich als seine Frau verstehen. – Es ist so bitter, wenn man selbst nicht mehr helfen kann. – Aber was tut man nicht für den, den man liebt! ... Darum bitt’ ich Sie um meiner Kinder willen: Machen Sie es mir nicht noch schwerer, als es ist ...“ Und alle Dankbarkeit und Herzenswärme legt sie in das Versprechen: „Wenn es Ihnen gelingt, Roberts Trübsinn zu brechen und ihm neue Schaffenskraft zu schenken, so will ich Sie segnen!“

Das greift auch der einsamen, bisher nur allein auf ihren

Vorteil bedachten Frau ans Herz. Sie empfindet plötzlich die heiße Welle der Angst, die Clara durchströmt, begreift, daß hier nicht mehr Weib gegen Weib, Liebe gegen Liebe steht, sondern in Clara Schumann ein Höheres wirkt, ein edleres Gefühl: der grenzenlose Opfermut der über alles Liebenden. Soll sie davor zurückstehen? Das Schicksal schenkte ihnen gleiches Geschlecht und gleiches Fühlen, schuf sie zu Schwestern. An ihr allein liegt es, in diesem Sinn zu handeln. Es ist nicht leicht, den dargebotenen Vorteil unausgenützt zu lassen. Aber es muß wohl sein.

So reicht Livia Frege, der bange ihrer Antwort harrenden Clara Schumann ihre Hand und sagt:

„Du kannst auf mich zählen ... Schwester."

Zwei Tage später sitzt Robert Schumann, wie schon so oft in den letzten Wochen, reglos an seinem Schreibtisch. Vor ihm liegt die Skizze jenes Teilstückes aus „Paradies und Peri", das er bis jetzt als einziges ausgeführt hat. Keine Arie, kein Rezitativ wie Haydn sie, älteren Vorbildern folgend, in seinen Oratorien verwendete und alle nach ihm wahllos übernahmen. Die Melodie der Sprache soll darin voll und ganz zum Ausdruck kommen, das deutsche Wort in seinem tief musikalischen Klang und seiner reichen Wandlungsfähigkeit. Ob es geglückt ist? Sein inneres Ohr glaubt es zu wissen. Das durch die Schaffenspause arg gestörte Selbstbewußtsein zwingt zu schärferer Kritik.

Doch während Schumanns Blick forschend auf seinen Noten verweilt, gewinnen diese plötzlich Leben. Ganz deutlich vernimmt er den Klavierklang der absteigenden Figur, die er den Geigern zugedacht hatte. Und jetzt, jetzt singt wahrhaftig gar die Peri! „Verstoßen! Verschlossen aufs neu' das Goldportal", klagt die Stimme im tiefsten Ausdruck schmerzlicher Enttäuschung und Verzweiflung, so wahr, so echt, als ob sie redete, und doch ist es Gesang. Die Kantilene strömt weiter, spinnt sich aus. Der ganze Jammer der Verstoßenen wird gegenwärtig.

Robert Schumann lauscht und lauscht. Ein unermeßliches Glücksgefühl durchdringt ihn bei diesen Tönen. Und als sie wehmutsvoll auslöschen, da bleibt doch die Musik um ihn. Wie Flügelrauschen umschwirrt es ihn und forscht und flüstert: „Peri, Peri, ist's wahr, daß du in den Himmel willst? So nimm uns eilig mit." Die von Edens Wonnen ausgeschlossenen Luftgeister umschweben ihn. Er zeichnet, was sie fragen, eilig auf, skizziert und schreibt, ist selig.

Drüben im Wohnzimmer harren Livia Frege und Clara Schumann hoch erregt und spannungsvoll dessen, was nun kommen mag.

„Hat er's gehört? Hat es gewirkt?" zagt Clara.

„Wann öffnet sich die Tür? Wann tritt er ein?" bangt Livia, noch tief erschüttert vom lebenswahren Klang der Töne, die sie sang. Tränen rollen über ihre Wangen; ihr Herz pocht schnell.

Doch nichts ereignet sich. Alles bleibt still. Die beiden Frauen blicken einander an. Keine vermag mehr ihre Enttäuschung zu verbergen. Auf einmal aber leuchten Claras Augen auf. Ihr scharfes Ohr erhascht den weichen Anschlag Roberts, erkennt sein Klavierspiel.

„Er spielt!" jubelt sie auf. „Er schafft!"

Und überströmend vor Dank und Glück umarmt sie Livia Frege. Dann sitzen sie beide lange schweigend nebeneinander auf dem Sofa, horchen und lauschen. Wie lange, das wissen sie später nicht mehr.

So findet sie schließlich Schumann, wie er, befreit und neugestärkt, strahlend vor Schöpferglück, ein anderer als in den letzten Wochen, ins Zimmer tritt.

„Ihr Guten, Lieben! Ihr treubesorgten Frauen ...", stammelt er nach Überwindung der ersten Überraschung. „Wie soll ich euch danken?" Er faßt ihrer beider Hände und drückt sie abwechselnd an die Lippen.

Sie aber wissen nun, daß jede von ihnen irgendwie zu ihm gehört, daß er sie beide braucht; die Sängerin wie die Meisterin des Flügels, die still verzichtende Freundin seiner Kunst wie die Mutter seiner Kinder.

Von dieser Stunde an schreitet die Komposition an Schumanns neuem Oratorium rüstig vorwärts. Bald kann er Clara und Livia den ganzen ersten Teil vorspielen. Als seine Frau ihm Ende April ein zweites Töchterchen schenkt, hat er gerade einen Chor von berückendem Wohllaut vollendet und singt mit seinem „Schlaf nun und ruhe in Träumen voll Duft" die glückliche Mutter und die kleine Elise in Schlummer.

Zur Sonnwendzeit liegt dann das ganze Werk vollendet vor.

Was für ein Werk! Jede Notenzeile Wohlklang, jede Gesangsphrase Melodie, ein Musikstück von Riesenmaßen und dabei von einer Klangschönheit, wie es in der ganzen Musikliteratur noch keines gibt.

Wenn man dieser Melodien-Überfülle in der geradezu zauberhaft wirkenden Instrumentation Richard Wagners neue Oper „Der fliegende Holländer" gegenüberstellt, die im Spätwinter in Dresden ihre erfolgreiche Uraufführung erlebte und Wagner die zweite Hofkapellmeisterstelle neben Reissiger errang, so fühlt man sich wie ein Wanderer, der aus einer üppigen, blühenden Tropenlandschaft in eine öde Sandwüste gerät. So charakterisiert Clara in ihrer bedingungslosen, hohen Begeisterung für Roberts Schöpfung den Unterschied zwischen den beiden Werken.

Schumann urteilt gerechter. Er findet in der Partitur des „Fliegenden Holländers", die ihm Wagner zur Rezension in seiner Zeitschrift übersandte, viele schöne Stellen, wenn ihm auch das Werk an sich fremd bleibt. Die Herbheit des Nordens, die Wildheit des Sturmes über dem Nordmeer, die Härte der nordischen Menschen, die Größe ihrer Leidenschaften, der düstere Ernst ihrer Sagen steht seinem eigenen Wesen viel zu fern, als daß er sich dafür begeistern könnte. So fern, daß er Wagner bedauert, sich in ein derart unergiebiges Gebiet gewagt zu haben. Die bunte Märchenwelt des Orients hätte ihn gewiß zu anderen Leistungen befähigt, findet er. Er denkt dabei an Webers „Oberon", an sein „Paradies und Peri". Daher läßt er wohl Wagners Werk in seiner Zeitschrift günstig besprechen, setzt sich aber nicht persönlich für die Oper ein.

Es gibt zudem in diesem Jahr noch wichtigere Dinge, die ihm nähergehen als die Arbeit des nunmehr als Hofkapellmeister vermutlich bereits wohlversorgten Wagner. Denn selbst ist man leider noch gar nicht wohlversorgt. Man hat jetzt die Verantwortung für zwei Kinder zu tragen. Die Arbeit an dem Oratorium und die letzten Monate der Hoffnung hinderten Frau Clara, durch Konzertveranstaltungen etwas zum Haushalt beizusteuern. Von der Zeitschrift und dem Ertrag der Kompositionen allein kann die Familie nicht leben.

Das wissen nicht nur Robert und Clara, denen ihre schlechte finanzielle Lage viel Kümmernis bereitet; das weiß auch der geschäftstüchtige berühmte Leiter der Gewandhauskonzerte Felix Mendelssohn und sieht in Schumanns bedrängter materieller Situation die günstigste Gelegenheit, Robert als Lehrer für das von ihm eben gegründete Leipziger Konservatorium zu gewinnen und dadurch gleichzeitig Robert Schumann auf eine sehr diskrete Art zu helfen.

Zu jeder anderen Zeit würde Schumann den wenn auch ehrenvollen Ruf glatt zurückweisen. Die eigene Arbeit und Claras zartfühlende Bemühungen, ihm alle störenden äußeren Geschäfte abzunehmen, entfernten ihn im Laufe der vergangenen Ehejahre immer mehr vom lauten Treiben der Menschen. Zudem erteilte er niemals gerne Klavierunterricht. Bloß in Tagen der Not. Gar erst an vierzig Schüler und in Gruppen zu acht und zehn auf einmal! Aber der äußere Zwang ist da. Man muß daher wahrscheinlich Mendelssohn für sein Angebot sogar noch dankbar sein.

So gewinnt der Gewandhausdirigent den nächst ihm bekanntesten Musiker Leipzigs als Lehrer für seine junge Anstalt und diese dadurch für die Musikstudierenden erhöhten Anreiz.

Frau Clara beglückt diese Lösung aus anderen Gründen sehr; denn in der letzten Zeit hat Vater Wieck verschiedentlich Anzeichen gegeben, daß er einer Versöhnung nicht abgeneigt wäre. Da ist es überaus günstig, wenn man auf Roberts neue Stellung als Professor am Leipziger Konservatorium und die sichere Einnahmequelle daraus hinweisen kann.

Für Friedrich Wieck wird aber gerade Schumanns Berufung zur unerläßlichen Notwendigkeit einer Beendigung der öffentlich bekannten Feindschaft.

Schon der verlorene Prozeß zwang ihn seinerzeit, Leipzig mit seiner Familie zu verlassen und sich in Dresden ein neues Domizil und einen neuen Schülerkreis zu schaffen. Die immer allgemeiner werdende Anerkennung der Schumannschen Werke vor der Welt läßt eine Versöhnung dringend geboten erscheinen, wenn er nicht seinen Ruf als ernst zu nehmender Musiker ganz verlieren will. Zudem naht bald die Zeit, in der er plant, Marie, die jetzt elfjährige älteste Tochter seiner zweiten Gattin, als jugendliche Klaviervirtuosin dem großen Publikum vorzustellen. Das ließe sich schon deswegen am geschicktesten in einem Konzert ihrer berühmten Halbschwester Clara Schumann veranstalten, weil etwaigen mißgünstigen Kritikern Vergleiche zuungunsten der kleinen Marie im vorhinein genommen würden, wenn beide Schwestern einträchtig nebeneinander auftreten und die große Künstlerin die jüngere durch ihre Mitwirkung gewissermaßen anerkennt.

Als nun Clara Schumann im Spätsommer 1843 in Dresden konzertiert, gewahrt sie klopfenden Herzens unter den Zuhörern der ersten Reihen ihren Vater. Bemüht, ihm seinen sicher schwer gewordenen Schritt nach Kräften zu erleichtern, spricht sie in einem kurzen Briefchen ihren Dank und ihre Freude darüber aus. Als Antwort darauf wird sie eingeladen, sich das Spiel ihrer Schwester Marie einmal anzuhören. Sie kommt, Mutter Clemenza öffnet und begrüßt sie herzlich, aber so, als hätte man sich eben gestern erst gesehen. Ebenso Vater Wieck. Man trinkt zusammen Kaffee, plaudert vom Wetter, vom Konzertleben, lauscht gemeinsam dem Spiel von Marie Wieck, die als sinniges Zeichen der Versöhnung Robert Schumanns „Papillons" vorträgt, Clara lobt ihren Anschlag, Gefühl und Technik, wenn sie auch der Meinung ist, im gleichen Alter schon besser gespielt zu haben. So verläuft der Nachmittag in ungetrübter Harmonie. Beim nächsten Besuch werden sogar schon Grüße bestellt und aufgegeben, obgleich man dabei auf beiden Seiten die Nennung von Roberts Namen geflissentlich vermeidet. Zum Abschied gibt Mutter Clemenza noch Zuckerwerk für die kleinen Mädchen mit und man scheidet bereits in vollster Eintracht voneinander.

Einige Wochen später wiederholen sich diese Familienbesuche anläßlich eines abermaligen Konzertes von Clara Schumann in Dresden mit der gleichen, zwar noch mehr äußerlich zur Schau getragenen Herzlichkeit. Aber Clara ist auch darüber schon beglückt. Sie begreift, daß derart tiefgehende Zerwürfnisse nicht plötzlich ungeschehen gemacht werden können und das entschwundene gegenseitige Vertrauen erst Schritt für Schritt aufs neue gewonnen werden muß.

Inzwischen haben in Leipzig die Proben zu Schumanns neuem Oratorium begonnen.

Bei den Chorübungen saß Clara stets am Klavier und wirkte so ihr Teil zum Gelingen mit. Die Orchesterproben hält nun Robert ohne diese Hilfe allein ab. Er ist mit ihrem Erfolg zufrieden.

Weniger Livia Frege, die Sängerin der „Peri".

Sie, die ihrem Gatten die Erlaubnis zum öffentlichen Auftreten schwer genug abrang, wünscht nichts sehnlicher als den Triumph jenes Werkes, an dessen Werden und Gestaltung sie nicht ganz unbeteiligt war. Aber wenn sie auch als Trägerin der Hauptpartie viel für das Gelingen der Aufführung tun kann, das Entscheidende, Schumanns Debüt als Dirigent, vermag sie doch nicht zu beeinflussen. Das gelingt nur einer: seiner Gattin. Auch diesmal braucht Robert beide Frauen. Aus dieser Erkenntnis schreibt Livia Frege an die ferne Clara Schumann Brief um Brief, teilt ihr jede bei Proben gemachte Beobachtung mit und veranlaßt sie, auf Schumann einzuwirken, daß er als Orchester- und Chorleiter energischer auftritt.

Frau Clara ist ihr für diese Anregungen und Ratschläge unendlich dankbar. Den schönsten Dank erringt sie sich aber beim Konzertabend im Leipziger Gewandhaussaal selbst.

Der ausschließlich aus Holz konstruierte Konzertsaal, der ohne irgendeine andere als hölzerne Verbindung wie ein edles Instrument dem alten Gebäude eingefügt wurde, nimmt jede klangliche Schwebung und Regung auf und unterstützt die Wirkung des prachtvollen Werkes durch seine einzigartige, weltberühmte Akustik aufs beste. Nie noch kam Livia Freges eigentümliches Stimmkolorit so wunderbar zum Ausdruck wie hier in diesem Saal und in der Hauptpartie von Robert Schumanns „Paradies und Peri"! Livia präsentiert sich auch gefühlsmäßig als ideale Interpretin der Peri; denn sie findet in dieser Partie viel Ähnlichkeit mit ihrem eigenen Geschick.

So wie die Peri sich nach dem ihr verschlossenen Paradiese sehnt, so sehnte sie sich nach Robert Schumanns Liebe. Auch ihr legte das Schicksal drei Bewährungsproben auf. Zwei hat sie schon bestanden: den Verzicht auf den geliebten Mann und die Freundschaft, die sie ihm und seiner Gattin schenkte und bewahrte. Die dritte Aufgabe besteht im Dienst der Sängerin an seinem Werk. Dafür darf diesmal sie – nicht Clara – am Ende der Aufführung neben Schumann die Huldigungen der hochbegeisterten Zuhörerschar entgegennehmen, und sie empfängt – was noch viel schöner ist – den warmen Händedruck des Dankes für ihre Mühe und Aufopferung von ihm vor aller Welt.

Auch Clara, die Roberts Triumph beglückt miterlebt, wird eine Sonderfreude zuteil. Nach dem Erfolg von „Paradies und Peri" bietet Vater Wieck auch ihrem Gatten die Hand zur endgültigen Versöhnung. Den Weihnachtsabend 1843 verbringen dann die Familien Friedrich Wieck und Robert Schumann gemeinsam in Dresden.

Es ist für Clara seit vielen Jahren das schönste Fest.

Alsbald danach rüstet das Ehepaar Schumann zu einer großen gemeinsamen Konzertreise nach Rußland. Vier Monate sind sie unterwegs, besuchen Riga, Mitau, Dorpat, Petersburg und Moskau und kehren gegen Frühjahrsende reich an Ehren und Erfolgen heim. Schon auf der Fahrt faßte Schumann während einer Erkrankung in Dorpat den Plan zur Komposition einer Musik zu Goethes „Faust". Heimgekommen, beginnt er sofort mit seiner Ausführung.

Das bedeutet für Frau Clara viel Alleinsein sowie die Aufgabe ihrer täglichen technischen Klavierstunden auf unbestimmte Zeit. Die Übernahme des Klavierunterrichts am Leipziger Konservatorium bietet dafür wenig Ersatz. Aber im Gedenken an Schumanns letztes großes Werk nimmt sie das Opfer wieder willig auf sich. Sie hofft ja, daß die „Faust"-Musik sich ähnlich großartig entfalten werde, wie „Das Paradies und die Peri". Doch diese Hoffnung trügt.

Eines Morgens behauptet Robert nach dem Erwachen, es müsse Schlechtwetter herrschen, er höre deutlich Regen herniederrauschen. Clara vernimmt dieses Geräusch nicht und stellt außerdem herrliches Sommerwetter fest, ohne jeden Windhauch, ohne ein noch so leises Lüftchen; die wundersame Stille eines ungewöhnlich heißen Tages. Schumann beharrt aber heftig dabei, das Rauschen auch weiterhin zu vernehmen. Es werde sogar ärger als vorher. Da erkennt Frau Clara mit Entsetzen, daß ihn krankhafte Gehöraffektionen befallen haben. Auch Robert merkt es schließlich und gerät darüber in einen Zustand trübster Melancholie, der Clara noch mehr ängstigt.

So geht es Tage hin. An Arbeit ist nicht mehr zu denken. Aus Tagen werden Wochen, aus Robert Schumanns Niedergeschlagenheit wird Verzweiflung. Er gibt die Redaktion seiner Zeitschrift auf, erteilt keine Stunden mehr, konsultiert Arzt um Arzt, versucht Mittel auf Mittel. Nichts hilft. Auch alles begütigende Zureden der Frau bleibt erfolglos. Schließlich klammert sich seine ganze Hoffnung auf die Wirkung einer Ortsveränderung.

In dieser bösen Zeit besucht ihn einmal Mendelssohn. Nach den herkömmlichen Phrasen über Befinden und Arbeit, die Schumann recht unbefriedigend beantworten muß, erzählt er, daß er die Gewandhausdirektion niedergelegt habe, um einem ehrenvollen Ruf des preußischen Königs nach Berlin zu folgen. Auch sei der neue Dirigent bereits erwählt.

„Wer?" fragt Schumann gespannt, und er und seine Gattin erwarten sicher, seinen Namen zu vernehmen. Doch Mendelssohn nennt den dänischen Komponisten Niels Gade.

Das drückt Schumann vollends nieder. Nun gelingt es Clara überhaupt nicht mehr, ihn aufzuheitern. Er spricht fast nichts, nur hin und wieder abgerissene Worte. Darunter am häufigsten: „Fort, fort! Fort von Leipzig ..."

Frau Clara weiß nicht, wie das geschehen soll, zumal sie zum dritten Male Mutterfreuden entgegensieht. Nach längerem Für und Wider entscheidet man sich für einen Aufenthalt im nahen Dresden, das bereits mit der Bahn erreichbar ist. Dort angekommen, wünscht Schumann, ganz dahin zu übersiedeln und bleibt für alle Gegenvorstellungen der Gattin taub.

Da entschließt sich Clara schweren Herzens, seinen Willen zu erfüllen. Sie spielt noch einmal im Leipziger Gewandhaus, gibt mit Robert zusammen eine Matinee, bei der ein Streichquartett von ihm zur ersten Aufführung gelangt, und leitet all die Maßnahmen ein, die der Umzug in eine andere Stadt erfordert.

Als schon die Möbel abgeschickt sind, Schumann und die Kinder bereits Leipzig verlassen haben, streift sie noch stundenlang allein durch die Straßen der Stadt.

Es ist ein stilles Abschiednehmen. Vom Rathaus, von den Barockpalästen der Peters- und Catherstraße und Livia Frege, von den Durchgangshöfen, die Zeugen ihrer Liebe zu Robert waren, dem Stadtviertel um Neumarkt und Grimmaische Gasse, den Schauplätzen der Jugend, von Nicolai- und Thomaskirche, vom Stand der Portechaisenträger vor der Börse und all den wohlvertrauten alten Volkstypen ihrer Vaterstadt, dem Rußbuttenmann mit dem angeschwärzten Zylinder, dem Stiefelwichser, dem Besenmann. Ja selbst die Hökerinnen und Händlerinnen auf dem Wochenmarkt, deren Geschrei ihr oftmals lästig wurde, erscheinen ihr jetzt freundlich und kaum zu missen. Werden sie in Dresden auch so gemütlich „Sallat, Sallat, Redisgen!" rufen oder „Äppeläppeläppel, Borster Äppel"? Wird eine ebenso stadtbekannte Kuchenfrau mit Schute und Weitmantel: „Scheene Markstorden, Makronen, alles frisch!" anpreisen oder die Brezelfrau ihre „Brezeln! Warme, weeche! Sahn-Kimmelbrezeln!" straßauf, straßab erschallen lassen? All das ist ein Stück Heimat, gehört zu Leipzig wie Schimmels Teich, Brand-Vorwerk, Funkenburg, Rosental und Kuchengarten. Und das soll sie für immer lassen? Es scheint schier undenkbar. Sie geht noch einmal in die leere Wohnung in der Inselstraße, durchschreitet Raum um Raum, gleich liebevoll wie einst am ersten Tag des Einzugs, schaut aus den Fenstern auf die Stadt hinüber. Da geht der Sägespänemann unten vorüber und schreit zu ihr hinauf:

„Köfen Se Sägespiene dort oben droben?"

Das ist zuviel. Sie schließt hastig das Fenster, verläßt die Wohnung und ohne nochmaliges Umsehen auch Haus und Straße. Dabei erfaßt sie ein bitter-wehes Gefühl, so weh, als ob sie nun von ihrem Lebensglück endgültig Abschied nehmen müßte.

Wer sich der Einsamkeit ergibt

Dresden liegt im Sonnenglanz eines prächtigen Frühherbstmorgens. Auf den Rasenstreifen am Elbeufer glitzert der Tau, über dem Wasser schweben die letzten feinen Nebelschleier, darüber wölbt sich wolkenloser Blauhimmel. Die Straßen sind noch unbelebt. Einzig ein untersetzer, mittelgroßer Mann mit langem Haar geht vorsichtig, fast wie auf Zehenspitzen, vom Georgentor über den Schloßplatz und steigt mit unsicher wippenden Schritten die 41 Stufen zur Brühlschen Terrasse empor. Seine Lippen erscheinen wie zum Pfeifen gespitzt, Blick und Haltung nachdenklich.

Robert Schumann macht seinen ärztlich verordneten Morgenspaziergang.

Unter den ersten Bäumen bleibt er ein wenig stehen, schiebt mit seinem Stock ein paar frühgefallene, leicht vergilbte Herbstblätter aus dem Weg und durch das Gitter der Terrasse auf die Uferstraße hinab, dann setzt er seinen Gang fort, ohne die herrliche Aussicht zu genießen, ja selbst ohne irgend etwas anderes als den Kiesweg zwischen den baumbestandenen Grünflächen zu beachten.

Seine Gedanken sind weit fort, Jahrhunderte in die Vergangenheit zurückgetaucht. Ein Gedicht aus Minnesängerzeiten, in der berühmten großen Manessischen Liederhandschrift als „Wartburgkrieg“ aufgezeichnet, beschäftigt ihn.

Wenn sich auch sein körperliches Befinden noch nicht wesentlich besserte, Schwindelgefühl, Gehöraffektionen und Angstzustände ihn zeitweise befallen, er weiß besser als alle Ärzte, wie man die Krankheit bannen kann: durch Arbeit, gerade durch das, was sie alle ihm streng untersagen. Durch Arbeit, an seiner Zeitschrift und an dem „Carneval“, besiegte er schon den ersten Anfall des Jahres 1833, mit seinen Liedern überwand er die Depressionen der Jahreswende 1839/40, im Schaffen an dem Oratorium „Das Paradies und die Peri“ und an den „Faust-Szenen“ wurde er der Krankheitsanfälle der letzten Jahre Herr. Diesmal aber soll eine Oper, noch mehr: die deutsche Oper an sich, zu seinem Heilmittel werden.

Schon stehen bunte Bilder vor seinem geistigen Auge: die Wartburg, der Thüringerwald, der Hof des baben-bergischen Herzogs, das ferne, fremde Ungarland. Heinrich von Ofterdingen, Wolfram von Eschenbach, Walther von der Vogelweide und jener dunkle Zauberer Klingsor gewinnen Gestalt, Leben, Bewegung, Leidenschaften. Noch fehlt die Frau in der langsam wachsenden Handlung. Auch sie wird er finden. Dann muß der Kampf der Geister und der Sänger auf der Wartburg in ihm zahllose Melodien erwecken, einschmeichelnd, sangbar, unsäglich schön wie in seinem Oratorium.

So sinnend, hat Robert Schumann das Belvedere erreicht. Eine leichte Müdigkeit umfängt ihn, zwingt ihn, sich eine kleine Weile hinzusetzen. Er bestellt in der Wirtschaft ein Glas Milch und spinnt dann die Gedankenfäden weiter.

Stammt nicht die heilige Elisabeth aus Ungarn? Ließe sich nicht durch sie die Gestalt des geheimnisvollen Magiers aus ihrer Heimat der Handlung mehr eingliedern? Wäre nicht vielleicht gar sie selbst der weibliche Pol des Geschehens?

„Ein angenehmer Morgen heute, nicht wahr, verehrter Doktor Schumann?“ Mit diesen Worten zerreißt plötzlich eine männliche Stimme das Gedankengespinst.

Robert Schumann blickt auf. Neben ihm sitzt Richard Wagner an dem Tischchen auf der Aussichtsterrasse des Belvedere. Das ist Schumann nicht angenehm. Gerade ihn, den redegewandten Schwätzer, kann er im Augenblick am wenigsten brauchen. Doch wie ihn fortschaffen? Unhöflich will man doch nicht sein. Schumann sagt daher zögernd:

„Sie hängen wohl auch in der Morgenstille gern Ihren Gedanken nach ...?“

„Ich? Nein. Purer Zufall, daß ich vorbeikomme“, weicht Wagner aus. „Bin bloß auf dem Weg zu meiner Nichte, die in meiner neuen Oper singen soll. Muß ihr mal den Kopf zurechtsetzen. Und Sie, verehrter Doktor? Sie haben am Ende auch eine Oper im Sinn?“ fragt er dann geradezu.

„Ich bin erst mit dem Stoff beschäftigt“, erklärt Schumann mißlaunig. „Musik, über die kann ich nicht grübeln. Musik muß aus dem Herzen strömen.“

„Gewiß“, gibt Wagner zu. „Doch die Gestaltung, das Formen, Einordnen, das will auch sorgfältig bedacht sein.“

Schumann schüttelt über die ihm so überflüssig erscheinenden Worte verdrießlich den Kopf.

„Das alles ist doch unbewußt bereits im ersten Augenblick da", wehrt er ab.

„Bei mir nicht", versetzt Wagner. „Ich pflege meine Einfälle vielfach abzuwandeln, die aufgetürmten Bausteine zurechtzuschichten, zu glätten, zu meißeln. Auch Beethoven arbeitete stets so ..."

Die Äußerung dünkt doch zu anmaßlich, findet Schumann, und er fährt ärgerlich dazwischen:

„Was soll das Ändern? Der erste Einfall ist immer der natürlichste und beste. Entstammt er doch dem Gefühl. Der Verstand irrt, das Gefühl niemals!"

Da lenkt der Hofkapellmeister ein.

„Wir haben eben eine grundverschiedene Arbeitsweise", meint er. „Ebenso wie völlig entgegengesetzte Stoffinteressen. Sie greifen nach der Wunderwelt des Orients – ich nach Sagen und Liedern unseres Volkes. Auch jetzt wieder in meiner neuen Oper ‚Tannhäuser'. Darin wird die deutsche Minnesängerzeit mit all ihren eigentümlichen Kunstformen heraufbeschworen. Dazu bedarf es nicht nur des Gefühls. Auch der Verstand muß sein Gutteil leisten. Es ist nicht leicht, die alten Formen der Minnesängerweisen bei den Liedern Walthers von der Vogelweide oder Wolframs beizubehalten und dennoch Wohlvertrautes, Sangbares, unserer Zeit Gemäßes zu geben!"

Alle diese Ausführungen interessieren Schumann wenig, doch die zwei Namen, die Wagner nannte, fesseln ihn.

„Sie sprachen von Walther und Wolfram. Was haben die in Ihrem ‚Tannhäuser' zu schaffen?" forscht er hastig.

„Wolfram ist eine Hauptperson – der Bariton der Oper – und Walther kommt im ‚Sängerkrieg' vor. Mein Werk heißt doch ‚Tannhäuser' und ‚Der Sängerkrieg auf der Wartburg'."

„Der Wartburgkrieg? ..." Schumann stößt diese Worte atemlos hervor.

„Den benützte ich selbstverständlich auch zum Vorstudium", bestätigt der Hofkapellmeister. „Kenne das Gedicht ebenso wie zahlreiche Minnesängerweisen aus den alten Liederhandschriften."

Schumann überfällt eine fürchterliche Angst. „Und ... kommt der Wartburgkrieg ... in Ihrer Oper vor?" fragt er zitternd.

„Gewiß. Er steht im Mittelpunkt der Handlung. Durch ihn kann ich in einer Szene von unerhörter Spannung und dramatischer Gewalt die Hauptpersonen – Tannhäuser, Wolfram, Landgraf Hermann, Elisabeth – zusammen auf die Bühne bekommen und ein Finale des zweiten Aktes erzielen, wie wenige Bühnenwerke es besitzen."

Richard Wagner spricht lebhaft, begeistert und mitreißend von seinem Werk, aber bei seinem Gegenüber zündet die Schilderung nicht.

Ein Baum, den schon ein Blitz zerspellte und verkohlen ließ, fängt nicht mehr Feuer.

„Dann wünsche ich viel Glück zur ersten Aufführung", sagt Robert Schumann tonlos.

Da merkt Wagner, daß er gehen soll, dankt überschwenglich für den Glückwunsch und verspricht Schumann, ihm einen Klavierauszug seines „Tannhäuser" zu verehren.

Während der junge Hofkapellmeister bereits die Brühlsche Terrasse in Richtung des Zeughauses verläßt, wird Schumann plötzlich leichenblaß. Heftiger Schwindel überfällt ihn. Vor seinen Augen kreisen farbige Räder. Sein letzter bitterer Gedanke ist noch: „Nun ist's mit meinem ‚Wartburgkrieg' vorbei!" Dann gleitet er ohnmächtig von seinem Stuhl zu Boden.

Zur gleichen Zeit geht Clara Schumann in ihrer ebenerdigen Wohnung in der Waisenhausstraße unruhig von Raum zu

Raum. Im Kinderzimmer sitzt die zweijährige Elise lustlos und unfroh bei ihrem Spielzeug. Marie, die Älteste, liegt krank zu Bett und fiebert – zwei Tage schon –, obwohl die tiefbesorgte Mutter den kalten Umschlag auf dem heißen Köpfchen ständig erneuert. Dazu bereitet ihr die kleine Julia in der Wiege im nebenan befindlichen Schlafzimmer noch mehr Kümmernis.

Als sie die Jüngste erst selbst stillte, wollte sie nicht recht gedeihen. Da riet der Arzt, sie mit dem Fläschchen aufzuziehen. Nun aber nimmt sie an Gewicht gar nicht mehr zu, ist blaß, überaus zart und derart schwächlich, daß sie kaum schreien kann und, wenn sie weint, bloß wimmert.

Heute morgen wartet Frau Clara wieder auf den Onkel Doktor, den gütigen alten königlichen Leibarzt Hofrat Dr. Carus, der auch Robert behandelt. Jedoch wie sehr sie auch, sooft jemand an ihren Fenstern vorübergeht, seine Ankunft heiß ersehnt: Er kommt nicht. Vermutlich wurde er ins Schloß befohlen, und seine hohen Patienten halten ihn dort fest. So verrinnt Stunde um Stunde, und Claras Bangnis wächst.

Doch einmal scheint es keine Täuschung. Man hört ganz deutlich, wie das Haustor ächzt, vernimmt kräftige Männerschritte vor der Tür. Und nun schrillt auch die Klingel. Ehe noch die Magd aus der Küche findet, steht Clara Schumann selbst im Flur und öffnet rasch. Danach verharrt sie einige Augenblicke keines Wortes mächtig; denn sie sieht sich nicht Dr. Carus gegenüber, sondern einem völlig unerwarteten Besucher: Hofkapellmeister Richard Wagner.

Er bittet mit vielen verbindlichen Worten, die Störung zu entschuldigen, er wolle nur Herrn Dr. Schumann einige Augenblicke bemühen und ist erstaunt, ihn noch nicht daheim zu treffen. An seiner Statt übergibt er nun Frau Clara den Klavierauszug seiner neuen Oper „Tannhäuser“, den er Robert Schumann verehren will, und empfiehlt sich danach gleich.

Eine Halbstunde später treffen Hofrat Dr. Carus und Robert Schumann gemeinsam in der Waisenhausstraße ein. Schumann ist zwar noch ein wenig bleich und matt, aber dank den Bemühungen des königlichen Leibarztes, in dessen nahegelegene Wohnung man vom Belvedere den wohlbekannten ohnmächtigen Gast brachte, schon wieder leidlich wohlauf. Zumindest so weit, daß man Frau Clara den Anfall verschweigen darf. Auch über das Befinden ihrer älteren Kinder beruhigt sie der Arzt. Es handle sich nur um herbstliche Verdauungsstörungen vom überreichen Obstgenuß. Und für die kleine Julie verordnet er ein Kräftigungsmittel.

So findet Clara nach Hofrat Carus' Weggang Ruhe und Muße, dem Gatten Wagners Partitur zu zeigen.

Schumann sieht sie stumm und ohne Zeichen von Mißfallen oder Bewunderung durch. Am längsten den zweiten Akt: den „Sängerkrieg". Die Gattin blickt ihm dabei über die Schulter und stellt unmutig fest:

„Er kann nicht vier Takte hintereinander schön denken. Wie mag das arm und dürftig klingen gegen die Überfülle von Melodien, die in deinen Werken singt und lebt! – Die Musik scheint um kein Haar besser als der ‚Rienzi'. Da wird deine Oper einmal ganz anders sein! Vor ihr und ihrem Wohlklang wird sich Wagner verstecken müssen. Besonders, wenn du dich zur Komposition vom ‚Wartburgkrieg' entschließt."

„Der ‚Wartburgkrieg' ist bereits komponiert", sagt Robert ruhig und lenkt ihre Aufmerksamkeit auf den bisher übersehenen Text. Clara erstarrt vor Entsetzen.

„Wie? ... Was? ... Der Wagner hat dir deinen Stoff weggenommen?" würgt sie endlich mühsam hervor. Dann aber begreift sie, wie groß erst die Enttäuschung ihres Mannes sein muß. Sie rafft sich eisern zusammen, unterdrückt das schier übermächtige Verlangen, sich ihren Ärger und Unmut über Wagner vom Herzen zu reden, und bemüht sich, Robert aufzurichten und zum Widerstand zu kräftigen.

„Um so wichtiger ist es, daß du die Oper trotzdem schreibst“, rät sie. „Nur so kann die Welt sehen, was du im Vergleich zu Richard Wagner zu leisten imstande bist.“

„Es geht hier nicht um mich und Wagner, sondern um die deutsche Oper“, meint Schumann müde.

„Aber das hindert nicht ...“, will Clara widersprechen.

Robert nickt ernsthaft.

„Doch. Der Beitrag, den der deutsche Stoff des ‚Wartburgkrieges‘ zur Neugestaltung der deutschen Oper liefern sollte, wurde von Richard Wagner geleistet. Das steht nun einmal fest. – Ich muß mich nach einem neuen Stoff umsehen.“

Frau Clara erschüttert dieser Verzicht tief. Wie rein und edel in seinem Wollen, wie uneigennützig in allen seinen Absichten ist doch ihr Gatte, bewundert sie. Daß die so schnelle Preisgabe des eigenen Werkes durch ein wenn auch uneingestandenes Schwächegefühl Schumanns bedingt sein könnte, kommt ihr nicht zum Bewußtsein. Sie merkt nur, daß ihm die Aufgabe eines so liebgewordenen Planes schwer genug fällt! Es drängt sie daher, ihm etwas Liebes, Tröstliches zu sagen.

„Wir beide haben eben jeder eine bisher unerfüllte Sehnsucht“, beginnt sie tastend. „Du wünscht dir den deiner Kunst gemäßen deutschen Opernstoff und ich ...“

„Und du, liebe kleine Mama?“ fragt Robert zärtlich.

„... Einen Jungen?“ flüstert sie und enthüllt damit den heißen Herzenswunsch der letzten Monate, seit sie wieder hoffen darf.

Clara Schumanns Wunsch erfüllt sich in der Tat. Anfang Februar 1846 wird sie von einem Sohn entbunden. Ihr Glück darüber ist unvorstellbar groß.

„Schau, Robert? Das muß ein gutes Zeichen sein", sagt sie überselig, während der Junge zum erstenmal an ihrer Brust liegt. „Als du deine Sinfonien schriebst, brachte ich dir Mädchen. – Jetzt ist ein Junge da. Nun wird auch deine Oper!"

Schumann antwortet darauf nichts. Auch er empfindet diesmal das Lebenswunder noch stärker, tiefer als bisher. Und Claras Worte glaubt er gern. Erfüllt ihn doch seit einigen Wochen bereits ein neuer Stoff aus dem Legendenkranz um König Artus; die Gralssage.

Amfortas, der sündige Gralskönig, Parzifal, der reine Tor, der Schwanenritter Lohengrin! Jede dieser Gestalten fesselt ihn. Die Hauptfigur steht zwar noch nicht endgültig fest; doch neigt die Wahl sich immer mehr zu Lohengrin. Nun gar, da ihm ein Sohn beschert ist, den er gern kräftig, furchtlos, edel und stattlich wie den Schwanenritter aufwachsen sehen möchte.

Sobald Clara wieder wohlauf ist, beginnt in der Waisenhausstraße emsige künstlerische Arbeit. Die Frau übt täglich voller Eifer auf ihrem Flügel und rüstet für künftige Konzerte, der Mann vergräbt sich in die farbenbunte Welt des Mittelalters. Die wenigen Freunde, die das Ehepaar Schumann seit seiner Übersiedlung nach Dresden um sich scharte und die hin und wieder zu einem „Kränzchen-Abend" sich vereinigen, bestärken beide darin. Sie alle erfreuen sich an Clara Schumanns Kunst der Neugestaltung großer Klavierwerke. Die Maler Bendemann und Hübner wie ihre kunstverständigen Frauen fühlen sich zudem in der Sagenwelt der heldenhaften Ritter selbst heimisch. Die Bildhauer Rietschel und Hähnel fesseln die Figuren einer fernen Zeit. Der Dichter Reinick hofft, wenn Schumann sich endgültig entschied, den Text für seine Oper schreiben zu dürfen, und der betriebsame Dirigent Ferdinand Hiller findet alles, was seine schöpferischen Freunde an ihn herantragen, interessant genug, um gern daran teilzunehmen. Er, der schwerreiche Frankfurter Bankierssohn, ist es auch, der die erst zwanglos zusammenfindende kleine Künstlergesellschaft zu einem „Kränzchen“ eint, das abwechselnd bei einem seiner Mitglieder sich versammelt und zu dem er auch zeitweise Richard Wagner heranzieht.

Der junge Hofkapellmeister hat mit seiner Oper „Tannhäuser“ inzwischen allerlei Mißgeschick erlebt; mißverständliche Auffassungen der Hauptdarsteller, Inszenierungsfehler, große Intervalle zwischen den einzelnen Abenden, falsche Gerüchte. Doch scheint das Werk sich nunmehr durchzusetzen und trägt seinem Schöpfer bei jeder neuen Wiederholung Beifall und persönliche Ehrungen ein. Daher findet der Komponist Richard Wagner für Ferdinand Hillers „Kränzchen“ nur wenig Zeit.

Bei einem „Kränzchen“-Abend im Hause des Bildhauers Rietschel spielt Clara Schumann noch unbekannte Klaviermusik von Schubert und führt dabei die Ouvertüre zu „Fierrabras“ vor.

Daran knüpft sich eine allgemeine Diskussion der Anwesenden über die Sagen des ritterlichen Zeitalters. Vom Riesen Fierrabras kommt man zum Sagenkreis Karls des Großen und über die Stoffe aus den Kämpfen gegen die Mauren in Spanien zur Gralssage.

Die Maler lokalisieren sie gleichfalls in Spanien, behaupten, der Montsalvatsch sei auf dem Südhang der Pyrenäen zu suchen, ja gar in der Nähe von Barcelona. Schumann dagegen denkt sich die Gralsburg in Deutschland als irgendeine Burg, in der Wolfram von Eschenbach längere Zeit lebte. Der Streit der Meinungen wogt hin und her, greift auf den Gral selbst über, den die Bildhauer nach Chrêtien de Troyes als Schale annehmen, während ihn der sonst so stille Schumann nach Wolfram als edlen Stein verficht.

In diesem Stadium der Wechselrede tritt der gleichfalls der „Kränzchen-Runde“ angehörende Richard Wagner ein. Kaum erhascht er das Stichwort „Gral“, so stellt er sich in Positur und deklamiert:

In fernem Land, unnahbar euren Schritten,
Liegt eine Burg, die Montsalvatsch genannt
Ein lichter Tempel stehet dort inmitten,
So kostbar, als auf Erden nichts bekannt.
Drin ein Gefäß von wundertät'gem Segen ...

Alle Anwesenden sind über diese Verse aufs höchste überrascht und wollen wissen, woher sie stammen. Wagner tut geheimnisvoll, läßt raten und verkündet schließlich, als niemand das Richtige trifft, eine innere Stimme hätte ihm, der ursprünglich nicht beabsichtigte, heute zu Rietschel zu kommen, zugeraunt, hier finde er eine geistig schon wohlvorbereitete Versammlung für sein neuestes dramatisches Gedicht. Er habe es nun mitgebracht, und daraus stammten die von ihm eingangs zitierten Verse. Da wird er allgemein bestürmt zu lesen und legt gleich los:

„Die Hauptpersonen der Handlung sind König Heinrich der Vogler, Elsa, die Erbin von Brabant, Graf Telramund, seine Gattin Ortrud und Lohengrin.“

„Lohengrin?“

Es ist Clara Schumann, die tief betroffen diesen Namen wiederholt und dabei den neben ihr sitzenden Gatten besorgt anschaut.

Doch Wagner überhört die Zwischenfrage und fängt voll Eifer die Worte des Heerrufers zu lesen an:

Hört, Grafen, Edle, Freie von Brabant!
Heinrich, der deutsche König, kam zur Statt,

Mit euch zu dingen nach des Reiches Recht.
Gebt ihr nun Fried' und Folge dem Gebot? ...

Da steigt eine heiße Angst in ihr auf, daß Robert abermals einen ihm liebgewordenen Stoff verlieren möchte. Ihr Blick sucht wieder den ihres Mannes, und sie gewahrt voll Schrekken, wie Schumann leichenblaß wird und sich im verzweifelten Bemühen, die äußerliche Fassung zu bewahren, die Lippen blutig beißt. Ein wilder Unmut gegen Wagner erfaßt sie. Warum darf dieser Mann ihrem Gatten die Früchte seiner Arbeit und seines Strebens aus der Hand nehmen, die heiligsten Gedanken aus dem Herzen reißen, erbost sie sich. Am liebsten möchte sie aufspringen und mit Robert demonstrativ den Raum verlassen. Doch wäre das ein völlig unmögliches Gebaren. Die anderen lauschen alle interessiert. Auch Robert horcht, verfolgt aufmerksam Zeile um Zeile. Sie merkt es deutlich. Nur – was die Unbeteiligten fesselt und neugierig macht, bereitet ihm Schmerz und Enttäuschung.

Wagners Gedicht scheint etwas besser als seine bisherigen Sachen, stellt Frau Clara bei sich fest, und er zieht damit seine Zuhörer bald völlig in seinen Bann. Niemand denkt mehr an Schumann, der vordem für die deutsche Herkunft der Sage eingetreten. Er ist vergessen und verlassen. Doch nicht allein! Ob er es fühlt, daß sie mit ihm denkt, mit ihm leidet? Er soll es spüren.

Und leise tastet sie nach seiner Hand und drückt sie fest und innig.

Wenn auch der Zauberer mit dem keck vorgeschobenen Kinn und seiner scharfen Hakennase, die dich bedräuen will, alle die Menschen ringsum verhext: mich verlockt er nicht. Ich bin vollkommen überzeugt, daß dein Werk länger lebt als seines! sagt dieser Händedruck. Ich bleibe bei dir. Ich glaube felsenfest an dich, verrät das Pochen ihres Blutes.

Schumann ahnt die Verbundenheit der Frau mit ihm, ahnt ihre Sorge um ihn, kann sie jedoch weder durch Blick noch Worte beruhigen. Es stürzt wie ein Wildwasser über ihn, das Klingen, Fluten, Brausen der Verse des anderen. Es klingt und braust in seinem Hirn. Sein altes Leiden, das er erst vor wenigen Wochen ein wenig überwand, umkrallt ihn wieder. Es ist zum Tollwerden!

Später weiß er nicht mehr, wie die Stunden verrannen, wann Wagner endigte, wie er nach Hause kam; denn Wochen und Monate umfängt ihn aufs neue der quälende, bohrende, feilende, singende Kopfschmerz, der alles Denken lähmt, das Sausen und Brausen im Ohr, das Schwindelgefühl.

Erst als die Zugvögel den Frühling einweihen, fühlt er sich besser.

So kann dann Clara nach Wochen bangster Sorge wieder einmal das Haus verlassen, um selbst einen ganz seltenen Vogel singen zu hören: die „Schwedische Nachtigall", Jenny Lind, die nach Leipzig kommt.

Clara fährt mit Mutter Clemenza dahin. Vater Wieck weilt bereits mit seinen hoffnungsvollsten Schülerinnen dort. Alle harren mit Spannung des unerhörten Gesangsphänomens.

Clara wird aufgefordert, im ersten Konzert der Lind zu spielen. Und so stehen sie eines Tages einander gegenüber:

Die berühmteste Sängerin der Welt, die nur der Kunst lebt, auf Mann und Kind und Heim verzichtet, um ihr allein zu dienen, und die erste Klavierkünstlerin des Kontinents, die neben ihrer Kunst ihr Weibeslos erfüllt. Sie sind beide fast gleichaltrig. Jenny Lind eine zierliche, mittelgroße Gestalt mit strahlenden blauen Augen, reichem Blondhaar, sehr hellem Teint und wunderschönen Armen – Clara Schumann auch schlank und zierlich, dunklen Haares und tief zu Herzen gehenden Blickes, blaß und ein wenig versorgt, doch mit den edelstgeformten, sprechendsten Händen der Welt. Das Rührende an ihr wirkt ebenso stark auf die Lind wie das Strahlende der nordischen Schönheit auf Clara.

Dann zeigt jede ihre Kunst. Die Lind singt wie ein Vogel. In der Hochlage erinnert ihr Stimmklang an das Jubilieren der Nachtigall. Ihr Gesang gibt jede Regung des Herzens wieder. Aber auch Quellenmurmeln, Lerchentriller, flüsternden Windhauch, leidenschaftlichen Liebesgesang, süßes Hinsterben. Clara spielt. Und was die Lind ihrer Stimme entrang, das entlocken die feinen Finger dem Instrument.

Ein Wettkampf zwischen zwei edlen Instrumenten, dem Saitenchor und der Menschenstimme, erhebt sich. Das Publikum rast, ist beglückt, begeistert. Und beide Künstlerinnen siegen.

Da bietet die Helle der Stillen, Bekümmerten frohgemut ihre Hand und bittet sie um ihre Freundschaft.

Nach einem glänzenden Fest und Souper bei Kammerrat Doktor Frege, an dem Jenny Lind und Clara Schumann teilnehmen, findet dann Clara Livia Frege in ihrem Zimmer, in Tränen aufgelöst.

„Was bin ich gegen die Lind!“ klagt sie. „Und was kann ich dir jetzt mehr sein, wo du diese erste Sängerin deine Freundin nennst?“

„Ewig und immer die Schwester, Livia“, begütigt Clara. „Denn in allem Glanz und Jubel des letzten Konzertes habe ich endlich meine tiefste Bestimmung gefunden. Jetzt weiß ich, was mich viel reicher als Jenny Lind macht: meine heiligste Aufgabe, der Dienst an Roberts Kunst. Und dem hast auch du dich geweiht.“

Um für Robert Schumanns Kunst einzutreten und um ihn selbst aus der drückenden Enge, der geistigen Einsamkeit in Dresden, das ihn nicht kennt und anerkennt, zu reißen, reist Clara mit ihrem Gatten und den beiden älteren

Mädchen Marie und Elise nach Wien. Julie und der kleine Emil bleiben in Dresden zurück.

Sie hofft, das Wien von 1838 wiederzufinden, das Clara Wieck bewunderte und vergötterte. Aber bereits das erste Konzert zeigt ihr: In acht Jahren kann selbst ein gefeierter Künstler dem Gedächtnis des Publikums entschwinden. Auch war sie doch seinerzeit noch ein blutjunges Ding, das schon durch seine Jugend alle entzückte. Außerdem bringt sie jetzt den Wienern Robert Schumanns Musik, die erst langsam Fuß fassen muß.

Das zweite Konzert ist ein Fehlschlag. Das dritte, auf das sie heiß hofft, wird zur größten Enttäuschung. Wohl weil darin das in Wien noch unbekannte Klavierkonzert in a-Moll von Robert Schumann, das er im letzten Jahr für sie schrieb, und eine seiner Sinfonien zur Aufführung gelangen, bleibt schon der Kartenvorverkauf unbefriedigend. Wie Frau Clara das Podium betritt, erlebt sie eine freudige und eine peinvolle Überraschung. In einer Loge sitzt Jenny Lind und nickt ihr freundlich zu, aber der Saal ist nicht einmal zur Hälfte besetzt. Da glaubt sie, vor Scham in den Boden versinken zu müssen. Nie noch hat sie so etwas erlebt. Und gar vor der berühmten Sängerin! Am liebsten möchte sie laut aufweinen. Auch auf Robert wirkt der schlechte Besuch niederdrükkend. Er ist daher als Dirigent noch weniger lebhaft als sonst, seine Zeichengebung ist überaus sparsam, lustlos und matt, und schädigt damit die Wiedergabe seiner Werke.

Am nächsten Tag folgt dann Keulenschlag auf Keulenschlag. Erst kommt die Nachricht des Konzertunternehmers, daß ein Defizit von 100 Gulden gedeckt werden müsse. Dann ein Besuch Friedrich Wiecks, der zur gleichen Zeit in Wien weilt, um hier seine derzeit beste Schülerin Minna Schulz einzuführen, und mit ihr auch keinen rechten Beifall finden kann.

„Welcher Unterschied, liebe Clara, zwischen 1838 und jetzt!“ sagt er übellaunig ganz ungeniert vor Robert, als ob er gar nicht vorhanden wäre. „Ja, damals reiste man noch unter meiner bewährten Führung!“

Diese Gefühlsroheit kränkt Schumann empfindlich. Wieck, der mit seiner Schülerin nicht mehr erreichte als sie beide, hat wirklich kein Recht, so zu reden, findet er. Doch das auszusprechen, verbietet ihm sein Feingefühl. Und Clara, die erst ihren Vater um seiner Enttäuschung willen bedauerte, leidet mit ihrem Gatten.

Schließlich erscheint Jenny Lind, die ihrer Freundin das herzliche Anerbieten stellt, als Dank für die seinerzeitige Mitwirkung bei ihrem Leipziger Abend in ihrem nächsten Konzert zu singen. Das schmettert Clara vollends nieder. Ist es bereits so weit gekommen, daß sie der Zugkraft eines fremden Namens bedarf, um erfolgreich wirken zu können, fragt sie sich halb verzweifelt. Was soll da aus Roberts Werken werden? Wenn sie aber an die schmal gewordene Reisekasse denkt, so bedeutet Jennys hochherziges Anerbieten die einzig mögliche finanzielle Rettung, wenn sie nicht mit den Kindern heimreisen wollen, ohne etwas verdient zu haben.

Weihnacht und Neujahr gehen recht traurig vorüber, obwohl die Lind Marie und Elisa reich beschenkt. Frau Clara stellt mit Bitterkeit fest, daß sie zum erstenmal in ihrem Leben Wohltaten entgegennehmen muß. Dieses Gefühl läßt sie auch nicht los, als der Abend mit Jenny Lind zu einem herrlichen Erfolg wird und außergewöhnlich reichen materiellen Gewinn bringt: denn es ist ein Triumph der Sängerin, nicht ihrer oder Roberts Kunst, selbst wenn Jenny Schumanns Lieder singt. Und Vater Wieck sagt trocken:

„Ein Lied der Lind erreicht mehr als wir alle.“

Unter diesen Umständen kommt ein Wirkungskreis für

das Ehepaar Schumann in Wien, auf den Frau Clara insgeheim gehofft, nicht im geringsten in Frage.

Ebenso nicht in Berlin, wohin sie beide alsbald nach ihrer Rückkehr zu einer Aufführung von „Paradies und Peri“ fahren. Dort mißfällt Robert als Dirigent völlig, noch mehr als in Wien, wenn auch Clara herzlich wie immer empfangen wird. So müssen die Ehegatten noch weiterhin in Dresden bleiben.

Nicht einmal eine neue Konzertreise ist möglich; denn der kleine Emil erkrankt plötzlich bedenklich. Niemand weiß, was ihm fehlt. Er magert ab, wird blaß und schwach, ganz ähnlich wie eine Zeitlang die kleine Julie, die sich inzwischen leidlich erholt hat und nun schon artig plaudert und stramm läuft, obwohl sie immer noch ein zartes Kind ist. Selbst Hofrat Carus findet keinen rechten Rat. All seine Mittel und Medizinen fruchten nichts; die Diagnose „Drüsenzehrung“ erweist sich als ein Verlegenheitsbehelf ärztlicher Ohnmacht.

Frau Clara rührt kein Klavier mehr an, überläßt die drei Töchter fast ganz der Obhut ihres Mädchens und widmet sich ausschließlich ihrem Söhnchen. Doch auch die stärkste Hilfe aufopferungsvoller Mutterliebe scheint hier vergebens aufgewendet. Tag um Tag wird der Knabe schwächer, sein Lallen immer leiser. Nur noch der Blick verrät den Schmerz.

In diesen Tagen dünkt es oft der jungen Mutter, als senke sich ein wolkenschwerer, gewitterbanger, bleigrauer Himmel tiefer und tiefer, und jeder Augenblick könne den vernichtenden Blitz bringen. So stark wirkt diese Vorstellung, daß sie davon bis in den Traum verfolgt wird, als sie einmal am Bettchen ihres Jungen vor Müdigkeit ein wenig einnickt. Krachender Donner schrecken sie dann empor. Es ist aber nur das qualvolle Röcheln des Todeskampfes, das sich der Brust ihres Kindes entringt.

Ihn mitansehen zu müssen, ist furchtbar.

Die Mutter hält sich mit beiden Händen am Gitterbettchen des Kindes krampfhaft fest, um nicht laut aufzuschreien vor Qual. Dann packt sie das Kind, schaukelt es, trägt es umher. Das Röcheln erstirbt, nur heftige Zuckungen erschüttern das abgezehrte Körperchen. Schließlich steht sie stundenlang stumm und tränenleer vor dem Kleinen, bis sie ihm endlich die Augen zudrücken kann. Da stürzt für sie der Himmel ein. Sie hat bis zur letzten Neige ausgekostet, was es für eine Mutter bedeutet, wenn sie ihr Kind verlieren muß.

Nur langsam erholt sie sich von diesem Schlag; noch langsamer heilt die tiefe Wunde. Schumann umsorgt sie in diesen Wochen mit rührender Liebe. Er schenkt ihr den einzig möglichen Trost: die Hoffnung auf einen zweiten Sohn, der ihr erhalten bleiben möge. Am Tag, wo diese Hoffnung Gewißheit wird, lächelt Frau Clara seit langem zum erstenmal.

Wie sie Jahresanfang 1848 zum zweitenmal den einzigen Sohn in ihren Armen hält, scheint es, als ob das Schicksal sich wiederhole. Denn Robert, den das Glück, einen Sohn zu besitzen, ebenso heiß wie sie erfüllt, hat auch wieder einen neuen Opernplan.

Die Mär von Tristan und Isolde fesselt ihn jetzt; ein Stoff voll Leidenschaft und dramatischer Spannung, zudem das Lied der alles überwindenden Liebe, die für sein Jahrhundert er mit Clara am stärksten verkörpert. Diesmal werden sich seine Pläne doch nicht mit denen Wagners berühren, hofft er. Wie könnte Wagner, der mit seiner Gattin Minna in einer stadtbekannt schlechten Ehe lebt, die heilige Glut aufbringen, um das schönste Liebeslied in leuchtenden Farben zu schildern! Das vermag nur, wer das heiße Ringen, den Kampf um das geliebte Du, so tief erlebte wie ihr Robert, denkt auch Clara.

Als die Handlung schon fest umrissen dasteht und die glücklichen Wochen seit der Geburt des kleinen Ludwig in ihm wieder Klänge erwecken, empfängt Robert Schumann mit seiner Gattin einen überraschenden Besuch von Franz Liszt.

Er kommt aus Wien mit der eben erbauten Kaiser-Ferdinand-Bahn, sucht sie in ihrer neuen Wohnung in der Reitbahngasse 24, nahe dem Böhmischen Bahnhof, auf, dringt in seiner bestrickend liebenswürdigen Art bis in Roberts Arbeitszimmer vor, sitzt plaudernd mit ihm auf dem kleinen Balkon über dem Gärtchen nach der Carolastraße und erbittet sich schließlich für seinen Abendbesuch das Vorspiel von Schumanns neuem Klaviertrio in d-Moll.

Frau Clara stürzt die Erfüllung dieses Wunsches in allerlei Ungelegenheiten. Die Wohnung in der Reitbahngasse umfaßt wohl vier Zimmer und zwei Kammern, aber vier Kinder und das Mädchen brauchen auch Platz. Zudem hat sie Robert den größten Raum mit dem Balkon und dem Blick ins Grüne als Arbeitsstube eingeräumt. So steht ihr Flügel in einem wohl als Salon benützten, aber nur einfenstrigen Kabinett nach der Reitbahngasse, wo sein Klang nicht zur Geltung kommt, was ja übrigens beabsichtigt war, damit ihr Spiel nicht den Gatten stört. Doch das ist für einen Franz Liszt kein Empfangsraum und erst recht nicht für Kammermusik geeignet. Man muß daher in Roberts Arbeitszimmer Sitzmöbel bringen und dort den Musikabend veranstalten. Die Tage sind glücklicherweise schon warm. Da bezieht man auch den Balkon als Sitzplatz mit ein. Außerdem heißt es, noch schnell die Mitwirkenden aufzutreiben, und schließlich ein Abendbrot für acht bis zehn Personen vorzubereiten.

Am Abend sitzen dann die Instrumentalisten und einige nähere Freunde mit dem Ehepaar Schumann zusammen in des Meisters Arbeitszimmer und warten auf den berühmten

Gast. Doch er kommt nicht. Es vergeht eine Stunde und noch eine. Clara hegt bereits die ernstesten Besorgnisse für das ungebührlich lang hinausgeschobene Abendessen, da schrillt endlich die Klingel. Liszt fegt wie ein Wirbelwind ins Zimmer, entschuldigt sich, küßt der Hausfrau die Hand. Doch die vermag sich dabei nur schwer zu einem Lächeln zu zwingen; denn hinter Franz Liszt erscheint als sein Schatten ein ungebetener, von ihm mitgebrachter Gast: Richard Wagner.

Das freut sie gar nicht. Sie wird sich zwar über den Grund ihres Ärgers nicht klar – man gilt ja noch immer als befreundet, und Robert hat den „Lohengrin" schon vergessen – vermag aber nichts gegen das in ihr hochsteigende ungute Gefühl.

Von ihm befangen, spielt sie den Klavierpart in Roberts d-Moll-Trio, das Liszt sehr lobt, und auch das Klavierquintett. Ist es ihre Schuld, daß der berühmte Gast nicht die volle Schönheit dieses Werkes begreift und es Schumann gegenüber als „etwas leipzigerisch" bezeichnet?

Robert dünkt über dieses unerwartete Urteil nicht wenig betreten.

Bei Tisch wird dann von den verschiedenen künstlerischen Plänen gesprochen. Liszt erzählt von seiner „Dante-Sinfonie" und der von ihm darin vorgenommenen musikalischen Charakterisierung der Hauptpersonen durch eine immer wiederkehrende Melodie. Schumann meint, das entspräche der „idée fixe" von Hector Berlioz. Da mischt sich plötzlich Wagner ein und sagt lebhaft:

„Die ‚idée fixe' des Franzosen Berlioz bezieht sich bloß auf die Wiederkehr einer Melodie im Sinne der Reflexion. Wenn aber wir Deutsche jeder Gestalt unserer Musikwerke eine besondere Notenfolge, ein separates Motiv, widmen und mit diesem Motiv innere Seelenregungen und -vorgänge im weiteren Handlungsverlauf verdeutlichen, wie ich das bei meiner künftigen Oper ‚Tristan und Isolde' zu tun gedenke, so ist das etwas durchaus Neues und anderes."

Dagegen erhebt sich ein Für und Wider, an dem aber weder Robert noch Clara teilnehmen. Die Tatsache, daß Wagner nun auch ein Tristan-Drama plant, wirkt auf sie beide lähmend.

Als Liszt nach Tisch seine Ansichten in einer seiner brillanten, großangelegten Klavierfantasien dartut, findet Frau Clara sie so schändlich schlecht, daß sie am liebsten davonlaufen möchte. Schumann ist noch mehr gereizt als sie und verläßt bei einem kleinen, harmlosen Wortgeplänkel tatsächlich brüsk den Raum. So endet der Abend mit einem schrillen Mißklang.

Es dauert lange, bis Schumann sich für einen neuen Opernstoff zu erwärmen vermag, und Claras Unmut gegen Wagner wächst seit Franz Liszts Besuch bis zum deutlichen Widerwillen. Robert in seiner Hochherzigkeit kann dieses Gefühl nicht teilen. Er begreift nach Überwindung der letzten Enttäuschung, daß hier nicht Bosheit, sondern Schicksal waltet. Und vor dem beugt er sich. Vielleicht hat es für ihn noch einen besseren Stoff aufgespart, wenn es Wagner bisher die Ausführung aller seiner Pläne bescherte, hofft er. Er ist ganz fest entschlossen, es nicht zum viertenmal auf eine gleiche Stoffwahl ankommen zu lassen, sondern bemüht sich schon vorher um ein Einvernehmen mit Wagner.

Leider besucht aber der Hofkapellmeister in letzter Zeit weder die Abende des „Kränzchens" noch die häufigen geselligen Sitzungen beim Restaurateur Engel auf dem Postplatz, der ein gutes Pilsner Bier schenkt. Die neue „Engel-Runde" umfaßt nun auch den Königlichen Galerie-Direktor Schnorr, der vor kurzem aus München nach Dresden fand, und den Hofarchitekten Semper. In diesem Kreis kommen häufiger als früher künstlerische Probleme zur Sprache. Er gleicht in manchem beinahe dem Stammtisch im Leipziger

„Kaffeebaum“ und ist doch wieder kein zweiter „Davidsbund“. Das Junge, Kämpferische, Stürmende, Drängende fehlt. Darum verharrt hier Schumann meist ganz schweigsam und bleibt schließlich auch häufig aus.

An einem schönen Sommer-Sonntag trifft er dann bei einem Besuch des „Großen Gartens“ Richard Wagner, den anderen Fehlenden der „Engel-Runde“.

Frau Clara steht mit Elise und Julie gerade vor dem schön geschwungenen Gitter an der Südseite des Palais-Teichs und füttert zur großen Freude der Kinder abwechselnd mit ihnen zwei Schwäne, während die siebenjährige Marie nahebei stolz ihr kleines Brüderchen in seinem Wagen spazierenfährt. Da kommt Richard Wagner mit seiner Frau von der Südallee her zum Teich. Man begrüßt einander und stellt die Frauen vor. Minna Wagner betrachtet ein wenig scheu die berühmte Künstlerin im Kreis ihrer Kinder, gerät aber doch bald mit ihr ins Gespräch.

Währenddessen bewegen sich Schumann und Wagner unter eifrigem Reden des letzteren dem Palais zu. Vor der großen Pappel faßt sich dann Robert ein Herz, und fragt den Hofkapellmeister über zwei Opernstoffe, die ihn interessieren, geradezu um seine Meinung.

„Die ‚Nibelungen‘ sind gut, hochdramatisch, ein prächtiger Stoff, den Sie sich kaum entgehen lassen sollen, verehrter Doktor!“ begeistert sich Wagner sofort. „Ich selbst liebäugle zeitweise damit ...“

Da bringt Schumann nicht mehr die Kraft auf, diesen Stoff festzuhalten, und gibt ihn auf dieses unbestimmt geäußerte Interesse Wagners hin innerlich schon preis.

„Und ‚Genoveva‘?“ fragt er schnell.

„Für ‚Genoveva‘ könnte ich mich nicht recht erwärmen“, findet der Hofkapellmeister nach kurzer Überlegung. „Würde wahrscheinlich selbst niemals nach diesem Stoff greifen;

denn er ist viel zu lyrisch, enthält wenig Spannung, keine Konflikte."

Robert Schumann atmet befreit auf. Also endlich einmal kein gleiches Streben!

Wagners Bedenken teilt er nicht. Er verweist auf den ungetreuen Hofmeister Golo, in dessen Person doch schon allerlei Konflikte lägen.

Der Hofkapellmeister schüttelt eifrig den Kopf.

„Bin nicht Ihrer Ansicht, Verehrtester", sprudelt er los. „Golo ist entweder der richtige Theaterbösewicht, wie wir ihn seit eh und je kennen, dann handelt er völlig artgemäß und deshalb konfliktlos; oder ein Werkzeug der Hexe, die Genoveva verderben will. In diesem Fall eine Gestalt ohne Blut und Saft und schon recht kein Gegenspieler zu einer so sanften Hauptfigur, wie sie Genoveva darstellt. Nein, nein! Wiederhole nochmals: Ich selbst würde nie nach diesem Stoff greifen!"

Das aber ist es, was Schumann ersehnte, die Sicherheit, daß sich in seiner Nähe kein anderer, gar Stärkerer, mit seinem Stoff beschäftigte. So beschließt er die Komposition einer Oper „Genoveva".

Die Arbeit daran schreitet rüstig vorwärts. In ganz unglaublich kurzer Zeit liegt der Text, von seiner Hand vollendet, fertig da. Er liest ihn Richard Wagner vor. Der Hofkapellmeister findet ihn zwar sehr poetisch, warnt aber wieder vor dem allzu lyrischen Stoff, gibt schließlich, als Schumann unbedingt daran festhält, einige aus seiner Bühnenpraxis geschöpfte Ratschläge zu Verbesserungen, die aber Robert unbeachtet läßt. Sie scheinen ihm zu sehr eine Vergröberung der Charaktere und Situationen herbeizuführen.

Derlei entspräche vielleicht Wagners robusterem Wesen, dünkt aber nicht seiner feinen, stillen Art gemäß, meint auch Clara, die von ihres Gatten Textbuch ganz entzückt ist.

Daß die Oper nicht als eine zartfühlende, empfindsame Angelegenheit, nicht bloß als Schilderung von Seelenzuständen oder Spiegel der Wirklichkeit betrachtet werden darf, sondern nach handfestem, bühnenwirksamem Theatergeschehen, also nach einer Zusammenballung und Steigerung der Ereignisse verlangt, daran denkt keiner der Schumannschen Ehegatten.

Clara unterliegt dem Zauber der märchenhaften Handlung so stark, daß sie davon auch nicht eine Zeile preisgeben möchte. Wenn dazu Roberts Musik kommt, so muß eine Oper entstehen, wie die Musikgeschichte bisher noch keine kennt, hofft sie; eben *die* deutsche Oper.

Tatsächlich entströmen Schumanns Herzen Melodien in unversiegbarer Fülle. Alle seine Hauptgestalten werden damit bedacht: die rührende, reine Genoveva, die er so sehr liebt, weil er seiner Clara Abbild in ihr sieht, der Gatte Graf Siegfried, verschiedene Nebenfiguren, ja selbst der Bösewicht Golo und die Hexe Margareta.

Er kann gar nicht anders als in Melodien denken. Das Schöne ist sein Element. Das Häßliche verletzt ihn, bleibt ihm fremd. Auch in der Musik. Dadurch fehlt aber bei dieser Oper von allem Anfang an der Gegensatz und damit Spannung und musikalisch ausgedrückter Konflikt.

Noch im Jahre 1848 wird die Oper zu Claras unnennbarer Freude fertig. Dann setzen die Bemühungen um ihre Annahme und Aufführung ein. In Dresden, wo kaum jemand den still und zurückgezogen für sich lebenden Meister kennt, bestehen wenig Aussichten, wohl aber in Leipzig.

Inzwischen wird Robert Schumann die Leitung der „Dresdner Liedertafel" übertragen. Dazu gesellt sich auch der „Chorverein", ein eben gegründeter gemischter Chor. Robert und Clara finden an dieser neuen Betätigung viel Freude. Die Frau besonders auch deshalb, weil nun selbst die letzten Krankheitserscheinungen, die den Gatten noch bei der Arbeit der „Genoveva“ quälten, zu weichen beginnen. Die Möglichkeit, seine Werke hören zu können, erweckt in ihm zahlreiche Chorkompositionen von berückendem Wohllaut. Das ganze Jahr 1849, das fruchtbarste seines Lebens, wird davon erfüllt. Sogar geselliger dünkt er durch die Betätigung als Chordirigent. Früher redete er oft lange Zeit überhaupt nichts; jetzt widmet er doch seinen Sängern hin und wieder ein anerkennendes, aufmunterndes Wort.

Freilich ist das auf die Dauer zu wenig. Doch merkt das weder er noch Clara, die ihre übergroße Liebe für alle Fehler und Schwächen des Gatten blind macht. Die Eheleute Schumann halten das langsam immer geringer werdende Interesse an den Chorübungen für mangelnden Ernst und Ausdauer und bezeichnen diese Eigenschaften ärgerlich als typisch dresdnerisch.

Nur Friedrich Wieck sieht klar und versichert seiner Tochter kurz und bündig:

„Dein Mann ist zwar ein genialer Komponist, aber kein Dirigent. Es fehlt ihm dazu nicht nur das Temperament, sondern auch schon die unbedingt nötige Eigenschaft eines tüchtigen Kapellmeisters, seinen Willen auf die Mitwirkenden übertragen zu können.“

Mit diesem Urteil kränkt er Frau Clara viel tiefer, als er je für möglich hielt, weil gleichzeitig der Hofkapellmeister Wagner mit einem neuen Konzertzyklus Triumphe feiert und seit seiner ersten Aufführung von Beethovens IX. Sinfonie in Dresden als bester Vertreter des Taktstockes gilt. Wiecks Worte verstärken daher in Clara Schumann ein Gefühl der Bitterkeit gegen Richard Wagner, das sie in letzter Zeit besonders oft und deutlich überfällt. Daß es in einer dumpfen Ahnung von Wagners Überlegenheit über ihren Robert seine Ursache hat, würde sie sich in ihrem bedingungslosen Glauben an Schumanns Begabung niemals eingestehen.

Neben ihrem immer größer werdenden Widerwillen gegen Wagner, den ihr vom Glück viel mehr begünstigt Erscheinenden, wächst daher auch eine neue Entfremdung zwischen dem Ehepaar Schumann und Vater Wieck auf. Frau Clara kommt zur festen Überzeugung, daß ihr Vater Robert selbst jetzt nicht ganz gerecht wird. Einige Male prallen dann die Meinungsverschiedenheiten hart aufeinander. Als Wieck in seiner robusten Art gar seine Schülerinnen Marie und Minna Schulz aus dem „Chorverein“ austreten läßt, „weil doch der ganze Zauber zu nichts führt“, so sieht sie auch im Elternhaus trotz der vorhandenen Versöhnung keinen Rückhalt mehr.

Sie gewinnt nun immer stärker die Überzeugung, daß Robert vielfach aus Neid und Kleinlichkeit nicht anerkannt wird, bedauert ihn darob und schließt sich nur noch enger an ihn an.

Dabei erkennt sie plötzlich, daß sie kein eigenes Schicksal mehr besitzt, nur die heilige Berufung, für Robert und seine Kinder und Roberts Werke zu wirken, und daß in einer derart glücklichen Ehe, wie sie beide sie miteinander führen, das eigene Erleben der Frau völlig zugunsten des Miterlebens mit dem anderen zurücktritt.

Das kommt am stärksten bei den Ereignissen des Dresdner Mai-Aufstandes 1849 hervor.

Solange Robert von den Geschehnissen so sehr gepackt und erfüllt ist, daß es ihn auf die Straße, ja bis zur Barrikade des Hofarchitekten Semper treibt, solange er die bisherige Unterdrückung des Volkes und die Notwendigkeit seiner Auflehnung dagegen mitfühlt, ebensolange ist auch für Clara neben allen weiblichen und mütterlichen Besorgnissen Tumult und Barrikadenkampf aufwühlendes Erlebnis. Als aber

Robert aus Kreischa, wohin sich die Familie ihrer Sicherheit halber begab, wieder nach Dresden zurück will, weil ihn plötzlich eine Unzahl von musikalischen Eingebungen bedrängt, ihn gebieterisch zum Schaffen zwingt, und er, in seine Arbeit eingesponnen, alsbald die Welt und ihre Unruhe völlig vergißt, verebbten auch in Clara die Wellen hoher seelischer Erregung, und nimmt auch sie die weitere politische Entwicklung, die gegen die Revolution entscheidet, ruhiger hin. Sogar daß Semper und Richard Wagner wegen aktiver Teilnahme am Aufstand fliehen müssen, berührt sie nur vorübergehend.

Sie bringt in diesen Tagen abermals einen Jungen zur Welt, und Robert vollendet beinahe gleichzeitig den I. Teil seines „Faust". Das sind größere Ereignisse für sie.

Die „Szenen zu Goethes ‚Faust'" gelangen dann zum 100. Geburtstag Goethes in Weimar und in Leipzig zur Aufführung und gewinnen starken Beifall.

Danach aber rückt der höchste Preis in die Nähe: der Opernsieg. Denn nunmehr wird die Uraufführung von Schumanns „Genoveva" Wirklichkeit, und zu Anfang des Jahres 1850 reisen die beiden Ehegatten zu längerem Aufenthalt nach Leipzig, um das Studium des Werkes vorzubereiten und durchzuführen. Allerdings noch verfrüht; denn selbst in Leipzig zieht man zunächst eine Oper Meyerbeers der deutschen Oper Schumanns vor. Die Premiere der „Genoveva" verschiebt sich daher um einige Wochen.

In diesen Wochen fällt die Entscheidung über Schumanns weiteres Geschick.

Eine Berufung als Musikdirektor in Düsseldorf erreicht ihn und wird nach längeren Überlegungen, Zweifeln und Besorgnissen angenommen, weil Robert sich von der Möglichkeit, ein Orchester und einen Chor leiten zu können, mehr verspricht als von der geistigen und seelischen Einsamkeit in

Dresden, und außerdem die stark vergrößerte Familie von den Erträgnissen aus seinen Kompositionen und Claras Konzerten nicht mehr erhalten werden kann.

Zur Sonnwendzeit steht dann endlich Roberts „Genoveva“ auf dem Spielplan des Leipziger Theaters nächst dem Ranstädter Tor.

Im selben Haus mit den fünf Hochfenstern zwischen jonischen Säulen im ersten Stockwerk der Giebelfront, das die erste Aufführung der Jugend-Ouvertüre Richard Wagners und seines „König Enzio“ sah, und wo Marschners „Vampir“ und sein „Templer und die Jüdin“ sowie fast alle Opern Albert Lortzings, „Die beiden Schützen“, „Zar und Zimmermann“, „Caramo“, „Hans Sachs“, „Der Waffenschmied“, „Der Wildschütz“ und „Undine“, ihre Premiere erlebten, kommt nun auch Robert Schumann zu Gehör. Von weit und breit sind berühmte Musiker zur Uraufführung der „Genoveva“ herangeeilt. Schon bei der Generalprobe kann Clara außer den Leipzigern den Dänen Niels Gade, Hiller, den Kölner Dirigenten, Liszt aus Weimar, Roberts ersten Lehrer aus Zwickau, den Hamburger Grädener und Musikdirektor Ehlers, Königsberg, begrüßen. Dann steht ein schlanker, eleganter Mann mit silbergrauem Haar vor ihr, und ihre Kinderzeit lebt wieder auf, ihre erste große Konzertreise, ihr erster Ball. Ludwig Spohr kam aus Kassel zu ihres Gatten Ehrentag. Er gilt nach Albert Lortzing unter den Anwesenden als der erfolgreichste Opernkomponist. Sein Besuch bedeutet daher eine besondere Ehrung und Aufmerksamkeit für Schumann.

Selbstverständlich weilt auch Vater Wieck in Leipzig, und Claras Mutter wird noch erwartet.

Clara ist hochbeglückt über die vielen berühmten Gäste. Roberts Name besitzt nun wirklich einen Ruf, stellt sie befriedigt fest und freut sich schon im voraus auf den Erfolg.

Denn daß er eintreten muß, daß dieser Tag zu dem Triumph der Kunst ihres Gatten wird, steht für sie eisern fest.

Allen, die sie hören durften, gefiel die Ouvertüre schon vor zwei Monaten ganz außerordentlich. Jeder zeigt sich von der poetischen Tiefe und Innigkeit des Textes entzückt. Wie herrlich aber erst die Musik ist, das erlebten sie und Robert, selig wie Kinder, an jedem Probentage neu. Immer wieder fanden sich verborgene, noch nicht gekannte Kostbarkeiten. Es war ein Schwelgen in Klängen und Klangfarben. Man hatte gar nicht genügend Zeit und Sinn, die Bühnenvorgänge zu beachten, so sehr fesselte die Musik. Auch Robert löste kaum den Blick vom Notenblatt. Zeitweise schien er am Dirigentenpult wie entrückt und völlig weltvergessen. An all das denkt Clara vor Beginn der Oper.

Endlich verdunkelt sich der Zuschauerraum durch das Erlöschen der Gasflammen mit einem Schlag, und aus der Tiefe des Orchesters steigt das düstere, Golo kennzeichnende Motiv der abwärtsgekehrten Quint und läßt das Unheil vermuten, das der ahnungslosen Genoveva droht. Danach setzt der leidenschaftlich bewegte Hauptteil der Ouvertüre ein, aus dessen Triolen sich Genovevas Melodie, das lichte Oktavenmotiv, löst. Kriegsfanfaren leuchten auf. Dann beginnt der Kampf der Durchführung. Ein glänzender Abschluß in C-Dur verkündet schließlich den Sieg der Heldin und Dulderin.

Lebhafter, kaum endenwollender Beifall krönt die Ouvertüre. Nun geht der Vorhang auf. Das Spiel für Aug und Ohr hebt an.

Wie bei den Proben, so hört und lauscht Frau Clara mehr, als daß sie sich von den sichtbaren Geschehnissen mitreißen läßt. Sie achtet auf die Feinheiten der musikalischen Motiv-Arbeit, das geschickte Fortspinnen der Melodien, mit dem Robert, wie in seinem Oratorium, Sprechgesang und ariose

Stellen ineinander verschmilzt. So kommt ihr gar nicht zum Bewußtsein, daß eigentlich im ersten Akt auf der Bühne recht wenig geschieht.

Graf Siegfried zieht in den Kreuzzug, Golo bleibt bei Genoveva. Als der Gemahl ihrem Blick entschwindet, sinkt sie ohnmächtig in Golos Arme. Er küßt sie heimlich, will dann entfliehen, wird aber von der Hexe Margareta durch das Versprechen, Genoveva bald besitzen zu dürfen, zurückgehalten.

Das ist nicht eben viel und findet auch nicht viel Beifall.

Der zweite Akt beginnt lebendiger. In die Klage Genovevas um den fernen Gatten mischt sich das rauhe Trinklied aus der Gesindestube, und in das Zwiegespräch zwischen Golo und Genoveva brüllt der Chor in Verzerrung der Melodie der Heldin höhnisch: „Fürwahr ein schönes Weib, des Küssens wert!" Dann dringt Golo werbend auf die Wehrlose ein, bis sie ihm ihre Verachtung entgegenschreit. Nun weiß der Bösewicht den Diener Drago listig zu bewegen, das Gemach der Herrin zu betreten, und bringt in einem großen Chor-Finale das ganze Gesinde herbei, um Genoveva und Drago als Ehebrecher hinzustellen.

Dieser Akt bringt reichen Beifall, und Spohr versichert in der Pause:

„Noch so ein Aktschluß, und das Glück der Oper ist gemacht!"

Frau Clara zweifelt daran keinen Augenblick.

Sie erfreut sich im dritten Aufzug herzlich der Schönheit des Liedes „Bald blick' ich dich wieder, mein Heimatschloß", in dem der verwundete, von Margareta gepflegte Siegfried seine Sehnsucht nach Genoveva ausdrückt.

Liegt darin nicht auch alle Sehnsucht nach ihr, wenn sie fern weilt, alle Wärme und Gattenliebe, die Robert für sie hegt, fragt sie sich selbst dabei. Sie schaut zu ihm hinüber, wie er ruhig und sicher den Takt schlägt, und ein stolzes, beglückendes Gefühl ergreift sie und lenkt sie von den Bühnenvorgängen ab.

Als sie wieder genauer hinblickt, merkt sie, daß irgend etwas nicht stimmt. Golo ist auf der Bühne, geht unsicher auf und ab, Graf Siegfried dünkt stark befangen. Man weiß nicht, warum. Plötzlich fällt ihr ein: Golo soll doch einen Brief überreichen. Hat er den am Ende vergessen? Es scheint so. Der Vorgang bleibt unklar. Das Publikum wird unruhig. Die Szene mit dem Zauberspiegel, in dem Margareta Genovevas vorgeblichen Verrat zeigt, verfließt wirkungslos.

Nun bemächtigt sich der Frau eine leise Aufregung. Zu dumm, dieses Mißgeschick, ärgert sie sich. Aber es bleibt doch noch die Musik; Roberts Musik! Das ist ein Trost.

Allein nur für sie. Das Publikum läßt sich auch mit noch so melodiösen Klängen nicht über eine befremdliche, unübersichtliche Handlung hinwegtäuschen. Als der Vorhang fällt, herrscht betretenes Schweigen. Nicht eine Hand rührt sich.

Dieser sichtliche Mißerfolg drückt im letzten Akt nicht wenig auf den Dirigenten. Schumanns Bewegungen werden noch sparsamer, sein Tempi matter. Auch Orchester und Sängern teilt sich die lustlose Stimmung bald mit. Genovevas Klagelieder, ihre Gebete angesichts ihres sicheren Todes bringen außerdem keine Handlung. Wie sie die rauhen Knechte bedrohen, erregt das so wenig Spannung, daß Siegfrieds Erscheinen und ihre Erlösung gar nicht genügend befreiend wirkt. Selbst der prächtige Doppelchor, der Jubel des glücklichen Finales zündet nicht mehr. Die letzten Takte verglimmen.

Wie das Licht aufflammt, erhebt sich zwar Beifall, Schumann wird gerufen, darf einmal, zweimal danken, ein Lorbeerkranz fliegt von irgendwoher auf die Bühne. Danach wird sofort das Klatschen dünner und versiegt rasch.

„Schade um die schöne Musik!" sagt Lortzing zu Spohr.

„Schade um den scheenen Juniabend", findet mancher Leipziger. „Schade! ..."

Dieses Wort steht auch auf Claras Lippen. Sie kann noch nicht fassen, was sich begab. „Mußte das sein? Mußte eine kleine Unaufmerksamkeit Robert seinen Ehrentag verkümmern?" fragt sie sich verzweifelt. So fragt sie auch ihre Mutter, die sie mit ein paar lieben Worten trösten will. So fragt sie Vater Wieck.

Dem aber trübt nicht die Liebe den Blick. Er spricht in kalter, klarer Deutlichkeit das Urteil über „Genoveva" und ihren Schöpfer.

„Schumann ist kein Opernkomponist. Das Theater liegt ihm nicht im Blut. Dazu ist er viel zu weich ..." Da bäumt sie sich auf.

„Und die deutsche Oper, die er mit seiner ‚Genoveva' schuf, ist das nichts? Seine Reformen; die immer wiederkehrenden kennzeichnenden Motive der Hauptpersonen, die ‚ewige Melodie'? Und welcher andere besitzt diese Tiefe und diese Gefühlsinnigkeit?"

„Edle Gefühle und schöne Melodien machen noch lange keine Oper", sagt Vater Wieck trocken.

„Aber seine Ideen", wirft Frau Clara leidenschaftlich ein.

„Dienen höchstens anderen, wirklichen Opernkomponisten, die es besser treffen, als Wegweiser; dem Lortzing vielleicht oder Wagner ... Dein Robert ist kein Reformator. Erneuerer sind stets Verstandesmenschen. Mit dem Gefühl allein schafft man nie Neues."

Nun glaubt Clara auch innerhalb ihrer Familie an offenbare Mißgunst gegen Robert. So wie sie in Dresden und Leipzig schon lange deutlich zutage tritt. Und obwohl dann die zwei folgenden Aufführungen ohne Zwischenfall und mit reicherem Beifall vorübergehen, drängt sie aus der Heimat fort, dringt in Robert, bald nach Düsseldorf zu übersiedeln.

Vielleicht war es wirklich ein Fehler, daß Schumann sich in Dresden zu sehr der Einsamkeit ergab, überlegt sie wieder und wieder. Und sie nimmt sich vor: Im Rheinland soll das jetzt anders werden.

Es ist schon spät – es wird schon kalt

Feine Herbstfäden gleiten seidenglänzend durch die Luft. Ein leiser Süd streicht rheinabwärts und spielt mit der Rauchfahne eines der neumodischen Dampfschiffe, das mit seinen mächtigen Schaufelrädern die Wassermassen des königlichen Stromes durchfurcht und Welle um Welle, von grünlich-weißem Schaum bekrönt, ans Ufer wirft. Hier kommen sie reihenweise schräg angerollt und brechen sich an den großen, glatt- und rundgespülten Kieseln zu Füßen der alten Hohenstaufenpfalz Kaiserswerth unterhalb Düsseldorfs.

Die älteren Schumannschen Töchter Marie und Elise stehen mit ihrem Vater hart am Uferrand und sehen dem Spiel der Wellen zu. Wie ihrer keine mehr anlaufen will und auch das Dampfschiff schon rheinab dem Blick entschwindet, bitten sie den Vater, von der gewaltigen Ruine hinter ihnen zu erzählen, die sie mit ihren vielen hellen Steinstreifen über dem schwärzlichen Grund der Basaltblöcke stark fesselt.

Robert Schumann winkt lächelnd ab, sagt leise: „Geht zu Mama!“ und schiebt die Kinder sacht die Uferböschung aufwärts.

Sie gehen nun und suchen die Mutter.

„Mama! Mama!“ rufen sie mit ihren hellen Stimmchen, sobald sie die kleine Anhöhe erklommen haben und in den ehemaligen Burgbezirk eingedrungen sind. Sie finden dort neben dem Wägelchen des erst einjährigen kleinen Ferdinand Frau Clara mit Julie und Ludwig unter einer Haselstaude sitzend und aus bunten Herbstblättern Kränze für die Kleinen windend.

„Bitte, Mama, erzähl uns von der Ruine!“ betteln sie und lagern sich sogleich an ihrer Seite im Gras.

Da muß Frau Clara vom großen Kaiser mit dem roten Bart berichten, der vom Drachenfels, aus den sieben Bergen oben am Rhein, die hellen, und von der Eifel, wo die vielen Seen sind, die schwarzen Steine auf breiten Holzflößen rheinab schiffen ließ, um hier den Kaiserswerth zu bauen.

Die Mädchen lauschen aufmerksam, und als die Mutter vom Kaiser Rotbart nichts mehr zu verkünden weiß, wollen sie vom Drachenfels hören, und schließlich quälen sie um ein neues Märchen; eines, von dem man denken könnte, es spiele hier, zwischen Basalt- und Trachytblöcken, weißen Rheinkieseln, vergilbendem Ahorn, alten Rüstern und herbstgelben Büschen.

Frau Clara hat, während sie erzählt, auch Marie und Elise bunte Blätterkränze geflochten und auf die dunklen Locken gedrückt. Die Luft ist jetzt so angenehm mild, die Sonne so warm, das alte Gemäuer zum Sinnen und Träumen verlokkend. Sie möchte nun am liebsten ein wenig ruhen und die Gedanken wie heitere Singvögel nach Lust und Freude frei entflattern lassen. Aber die Kinder drängen. Es muß ein Märchen her.

Gewißlich leben ihrer viele an diesem romantischen Ort, und Robert, wenn er hier oben wäre, wüßte sie unschwer in Töne zu fassen. Sie aber ist müde; von den Mühen und Plagen der Übersiedlung nach Düsseldorf, vom tagelangen Umherlaufen, bis sich eine Wohnung fand, von der strapaziösen Teilnahme an all den geselligen Veranstaltungen, Festessen, Reden, Ständchen, Konzerten, Gesellschaften und Bällen, mit denen man den neuen Musikdirektor und seine weitberühmte Gattin nach ihrer Ankunft in Düsseldorf ehrte, vom Ärger mit den hiesigen anmaßlichen Dienstboten, vom Räumen im Logis, von den Sorgen, für Robert einen ruhigen Arbeitsraum zu finden, und von dem ganzen Wirrwarr, den das neue, bunte, gesellige Leben mit sich brachte. Genau wie Robert, der nach einer Reihe anstrengender Proben mit Singverein und Orchester kurz vor seinem ersten öffentlichen Auftreten als Musikdirektor von Düsseldorf steht, ersehnte sie den heutigen Tag, um im Freien bei einem Ausflug nach Kaiserswerth ein wenig Entspannung zu gewinnen. Nun aber erheischt ihre mütterliche Pflicht, nach Märchen zu fahnden, die hinter Mauern, Busch und Baum verborgen lauern. Dazu ist sie zu matt und abgekämpft.

Schon will sie, wenn auch ungern, den Wunsch der Mädchen abweisen, da fällt ihr plötzlich doch ein Märchen ein, das ihre Kinder noch nicht kennen. Es könnte recht gut in diesen dunklen Lava-Mauern spielen. Und sie beginnt:

„Die verwunschene Prinzessin.

Es war einmal ein kleines Prinzeßchen, das hielt ein böser Zauberer in seinem festen Schloß gefangen", und zeichnet Zug um Zug das Zauberschloß nach der Ruine, in deren wildverwachsenem Hofe sie mit den Kindern sitzt.

Der aber, der das Märchen einst erdachte, weilt fast in Rufweite, unten am Rheinufer, und sinnt auf neue wundersame Dinge.

Wie der breite Strom mit seinen grünlich-grauen Fluten an ihm vorüberrauscht, in seinen Wellen abertausend Sonnenlichter blitzen und erst ganz unten im Dunst der Niederung verflimmern, mächtig, würdevoll, königlich, so steigt in ihm ein glänzendes E-Dur-Thema auf mit weiten Tonschritten, rhythmischer Kraft und stolzem Klang. Mit ihm will er den Rhein besingen, seine Landschaft preisen, seiner Herrlichkeit ein richtiges Triumphlied anstimmen in einer Sinfonie.

Rheinische Fröhlichkeit glitzert in durchsichtig-klaren Melodien, die Holzbläser als künftigen Seitensatz anstimmen sollen, den Perlen ähnlich, mit denen in kostbaren Kelchen der Rheinsekt prickelnd überschäumt. Dutzende neuer, reizvoller musikalischer Einfälle umgaukeln ihn bei der Erinnerung an das leicht pulsierende rheinische Leben, die unbeschwerte rheinische Heiterkeit. Angesichts der alten Kaiserpfalz am deutschen Strom erwachen all die Erinnerungen an selig verlebte Stunden am Rhein und werden zu Musik; eine romantische Dorfschenkenszene der lustigen Heidelberger Studentenzeit zum gemächlichen Scherzo, der Mondscheinzauber der unvergeßlichen ersten Nacht des Einundzwanzigjährigen auf dem Rhein bei Rüdesheim zum silberflimmernden Adagio, das heilige Köln mit seinen uralten romanischen Kirchen, goldgründigen Bildern und köstlichen Reliquienschreinen, mit Prunk und Gepränge einer großartigen kirchlichen Feier im hohen Dom, die er vor kurzem mit Clara bewunderte, zu Klängen von mystischer Tiefe, mit eherner Wucht und leuchtender Pomphaftigkeit seltsam vermählt. Und das Ende von allem, das fühlt er auch schon, wird ein mächtig ansteigender, großangelegter fugierter Satz sein.

Nun aber zieht es ihn fort von hier; denn die Tonbilder bedrängen ihn so stark, daß er sich nach einem Instrument sehnt, dem er sein Fühlen anvertrauen kann, ja bloß nach einer Möglichkeit, das, was in ihm jetzt gärt, braust und wogt, niederzuschreiben und in wenigen geheimnisvollen Zeichen festzuhalten.

Mit ein paar Schritten, so schnell wie schon lange nicht, gelangt er auf die Höhe der Uferböschung, mit einigen unsicheren Sprüngen in den Hof der alten Kaiserpfalz und mitten in ein Märchenidyll.

Auch das scheint wie ein Bild aus der rheinischen Wunderwelt, wenn er Clara von den holden Engelsköpfen seiner Kinder umgeben sieht und sie erzählen hört: „... Und sie lebten viele Jahre glücklich und hatten schöne Kinder ..."

„Das Märchen ist Wahrheit geworden", flüstert er verzückt. Dann faßt er seine beiden älteren Mädchen an den Händen und sagt mit einem seligen Lächeln:

„Kommt! Kommt! Wir wollen das Märchen nach Hause tragen!"

Wenige Wochen nach diesem wundervollen Herbstsonntag in Kaiserswerth liegt Robert Schumanns „Rheinische Sinfonie" vor Frau Clara. Da trägt auch sie ein unsagbares Hochgefühl in sich. Was soll sie sich noch Besseres wünschen als einen Gatten, den Gott als Künstler so überreich gesegnet und begnadet hat, schöne Kinder, freundliche Lebensumstände. Es dünkt, wie wenn das Glück sein Füllhorn seit ihrem Aufenthalt am Rhein reich überquellen ließe.

In ihrer Freude übersieht Frau Clara völlig, daß die Zurückgezogenheit der letzten Schaffenswochen den Düsseldorfern schlecht behagt, daß die rasch neugewonnenen Freunde sich jetzt von ihnen vernachlässigt fühlen, weil sie an ihren Unterhaltungen nicht mehr teilnehmen, daß Schumann seine Pflichten als Dirigent kaum mehr erfüllen kann, seit er ein anderes Klingen hört als jenes, das er aus schon vorhandenen Partituren berühmter Meister lebendig machen soll.

An einem regennassen Märzabend verlassen einige Mitglieder des Düsseldorfer Konzert-Komitees gemeinsam das eben beendete, von Robert Schumann geleitete Achte Abonnementkonzert.

Julius Tausch, der bekannte Klavierlehrer und Leiter der Künstler-Liedertafel wie des Männergesangvereines, aus dessen Händen Schumann beim Antritt seiner Tätigkeit Chor und Orchester entgegennehmen mußte, hatte versucht, auch den Meister und seine Gattin zu einer Nachsitzung im Ratskeller zu veranlassen; allerdings in der Hoffnung einer sicheren Ablehnung durch das arg ermüdete und vom geringen Konzerterfolg etwas enttäuschte Künstlerpaar, die auch prompt eintraf. Nun geht er mit seinem großen Regenschirm, unter den er den Sekretär des Musikvereines, den Stadtbeigeordneten Wortmann, listig lockte, als letzter in einigem Abstand von den übrigen.

Wortmann meint murrend, Schumann mache sich in der letzten Zeit kostbar wie eine Primadonna. Er sei doch immerhin ein Mann, der nach der Arbeit schließlich noch ein paar Gläser „Düssel" oder „Hell" vertragen könne.

„Ich glaube, die Düsseldorfer Spezialitäten sagen ihm nicht zu", bemerkt Tausch so harmlos wie möglich.

„Wat denn!" fährt Wortmann wütend auf, wird puterrot und eifert:

„Möchte wissen, was der eingebildete Zwickauer gen ‚Ne halve Hahn' mit Düsseldorfer Mostert vorbringen kann! Oder gen rechtschaffene ‚Riefkoken' in Butter ..."

„Ich schätze, daß es ihm völlig gleichgültig sein dürfte, ob die Muscheln in Wasser, Wein oder Butter gekocht werden", sagt Tausch behutsam.

Der Stadtbeigeordnete bleibt vor Entsetzen stehen.

„Is det die Möglichkeit?" verwundert er sich maßlos. Und da der Klavierlehrer bejahend nickt, grunzt er kopfschüttelnd: „Wer fors Essen und Trinken kein richtiges Verständnis hat, ist bloß ein halber Mensch."

„Oder ein schlechter", tastet Tausch berechnend weiter.

„Ein schlechter Dirigent jedenfalls", findet Wortmann.

„Darum haben auch heute die Düsseldorfer seine neue Ouvertüre ‚Braut von Messina', die an sich gar nicht übel wäre, mit eisigem Schweigen entgegengenommen", ergänzt der Klavierlehrer zielsicher; denn an der Ecke der Mühlenstraße halten eben die vorne gehenden Konzert-Komitee-Mitglieder Notar Euler, Doktor Hasenclever, Regierungsrat Illing und Dr. Herz an, um sich angesichts der Silhouetten von St. Lamberti, Schloßturm und Rathaus über das zu wählende Lokal des Abends zu beraten. Dabei müssen sie seine letzten Worte zweifelsohne hören.

In der Tat läßt der Vorsitzende des Komitees, Regierungsrat Illing, sofort ein wahres Klagelied los und versichert, er sei von Robert Schumann schwer enttäuscht. Schumann bringe weder beim Studium noch am Konzertabend jenen hinreißenden Schwung auf, ohne den ein Dirigent einfach undenkbar sei, vermöge seine Sänger und Musiker nicht zu begeistern, schlafe oder träume geradezu vor dem Dirigentenpult.

„Dann hätte wenigstens sein neues ‚Nachtlied' gut klingen müssen!" wirft Dr. Herz höhnisch ein. „Aber da sang alles so wüst durcheinander, daß man es eher ‚Schwimmerlied' nennen sollte."

„Aber bitte, meine Herren, Robert Schumann ist doch heute bereits als Komponist ein anerkannter Meister", versucht Doktor Hasenclever zu beschwichtigen.

„Komponist hin – Komponist her! Düsseldorf braucht einen guten Dirigenten", erklärt der aufgeblasene Wortmann.

„Wenn uns nichts an dem Komponisten läge, dann hätten wir gleich alles beim alten lassen können", mischt sich Notar Euler, dem Dr. Hasenclever sekundierend, ein.

„Freilich. Herr Tausch besaß doch unser vollstes Vertrauen und leitete Singverein und Musik aufs beste", pflichtet Dr. Herz schnell bei.

Julius Tausch nimmt diese Worte mit übertriebener Bescheidenheit hin und behauptet mit größter Scheinheiligkeit, daß er sich bestimmt nicht mit dem berühmten Komponisten Schumann vergleichen dürfe, aber als Dirigent allerdings nur dem Namen des von ihm hochverehrten Meisters gewichen sei.

„Wie schade!" klagt der Vorsitzende. „Jetzt ist die Sache leider nicht mehr zu ändern."

„Wat denn!" poltert Wortmann los. „Die muß sich ändern lassen. Det laßt man meine Sorge sein." Und als jetzt Tausch begütigend den Besuch eines kleinen, versteckt gelegenen Altstadtlokals anregt, in dem man wahrhaft leckere Dinge und auserlesene Weine bekäme, wie er zungenschnalzend feststellt, „Himmel on Aed" zum Beispiel, dazu einen „Samtkragen" oder ein Glas „Düssel", schlägt ihm der Beigeordnete jovial auf die Schulter und sagt mit seiner fetten Stimme vieldeutig:

„Bravo, Tausch! Sie sind mein Mann!"

Dann überlassen sich die Düsseldorfer Musikväter der Führung Tauschs und beschließen den arg mißglückten Abend recht fröhlich.

Hingegen kostet er Clara Schumann viele Tränen. Denn Robert ist nicht nur mit dem Publikum und dem Gesang des Düsseldorfer Singvereines unzufrieden, sondern auch mit ihrem Spiel an diesem unglückseligen Abend, obwohl sie sich – wie immer – Mühe gab und von ihrer Leistung einen guten Eindruck hatte.

Was weiß man aber von sich selbst, bekümmert sie sich, durch Schumanns Urteil verleitet. Wahrscheinlich spielte sie tatsächlich schlecht. Denn daß sie Robert, der gütige, feinfühlige Robert, ungerecht beschuldigen könnte, hält sie für ausgeschlossen. Sie muß eben wieder täglich üben, was bisher völlig unmöglich war, weil sie den Gatten bei seiner Arbeit unweigerlich gestört hätte.

Damit tritt neuerlich klar das Elend mit den Wohnungen in Düsseldorf zutage. Nirgends ist Ruhe, nirgends zweckmäßige Raumeinteilung möglich, nirgends Bequemlichkeit. Die Fenster sind übergroß, die Menschen überlaut, die Straßen lärmend. Wo fände sich in Düsseldorf die köstliche Stille ihrer ersten Wohnung am Burzelgraben in der Leipziger Vorstadt, oder die Annehmlichkeit von Balkon und Gärtchen für Robert, über die er in der letzten Dresdner Wohnung verfügte!

Und die Geselligkeit raubt ihr noch obendrein zum Studium günstige Stunden, wenn Robert nicht arbeitet. Was nützt das Singkränzchen, da ohnehin die dreißig Mitglieder lieber einander mit Stadtklatsch unterhalten als Neues einstudieren; was fruchten die Quartettabende, die immer weniger besucht sind?

Das alles klagt Frau Clara in bewegten Worten ihrer Nachbarin, dem lieben alten Fräulein Rosalie Leser, und die gütige blinde Musikenthusiastin, die sich bald nach ihrem Einzug mit den Schumanns herzlich angefreundet hat, tastet nach der zarten Hand der Künstlerin, streichelt sie behutsam und tröstet:

„Nicht gleich unglücklich sein, Frauchen! Das sind doch alles Kleinigkeiten!"

Ja. Clara sieht es auch ein: Freilich sind das Kleinigkeiten gegen die geistige Riesenleistung, die Robert mit seinem „Manfred" sich zwischen allen den störenden Tätigkeiten und Abhaltungen seines öffentlichen Wirkens abringt. Wahrscheinlich ist es die ungeheure seelische Anspannung und Überanstrengung, die diese Komposition erfordert, was ihn so reizbar und leicht unzufrieden macht. Als Gattin eines Schaffenden muß man dafür Verständnis haben. Nur manchmal, wenn man gerade selbst sein Bestes gab und sich müde und verausgabt fühlt, fällt es nicht leicht.

Die Blinde scheint das mit dem wachen Sinn der Menschen, die nach innen horchen, zu fühlen. Denn sie streichelt Frau Claras Hand noch einmal sacht und fragt dann behutsam:

„Ist denn Herr Dr. Schumann so stark in eine Arbeit eingesponnen?"

Clara bejaht das und erzählt von Byrons dramatischem Gedicht „Manfred", das Robert zu einem großen Melodrama mit Chören verarbeite. „Noch nie habe ich mich mit *der* Liebe und mit *dem* Aufwand an Kraft einer Komposition hingegeben", hätte er erst jüngst darüber geäußert. Es sei beinahe unheimlich, wie diese Arbeit ihn fessle und – das müsse auch gesagt sein – ihn verzehre. Er hänge an der Gestalt Manfreds, eines von bitteren, geheimnisvollen Qualen bedrückten Menschen, mit einer fanatisch anmutenden Zuneigung und Hingabe. Die Ruhelosigkeit des Helden erfülle, die Last seiner Gewissensschuld bedrücke ihn. Die Zwiespältigkeit von Manfreds Seele, sein Ringen und Schwanken zwischen Licht und Finsternis wühle auch seinen Komponisten mächtig auf. „Es kommt mir manchmal vor, als litte er bei seiner Arbeit ebenso, wie wenn er selbst der namenlos Unglückliche wäre, für dessen übergroße Seelenqual er so ergreifende und tief zu Herzen gehende Melodien findet", schließt Frau Schumann bekümmert.

„Dann müssen Sie ihm gerade jetzt noch mehr Geduld und Liebe schenken, Frauchen", rät Fräulein Leser.

Und Clara nimmt sich das fest und ernstlich vor.

Auch alle störenden Zerstreuungen will sie ihrem Robert, soweit sie es vermag, gern fernhalten, damit er mit dem „Manfred", an dem er – wenn auch mit großen Unterbrechungen – schon fast drei Jahre schafft, endlich fertig werden kann. Dazu bedarf man einer neuen Wohnung. So ungern Fräulein Leser die eben erst gewonnenen lieben Freunde missen möchte: diese Notwendigkeit begreift sie schnell und stellt Frau Clara in ihrer langjährigen Gesellschafterin Fräulein Junge eine erfahrene Hilfe bei der unumgänglich werdenden Wohnungssuche zur Verfügung. Fräulein Junge gelingt es in der Tat, ein für die Familie Schumann passendes Logis ausfindig zu machen. Nun hilft sie noch beim Umzug. Und dann, als man den prachtvollen, geräumigen Musiksalon durch eine Aufführung des Singkränzchens von Robert Schumanns gleichfalls in Düsseldorf geschaffenem Volksoratorium „Der Rose Pilgerfahrt“ eingeweiht hat, hält Clara sich und ihren Gatten von allen größeren geselligen Veranstaltungen geflissentlich fern.

Das aber freut die Düsseldorfer wenig. Die wollen Leben, Bewegung, Geselligkeit, Musik. Wozu besäßen sie denn sonst einen bekannten Komponisten als Musikdirektor mit einer weltberühmten Klaviervirtuosin als Frau? Man bezeichnet die Schumanns bald als stolz und unnahbar und legt die dem Schaffenden dienende Zurückgezogenheit als Hochmut aus. Dadurch gewinnt Julius Tausch sich mühelos zahlreiche neue Anhänger, die noch vor kurzem allein auf Robert Schumann schworen.

Im Singverein und Musikverein beginnt daher die herbstliche Konzertsaison ziemlich lustlos. Auch fehlt jetzt Clara, die im Vorjahr an vielen Proben teilnahm und Robert Schumann dadurch befeuerte. Sie erwartet im Winter zu ihren drei Töchtern und zwei Jungen ein sechstes Kind. Erst nach Neujahr, als schon die kleine Eugenie laut schreiend und alsbald sichtlich wachsend und gedeihend in der Wiege liegt, gewinnt die junge Mutter wieder etwas Freizeit und nützt sie nun für sich. Sie spielt, übt und studiert mit wahrem Feuereifer auf ihrem Flügel. Denn man will doch im Frühjahr endlich wieder einmal auf eine gemeinsame Konzertfahrt gehen. Die Leipziger planen eine Aufführung von Roberts „Der Rose Pilgerfahrt", und Liszt in Weimar will gar den nunmehr vollendeten „Manfred" herausbringen.

So werden Robert und Clara Schumann den Düsseldorfern, die sie anfangs mit großer Herzlichkeit und ehrlicher Begeisterung aufnahmen, immer fremder. Diese Entfremdung wächst noch mehr, als Schumann nach seiner und Claras Rückkehr aus Leipzig plötzlich erkrankt und viele Wochen seinen Berufsobliegenheiten kaum nachkommen kann.

Erst scheint es ein rheumatisches Leiden, das dem Meister den Taktstock aus der Hand zwingt. Dr. Müller, sein Arzt und einer seiner treuesten Anhänger, bezeichnet es als „Hexenschuß". Später treten Angstzustände, Melancholie und Sprachstörungen hinzu, die bei Robert zu tiefen Gemütsdepressionen führen. Schließlich rät der Arzt zum ungesäumten Antritt einer Badekur.

Die Wahl fällt auf Scheveningen, ist aber leider keine glückliche, denn Schumann weigert sich zunächst beharrlich, die verordneten Meerbäder zu nehmen. Erst als Frau Clara, obwohl sie wieder Mutterfreuden entgegensieht, daran teilnimmt, entschließt er sich dazu.

Tag für Tag lassen sie sich nun in den Badekarren mit den kleinen Pferdchen in die See hinausfahren, und immer kehrt Robert erfrischt und neugestärkt zurück. Schließlich fährt er sogar einmal allein hinaus, als Clara sich eines Morgens müde und etwas unwohl fühlt.

Er erfreut sich an der scharfen Salzluft, der frischen Brise, die landeinwärts streicht, und an der belebenden Massagewirkung der anrollenden Wellen der Flut. Wenn nicht der Bademeister warnend auf seinem Horn bliese und schließlich gar das gutmütige Zugpferdchen bereits unruhig würde, so bliebe er noch länger draußen. Ganz langsam kleidet er sich an. Am liebsten behielte er auch während der Fahrt zum Strand den Badeanzug an, um seine Glieder noch weiterhin von der starken, so herrlich frischen Luft umwehen zu lassen. Doch derlei ist nicht üblich. Der „Herr von Welt“ – und das hat ein Kurgast, der auf der Scheveninger Kurliste als „Städtischer Musikdirektor von Düsseldorf“ aufscheint, unweigerlich zu sein – trägt auf dem Strand einen mittelgrauen Anzug mit kurzem Jackett, ein blaugemustertes Hemd mit buntem Halstuch und losem Kragen, sandalenartige Schuhe und einen hellen Strohhut, der seiner Form nach an einen Tropenhelm gemahnt. Besondere Elegants vergessen niemals auf ein kokettes Bambusstöckchen und strohgelbe Wildlederhandschuhe, die zwischen den zweiten und dritten Jackenknopf gesteckt werden. Doch das zählt schon zum modischen Beiwerk, das Robert Schumann strikte ablehnt. Er nimmt sogar den Strohhut ab und läßt den scharfen Seewind wenigstens durch sein bis zum Nacken reichendes Langhaar streichen.

An eben dieser Künstlermähne erkennt ihn auch ein Diener seines Hotels von weitem und eilt in sichtlicher Aufregung auf ihn zu, als er dem Badekarren entsteigt. Er bittet ihn im Namen Claras, sofort ins Hotel zurückzukehren. Robert folgt ihm beunruhigt. Seine Sorge steigt, als er in der Halle den Kurarzt sieht, der ihn dort mit ernster Miene erwartet. Und da der Doktor ihm so schonungsvoll wie möglich mitteilt, Frau Clara habe eben eine Frühgeburt überstanden, so steigert sich die Sorge zu heller Angst. Er keucht die Treppen aufwärts und stürzt ganz atemlos in Claras Zimmer.

Sie liegt recht blaß und traurig in den Kissen. In ihren Augen schimmern noch Tränen der Enttäuschung. Als sie aber den verängstigten Gesichtsausdruck des Gatten sieht, erkämpft sie sich ein mattes Lächeln.

„Nicht besorgt sein, Robert!“ beruhigt sie. „Es ist ja alles gut vorbeigegangen.“

Schumann, der seine Clara kennt und schärfer hört als viele, vernimmt die leise Wehmut um das „Vorbei“ und entliest den bleichen Lippen auch den ungesprochenen Satz betrogener Mutterhoffnung: „Leider ... zu früh!“ Da ist er doppelt lieb und gut zu ihr.

Wie tief darüber in Claras mütterlichem Herzen der Enttäuschungsschmerz nagt, vermag er als Mann nicht zu ermessen. Dünkt doch dieses Leidensschwert für Clara Schumann zweischneidig scharf. Die Mutter leidet, weil das Kind, das sie ersehnte, ihr nicht geschenkt wurde; die Künstlerin, weil sie nun abermals Wochen und Monate sich schonen und jeder größeren Winterreise entsagen muß, ohne dafür die Freude an einem Kinde eintauschen zu dürfen. Wie sollte auch Schumann dergleichen vermuten, da Clara bereits nach wenigen Tagen, obwohl der Arzt noch Schonung anempfiehlt, anscheinend wieder frisch und fröhlich ist. Schumann ahnt auch nicht, daß man die Schuld an der erfolgten Katastrophe den Seebädern beimißt, die seine Gattin, um ihm die eigene rätselhafte Scheu davor überwinden zu helfen, mit ihm teilte. Denn Frau Clara, die es weiß, schweigt still und zwingt den Arzt zum Schweigen.

Ihre erste Sorge gilt nach wie vor Roberts Gesundung.

Um seine Schaffenskraft neu zu entfachen und weiter zu erhalten, bringt sie auch dieses Opfer. Und was täte sie in ihrer Liebe und hohen Achtung vor dem Wunder der Begnadung in dem schaffenden Künstler nicht, um ihm nur alle Widrigkeiten und Hindernisse aus dem Weg zu räumen!

Leider liegt manches nicht in ihrer Macht. Sie kann nicht hindern, daß für Robert, der trotz sichtlicher Besserung seiner Beschwerden doch noch matt und arbeitsunfähig aus Scheveningen heimkehrt, die ersten beiden Abonnementskonzerte der Saison Julius Tausch dirigiert. Sie fühlt, daß Tausch dadurch die Möglichkeit gewinnt, Anhänger, Freunde, Förderer für sich zu sammeln, und vermag dawider nichts Wirksames zu unternehmen. Um wenigstens den Namen

„Schumann“ auf den Programmen zu erhalten, spielt sie selbst unter Tauschs Leitung. Doch nützt das wenig. Und Robert weiß ihr dafür keinen Dank. Denn ihrer beider Bemühungen laufen diesmal nicht gleich. Er ringt um seine Schaffenskraft; sie aber kämpft bloß um die Erhaltung seiner Stellung.

Endlich gegen Weihnachten bessert sich Schumanns Zustand. Noch im November beendet er die qualvolle Untätigkeit des letzten Halbjahres durch die Komposition von fünf Gedichten der unglücklichen Königin Maria Stuart. Und in den ersten Dezembertagen tritt er wieder als Dirigent vor das Düsseldorfer Konzertpublikum.

Wie ein Kind hat sich Frau Clara auf diesen Tag gefreut. Nun wird Robert allen Lauen und Mißgünstigen zeigen, daß noch die alte Kraft ihm innewohnt, hofft sie. Wie ruhig und sicher er auf dem Podium erscheint! Ganz anders als der hastige Tausch, der wie ein Irrwisch zum Dirigentenpult fegt, stellt sie von ihrem Logenplatz aus beglückt fest. Jetzt ergreift er den Taktstock, umfaßt mit seinem Blick freundlich und bedächtig die Musiker und hebt langsam den Stab!

Bei alledem herrscht atemlose Stille im Publikum. Clara deutet sie als Achtung. Da tastet Rosalie Leser, die neben ihr sitzt, nach ihrer Hand.

„Steht denn Herr Dr. Schumann noch nicht auf dem Podium?“ fragt sie leise. „Ich hörte jemand kommen, doch niemand klatscht ...“

Diese Worte reißen Frau Clara aus allen Himmeln. Jetzt erkennt sie plötzlich, daß dieses Schweigen nichts anderes ist als eine wohlvorbereitete, infame Demonstration. Vor Schreck ganz starr, weiß sie nicht, was sie der Blinden antworten soll. In diesem Augenblick fängt die Musik an. Damit wird jegliche Erklärung überflüssig. Aber das Faktum bleibt. Die Düsseldorfer haben Robert Schumann nach seiner Krankheit nicht begrüßt, ihn nicht umjubelt, wie es ihm sicherlich gebührt hätte, sondern ihn mit eisigem Schweigen empfangen. Dieser Gedanke brennt und schmerzt die Frau. Und noch mehr foltert die unsinnige Angst, daß Robert sich durch diesen üblen Empfang irritieren lassen und nicht sein Bestes geben könnte. Sorgenvoll überwacht Clara jede seiner sparsamen Gesten. Doch sie merkt an dem Dirigenten keine Unruhe. Langsam und sicher schlägt er den Takt. Fast zu langsam.

Den Düsseldorfern erscheint es geradezu einschläfernd langsam. Sie, die selbst quicklebendig sind, finden an feierlichen Rhythmen wenig Freude. Sie halten sie für öd und lustlos. Und lustlos klingt auch der Beifall am Ende des Konzerts.

Frau Clara, die sich dabei schon auf dem Weg zum Künstlerzimmer befindet, merkt das nicht. Sie ist ganz glücklich, daß Robert nach den bösen Krankheitswochen überhaupt wieder dirigieren kann und alles leidlich gut vorüberging. Voller Begeisterung beglückwünscht sie ihn zu seiner Leistung, spricht davon, daß nun alle sehen könnten, daß er völlig wiederhergestellt sei, schmiedet Zukunftspläne und macht den Gatten durch ihr fröhliches, mitreißendes Geplauder den ersten kühlen Eindruck beim Betreten des Saales vergessen.

Julius Tausch, der neben einigen Herren des Konzert-Komitees noch im Saal steht, handelt anders. Er zeigt sich aufgeregt, erbost, entsetzt. Ein Skandal sei das von dem Publikum, einen berühmten Meister nach langer Krankheit derart zu empfangen, erklärt er empört. Wenn ihm derlei geschähe, nie würde er mehr zum Taktstock greifen und vor so indolenten, undankbaren Leuten dirigieren, versichert er mit Biedermanns-Entrüstung.

„Der Schumann wird leider wieder dirigieren“, klagt Doktor Illing. „Der schlief doch viel zu fest, um zu bemerken, daß ihn die Düsseldorfer nicht mehr wollen.“

„Glauben Sie, daß das nicht genügte?“ fragte Doktor Herz schnell.

„Wat denn?“ poltert der Stadtbeigeordnete Wortmann los. „Wenn er auch jetzt noch schläft, dann müssen wir ihn rasch aufwecken.“

Und das Aufwecken besorgt höchst unliebsam ein Brief dieser drei Gönner Tauschs, in dem sie Robert Schumann geradezu auffordern, von seinem Amte, das er nicht mehr ausfüllen könne, unverzüglich zurückzutreten.

Schumann hält diesen Brief entgeistert in Händen und fragt mit bleichen Lippen:

„Sag, Clara, ... ist das ... Wahrheit, – was die da ... schreiben?“

„Wahrheit?“ ereifert sich die Frau, nachdem sie das Schreiben rasch durchgeflogen. „Neid und Gemeinheit, Niedertracht ist das! Du hast wie immer dirigiert. Es war so gut und schön wie stets. Das sind bloß teuflische Intrigen, die du keinesfalls ruhig hinnehmen darfst.“

Doch Schumann scheint so sehr erschüttert und niedergedrückt, daß er am liebsten wirklich sein Amt noch heute niederlegen möchte. Da muß Frau Clara um seinetwillen und der Kinder wegen für ihn handeln. Sie alarmiert die wenigen verbliebenen Freunde, den Dr. Müller, Notar Euler, Dr. Hasenclever, den jungen Albert Dietrich, Regierungspräsident Maßenbach, den Bürgermeister Hammers. Sie weiß ihre Entrüstung über das unerhörte Vorgehen einem bereits anerkannten Künstler wie Robert Schumann gegenüber so überzeugend vorzubringen, daß Wortmann, Herz und Illing bei einer auf ihren Rat rasch einberufenen Generalversammlung des Konzert-Komitees mit ihrer Meinung in der Minderzahl bleiben und sich daher bei Robert ob ihres brieflichen Angriffes entschuldigen müssen.

Dadurch gewinnt der Meister seine bereits arg bedrohte innere Sicherheit wieder. Auch er hält schließlich die ganze Aktion für einen Bosheitsakt einiger Gegner und hofft, beim Rheinischen Musikfest zu Pfingsten 1852 derartige Quertreibereien endgültig abzutun.

Mit dieser Absicht beginnt er die künstlerische Arbeit des neuen Jahres. Dazu gesellt sich eine sichtliche Besserung seines Gesundheitszustandes, die Frau Clara grenzenlos erfreut. Am meisten aber beglückt sie, daß er nun wieder komponieren kann. Nach mehreren Arrangements älterer Orchesterwerke für Klavier, einigen Klavierstücken und der Festouvertüre über das Rheinweinlied zum bevorstehenden Musikfest setzt er sein einst mit dem Oratorium „Das Paradies und die Peri" begonnenes Chorschaffen mit einem Männerchorwerk fort. Es ist die große Chorballade für Männerchor und Orchester „Das Glück von Edenhall".

In seinem geräumigen Arbeitszimmer in der Bilkerstraße 1068, wohin man nach weiterem zweimaligem Wohnungswechsel vor kurzem verzog, führt Schumann mit einigen sangeskundigen Freunden die Ballade zum erstenmal vor. Dr. Hasenclever, der an dem Uhlandschen Gedicht einige Veränderungen vornahm, Frau Clara, Fräulein Leser und der junge Albert Dietrich, ein in der letzten Zeit oftmals an Kammermusiken im Hause Schumann teilnehmender Freund, bilden das Publikum.

Frau Clara ist selig, daß ihr Robert nun wieder ein größeres Werk geschaffen hat. Sie findet in ihrer übergroßen Liebe und Bewunderung für Schumann, die Komposition atme eine geradezu hinreißende Frische und sei von der gleichen sonnigen Heiterkeit erfüllt, die nun auch Schumanns Wesen nach der drückenden Melancholie der Krankheitszeit so wohltuend verändert habe. Dietrich und Dr. Hasenclever pflichten ihr höflich bei.

Nur Fräulein Leser bleibt still. Sie lauscht mit höchster Anspannung und Aufmerksamkeit. Dabei versteht sie es meisterhaft, eine ununterdrückbare innere Unruhe und Angst unter einem milden Lächeln zu verbergen. Denn sie ist sich als feinsinnige Musikkennerin darüber klar, daß Robert Schumann schon Größeres geschrieben hat als diese Chorballade. Und die Textwahl dünkt der Blinden geradezu Vermessenheit. Wie ein Schauer überläuft es sie bei der Stelle, an der der junge Lord von Edenhall bei einem Gelage, das Schicksal herausfordernd, singt:

Zum Horte nimmt ein stark Geschlecht
sich den zerbrechlichen Kristall.
Er währet länger schon als recht.
Stoßt an! Mit diesem kräftigen Prall
versuch' ich das Glück von Edenhall ...

Das Zerbrechen des Glases und Schwinden des Glücks seines Eigners packt sie wie ein persönlich bekanntes Schicksal. Nur mit größter Anstrengung vermag sie ihre tiefe innere Bewegung zu meistern.

Nicht so Frau Clara. Der rinnen Freudentränen über die Wangen.

„Das ist höchste Kunst", sagt sie leise und reicht mit einem langen, innigen Blick dem Gatten glückwünschend die Hand.

So wird auch Fräulein Leser an ihren sorglichen Gefühlen beinahe irre. Doch ganz die aufsteigende Angst zu bannen, gelingt ihr nicht.

„Nun wirst du auch den zweiten Teil des ‚Faust' vollenden können", versichert Clara, als die Gäste sich verabschiedet haben, überzeugungsvoll ihrem Robert. Und dieser glaubt in der Tat, nunmehr die Kraft dafür in sich zu fühlen.

Es fiel ein Reif ...

Frau Clara sitzt in ihrem Studierzimmer im zweiten Stock der Wohnung Bilkerstraße 1068 vor dem kleinen Damenschreibtisch in der Fensterecke. Hinter ihr steht der neue Flügel geöffnet, den Robert ihr zum 34. Geburtstag schenkte. Auf ihm kann sie nunmehr fleißig neue Werke einstudieren, weil sie zum erstenmal in ihrer Ehe ein eigenes, in einem anderen Stockwerk gelegenes Musikzimmer besitzt, so daß ihr Spiel den Gatten niemals stört. Auf dem Pult des Flügels liegt das neue Konzert-Allegro, das Robert für sie komponierte, und die Ouvertüre zur „Faust-Musik", die er ihr gleichfalls zum Geburtstag bescherte. Vor sich hat sie ihr Tagebuch und blättert in den Seiten der jüngstvergangenen Monate und Wochen. Und überschaut das letzte Jahr.

Es dünkt ein restlos glückliches.

„Heute fing ich auch endlich wieder an zu studieren. Wenn ich so recht regelmäßig studieren kann, fühle ich mich doch erst so wieder ganz in meinem Elemente; es ist, als ob eine ganz andere Stimmung über mich käme, viel leichter und freier, und alles erscheint mir heiterer und erfreulicher. Die Musik ist doch ein gutes Stück von meinem Leben ...", konnte sie bereits am 9. Jänner 1853 eintragen.

Wenige Monate später durfte sie sogar berichten: „Heute fing ich seit Jahren zum ersten Male wieder an, etwas zu komponieren." Und kurz danach: „... Ich habe heute das sechste Lied von Rollet komponiert und somit ein Heft Lieder beisammen, die mir Freude machen und schöne Stunden verschafft haben. Es geht doch nichts über das Selbstproduzieren ..."

Dazwischen liegt das „Rheinische Musikfest", bei dem Robert mit der umgearbeiteten d-Moll-Sinfonie, dem seinerzeitigen Wiegengeschenk für Marie, soviel Erfolg hatte; liegen schöne Tage, die man mit dem jungen Geigenvirtuosen Joachim verbrachte, lag Roberts 42. Geburtstag, den die Familie in Benrath verlebte. Das Glück dieser Stunden klingt in den Worten des Tagebuches mit: „Muß man Gott immer danken, wenn man heiter an Körper und Geist sein kann, so fühlt man sich an solchen Festtagen doch doppelt dankbar dafür ... Was die Zukunft bringen kann, nun, das müssen wir dem Himmel anheimstellen! Heute will ich nur dankbar sein für das Gute, was uns geworden ist."

Ebenso glücklich wie an den Geburtstag Schumanns ist die Erinnerung an den 14. Hochzeitstag, den das Ehepaar Robert und Clara Mitte September 1853 in Düsseldorf feierte.

„Kann ein Hochzeitstag wohl schöner sein, als mit einem geliebten und liebenden Mann zur Seite und sechs wohlgestalteten Kindern um uns? Dankerfüllt ist mein Herz für all den reichen Segen – möge uns der Himmel noch lange dies Glück erhalten!" konnte sie von ihm schreiben und gleich danach die vielen Freuden ihres darauffolgenden Geburtstages verzeichnen: die große Überraschung mit dem wertvollen Geschenk des Instrumentes, die Beglückung über Roberts neue Komposition.

Alles das läßt sich ja kaum in Worte fassen, findet Frau Clara, wie sie den letzten, allerjüngsten Tagebuchbericht überliest, und in dem Bestreben, wenigstens eine Ahnung von der Seligkeit, die sie seitdem erfüllt, in ihrem Herzensbuche wiederzugeben, fügt sie hinzu: „Ich kann es nicht so ausdrücken, wie ich fühle, aber mein Herz war voll von Liebe und Verehrung für Robert und Dank dem Himmel für das hohe Glück, womit er mich überschüttet. Es klingt vielleicht übermütig, wenn ich es sage, doch ist es denn nicht wahr, bin ich nicht das glücklichste Weib auf der Erde?"

„Das bist du ... meine Clara! ... Das sollst du sein", sagt Robert Schumann, den sie nicht kommen hörte, neben ihr und drückt ihr einen Kuß auf die Stirn. Dann flüstert er mit einem rätselvollen Lächeln: „Komm!", faßt sie an der Hand und zieht sie aus dem Zimmer.

„Was willst du? Was hast du vor?" fragt Clara. Er aber wiederholt nur lächelnd: „Komm!"

Da sucht sie, die sich seit den Monaten seiner Krankheit bei ihm an wenig Worte gewöhnen mußte, seinen Blick und glaubt, darin eine freudige Verheißung zu lesen.

„Soll es eine Überraschung sein?" bemüht sie sich, ihm entgegenzukommen.

Er schweigt, doch scheint sein Lächeln die Frage zu bejahen. So folgt Frau Clara ihrem Gatten erwartungsvoll in den Unterstock. Und da er nach seinem Arbeitszimmer abschwenkt, ist sie fest überzeugt, daß er ihr eine neue Komposition zeigen will.

Um so mehr erstaunt sie sich, an Roberts Flügel einen unbekannten jungen Menschen vorzufinden. „Herr Brahms aus Hamburg", stellt Schumann vor.

Der junge Mann – er kann nicht mehr als zwanzig Jahre zählen – neigt sich ehrfurchtsvoll über Frau Claras Hand. Während er sie küßt, empfindet man sein nackenlanges helles Blondhaar als das Auffälligste an seiner Erscheinung. Doch wie er sich aufrichtet, sind es die wunderbar schönen Blauaugen, die mit einem ehrfürchtig-scheuen, tief verehrungsvollen Blick die weitberühmte Künstlerin umfassen, die feine, fast jugendlich reizende Frau mit dem dunklen Madonnenscheitel, auf deren Antlitz noch das Glück der letztverlebten stillen Stunden der Besinnung leuchtet.

„Herr Brahms ... wird spielen", sagt Robert freundlich.

Da lösen sich die Blicke der beiden Menschen voneinander. Der junge Mann geht zum Klavier, setzt sich und erklärt einfach:

„Scherzo, es-Moll, mein Opus 4."

Dann kann Frau Clara einer höchst interessanten, eigenwilligen Komposition lauschen, kann auffallend schöne Hände betrachten, wie sie mit Leichtigkeit die größten technischen Schwierigkeiten meistern, und den verklärten Ausdruck des jugendlich-hübschen Gesichts beim Spielen bewundern.

„Hier weiß ich nichts zu sagen ..., was man hinzutun ... oder weglassen könnte", meint Schumann anerkennend, als Brahms geendet hat. Und der Künstlerin drängt sich angesichts solcher Vollendung in diesen jungen Jahren ein Satz auf die Lippen, den sie nur halblaut auszusprechen wagt:

„Einer, der kommt, wie von Gott gesandt."

Obwohl sie leise redet, vernimmt Johannes Brahms die Worte doch, und seine Augen leuchten auf, noch seliger, verklärter als vordem, während er spielte.

„Das ist zu schön, verehrte Frau – zu gütig, Meister ...", wehrt er, errötend wie ein Mädchen, ab.

Doch Schumann und Frau Clara widersprechen und eifern ihn zu weiterem Vorspiel an. Als er nach fast zweistündigem Aufenthalt das Haus verläßt, sind Robert und Clara der gleichen Meinung, nie noch in ihrem Leben einer derart bedeutenden Begabung an einem jungen Menschen begegnet zu sein.

Brahms kommt dann in den folgenden Wochen fast täglich zu Besuch, spielt eigene Werke und musiziert mit Robert und Clara. Bald betrachtet man ihn als jugendlichen Freund, beinahe als zum Hause gehörig, ja, nennt ihn sogar gelegentlich bereits bei seinem Vornamen Johannes, ohne daß er selbst seine anfangs zur Schau getragene rührende Schüchternheit ablegte. Seine sichtliche Verehrung für das Künstlerpaar scheint sich sogar noch zu vergrößern. Die Stunden, die man mit ihm verlebt, sind immer beglückend und verklärt, so wie – sobald er spielt oder Frau Clara Rede steht – sein Blick, der vieles ausspricht, was der wenig Redselige stets verschweigen würde.

Während das Ehepaar Schumann mit Brahms und einigen Schülerinnen Claras musiziert und unbeschwert angenehme Tage Robert und Clara beglücken, entwickelt Julius Tausch eine geheimnisvolle Geschäftigkeit. Er besucht Tag für Tag Mitglieder des Konzert-Komitees, Musiker, Sänger, einflußreiche Musikfreunde, und hat zudem verdächtig oft im Rathaus zu tun. Wenn Doktor Schumann und seine Gattin sich nicht mit Brahms ganz in Musik versponnen hätten, müßte dieses Treiben selbst ihrer Ahnungslosigkeit auffallen. Seinen letzten Sinn enthüllt es bei der Herbstsitzung des Konzert-Komitees.

Der Vorsitzende, Regierungsrat Illing, erklärt nach einer verlegen gewundenen Einleitung, er habe seit dem Rheinischen Musikfest zahllose Briefe aus dem Publikum erhalten, worin die Düsseldorfer Konzertbesucher sich samt und sonders mit der musikalischen Leitung unzufrieden erklären. Er müsse daher, so unangenehm es ihm persönlich sei, diese peinliche Sache einmal zur Sprache bringen, weil man die Meinung der Zuhörerschaft nicht unbeachtet lassen dürfe.

„Was enthalten die Zuschriften?“ forscht Dr. Hasenclever.

Oh, eine Unsumme von Beschwerden, wird ihm bedeutet, und dann zählt der Vorsitzende anhand einer langen Liste auf:

Dr. Schumann wisse Chor und Orchester nicht zu behandeln, er gebe undeutliche Zeichen, spreche wenig oder so leise, daß niemand es verstehen könne, nehme seit neuestem lauter Zeitmaße, die viel zu langsam wären, verstünde nicht, die Mitwirkenden mitzureißen ...

„Woher weiß das Publikum das alles?“ fragt Dr. Euler scharf.

Das Publikum erlebe die Auswirkungen dieser Dirigentenfehler, antwortet Illing gereizt. Sein eben verlesenes Elaborat zeige ihre Ursachen auf.

„Wir alle haben doch das Fiasko der Schumannschen Konzertleitung beim ‚Rheinischen Musikfest' mitangesehen", kommt Dr. Herz dem Vorsitzenden schnell zu Hilfe. „Was war seine ‚Messias'-Aufführung gegen die ‚Neunte Beethoven' unter der Stabführung des Kölner Musikdirektors Hiller?"

„Und der Erfolg von Schumanns d-Moll-Sinfonie?" wirft Euler leidenschaftlich ein.

Seine Kompositionen verstünde er bestimmt zu leiten, gibt Illing zu.

„Aber wir können nicht bloß lauter Schumannsche Musik in unseren Konzerten brauchen", ruft Wortmann grob dazwischen.

Dem widersprechen die wenigen Schumann-Anhänger. Doch Wortmann und die Seinen sind in der Überzahl. Die Erregung der Debatte steigert sich, bis Dr. Hasenclever schließlich fragt, wer sonst in Düsseldorf die großen Werke älterer Meister besser als Schumann dirigieren würde.

„Der Tausch bestimmt", versetzt Wortmann sofort und ergeht sich in wahren Lobeshymnen über den tüchtigen Mann, der schon vor Schumanns Ankunft Chor und Orchester zufriedenstellend geleitet habe.

Nun wenden die Schumann-Anhänger noch ein, daß man doch einem so berühmten Meister, der zudem vertraglich gebunden sei, nicht ohneweiters die Leitung der Konzerte wieder entziehen könne.

Doch dafür weiß der Vorsitzende Rat. Er verpflichtet sich geradezu, die Sache so zu führen, daß jedes Aufsehen in der Öffentlichkeit vermieden und Robert Schumann selbst zur Auflösung seines Kontraktes als Leiter des Musikvereins und Singvereins bewogen werde.

Damit geben sich schließlich sogar die Freunde Schumanns zufrieden; denn daß er kein Dirigent ist, darüber sind sich selbst sie schon seit langem völlig im klaren. Sie wollen nur den Komponisten Schumann für Düsseldorf erhalten. Und das verspricht Regierungsrat Illing zu bewirken. So endet die zeitweise stürmisch bewegte Sitzung friedlich, beinahe einhellig.

Zur gleichen Zeit, als Schumanns Gegner wider ihn freie Hand erhalten, erwacht im Meister, der jahrelang still wie der Träumer Eusebius dahinlebte, noch einmal das alte Feuer Florestans. Nach zehnjähriger Pause schreibt er in der „Neuen Zeitschrift für Musik", die längst in andere Hände überging, einen geradezu jugendfrisch anmutenden, kämpferischen Artikel über Johannes Brahms.

Clara sitzt mit ihrem Gatten in seinem Arbeitszimmer. Sie hält erwartungsvoll das Blatt in Händen, das Robert „Neue Bahnen" überschrieb, und liest:

„Es sind Jahre verflossen, beinahe ebenso viele, als ich der früheren Redaktion dieser Blätter widmete, nämlich zehn – daß ich mich auf diesem an Erinnerungen so reichen Terrain einmal hätte vernehmen lassen. Oft, trotz angestrengter produktiver Tätigkeit, fühlte ich mich angeregt; manche neue, bedeutende Talente erschienen, eine neue Kraft der Musik schien sich anzukündigen, wie dies viele der hochaufstrebenden Künstler der jüngsten Zeit bezeugen, wenn auch deren Produktionen mehr einem engeren Kreise bekannt sind. Ich dachte, die Bahnen dieser Auserwählten mit größter Teilnahme zu verfolgen, es würde und müsse nach solchem Vorgang einmal plötzlich einer erscheinen, der den höchsten Ausdruck der Zeit in idealer Weise auszusprechen berufen wäre, einer, der uns die Meisterschaft nicht in stufenweiser Entfaltung brächte, sondern wie Minerva gleich vollkommen gepanzert aus dem Haupte des Kronion spränge. Und er ist gekommen, ein junges Blut, an dessen Wiege Grazien und Helden Wache hielten. Er heißt Johannes Brahms, kam von Hamburg, dort in dunkler Stille schaffend, aber von einem trefflichen und begeistert zutragenden Lehrer gebildet in den schwierigsten Satzungen der Kunst, mir kurz vorher von einem verehrten bekannten Meister empfohlen. Er trug, auch im Äußeren, alle Anzeichen an sich, die uns ankündigen: das ist ein Berufener. Am Klavier sitzend, fing er an, wunderbare Regionen zu enthüllen. Wir wurden fast in zauberische Kreise hineingezogen. Dazu kam ein ganz geniales Spiel, das aus dem Klavier ein Orchester von wehklagenden und lautjubelnden Stimmen machte. Es waren Sonaten, mehr verschleierte Symphonien – Lieder, deren Poesie man ohne die Worte zu kennen, verstehen würde, obwohl eine tiefe Gesangsmelodie sich durch alle hindurchzieht – einzelne Klavierstücke, teilweise dämonischer Natur von der anmutigsten Form – dann Sonaten für Violine und Klavier – Quartette für Saiteninstrumente – und jedes so abweichend vom anderen, daß sie jedes verschiedenen Quellen zu entströmen schienen. Und dann schien es, als vereinigte er, als Strom dahinbrausend, alle wie zu einem Wasserfall, über die hinunterstürzenden Wogen den friedlichen Regenbogen tragend und am Ufer von Schmetterlingen umspielt und von Nachtigallenstimmen begleitet.

Wenn er seinen Zauberstab dahin senken wird, wo ihm die Mächte der Massen, im Chor und Orchester, ihre Kräfte leihen, so stehen uns noch wunderbare Blicke in die Geheimnisse der Geisteswelt bevor. Möchte ihn der höchste Genius dazu stärken, wozu die Voraussicht da ist, da ihm auch ein anderer Genius, der der Bescheidenheit, innewohnt. Seine Mitgenossen begrüßen ihn bei seinem ersten Gang durch die Welt, wo seiner vielleicht Wunden warten werden, aber auch

Lorbeeren und Palmen; wir heißen ihn willkommen als starken Streiter.

Es waltet in jeder Zeit ein geheimes Bündnis verwandter Geister. Schließt, die ihr zusammengehört, den Kreis fester, daß die Wahrheit der Kunst immer klarer leuchte, überall Freude und Segen verbreitend."

„Das hast du wundervoll gesagt, Robert", flüstert die Frau ergriffen, und in ihren Augen schimmert es feucht.

Ein unsagbares Glück, ein unnennbarer Stolz erfüllt sie. Welch ein herrlicher Mensch ist doch ihr Gatte! Nicht nur ein großer Künstler, auch ein edler, selbstloser Charakter. Sie wüßte keinen zweiten, der für ein junges Genie so sehr mit dem ganzen Gewicht seiner Persönlichkeit eintreten würde. Selbst Liszt, der doch manchem Musiker den Weg erleichterte, der sogar Wagners Opern aufführte, brächte das nicht zustande. Ja, das ist eben ihr Robert, der einzige, der unter Millionen nicht seinesgleichen findet! Es gibt bestimmt kein höheres Glück, als an seiner Seite leben zu dürfen und dieses Mannes Weib zu sein.

„Bist du zufrieden ... Mama?" klingt in ihre freudige Versunkenheit Schumanns leise Stimme.

Diese Worte mahnen sie an die höchste Seligkeit, daß er der Vater ihrer Kinder ist.

„Zufrieden, Robert? – Ich bewundere dich!" versichert sie strahlend und reicht ihm beide Hände.

In diesem Augenblick kommt die kleine Marie, ein anstelliges, liebes Ding, das nun schon zwölf Jahre zählt, und berichtet, es seien zwei Herren da, die Frau Doktor Schumann sprechen wollten. Berta, das Mädchen, habe sie in Mamas Studierzimmer in den Oberstock geführt.

Da legt Frau Clara all ihre Liebe und Verbundenheit mit ihrem Gatten in einen innigen Händedruck und geht nach oben.

Als sie die Tür zu ihrem Arbeitszimmer öffnet, erkennt sie voll Erstaunen in den Besuchern den Vorsitzenden des Musikvereines, Regierungsrat Illing, und seinen Freund Dr. Herz.

„Es ist wahrscheinlich ein Irrtum meines Mädchens, daß man Sie zu *mir* wies", findet sie sich nach der Begrüßung sofort zurecht. „Die Herren wollen wohl zu meinem Mann ..."

Doch Dr. Herz verneint, und der Vorsitzende bestätigt, daß er Frau Dr. Schumann aufzusuchen beabsichtigte.

Das macht Frau Clara stutzig.

„In welcher Angelegenheit?" fragt sie unsicher und kann sich eines unbehaglichen Gefühles nicht erwehren.

Sie kämen mit einer Bitte zu ihr, beginnt der Vorsitzende.

„Wenn ich sie erfüllen kann ...", antwortet Clara äußerlich verbindlich, doch nicht ohne leise Unruhe, denn es sieht fast so aus, als ob die Männer sich mit der Sprache nicht recht heraustrauten und daher vermutlich etwas Unangenehmes mitzuteilen hätten.

Regierungsrat Illing verliert sich tatsächlich noch in Umschweife. Ihre Bitte richte sich an die Gattin des Meisters, beginnt er vorsichtig. Man bedürfe des Feingefühls und der Geschicklichkeit einer Frau. Sie allein vermöge bestimmt, in richtiger Weise gewisse Divergenzen zwischen der Leitung des Musikvereines und ihrem Gatten zu beseitigen.

„Wollen Sie damit andeuten, daß zwischen meinem Mann und Ihnen etwa Unklarheiten oder Differenzen bestehen?" erstaunt sich Frau Clara. „Ich weiß davon allerdings nichts, obwohl mein Mann mit mir alle musikalischen Angelegenheiten stets zu besprechen pflegt."

Differenzen sollten eben vermieden werden, weicht Illing aus. Und würden sogar sicher vermieden werden, kommt ihm Dr. Herz zu Hilfe, falls man Herrn Doktor Schumann veranlassen könnte, künftighin nur seine eigenen Werke zu dirigieren und sich bei einem andere Komponisten enthaltenden Konzertprogramm durch Herrn Tausch vertreten zu lassen.

Einige Augenblicke lang ist Clara Schumann starr. Sind denn die Menschen toll geworden? Träumt sie am Ende – oder ... ist das eine infame Intrige? Sie findet sich nicht gleich zurecht. Und um Zeit zu gewinnen, fragt sie tastend:

„Ja, würde denn Herr Tausch das tun?“

Darüber dürfe sie vollkommen beruhigt sein, versichert Dr. Herz übereifrig. Und Illing erzählt, sichtlich erleichtert, weil er sich ihres Einverständnisses beinahe gewiß glaubt, man habe mit Tausch schon dieserhalb unterhandelt und seine Zusage der Bereitwilligkeit zur Vertretung des Herrn Dr. Schumann erhalten.

Jetzt begreift Frau Schumann blitzschnell, was hier gespielt wird. Weil man sich an Robert nicht heranwagt, versucht man sie zu überrumpeln. Doch wenn man das für möglich hält, täuscht man sich schwer. Wenn es um Robert geht, dann kann sie auch für zwei handeln. Sie hat das schon als junges Mädchen ihrem Vater gegenüber bewiesen. Auch jetzt weiß sie genau, was sie entgegnen muß.

„Ich glaube, meine Herren, es dürfte Ihnen nicht völlig klar sein, daß Ihre Anträge für mich und meinen Mann beleidigend sind“, sagt sie mit blitzenden Augen, und alle Unsicherheit und Verzagtheit von vorhin ist gewichen.

Nun scheinen die Besucher überrascht.

Es hatte doch schon so ausgesehen, als ob sie ihnen behilflich sein würde, die ganze, immerhin heikle Sache einer günstigen Lösung zuzuführen! So wenigstens äußert sich der Vorsitzende. Und Dr. Herz erklärt, eben weil man dem berühmten Künstler, für den man ein hohes Maß von Hochachtung hege, zartfühlend und schonungsvoll begegnen wolle, um jede Beleidigung und Kränkung im vorhinein auszuschließen, wende man sich an seine Gattin.

„Da sind Sie leider fehl am Ort, meine Herren!“ entgegnet Frau Clara offen und entschieden. „Denn ich werde niemals anders denken und handeln als mein Mann. Und der, dessen bin ich sicher, wird sich zu einem derart beschämenden Kompromiß, wie Sie es vorschlagen, nicht hergeben. Er braucht das auch gar nicht. Er besitzt doch einen Vertrag, der seine Rechte und Pflichten genau abgrenzt.“

Das wüßten sie wohl, versichert der Vorsitzende. Eben deswegen wäre es am besten, sich in Güte zu einigen ... „Wer im Recht ist, hat es nicht nötig, sich in Güte zu einigen“, wirft Clara leidenschaftlich ein. „Wenn Sie meinen Mann durch ein derartiges Verhalten brüskieren, dann zwingen Sie ihn höchstens zur Kündigung seines Kontraktes.“

Deswegen seien sie nicht zur ihr gegangen, verwahrt sich Doktor Herz eilfertig. Im Gegenteil. Man wolle mit ihrer Hilfe der Stadt Düsseldorf den weltberühmten Komponisten auch weiterhin erhalten.

Doch Frau Clara glaubt alle Machinationen zu durchschauen.

„Hier geht es um den Dirigenten“, beharrt sie, aufstehend. „Vertraglich steht Ihnen nicht der Komponist, sondern der Dirigent gegenüber. Und der Dirigent Robert Schumann wird Ihnen darauf, meine Herren, alsbald seine Antwort zukommen lassen.“

Nun erheben sich auch die Besucher.

Herr Dr. Schumann möge nichts übereilen. Sie hofften noch immer auf eine Verständigung, erklärt Doktor Herz beschwichtigend. Illing aber beschwört sie, lieber indirekt weiter zu verhandeln, ehe Schumann eine endgültige Entscheidung treffe. Er und das Konzert-Komitee hielten sich auch weiterhin dazu bereit. Mit diesen Worten und einigen Ergebenheitsbeteuerungen empfehlen sich die unerwünschten Besucher.

Frau Clara entrüstet sich über dieses Vorgehen der Düsseldorfer Musikväter maßlos.

Das ist der Dank für Roberts und ihre Bemühungen um das Düsseldorfer Musikleben in den vergangenen drei Jahren! Das ist die Achtung, die man dem Genie entgegenbringt? Nichts als Falschheit, Intrigen, Strebereien, wohin man schaut. Daneben regt sich aber die Sorge um ihren Gatten. Wie wird er diese Quertreibereien aufnehmen? Ach, wenn sie doch wenigstens ihm diese Kränkungen und Enttäuschungen ersparen könnte! Am liebsten ginge sie mit ihm auf und davon, irgendwohin, wo die Menschen mehr Herz und Gemüt haben, wo noch wahre Kunst etwas gilt. Aber sie darf leider nicht nur an Robert denken. Da sind ja noch ihre sechs Kinder, für deren Zukunft erst gesorgt werden muß.

Zum erstenmal erkennt sie, daß der Besitz einer Familie nicht nur ein Freudenquell sein kann, sondern auch Verpflichtungen auferlegt. So begibt sie sich zu ihrem Gatten, um ihm die böse Sache möglichst schonend beizubringen und dann mit ihm sich zu beraten und zu sorgen.

Noch auf der Treppe trifft sie Mariechen und Elise. Die beiden Mädchen weinen und erklären, Vater sei so aufgebracht, wie sie ihn noch nie gesehen. Näher befragt, geben sie an, er habe sich mit ihnen, wie oftmals in der letzten Zeit, durch „Tischrücken“ vergnügt und dabei von dem Tisch zu erfahren getrachtet, ob jemand, den er kenne, in nächster Zeit Glück und Erfolg erringen könne. Das sei bejaht worden. Als er dann, um den Namen des Glücklichen zu erfahren, Herrn Brahms, sich selbst und die Mama nannte, folgten lauter Verneinungen. Auf sein weiteres Forschen, ob es ein Dirigent sei, wäre das Zeichen „Ja“ gekommen.

„Papa hat nun viele Namen genannt, die wir nicht kennen“, berichtet Marie weiter. „Bei jedem deutete das Tischchen ‚Nein‘. Erst bei dem letzten hieß es ‚Ja‘, und darüber wurde Papa schrecklich aufgeregt und wies uns aus dem Zimmer."

„So bös war er noch nie", ergänzte Elise schluchzend.

Frau Clara trocknet notdürftig die Tränen der Kleinen, beschwichtigt sie flüchtig und eilt dann sofort zu ihrem Gatten.

Schumann empfängt sie mit allen Zeichen einer hochgradigen Erregung.

„Weißt du ..., was das Tischchen verkündet hat?" fragt er sie atemlos. „Weißt du ..., wem demnächst Glück und Erfolg lacht? Nicht unserem Johannes ..., nicht Brahms ..., sondern ..."

Da drängt sich aus der Bitterkeit der vergangenen Stunde ein Name auf Claras Lippen, und sie vollendet völlig willenlos, ohne zu überlegen:

„Julius Tausch."

Die Wirkung dieser Worte ist fürchterlich. Robert Schumann wird erst feuerrot im Gesicht, danach sofort leichenblaß, stolpert drei Schritte gegen sie zu, wie wenn er in höchstem Zorn sich auf sie stürzen wollte, schwankt jedoch plötzlich und fällt in einen Stuhl. Dann schlägt er beide Hände vors Gesicht und fängt laut und hemmungslos zu weinen an.

Frau Clara ist aufs höchste erschüttert. Gar als ihr Gatte zwischen heftigem Schluchzen immer wieder hervorstößt:

„Auch du ... sagst es schon! ... Auch du! ..."

Nie noch hat sie ihren Robert weinen gesehen.

Sie weiß sich gar nicht zu helfen. Als er aber fast ebenso schnell wieder beruhigt dünkt, wie er kurz vorher zu verzweifeln schien, beschließt sie, die Vorbereitung, die ein blinder Zufall oder das Schicksal selber bot, zu nützen, und erzählt ihm alles, was sie mit Dr. Herz und Illing erlebte.

Schumann nimmt ihre Mitteilung tatsächlich gefaßt entgegen.

„Es läßt sich nicht ändern ... Das Tischchen ... hat's gesagt", murmelt er finster.

Und dann beschließen beide nach längerer Überlegung und Aussprache, daß Robert den Vertrag kündigen und nicht mehr in Düsseldorf dirigieren werde, dagegen versuchen soll, anderswo eine passende Position zu finden. Dabei denkt man vor allem an Wien. Um aber in der ersten Zeit über die bösen Enttäuschungen von Düsseldorf leichter hinwegzukommen, wollen Robert und Clara einen jüngst an sie beide ergangenen ehrenvollen Ruf zu einer Konzertreise durch Holland annehmen.

Drei Monate später sind sie nach einer weiteren, im Jänner 1854 absolvierten Konzertfahrt nach Hannover wieder in Düsseldorf daheim. Obwohl sie nun daran denken müssen, diese Stadt in nicht allzu ferner Zeit zu verlassen, oder vielleicht gerade deswegen, fühlen sie sich mehr zu Hause denn je. Die Wohnung in der Bilkerstraße ist behaglicher als jede ihrer Vorgängerinnen. Auch die wenigen Freunde, die man sich im Laufe der drei Jahre hier erwarb, sind treu wie Gold.

Wenige Tage nach der Rückkehr aus Hannover erscheinen der Cellist Reimer und Ruppert Becker, der Sohn vom Bergschreiber Becker, der seit dem Vorjahr Konzertmeister in Düsseldorf ist, in der Bilkerstraße zum Kammermusikspiel. Auch Hasenclever findet sich ein und Albert Dietrich, mit dem man schon viele schöne Hausmusikabende verbrachte. So kann man daran denken, seit langem wieder einmal Schumanns Klavierquintett in Es zu spielen. Vorher muß freilich Frau Clara von den Erlebnissen der Konzertreise durch Holland erzählen. Robert, der am Kamin sitzt und in die Glut der Buchenscheiter starrt, versucht zwar abzuwinken, doch Clara erfüllt den Wunsch der Freunde gern. Hat sich doch in Holland ausschließlich Schönes und Angenehmes zugetragen.

Sie schildert den ersten Abend in Utrecht, an dem Schumanns „Rheinische Sinfonie“ enthusiastischen Beifall fand und Robert auch nach ihrem Vortrag stürmisch gerufen wurde; sie berichtet stolz vom Abend im Haag, bei dem ihr Gatte als Dirigent seiner 2. Sinfonie Triumphe feierte, von Rotterdam, wo man ihnen trotz eisiger Kälte mit Orchester und Chor vor dem Hotel im Scheine von Fackeln ein Ständchen brachte, von Amsterdam und von der Krönung der Fahrt bei der Aufführung von Schumanns „Der Rose Pilgerfahrt" im Haag.

„Am Schlusse des Konzertes riefen die Zuhörer so lange, bis Robert aus seiner stillen Ecke hervorkam und dankte", erzählt sie begeistert. „Während er sich vor dem Publikum verneigte, setzte ihm eine Sängerin einen Lorbeerkranz auf. Er merkte es kaum. Wir alle, die wir ihn so bekränzt sahen, wußten aber: So muß es sein!"

„Ja, ja! So muß es sein!" rufen auch die Freunde und klatschen voll Freude, als wären sie das Publikum vom Haag. Schumann aber meint leise:

„Es war sehr schön ... Doch wenn ihr jetzt spielen wolltet ... das wäre noch schöner!"

Da beginnen sie sein Klavierquintett, das er im ersten Ehejahr in Leipzig schuf.

In Schumann werden bei dem Spiel alte Erinnerungen lebendig. Auch Frau Clara fühlt sich in die Zeit vor mehr als einem Dutzend Jahren zurückversetzt, in ihr erstes Heim am Burzelgraben, in ihren Leipziger Freundeskreis.

So gleitet der erste Satz vorüber, der zweite, feierliche, trauermarschartige c-Moll-Satz, das Scherzo mit der abwärtsspringenden Oktave, das kontrapunktische Finale. Mitten darin fragt plötzlich Schumann laut: „Wer spielt denn da in Es-Dur andauernd A?"

Die fünf Spieler halten jäh inne und schauen einander an. Keiner ist sich dieser Schuld bewußt. Frau Clara schlägt, um das Peinliche der Situation vergessen zu machen, vor:

„Fangen wir nochmals die Coda des Finale an."

Aber schon beim dritten und vierten Takt schreit Schumann wie in körperlicher Qual auf: „So spielt doch nicht immer ‚A'!" Man unterbricht sofort. Während beim erstenmal immerhin noch Irrtum oder Täuschung möglich schien: Jetzt, wo sich jeder sorglich in acht nahm, ist derlei ausgeschlossen. Die Streicher wundern sich über Schumanns Einwand.

In Claras Augen steht plötzlich helle Angst. Sollte am Ende wieder die Krankheit nach ihrem Gatten greifen? Hat er, der jede Tonschwingung mit seinem außerordentlich scharfen absoluten Gehör zu differenzieren vermag, Gehörsstörungen? fragt sie sich zitternd. Schon dreimal litt er daran; auf der Reise nach Rußland in Dorpat, in Dresden und vor kurzem bei der Hollandfahrt im ersten Nachtquartier zu Emmerich.

Darüber muß sie Gewißheit erlangen. Sie nickt den Mitspielern aufmunternd zu und beginnt abermals. Doch schon ruft Schumann:

„Hört auf! Hört auf! Ich ertrage es nicht."

Und in das betretene Schweigen von Gattin und Freunden stöhnt er:

„Das ‚A' klingt in mir weiter ... Es läßt mich ... nicht los."

„Er ist überanstrengt. Verzeihen Sie die Unterbrechung!" flüstert Frau Clara hastig. Und während Robert vor Qual sein Antlitz in beiden Händen vergräbt und dabei die Daumen krampfhaft in die Ohrmuscheln drückt, bittet sie mit leiser Stimme, den musikalischen Abend abzubrechen, und begleitet die überraschten und verstörten Freunde so schnell hinaus, daß sie sich nicht einmal von Schumann verabschieden können. Als Dietrich fragt, ob er am nächsten Morgen den Arzt schicken soll, nickt sie nur. Dann reicht sie jedem flüchtig die Hand und eilt wieder zu ihrem Gatten zurück.

Robert liegt die ganze Nacht schlaflos. Immer vernimmt er den gleichen Ton. Manchmal, wenn draußen vor den Fenstern Geräusche laut werden, ein Wagen fährt, ein Hund aufkläfft oder späte Heimwanderer durch die Straße kommen, klingt noch die Quint dazu.

Auch Clara schließt kein Auge. Sie malt sich aus, wie ihr sensibler Gatte unter diesen Gehöraffektionen leiden muß, und leidet mit ihm.

Am Morgen erscheint der von Dietrich verständigte Arzt, erklärt aber, nicht helfen zu können. Es handle sich wahrscheinlich um nervöse Störungen, beruhigt er die arg besorgte Frau. Gegen Mittag sinkt Schumann endlich ganz ermattet in einen kurzen Schlaf.

Clara sieht rasch nach ihren eben von der Schule heimgekommenen drei Töchtern und fordert sie auf, sich ruhig zu verhalten, da der Vater erkrankt sei, und weist das Mädchen Berta an, auf die zwei Knaben und die kleine Eugenie zu achten. Dann legt sie sich im Wohnzimmer auf den Diwan, bereit, beim geringsten Geräusch sofort zu Robert ins Schlafzimmer hinüberzugehen.

Der Kranke erwacht gegen Abend und leidet wieder die ganze Nacht hindurch wie tags vorher. Die Stunden schleichen unendlich langsam dahin. Clara bleibt bei ihm: jedes Wunsches, jedes Winkes gewärtig. Doch der Leidende äußert nur einen Wunsch, den sie ihm nicht erfüllen kann.

„Ruhe! ... Stille! ... Ach, wenn doch alles um mich still wäre!“ stöhnt er manchmal auf. Und einmal verzweifelt: „Wenn das so weitergeht, so werde ich noch irrsinnig!“

Da möchte sie am liebsten ihr Herzblut hingeben, wenn das seine Qual enden würde.

Fast eine Woche währt das so. Frau Clara ißt in diesen Tagen kaum ein paar Bissen und schläft fast nichts. Dr. Hasenclever kommt einige Male und auch ein neuer Arzt namens Dr. Böger. Keiner weiß Rat. Sie verordnen zwar Nervenmittel, kalte Waschungen, Ruhe. Nichts hilft.

Eines Nachts, als Clara schon um Mitternacht endlich übermüdet einschläft, weckt sie der Kranke hastig:

„Hörst du die Engel singen, Liebling?“ fragt er, und als sie verneint, verlangt er Papier und Feder, um die Klänge aufschreiben zu können, die er vernimmt.

Es scheint, nach den Noten zu urteilen, ein wunderbar melodiöses Thema, und das Herz der Frau klopft schon vor Freude schneller. Ist das ein Zeichen der Genesung, fragt sie sich zitternd. Robert hat sich bisher noch immer aus den schwersten Depressionen und Melancholien in das Reich der Töne, der musikalischen Erfindung gerettet. Wenn er wieder komponieren konnte, so war noch jedesmal die Krankheit überwunden. Ist er jetzt auch so weit?

Anscheinend noch nicht. Der Kranke, der bisher meistens schwieg, beginnt plötzlich auffallend viel zu reden.

„Siehst du die Engel?“ forscht er. „Sie schweben um mich ... Sie sprechen zu mir ... Sie haben die wunderbarsten Instrumente ... Geigen, Oboen, Psalter, Harfen, Orgeln ... Sie musizieren wahrhaft himmlisch ... göttlich ... Sie rufen uns ‚Willkommen‘ zu ... Siehst du sie nicht? ... Da sind sie, ... dort! ... Jetzt neben mir! ... Sie sagen, wir werden beide bald ganz bei ihnen sein, ... noch ehe das Jahr zu Ende geht.“

Ein Leuchten liegt auf Schumanns Antlitz, eine fast überirdische Freude.

Frau Clara beobachtet ihn pochenden Herzens. Sieht und hört er das wirklich alles? Werden ihm, dem Gott in seiner Kunst so viel offenbarte, jetzt neue, andere Offenbarungen zuteil? Der klar abwägende Verstand in ihr müßte es verneinen. Doch seine Verzückung ist offensichtlich. Gibt es unbegreifliche Dinge, die man nur ahnen kann, oder spricht er im Fieber, zittert die Frau. Oder? – Nein, nein! ... Sie verschließt sich entsetzt einem solchen Gedanken. Ein Drittes *darf* es nicht geben.

Da schreit der Kranke auf. Ein Brüllen ist es fast, wie durch schwerste Leibesqual entlockt. Sein Blick wird starr, die Pupillen angsterfüllt weit. Seine Züge verzerren sich schreckhaft.

„Hilfe, Hilfe! Laßt mich los!" ruft er verzweifelt. Dann krümmt er sich, beugt sich, scheint mit unsichtbaren Gewalten zu ringen.

Clara erschrickt fürchterlich.

„Was ist dir? Was hast du?" fragt sie, vor Besorgnis fast vergehend.

„Dämonen verfolgen mich", stöhnt der Kranke. „Sie schreien und heulen grauenhaft ..." Und dabei fängt er selbst zu jammern und zu heulen an.

Das Mädchen Berta stürzt im Nachthemd herbei. Im Kinderzimmer drüben fangen die Kleinen zu weinen an. Frau Clara weist sie hinaus zu ihnen. Sie sollten still sein. Der Vater habe arge Schmerzen.

„Ja, Schmerzen, Schmerzen! ... Wie sie mich quälen!" schreit Robert auf. „Hilf mir doch, Clara, hilf mir! ... Sie wollen mich in die Hölle werfen ... Sie kommen heran mit fletschenden Zähnen ... wie Löwen und Tiger ... wie wildgewordene Hyänen!" Und angstvoll versucht er, sich zu verbergen.

Frau Clara bemüht sich, ihm beruhigend zuzureden. Indessen kleidet sich das Mädchen an und läuft, da schon der Morgen graut, um den Arzt.

Sie bringt gleich beide Ärzte.

Und es ist höchste Zeit. Der Kranke tobt und wütet, und die zwei Männer können ihn kaum halten. Die Frau steht leichenblaß daneben. Nur ein Gedanke ist in ihr; der Verzweiflungsschrei eines gemarterten Herzens zur höchsten, überirdischen Kraft, da Erdenkräfte hier anscheinend hilflos sind:

„Mein Gott und Herr! Laß ihn nicht irrsinnig werden!"

Nach einer Weile beruhigt sich Schumann.

Am nächsten Tag geht es ihm besser. Einmal versucht er sogar zu komponieren und schreibt tatsächlich zur Melodie der Engel mehrere Variationen.

Zum zweitenmal steigt im Herzen der zitternden Frau die Hoffnung auf. Vielleicht überwindet er *jetzt* die Krankheit!

Doch nun ergreift ihn eine schwere Melancholie.

Wenn man ihm da nur neuen Lebensmut geben könnte, zerquält sich Clara und wagt schließlich den höchsten Einsatz. Sie gesteht dem Kranken, daß sie sich wieder Mutter fühle.

Da laufen ihm die Tränen über die Wangen.

„Das bin ich nicht wert", klagt er. „Ich verdiene das nicht ... Ich verdiene dich, Gute, ja überhaupt nicht." Und in der Nacht bittet er sie, aus dem Zimmer zu gehen, damit er ihr nicht etwa ein Leid antäte. Wie sie nach einer Weile ins Schlafzimmer zurückkehrt, kleidet er sich eben an.

„Ich muß fort ... in eine Anstalt", keucht er. „Nur dort kann ich wieder gesund werden."

Er läßt sich nicht beruhigen. Frau Clara bittet den Hauswirt herauf, sendet um Dr. Böger. Der sagt nur:

„Ein Wärter muß her."

Am Morgen erscheint Dr. Hasenclever und bestätigt diese Anordnung.

Clara ist am Zusammenbrechen. Der Arzt führt sie ins Nebenzimmer, redet beruhigend auf sie ein, verordnet ihr im Hinblick auf ihren Zustand Ruhe und Schonung. Da stürzt Berta mit allen Zeichen des Entsetzens herein und schreit:

„Der Herr Doktor ist fort!"

In diesem Augenblick wird es vor Claras Augen schwarz. Nur aus weiter Ferne hört sie noch abgerissene Worte des Mädchens: „Ohne Schuhe ... ohne Hut ... ohne Weste!"

Dann schwindet ihr das Bewußtsein.

Als sie wieder zu sich kommt, glaubt sie zu träumen. Sie hört wirre Musik, Lachen, Geschrei ... Eine Frau beugt sich über sie und streichelt ihr mit unendlich zarter Hand über Stirn und Haar. Es ist ihre Mutter, Frau Bargiel.

„Mutter! Bist du bei mir? – Bist du's wirklich?" flüstert sie zweifelnd.

„Ja, ja, Clärchen. Ich bin's schon", versichert Frau Bargiel gütig. „Ich bin eben aus Berlin gekommen. Ich konnte dich doch nicht allein lassen, wo Robert so krank ist."

„Und die Geräusche; das Lärmen, das Singen?"

„Die stammen vom Festzug des Prinzen Karneval, Kind", erklärt die Mutter. „Es ist ja Rosenmontag heute."

„Rosenmontag? Mir blühen keine Rosen mehr ... Nur die Dornen stechen mich", murmelt Frau Schumann. Plötzlich wird ihr die letzte Stunde gegenwärtig, und sie fragt hastig und halb verzweifelt:

„Wo ist denn Robert, Mutter? Kam er schon zurück?"

Frau Bargiel verneint traurig. Dr. Hasenclever, Albert Dietrich, Berta und Fräulein Junge, die auch im Hause geweilt, seien ihn suchen gegangen. Doch werde es lange dauern, baut sie vor. „Wie soll man im Düsseldorfer Karnevalstreiben jemand finden!" seufzt sie.

„Laßt mich hinaus! Ich werde ihn finden", bittet Clara. „Ich finde ihn unter Tausenden, ja unter Millionen."

Aber davon will die Mutter nichts wissen. Sie müsse jetzt ganz still liegen, verordnet sie. Da sucht ihn Clara im Geiste.

Die Bilkerstraße würde sie entlanglaufen, und dann zum Ständehaus hinüber und bis zum Karlsplatz. Jetzt linker Hand zum Rathausufer abschwenken, zum Rhein. Wenn auch alles von Masken erfüllt wäre: sie käme durch. Sie hielte kein Rosenmontagzug auf, kein Prinz Karneval, nicht seine Garden noch die aufgeputzte Prinzessin Venetia. Sie fände einen Weg, liefe rheinab, am Lambertiturm vorbei, bis zur Rheinbrücke. Und dort, dort müßte sie ihn erreichen!

Doch was ist das plötzlich für Stimmengemurmel und Lärm?

Auch Frau Bargiel wird aufmerksam und unruhig; schließlich geht sie hinaus, nachzusehen.

Jetzt hört man die Tür öffnen und fremde Männerstimmen.

„Gott sei Lob und Dank! Er ist da! Er lebt!“ ruft die Mutter. „Wo haben Sie ihn gefunden?“

„Schiffsleute zogen ihn aus dem Rhein“, sagt eine rauhe Fremdstimme. „Bei der Brücke ... Er sprang dort ins Wasser ...“

„Bei der Brücke“, murmelt Frau Clara.

Und dann umfängt sie zum zweitenmal eine wohltätige Ohnmacht.

Eine Woche später steht Clara Schumann stumm und tränenleer in der Wohnung ihrer blinden Freundin Rosalia Leser an einem Fenster und starrt hinaus. Aber sie sieht nicht, was draußen vorgeht. Sie fühlt sich müde, leer, ausgebrannt. Allein ein unbestimmtes Regen lebt in ihr. Ist das ihr Kind? Roberts Kind! Vielleicht das letzte, das sie von ihm empfing. Denn sie hat ihn, seit er das Haus verließ, nicht mehr gesehen. Und jetzt, jetzt bringen sie ihn gar in eine Anstalt.

Ihren Robert; den Vater ihrer Kinder; den Schöpfer unzähliger unsterblich-herrlicher Melodien!

Oh, hätte sie doch nicht den Ärzten und ihrer Mutter gefolgt, zerquält sie sich. So könnte sie wenigstens im letzten Augenblick um ihn sein, wenn er das Haus für lange Zeit verläßt. Ach, für wie lange?

Nun wartet der Wagen sicher schon vor der Tür. Doktor Hasenclever und die Wärter führen ihn die Stiegen hinab und fort von Düsseldorf nach Endenich bei Bonn. Ob sie ihm ihre Blumen mitgeben?

Zwei Tage später hält Clara Schumann eine verwelkte Rose in Händen. Sie entstammt ihrem Blumenstrauß für Robert. Er selbst hat sie Dr. Hasenclever in Bonn gegeben. Ob für sie, das weiß niemand. Aber dennoch gilt sie der unglücklichen Frau als letztes, höchstes Zeichen seiner Liebe, die selbst die Nacht in ihm besiegt.

Nun hast du mir den ersten Schmerz getan

Mit einem unsagbaren Wehgefühl im Herzen betritt Clara Schumann wieder ihre Wohnung in der Bilkerstraße. Wie ein Schreckgespenst steht vor ihr die unbeantwortete Frage: Wie wird es jetzt werden? Sie legt im Flur schweigend Mantel und Hut ab, und während ihre Mutter, die sie von ihrem Verbannungs- und Zufluchtsort bei Fräulein Leser abholte, nach den Kindern sehen geht, zieht es sie mit magischer Gewalt in Roberts Arbeitszimmer.

Sie findet es so, wie der beste, edelste, herrlichste Mann es verließ.

Verließ er es denn überhaupt, fragt sie sich. Lebt er nicht hier weiter, wo jeder Gegenstand seine Erinnerung heraufbeschwört, hier, wo sein Geist in seinen Werken lebendig bleibt?

Und ist sein Fortsein, sein Aufenthalt in Endenich nicht bloß ein böser Traum? Hat er nicht noch vor wenigen Tagen an diesem Schreibtisch die Reinschrift seiner Variationen über das ihm von den Engeln verkündete Thema verfertigt und zum Zeichen, daß er seiner Gattin gedachte, zu Fräulein Leser gesandt?

Sogar ein Papier mit einigen Notizen von seiner Hand liegt noch auf der dunklen Tischplatte. Hastig greift die Frau danach.

Die Buchstaben flimmern vor ihrem Blick. Nur wie durch einen feinen Schleier vermag sie, während ihren Augen ein Strom von Tränen entquillt, die Worte zu lesen:

Liebe Clara!
Ich werfe meinen Trauring in den Rhein, tue Du dasselbe, beide Ringe werden sich alsdann vereinigen.

Da überfällt sie der bittere Schmerz der letzten Tage mit elementarer Wucht, und sie bricht laut aufschluchzend vor Roberts Schreibtisch zusammen. Auf eben jene Platte, auf der er die letzten für sie bestimmten Worte schrieb, preßt sie ihr Haupt und weint, bis ihr die Tränen versiegen.

Als sie sich endlich wieder aufrichtet, fühlt sie plötzlich, daß sie nicht mehr allein im Raum weilt. Wahrscheinlich kam die treusorgende Mutter, um sie zu trösten! Frau Clara wendet sich und verharrt dann einige Herzschläge lang wie erstarrt vor Überraschung. Denn in der halbgeöffneten Tür steht nicht Frau Bargiel, sondern – Johannes Brahms.

Roberts „Johannes", durchfährt es sie, wie sie den sanften, blonden Jünglingskopf gewahrt, der an die schönen, alten deutschen Bilder vergangener Jahrhunderte vom Lieblingsjünger des Herrn gemahnt. Roberts „Johannes"! So nannten sie und ihr Gatte ihn oft in den ungetrübt herrlichen Tagen des vergangenen Herbstes.

Der junge Brahms errötet wie ein Mädchen, als Frau Claras tränenfeuchter Blick auf ihn fällt. Man sieht geradezu, wie er seine Schüchternheit durch einen gewaltigen Ruck überwinden muß, um jetzt das richtige Wort zu sprechen.

„Verzeihen Sie, verehrte Frau, wenn ich es wage, hier unangemeldet einzudringen", beginnt er leise, aber mit einem so treuherzigen, bittenden Augenausdruck, daß man nicht widerstehen kann. „Ich bin von Hannover herübergefahren, weil ... weil ich glaube, Sie könnten jetzt jemand brauchen, der für Sie Musik macht ...“

Roberts „Johannes“!

Frau Clara läßt den Gedanken nicht so schnell los. Während der Meister selbst ferne weilen muß, soll sein liebster Jünger um sie sein! Und dann tritt das gleiche Wort in ihr Bewußtsein, das sie aussprach, als Brahms das erstemal vor ihr spielte:

Einer, der kommt, wie von Gott gesandt!

Sie reicht dem Jüngling die Hand und sagt nach einer Weile langsam:

„Johannes! Ich danke Ihnen.“

Brahms nimmt diese wenigen Worte hin wie eine Kostbarkeit und gelobt sich selbst, in den nächsten Wochen alles ihm nur Mögliche zu tun, um der schwergebeugten, wunderbaren Frau nach Kräften beizustehen.

Wie gut er sich dazu eignet, das merkt Frau Clara schon in der nächsten Stunde.

Auch Albert Dietrich und Fräulein Leser sind erschienen, um ihr den ersten einsamen Abend in ihrem Heim zu erleichtern. Sie sitzt mit der Mutter und den Freunden im Wohnzimmer. Plötzlich, als das Gespräch, bewußt gleichgültige Dinge berührend, auf den in den nächsten Monaten bevorstehenden ersten Schulbesuch Ludwigs kommt, erinnert sie sich ihrer Kinder, an die sie seit ihrer Heimkehr im Übermaß des Trennungsschmerzes nicht gedacht. Hastig erhebt sie sich sogleich und geht ins Kinderzimmer hinüber.

Was aber sieht sie da?

Mitten in der Kinderstube und von ihren Kleinen traulich umringt, steht der junge Johannes Brahms.

„Ihr wollt wissen, wo der Vater ist?" fragt er völlig unbefangen. „Weit fort. Aber er läßt euch alle herzlich grüßen. Paßt auf!" fährt er kindlich-heiter fort, „gleich werdet ihr es selber hören."

Er flüstert Marie und Elise etwas zu und schiebt sie zum Klavier. Da fangen die Mädchen vierhändig ein Kinderlied zu spielen an. Johannes aber formiert mit den Kleineren einen Kreis, stellt die sechs- und fünfjährigen Jungen Ludwig und Ferdinand neben die schon vernünftige Julie, nimmt die bereits allerliebst plaudernde Jüngste Eugenie zwischen sich und Julchen und singt zur Musik der beiden Ältesten, während er sich mit den Kleinen fröhlich im Ringelreihen dreht:

Kommt ein Vogel geflogen,
Setzt sich nieder auf meinen Fuß,
Hat ein Briefchen im Schnabel:
Von dem Vater einen Gruß ...

Schon bei der nächsten Strophe summen die Kleinen mit, und wie sie das Liedchen richtig innehaben, läßt es Johannes sogar dramatisch darstellen. Je zwei Kinder müssen sich auf ihre Stühlchen setzen und die anderen zwei sich als Vögel vor sie hinknien. Zur ersten Liedstrophe vereinigen sich dann alle, den Schluß bringen nur die sitzenden Kinder.

Ganz munter und unbeschwert klingt es aus Kindermund:

Lieber Vogel, fliege weiter,
Bring ein Kuß mit und einen Gruß;
Denn ich kann dich nicht begleiten,
Weil ich hierbleiben muß.

Nun sind die Kleinen bereits fröhlich und aufgeräumt. Der Trennungsschmerz der Älteren und die Frage der Jüngeren nach dem Verbleib des Vaters ist vergessen. Es herrscht allein die Freude am Spiel. Man gewahrt nicht einmal die Mama, die mit feuchten Augen in der Türe steht.

Frau Clara fühlt sich zugleich bewegt und beglückt. Nie wäre sie in ihrem tiefen Weh auf dieses Kinderspiel verfallen, um ihren Kleinen über die Abwesenheit des Vaters hinwegzuhelfen. Johannes ist wirklich ein prächtiger Mensch, muß sie sich gestehen. Klug bei Erwachsenen – jung bei Kindern!

Selbst als sie zwei Stunden später in der Öde und Einsamkeit ihres Schlafzimmers zur Ruhe geht, umgibt sie die Erinnerung an das reizende Erlebnis in der Kinderstube noch wie ein lieber Trost. Und im Gedenken an die unbefangen singenden und tanzenden Kleinen, die an sie auch Ansprüche stellen dürfen, findet sie sogar für einige Stunden erlösenden Schlummer.

Nur einmal schreckt sie daraus empor.

Sie glaubt Robert neben sich, vernimmt deutlich seine Atemzüge, spürt seine Nähe und ist fest überzeugt, im Schlafe ihren Mann sprechen gehört zu haben. Besorgt fragt sie, was ihm fehle, und macht eilig Licht. Doch das Bett neben ihr ist leer.

Da überfällt sie wieder ihr heißer Schmerz.

Daß sie ihn wenigstens einige Stunden vergißt, dafür sorgt schon am nächsten Tag Johannes Brahms. Er begleitet sie zu Fräulein Leser und spielt ihr dort, da sie daheim noch kein Instrument öffnen will, stundenlang vor; eigene Kompositionen, Beethoven, Schubert. Und was er vermutete und fest erhoffte, tritt tatsächlich ein. Die Musik erweist sich selbst für das bittere Leid Clara Schumanns als Linderungsmittel.

Nach einigen Tagen hat sich Frau Clara so weit in der Gewalt, daß sie die Unterrichtsstunden an ihre Schülerinnen wieder aufnehmen und schließlich in ihrem Heim zusammen mit Brahms musizieren kann.

Johannes ist darüber sehr glücklich, denn damit gelang ihm bei Clara Schumann viel. Nun sie wieder fähig wurde, die Werke großer Meister zu hören, ja selbst zu spielen, vermag sie mit Hilfe der Kunst ihren Gram zu besiegen und durch das Schaffen begnadeter Meister sich über den für sie so trüben Alltag zu erheben. Ein Kraftquell, der fast versiegt schien, erschließt sich ihr von neuem.

Bald geht der junge Mann noch weiter.

An einem Abend, da Frau Clara so schön wie nur je einige Beethoven-Sonaten spielte, läßt er danach zum erstenmal seit der Katastrophe Robert Schumanns Melodien erklingen. Noch erpressen sie der unglücklichen Gattin des Meisters heiße Tränen.

Wie groß, wie wunderbar ist Roberts Kunst, sagt sie sich immer wieder. Und er, der Herrliche, der all das schuf, wird ihr entrissen! Wie sprechen seine Weisen zu ihrem Herzen; aber sein Mund bleibt für sie stumm. Noch hat er keinen Brief, kein Wort des Grußes oder des Gedenkens, kein einziges Lebenszeichen aus Endenich gesandt!

Da aber Brahms ihr unermüdlich auch weiterhin Schumanns Musik vorführt, beginnt das Werk sich langsam von seinem Schöpfer abzulösen und zu entfernen. Es wird für Clara Musik an sich, wie jedes andere Kunstwerk, und damit zu einem Allheilmittel. Schließlich begreift sie die zarte Absicht der Handlungsweise von Johannes Brahms, und ihre Dankbarkeit gegen den stillen, blonden Jüngling wächst. Sie fühlt: Er hat ihr Robert Schumanns Kunst jetzt neu geschenkt.

Und sie bedarf der Stärkung, die Roberts Musik ihr bietet; denn die Nachrichten aus Endenich sind nicht erfreulich. Manchmal berichtet der Arzt von einer Besserung, dann wieder von Angstzuständen und Gehöraffektionen. Schumanns Befinden scheint zu schwanken, und aus allen eintreffenden Mitteilungen geht hervor, daß der geliebte Mann noch längere Zeit in der Anstalt wird verbleiben müssen. Das ist für Clara, die daheim Tag um Tag und Woche für Woche seit seinem Fernsein mit der verzweifelt festgehaltenen Hoffnung auf ein baldiges Wiedersehen zählt, eine immer sich erneuernde Enttäuschung.

Sie schmerzt besonders tief an Roberts Geburtstag.

Wie immer hat sie ihm den Schreibtisch, ja sein ganzes Arbeitszimmer mit Blumen geschmückt; wie stets bereits seit Wochen erwogen, mit welchen liebevoll ausgewählten Geschenken sie ihn erfreuen könnte, wenn er an diesem Tage schon daheim sein könnte. Er ist nicht da. Zum erstenmal in ihrer Ehe an seinem Wiegenfest fern von den Seinen!

Noch bitterer überfällt sie drei Tage später dieser Trennungsschmerz, als ihre schwere Stunde naht.

Sieben Kinder hat sie ihrem Robert in den fast dreizehn Jahren ihrer Ehe geboren, eines davon schon begraben; immer aber war ihr Gatte, im Augenblick ihres höchsten Einsatzes als Frau, ihr nahe. Sie wußte: Ein Wunsch, ein Ruf, und er würde bei ihr sein, ihr Kraft und Stärke geben, wenn sie selbst erlahmte.

Alle sieben Male gingen die schweren Stunden gut vorüber. Diesmal aber scheint es doppelt und dreifach schwierig. Sie leidet körperlich furchtbar – der Arzt hegt ernsteste Besorgnisse – und ist diesmal allein. Wohl lebt ihr Robert. Aber weiß er denn überhaupt noch, daß er Weib und Kinder besitzt, und gar, daß sie sein Kind erwartet? Diese brennende Frage blieb bisher offen und bleibt auch in Claras schwerster Stunde dunkel; denn keine Andeutung, kein Brief verrät, ob Robert an die Seinen denkt.

Auch Brahms kann ihr nicht helfen.

Das fühlt der junge Mann, der nunmehr auch im Hause wohnt, am stärksten. Erst will er sich durch Lesen zerstreuen. Doch seine Gedanken schweifen immer hinüber zu der bleichen, heldenhaften Frau, um die gegenwärtig sogar der alte, treue Hausarzt bangt. Dann versucht er, mit den Schumannschen Kindern zu spielen. Doch dazu fehlt es ihm heute an Ruhe und Sammlung. Es will nicht recht gelingen. Über sich selbst ärgerlich, begibt sich Johannes in Frau Claras Studierzimmer. Wenn er schon nicht bei ihr sein darf, so will er wenigstens einigen ihr lieben und vertrauten Gegenständen nahe sein.

Herrgott! Wie dumm gehabt er sich denn, fällt ihm da plötzlich auf. Frau Clara erwartet doch Robert Schumanns Kind! Er tut ja fast, als wäre *er* ihr Mann.

Doch der Gedanke ist noch nicht zu Ende gedacht, so überkommt's ihn wie ein Schauer: Clara und er! Das wäre wie ein Märchen. Und der Verstand fährt unerbittlich hart dazwischen und urteilt: Das wäre Irrsinn, wäre Verbrechen ...

In diesem Augenblick begreift Johannes Brahms am überschnellen Pochen seines Herzens und an dem jähen Wechsel von Lust und Qual, der ihn durchschüttert, daß er Frau Clara, die Hohe, Wunderbare, nicht nur anbetet und verehrt, sondern mit aller Glut und Innigkeit des ersten, heiligen Gefühls liebt.

Da sinkt er schluchzend vor ihrem Flügel nieder und preßt die heiße Stirn auf die kühlen Elfenbeintasten des Instruments. Der aufschrillende Mißklang scheucht ihn sofort empor, und in der grenzenlosen Verwirrung seiner Gedanken weiß er im Augenblick nicht Rat. Er faßt erschreckt den Vielklang auf, versucht ihn irgendwie harmonisch zu lösen und fängt so, ohne es vorher zu wollen, zu spielen an.

Die Leidende im Unterstock vernimmt den fernen Klang. Er führt sie, die eben um den letzten Rest ihrer Besinnung ringt, sanft in das grenzenlose, dunkle Reich.

„Robert ist da ... Er spielt ...", flüstert sie erlöschend und gibt den Kampf ums Leben auf.

Der Arzt gewahrt das mit Entsetzen. Wenn er den Lebenswillen der Mutter jetzt nicht mehr anfeuern kann, muß er alle Mühe verlorengeben, weiß er. Da greift er zum letzten, brutalsten Mittel.

„Ihr Mann ist *nicht* da, Frau Doktor Schumann!" schreit er ihr hart und unerbittlich ins Ohr. „Er kann nicht kommen, wird nicht kommen ... Drum müssen Sie für Ihre Kinder sich erhalten!"

Frau Clara schlägt die Augen auf, angstvoll und weit, verstört.

„Ich ... muß?" fragt sie. Es dünkt mehr Hauch als Wort.

„Es ist Ihre Pflicht", betont Dr. Müller, langsam und überlaut sprechend.

Das wirkt.

Mit einem Male werden die Augen der Leidenden ganz dunkel. Ihr Körper strafft sich zur letzten, heldenhaften Anspannung.

Eine halbe Stunde später legt der Arzt Clara Schumanns jüngstes Kind in die Arme der Hebamme. Einen Sohn.

Als am nächsten Tag Johannes Brahms, der den Weg zum Standesamt für den abwesenden Vater übernahm, ihr die drei Namen des Kindes nennt, die er dort eintragen ließ, wählt sie daraus den Rufnamen „Felix" für ihren dritten Jungen.

„Er soll ‚der Glückliche' heißen und glücklich werden", meint sie mit wehem Lächeln. „Glücklicher als seine Eltern derzeit sind ... !"

Da möchte der junge Johannes am liebsten aufschreien vor Weh. Doch er beherrscht sich. Er hat im Augenblick zu dienen, sagt er sich. Und diesem Grundsatz unterordnet er sein Handeln in den nächsten Wochen. Nur wird er dabei noch stiller als bisher.

Auch Frau Clara wird immer stiller.

In stummer Dankbarkeit drückt sie dem Bürgermeister Hammers die Hand, als er, der sie persönlich aufsucht, ihr ankündigt, daß die Stadt Düsseldorf den Vertrag ihres Gatten unter den jetzigen Umständen noch als bestehend anerkennt und Schumanns Gehalt weiter auszahlen wird. Still verabschiedet sie sich von der Mutter, die die kleine Julie nach Berlin nimmt, weil sie dem zartbesaiteten Kind derzeit nicht die seelische Obsorge zukommen lassen kann, deren es bedarf. Stumm bleibt sie auch bei den unerbetenen Tröstungen naher und ferner, oft geistig ihr recht fernestehender Freunde und Bekannten. Ein einziges Wort beherrscht in diesen Wochen ihr Tun und Handeln. Jenes, mit dem der Arzt sie zum Lebenskampf zurückrief: Pflicht.

Das widerspiegelt auch ihr Tagebuch, der einzige Vertraute dieser Zeit.

„... Ich suche meine Pflichten zu erfüllen, suche mein Unglück zu tragen, aber nicht durch Beten und Lesen heiliger Bücher, sondern durch Tätigkeit und das Wirken für andere. Darin finde ich die Kraft und den Mut noch zu leben überhaupt."

Und eines Tages erscheint es plötzlich, als ob dieser Mut schon jetzt seine Belohnung fände.

Frau Clara hält, vor Freude zitternd, einen Brief des Arztes aus Endenich in Händen, worin der Doktor ihr mitteilt, Robert zweifle an ihrer und der Kinder Existenz, weil sie – auf Wunsch der Ärzte – ihm so lange nicht geschrieben habe. Und Dr. Peters empfiehlt zwei Zeilen tiefer, tatsächlich einen Brief zu wagen.

Es ist an ihrem vierzehnten Hochzeitsgedächtnistag.

Bis zu diesem Augenblick war es der trübste unter fünfzehn gleichen Lebenstagen. Nun aber kommt das Glück zu ihr.

Zwar wird es ihr entsetzlich schwer, Worte zu finden, die augenblicklich und unter den obwaltenden Umständen richtig und angemessen sein mögen. Es kostet viel Tränen. Doch bleibt der Lohn nicht aus. Der nächste Tag, der 15. September 1854, beschert ihr die unnennbare Freude, den ersten Brief von Roberts eigener Hand zu empfangen.

Er erscheint ihr herrlich. Des Gatten milde Herzlichkeit, die treusorgende Liebe für die Seinen, sein edler Geist, ganz ungetrübt und klar, tritt ihr daraus entgegen. Nun ist sie der felsenfesten Überzeugung, daß alles wieder gut werden muß, und kann auch ihre übergroße Sehnsucht nach einem Besuch bei Robert leichter meistern und so den für sie bitterschweren Anordnungen der Ärzte folgen, die ihrem Patienten jede Erregung fernhalten wollen.

Brahms bestärkt sie in der Hoffnung, wenn ihm auch dabei seltsamerweise ein wenig weh ums Herz ist. Der Arzt in Endenich mahnt aber noch zu ruhiger Überlegung und Geduld. Es müßte Schumann noch immerhin einige Monate ungestört in der sorgsamen Anstaltspflege bleiben, rät er.

Da gilt es in der Zwischenzeit für Clara, einige wichtige Beschlüsse zu fassen und auszuführen.

Roberts Krankheit kostet viel Geld. Von seinem Gehalt allein läßt sich nicht leben. Der Haushalt mit sieben Kindern erfordert bei größter Sparsamkeit doch allerlei. Fremde Hilfe, die ihr von einigen Seiten angeboten wird, will sie schon um des Gatten willen nicht annehmen. Nicht einmal von Kammerrat Frege, der sie im Namen Livias persönlich aufsucht und sich ihr zur Verfügung stellt. Am allerwenigsten von Vater Wieck, der sich auch meldet und anbietet. Sie fühlt sich nun wieder körperlich gekräftigt und durch die neue Hoffnung auf Roberts baldige Genesung stärker denn je. Sie will jetzt selber zu verdienen trachten.

Die Möglichkeiten dazu bespricht sie mit Johannes Brahms eingehend und mehrfach. Der Jüngling steht ihr dabei ernst und besonnen, tatkräftig wie ein Bruder, zur Seite. Er ist es, der ihr vorschlägt, selbst bei ihren Kindern zu verbleiben, damit sie auf Konzertreisen gehen kann, was noch die beste Aussicht auf schnellen, höheren Verdienst eröffnet. Frau Clara wird von so viel Aufopferung und treuer Freundschaft tief gerührt.

„Wie soll ich Ihnen dafür danken, lieber Johannes?“ fragt sie bewegt und drückt ihm warm die Hand.

Der junge Brahms errötet wie ein Mädchen, gibt sich, wie immer, sooft er etwas Bedeutungsvolles vorschlägt oder spricht, einen kleinen Ruck, als ob er eine innere Hemmung gewaltsam überwinden müßte, und meint schüchtern:

„Werden Sie mir auch gewiß nicht böse sein, wenn ich auf Ihre Frage mit einer innigen Bitte antworte?“ Clara verneint lächelnd.

„Dann schenken Sie mir, wenn Sie mit mir reden, das freundschaftliche Du.“

Beinahe rauh stößt der junge Mann dieses Anliegen hervor, sieht aber hinterher sein Gegenüber so bittend und ergeben an, daß man es einfach nicht übers Herz bringen könnte, ihn jetzt durch eine Ablehnung zu kränken.

So willfahrt Frau Clara diesem Wunsch.

Sie tut es zudem nicht ungern. Ist doch Johannes ihr in den letzten Wochen lieb und vertraut wie ein jüngerer Bruder geworden, mehr noch als ihre eigenen Brüder, die ferne weilen und durch die unglückseligen Familienverhältnisse im Hause Wieck sich ihr entfremdet haben. Warum soll da ihre wirklich geschwisterliche Verbundenheit mit Brahms nicht auch ein äußeres Zeichen erhalten?

Johannes wird freilich die um vierzehn Jahre ältere, von ihm so hochgeschätzte Frau auch weiterhin mit der Anrede der Achtung ehren. Das hatte er sich fest vorgenommen. Ist es doch herrlich genug, daß Clara Schumann, die wunderbare und – wie sich täglich aufs neue zeigt – heldenhafte Frau, ihm nicht nur ganz vertraut und ihre Kinder in seine Obhut gibt, sondern ihn nunmehr durch jede Rede als gleichsam zur Familie gehörig anerkennt!

Die nähere Umgebung der Schumanns denkt da anders. Sogar Rosalie Leser. Sie kann nicht recht verstehen, daß Clara die Beaufsichtigung ihrer Kinder dem jungen, unerfahrenen Johannes überantwortet. Doch Clara Schumann weiß sie in seiner Hut ganz wohlgeborgen. Gerade daß er jung ist, erscheint als Vorteil. So findet er den Weg zu den Kinderherzen leichter als die erfahrensten Erwachsenen.

Frau Schumann verläßt daher an einem stürmischen Oktoberabend ziemlich beruhigt das Haus, um sich dem Lebenskampf zu stellen, bis Robert wieder gesund und schaffensfähig wird.

Allerdings, wie sie draußen auf der Straße steht, das Licht des Kinderzimmers durch die Gardinen schimmern sieht, die lieben Stimmen ihrer Kleinen noch zu hören vermeint, fällt ihr das Fortgehen doch schwerer, als sie dachte.

So mag es auch Robert vor acht Monaten gegangen sein, kommt ihr voll Bitterkeit in den Sinn.

Auch sie ist jetzt gänzlich allein, wie damals er, und begibt sich nun seit langer Zeit zum erstenmal allein in die Fremde!

Der Sturm heult ebenso wie vor vielen Jahren, da sie, gleichfalls seelisch vereinsamt, in Wien vor Ludwig van Beethovens Grabe stand. Der Regen schlägt ihr ebenso ins Gesicht wie einst. Doch seinerzeit war Frühling, und nun herrscht schon der Herbst. Die Straße decken farbenbunte Blätter, die Luft trägt den Geruch des Welkens und Versterbens ihr entgegen. Sind alle Hoffnungen verwelkt? Oder kommt auch für sie und ihre unzerstörbare Liebe zu Robert noch ein Frühling? Sie will genau so wie vor eineinhalb Jahrzehnten jetzt darum ringen und kämpfen. Vielleicht gelingt es ihr doch wie damals, als Kampfpreis noch einmal die glückliche Vereinigung mit Robert zu erzwingen.

Diese Hoffnung hält Clara Schumann unerschütterlich fest. Wenn sie in den Konzertsälen von Leipzig, Weimar, Frankfurt, Hamburg, Lübeck, Bremen, Berlin und Breslau im Beifallssturm ihrer Verehrer steht, wenn unverständige Menschen sie durch ein brutal zur Schau getragenes Mitleid mit ihrem Lose kränken; immer sieht sie das eine Ziel vor sich: Roberts Genesung.

Sogar am Weihnachtsabend, der ohne den Geliebten traurig, lieblos und leer wird, obwohl Johannes sich alle Mühe gibt, ihr die trüben Gedanken zu verscheuchen und bei der Christbescherung der Kinder mitzuhelfen. Einzig der Brief Schumanns, den sie zum Fest erhält, muß ihr, was sie bitter entbehrt, ersetzen: die Gegenwart des Heißgeliebten. Er gilt ihr als Bürgschaft für Roberts baldige Wiederkunft.

Gleich nach den Feiertagen begibt sich dann Frau Clara auf eine noch größere Konzertreise. Diesmal nach Holland. Die freilich gestaltet sich viel schwerer als die Fahrt im Herbst. Denn hier sieht sich die schmerzgeprüfte Frau geradezu auf Schritt und Tritt von den Erinnerungen an Robert bei der vorjährigen Reise umgeben, und es bedarf all ihres Mutes und aller Energie, nicht im Gedenken an die grausame Wandlung ihres Geschicks zusammenzubrechen.

Von Holland geht es nach Berlin, von dort nach Pommern. Überall begleitet sie die krampfhaft festgehaltene Hoffnung auf Roberts baldige Genesung.

Manchmal freilich beschleichen sie schon leise, quälende Zweifel. Denn Schumanns Briefe werden seit einiger Zeit kürzer und seltener und leben ohne alle Zukunftsträume nur in der Vergangenheit. Ist für ihn die Zukunft nicht mehr vorhanden, fragt sich Clara in trüben, einsamen Stunden bang. Wünscht er nicht? Hofft er nicht mehr? – Kann er vielleicht gar nicht an die Zukunft denken?

Am 5. Mai 1855 erhält die inzwischen heimgekehrte Frau abermals einen solchen Brief, den nur die Schauer der Vergangenheit umwehen. Und seither harrt sie vergebens auf ein neues Lebenszeichen aus Endenich.

Denn Robert schweigt.

Nicht aber sein Werk. Das erhebt sich laut und immer lauter und dringt hinaus in alle Welt. Das 32. Rheinische Musikfest verkündet mehr als sein Vorgänger vor zwei Jahren den Ruhm Robert Schumanns. Eine ausgezeichnete Aufführung von Schumanns „Paradies und Peri" begeistert alle Zuhörer.

Frau Clara sitzt, schwankend zwischen Glück und Leid, in ihrer Loge.

Sie hört die wunderbaren Melodien und weiß nichts von ihrem Robert, der sie schuf, weil man sie nicht zu ihm läßt. Sie sieht beglückt, wie das Publikum dem Werk des Gatten bisher unerhörten Beifall spendet, und denkt schmerzlich bewegt an das viel weniger glanzvolle damalige Fest, das noch unter Roberts Leitung stand. Sie erlebt die höchste, letzte Erfüllung in der Wiedergabe der Peri durch Jenny Lind und erinnert sich wehmütig an die Uraufführung des Oratoriums mit Livia Frege.

Der nächste Tag beschert ihr die erste Meinungsverschiedenheit mit Jenny Lind. Clara empfindet es schmerzlich und daher als wenig taktvoll von der weltberühmten Sängerin, daß diese bei ihrem Besuch in der Bilkerstraße nur von ihren amerikanischen Erfolgen spricht, von der 10.000 Köpfe zählenden Menschenmenge, die sie bei ihrer Ankunft in New York erwartete, von Transparenten mit den Worten „Welcome Jenny Lind!", Triumphpforten, Banketten, Bällen ihr zu Ehren, von dem Millionenvermögen, das sie in den zwei Jahren ihres Aufenthaltes in Nordamerika gesammelt hat. Um endlich davon abzukommen und auch um Jenny für Johannes Brahms zu interessieren, spielt Clara Schumann ihrem Gast einige Klavierkompositionen von Brahms vor. Da aber zeigt sich ein noch größerer Gegensatz zwischen den beiden Künstlerinnen. Die Lind lehnt die Musik von Brahms als herb und viel zuwenig melodiös rundweg ab. Dadurch wird Clara arg verstimmt. Das Urteil der Sängerin kränkt sie beinahe persönlich. Wenn schon so viele andere den hochbegabten jungen Komponisten nicht gelten lassen wollen: Die weltberühmte Diva dürfte nicht kleinlich sein, findet sie ärgerlich.

Jenny Lind meint aber achselzuckend:

„Liebe Madame Schumann! Daß Sie den hübschen jungen Mann wertschätzen – wie ist das doch begreiflich! ... Doch seine Musik läßt sich mit jener Robert Schumanns nicht vergleichen."

So scheiden die Freundinnen mehr höflich als herzlich voneinander. Und in Jenny Linds Bemerkung über Johannes fühlt Frau Clara noch lange einen Stachel.

Sie möchte so gerne etwas für Brahms, der seine ganze Zeit ihr widmet, tun. Schon Robert war doch für ihn eingetreten! Wie könnte sie in ihrer künstlerischen Wertung seiner Werke da irren, wo er, der unfehlbare Kritiker, der große Künstler, *vor* ihr gesprochen hatte? So sehr erhoffte sie, daß Jenny Lind als Sängerin sich für Johannes einsetzen würde. Ein Wort, ein Ton der Lind könnte dem jungen Komponisten gar viele Wege ebnen! Und nun ist das unmöglich. Gerade dieses Scheitern eines lieben Planes verbindet sie seelisch noch näher mit dem jungen Mann. Denn jetzt nimmt sie sich vor, selbst für ihn einzustehen.

Wenige Wochen später gewahrt sie dazu eine Gelegenheit.

Livia Frege verbringt den Sommer in einem kleinen Seebad in der Kieler Bucht und fordert Clara auf, gleichfalls dahin zu kommen. Auch die Verleger-Familie Härtel aus Leipzig weile dort. Das nimmt Frau Clara als einen Schicksalswink und fährt auf einige Zeit nach Düsternbrock.

Ihr Wiedersehen mit Livia Frege ist ein schmerzliches. Sie haben ja beide den Mann, den sie heiß lieben und als Künstler hoch verehren, verloren. Zwar noch nicht ganz; denn Clara hofft noch immer auf irgendeine Besserung. Aber die Zukunft erscheint noch dunkler als bisher, seit Robert nicht mehr schreibt. Auch Livia vermag anfangs Frau Claras Enthusiasmus für die Kompositionen von Brahms nicht recht zu teilen. Sie findet seine neuen „Balladen“ für Klavier zu herb, zu sehr männlich und kämpferisch. Sie muß sich an die ihr fremde, bisher ungewöhnliche vorherrschende Verwendung des tiefen Tonbereiches des Klaviers, an die stark betont akkordische Art Brahms’, die gleich bei der ersten Ballade sinnfällig zutage tritt, erst gewöhnen, muß erst Schumanns überreiche Melodienfülle vergessen, ehe sie an der feinen Motivarbeit des jungen Künstlers Geschmack findet.

Doch Clara Schumann hilft ihr bei ihren ehrlichen Bemühungen, in die Tonwelt von Johannes Brahms einzudringen, treulich. Sie spielt ihr unermüdlich die „Balladen“ vor, bis Livia Frege dieser Musik näherkommt. Schließlich gelingt es den vereinigten Bemühungen von Clara und Livia, den Verleger Härtel für Brahms zu interessieren und ihn zur Herausgabe seiner „Balladen“ zu bestimmen.

Mit dieser Freudenbotschaft kehrt Frau Clara heim nach Düsseldorf.

Die Sorge um den Lebensunterhalt der Ihren zwingt sie in diesem Sommer noch zu einem Aufenthalt in Detmold, wo sie eine Prinzessin unterrichtet, und zu einem Konzert in Bad Ems mit Jenny Lind zusammen. Dieser Abend bringt ihr zwar außerordentlich hohe Einnahmen, beschert ihr aber schweren Kummer; denn ihre Kunst findet, wie seinerzeit in Wien, neben der Lind nicht die richtige Würdigung, und außerdem darf sie auf Jennys Wunsch nichts von Johannes spielen.

Dann heißt es für den Herbst Beschlüsse fassen.

Brahms hat für den Winter drei Engagements als Klaviervirtuose nach Danzig, Hamburg und Bremen.

Frau Clara möchte am liebsten nach Berlin. Sogar eine Übersiedlung dahin mit Robert, wenn er genesen ist, erwägt sie. Um über diesen Zeitpunkt Klarheit zu erhalten, sendet sie Johannes nach Endenich.

Er kommt sehr still, fast dünkt es Frau Clara bedrückt, zurück. Als sie Näheres von Schumann wissen will, antwortet Brahms nur kurz:

„Robert lebt in einem Märchen."

Von Clara zu genaueren Mitteilungen gedrängt, berichtet er dann, daß Schumann während seiner ganzen Anwesenheit mehrmals ein Märchen erzählt und davon gesprochen habe, daß es sich jetzt erfülle; denn nun sei das halbe Leben des Königssohnes für die Erlösung der Prinzessin aus der Gewalt des Zauberers hingegeben.

Johannes deutet diese Rede nicht günstig, und da Frau Claras Augen sich bei seiner Schilderung mit Tränen füllen, so bedauert er, ihr so viel gesagt zu haben. Sie aber weint, weil sie erschreckt den tiefen Sinn der Rede Roberts zu erkennen vermeint.

Rastlos verschwendete er seine ganze Kraft an seine Kunst, um sie, Clara, zu gewinnen, sie zu erhalten, in ihrer eigenen Kunst zu stärken, emporzuführen, zu erleuchten. Das wohl verkürzte ihm das Leben. Er aber nahm es um ihretwillen gern auf sich. Denn daß Roberts Märchen aus ihrer Kinderzeit eine geheimnisvolle Bedeutung für ihrer beider Leben besitzt, davon ist Clara jetzt vollauf überzeugt.

Sie will nun unbedingt selbst nach Endenich, will sehen, ob der liebste Mann tatsächlich sein halbes Leben für sie hingab. Doch das läßt Brahms nicht zu. So schreibt sie an den Arzt um seine Meinung über Schumanns Befinden und die geplante Übersiedlung.

Die Antwort, die sie erhält, ist niederschmetternd.

Der Anstaltsarzt teilt mit, daß sich Roberts Zustand verschlimmert habe, wodurch auf endgültige Genesung keinerlei Hoffnung mehr bestünde.

Frau Clara wird leichenblaß, wie sie das liest.

Mit diesen Worten stürzt für sie die letzte Hoffnung ein.

Schweigend gibt sie den Brief Johannes Brahms und geht rasch aus dem Zimmer. Sie will allein sein, muß allein sein, bleibt einen ganzen Tag für alle Hausgenossen unsichtbar. Was sie in diesen einsamen Stunden seelisch durchleidet, davon erfährt allein ihr Tagebuch.

„Welch ein Gedanke, ihn, den strebsamsten aller Künstler, geistesgeschwächt zu sehen, vielleicht, oder vielmehr ganz wahrscheinlich der schrecklichsten Melancholie anheimgegeben", klagt sie darin. „Soll ich *so* ihn wieder besitzen? Und doch, sollt ich nicht wünschen, nur den Menschen erst wieder zu haben? Ach, ich weiß nichts mehr zu denken, habe ich doch alles tausend- und aber tausendmal durchdacht. Immer bleibt es schrecklich ..."

Johannes empfindet das ebenso wie sie. Wie soll er sie da trösten, wie aufheitern, sie das riesengroße Unglück wenigstens zeitweise vergessen machen? Hier findet auch seine Liebe keinen Weg.

Blaß, übernächtig und verquält tritt er am nächsten Morgen ihr entgegen. Um Claras Augen liegen tiefe Schatten, und um den schmalgepreßten Mund zuckt es mehrmals wie mühsam verhaltenes Weinen. Der Jüngling sieht sie an und findet keine Worte. Sie ist so schön unter der Dornenkrone ihres Schmerzes, so ehrwürdig und ehrfurchtgebietend, daß er sie nicht einmal anzureden wagt.

„Ich werde heute noch anfangen, einige neue Werke zu studieren; denn in fünf Wochen gehe ich auf Reisen“, sagt Frau Clara ruhig.

Da möchte Johannes am liebsten vor ihr niederknien und in schrankenloser Bewunderung vor so viel Seelengröße die beiden Hände küssen. Daß er in diesen Wochen alles nur irgend Mögliche für sie tun und verrichten will, das nimmt er sich in diesem Augenblick fest vor.

Aber es ist doch so wenig, was er tun kann. Abends mit ihr musizieren und plaudern, manchmal ein gutes Buch ihr bringen oder einen vom Spaziergang heimgeholten bunten Herbstzweig, mit den Kindern lernen und spielen. Genügt das?

Daß seine bloße Gegenwart allein schon nützt, das ahnt er nicht.

Er weiß ja nicht, daß Clara Schumann bloß um ihrer Lieben willen für die Zukunft sorgt und handelt, als Mensch aber zur Zeit genau so ausschließlich in der Vergangenheit lebt wie noch im Vorjahr Robert. Die Gegenwart ist kaum erträglich, und die Zukunft steht derart fürchterlich und drohend vor ihr, daß sie sich in die Erinnerung vergangener Zeiten flüchten muß, um nicht ganz zu verzweifeln. In jene Zeit, da das Aufwachsen eines jungen, hoffnungsvollen Genies und die Entfaltung seiner Kunst sie über den auch damals trüben Alltag trug.

Und das erlebt Frau Clara tatsächlich jetzt noch einmal. Sie sieht einen schönen, geistvollen Jüngling um sich – wie einstmals Robert, lernt seine Werke, seine Ansichten kennen und bewundern, wie sie einst Roberts Kunst und Wort bewunderte, und kann sich für die von fast allen noch verkannten Kompositionen des jungen Genies mit ihrer Kunst einsetzen, so wie sie Roberts Werk von Stadt zu Stadt, von Land zu Land getragen. Sie denkt an Robert und handelt für Brahms. Sie spricht mit Brahms und fühlt die Zeiten wiederauferstehen, da sie mit ihrem Vater und Robert die mannigfachen Kunstprobleme erörterte und sich davon begeistern ließ.

Alles das löst die Nähe von Johannes Brahms in Clara Schumann aus. Und darum vermag sie auch die Riesenlast der Sorgen und des Schmerzes, die sie sonst sicherlich zermalmen würde, zu ertragen.

Doch nur, wenn Brahms bei ihr weilt. Von ihm getrennt, drückt sie die Zentnerlast beinahe zu Boden. Darum ist jede Trennung von Johannes für sie voll Schmerz und Bitterkeit. So klagt sie in ihrem Tagebuch vor Anbruch ihrer Reise:

„... Wie wird mir die Trennung von Johannes schwer. Wie mit ganzer Seele hänge ich an dem Freunde! Wie mächtig fühle ich das immer, wenn ich mich von ihm trennen muß."

Aber die Trennung läßt sich nicht vermeiden.

Bis Hannover reist Brahms noch mit. Dann aber gehen die Wege auseinander. Nun müssen Briefe den persönlichen Kontakt ersetzen. Sie begleiten Clara, wie einstmals Roberts Briefe auf den Reisen vor ihrer Eheschließung, eilen ihr sogar voraus, erwarten sie bereits an Orten, in denen sie erst nach ihnen eintrifft, so wie auch Robert es verstand, in jede noch so fremde und unfreundliche Stadt durch einen lieben Brief ein Stückchen Heimat hinzuzaubern.

Und wie ist das doch nötig für die schwergeprüfte Frau!

Sie spielt in jedem ihrer Konzerte Schumanns Musik, all ihr Wünschen, Sehnen, ihre Gedanken weilen bei ihm; und dennoch ahnt und fühlt sie, wie er ihr immer mehr entgleitet. Gar oft berichtet Brahms ihr von dem Geliebten. Er sucht ihn mehrmals in Endendich auf und schreibt darüber an Frau Clara. Was aber weiß er zu erzählen? Wie Robert sich fühlt und was er tut. Kein Wort, kein Gruß verrät, ob er der Gattin noch gedenkt, kein noch so kleines Zeichen zeugt davon, daß er es noch vermag. All ihre Liebe klammert sich an den Fernen, den sie so vor sich sieht, wie er aus seinen Werken ihr entgegentritt; jung, herrlich, edel, als den besten Mann, den besten Gatten. Dabei wird Tag um Tag klarer, daß er ganz unaufhaltsam von ihr fortrückt. Sie möchte ihn aufhalten, ihn den dunklen Armen, die ihn umstricken, entreißen, das schreckliche Verhängnis von ihm entfernen. Ihr Herzblut gäbe sie dafür.

Aber es ist in der kalt-grausamen Wirklichkeit nicht anders als in jenem Traum, der sie nun oft und immer wiederkehrend quält: Sie sieht Robert vor sich, will ihm die Hände drücken, ihm über seine Locken streichen, er aber gleitet wie ein Schemen von ihr fort. Sie dringt in ihn, sie forscht und fragt nach seiner Wiederkehr. Er flüstert nur, kaum hörbar: „Ich weiß nicht ..." Sie hungert nach einem lieben Wort, nach einer kleinen Zärtlichkeit, ach, bloß nach der Andeutung einer Liebkosung. Er lächelt müde und schweigt.

Bei allen diesen Seelenqualen muß Frau Clara in jeder neuen Stadt mit neuen Menschen sprechen, verhandeln, konversieren, die schlecht verhohlene Neugier eines sensationslüsternen Publikums, das sich in den Pausen an der Erzählung ihres Geschickes ergötzt, über sich ergehen lassen und ihre Kunst darbieten, wo sie lieber weinen möchte. Mit ihrem Herzblut verschenkt sie die Töne, die ihr so heiligen Klänge Robert Schumanns an tausend Unwürdige und einige Aufwühlbare und von ihrem Spiel tief Erschütterte. Sie glaubt manchmal, sie könne nicht mehr weiteratmen. Es stockt der Puls, die Sinne drohen zu vergehen. Doch immer reißt sie sich zusammen. Und das seinerzeitige Wort Goethes, mit dem sie sich oft aufrichtet, beweist jetzt seine Wahrheit, wo sie, die eine Frau, mehr Kraft und Seelengröße aufbringt als sechs Männer.

Den einzigen Lichtblick in diesen für Clara Schumann verzweifelt schweren Wochen bieten die Abende, an denen sie Werke von Johannes Brahms spielen darf und dafür hin und wieder neue Verehrer und Schätzer findet. Und jene Stunden, da sie Briefe von Brahms erhält.

Auch sie selbst erlaubt ihm im Briefwechsel jetzt das vertraute Du. Wie um damit die Täuschung mit der Vergangenheit vollständig zu machen und gleichsam dadurch die Briefe Roberts aus ihren Jugendtagen aufs neue zu gewinnen.

So sitzt sie im Dezember am Fenster ihres Logements in Leipzig und starrt in das frühwinterliche Schneetreiben. Die großen Flocken wirbeln toll durcheinander; ein Abbild ihrer eigenen Gedanken. In ihren schönen Augen, die, seit das Unglück sie heimgesucht, immer verschleiert scheinen, liegt Angst und Kümmernis. Die feine, schmale Hand, die über Tasten gleitend dem Instrumente Zaubertöne entlocken kann, umkrampft ein Papier, den Brief, den sie vor einer Stunde von Johannes erhalten hat.

Nichts steht darin von Robert, den ihre Sorge ständig umkreist, seit er ein Leben ohne Hoffnung und Zukunft führt, dagegen heiße, glühende Worte überströmenden Gefühls.

„... Ich möchte, ich könnte Dir so zärtlich schreiben, wie ich Dich liebe, und so viel Liebes und Gutes tun, wie ich Dir's wünsche“, versichert Johannes hingebungsvoll. „Du bist mir so unendlich lieb, daß ich es gar nicht sagen kann. In einem fort möchte ich Dich Liebling und alles Mögliche nennen ...“

Ist das allein Ergebenheit und Zuneigung des besten, treuesten Freundes? Ist das der scheue, schweigsame Jüngling mit dem blonden Engelshaar, der lieber in Tönen als in Worten redet? Nein. Das Blatt verrät es nur zu deutlich. Ein Feuerstrom durchbraust ihn. Er hat bisher allein in seinen Kompositionen sein Herz enthüllt und seine Liebe zu der um vierzehn Jahre älteren Freundin geoffenbart. Jetzt spricht der Brief genügend klar. Zu ihr, zu Robert Schumanns Gattin, um den allein sie sich in Sorge, Gram und Qual verzehrt, zur Mutter von sieben Kindern! Darf sie die Glut, die ihr entgegenschlägt, durch ständiges Beisammensein noch weiter nähren? Kann sie aber andererseits den Freund entbehren, in dessen Hut sie ihre Kinder sicher weiß, während sie sich um des Broterwerbes für die Ihren willen in fremden Städten und Konzertsälen aufhalten muß? Und ist nicht seine Gegenwart auch für sie tröstlich und beruhigend, er nicht gleichsam der Hort, zu dem sie immer wieder mit ihren vielen Kümmernissen und Sorgen flüchtet?

Diese Fragen quälen. Ein Ausweg scheint hier kaum zu finden.

Sich selber unklar und zwiespältig, kehrt Frau Clara nach einem kurzen Aufenthalt in Mecklenburg gegen Weihnachten heim nach Düsseldorf.

Johannes Brahms erwartet sie auf dem Bahnhof. Ein Leuchten liegt in seinen hellen Augen. Voller Begeisterung berichtet er, wie er schon seit Wochen durch die Gassen gestrichen, um Weihnachtseinkäufe zu machen. Wie buntes Spielzeug und Tand für ihre Kinder ihn verzaubert und er gar seine eigenen Zinnsoldaten aus der Kinderzeit von Hamburg mitgenommen, ihre Kleinen damit zu erfreuen.

Da glaubt Frau Clara zu wissen, was sie an Johannes so sehr beglückt. Die Jugend, das Helle, Kraftvolle, das sie selbst niemals gekannt hat. Und vor der Jugend des blonden Hamburgers vergißt die Schmerzenreiche für Augenblicke allen Harm und auch die sorglichen Gedanken von Leipzig.

Am Weihnachtsabend zeigt sich, daß Brahms mit Marie und Elise zur Überraschung der Mutter zwei Klavierstücke einstudierte. Der junge Mann spielt mit Ludwig und Ferdinand voll Eifer „Krieg“ und beschert dem eineinhalbjährigen

Felix ein drolliges Purzelmännchen. Der Weihnachtsbaum trägt Zuckerwerk und Schmuck von seiner Hand, und selbst die Lichter steckt er ganz allein an.

Clara fühlt sich durch seine Bemühungen von Liebe und Sorgfalt umgeben.

Trotzdem fehlt einer, der vor zwei Jahren noch dagewesen und mit seiner stillen Art ein tausendmal glücklicheres Fest verschönte, der noch im Vorjahr wenigstens schreiben konnte. Und jetzt? Weiß er überhaupt vom Weihnachtsfest? Verzehrt ihn Sehnsucht nach den Seinen oder umfängt ihn fürchterliche Gleichgültigkeit? Quält ihn teuflischer Lärm und Höllenspuk, wie zu Beginn seiner Krankheit, oder täuscht ihm Engelsgesang Himmelsgefilde vor?

Alle Gedanken wandern nach Endenich zu Robert, und es bedarf ihrer vollen Selbstbeherrschung, die Tränen bis zur dunklen, barmherzig verschleiernden Nacht zurückzudrängen.

Aber die Tränen fließen noch heißer und häufiger während der Frühlingsreise. In Wien, an das sich so viele teure Erinnerungen um Robert knüpfen, und dann in England.

Zum erstenmal in ihrem Leben kann Clara Schumann im Frühjahr 1856 den Virtuosentraum verwirklichen, der sie bereits als Clara Wieck beim ersten Pariser Aufenthalt im Jahre 1832 erfüllte, und mit ihrer Kunst England erobern.

Das ist viel schwerer, als sie seinerzeit gedacht, und vollends jetzt für sie kaum zu erreichen.

Scheint es schon sonst nicht wenig schwierig, sich in völlig fremde Verhältnisse und in die Eigenart einer bisher nicht näher gekannten Nation einzufühlen: In diesen Tagen, da alle ihre Sorge um Robert kreist, dünkt es fast unmöglich.

Nach einer trostlos-bangen Nachtfahrt von Ostende nach Dover betritt sie, übernächtig, qual- und angstverzehrt, den Boden Großbritanniens. Ein Nebelmorgen läßt ihr diese Insel noch fremder und unfreundlicher erscheinen, bis sich nach dem Passieren der Zollschranken der erste Lichtstrahl zeigt: William Sterndale Bennet, ein Freund aus Robert Schumanns Davidsbündlertagen, erwartet sie; derselbe Bennett, dem sie die Möglichkeit, in England aufzutreten, überhaupt dankt. Freilich nicht mehr der Jüngling, der zu Leipzig mit Mendelssohn und Robert im Komponieren wetteiferte, sondern der würdige Professor der Universität Cambridge und Direktor der Londoner Musikakademie, der weithin bekannte Londoner Dirigent Bennett. Er heißt sie herzlich willkommen, vermeidet mit Takt und Zartgefühl jedwede Anspielung auf die Vergangenheit und Robert, erzählt ihr von den Engagements, die er für sie veranlaßt, berichtet, daß sie in über zwanzig großen Konzerten spielen soll, nennt London, Manchester, Liverpool und Dublin als erste Städte ihres Wirkens, bezeichnet die Orchester, die sie begleiten werden, gibt von den Dirigenten eine knappe Charakteristik; kurz, weiß ihr so viel mitzuteilen und zu sagen, daß sie kaum merkt, wie sie von Dover nach London kommt.

Dort bringt er sie sofort in ihr Logement zu den Schwestern Busby, zwei ziemlich altjüngferlich sich gehabenden Musiklehrerinnen, und bittet sie, sich erst ein wenig auszuruhen.

Am Nachmittag erscheinen dann die ersten Besucher. Doktor Wylde, der Leiter der Konzerte der „New Philharmonic Society“, spricht bei ihr vor. John Ella, der Dirigent der „Musical Union“, kommt mit Bennett, sie zu begrüßen. Und der Konzertunternehmer Grove ist hochbegierig zu erfahren, welche Erfolge Madame Schumann schon auf dem Kontinent errungen hat. – Danach erst findet Frau Clara ein wenig Zeit, die Neuheit der Verhältnisse sich klarzumachen.

Die beiden Mrs. Busby wohnen in einem mit aller Einrichtung in Miete genommenen Haus. Vom prächtigen Broadwood-Flügel bis zum silbernen Teelöffel und dem

Fußabstreifer vor der Tür ist nicht ein Stück in dieser Wohnung ihr Eigentum. Das ganze, überaus schmal gebaute Haus beherbergt eine einzige Wohnung, von der sich nur zwei Räume in jeglichem Geschoß befinden. Im ersten Stock sind die Gesellschaftszimmer, im zweiten hausen die Schwestern Busby, im dritten befinden sich die Gasträume, in denen Clara Schumann jetzt logiert, und auf dem Speicher wohnen die zwei Mädchen, die das Hauswesen versehen. Die Hauptmahlzeit wird erst gegen Abend eingenommen, und beide Damen Busby erscheinen dazu in ihren kostbarsten Staatsgewändern aus starrem schwarzem Taft mit echten Spitzen und uralt anmutenden Familienschmuckstücken. Frau Clara fühlt sich in ihrem grüngestreiften Rüschenkleid ganz deplaziert neben dieser Feierpracht und wird auch zartfühlend und liebevoll belehrt, daß man selbst wochentags zum Diner Grande Toilette zu machen pflege. Das Essen geht trotz aller Herzlichkeit der beiden alten Fräulein ziemlich steif vor sich; denn die Dienstboten sind dabei ständig anwesend, und die offensichtlich vornehme, geräuschlosrebungslose Art, wie sie ganz ohne jeden Wink servieren, bedrückt Frau Schumann geradezu. Dabei lassen die alten Damen diskret durchblicken, daß ihr Haushalt bloß ein durchschnittlich-bürgerlicher sei und als bescheiden zu gelten habe.

Bei all dem denkt Frau Clara ein wenig an das feierliche Gehaben der hanseatischen Familien in Lübeck oder Bremen. Nur scheint in England noch mehr der Geschäftsbetrieb vorherrschend. Auch in der Kunst.

Das merkt sie stärker in den folgenden Tagen. Nicht nur die guten Damen Busby sind eifrig aus, Geld zu verdienen. Noch mehr Sir Bennett und alle anderen Dirigenten. Bennet gibt von sieben Uhr morgens bis gegen Abend unausgesetzt Stunden in Adelskreisen und bei der Hochfinanz. Neue Noten durchsehen, Korrespondenz erledigen, ja sogar komponieren kann er nur während seiner Wagenfahrten von einer Stunde zu der anderen. Die gleiche Hast und Sucht nach möglichst hohem Einkommen beherrscht ebenso alle anderen Künstler. Sogar die weltberühmte Sängerin Pauline Viardot macht da, während sie in England weilt, keine Ausnahme. Allein nur Jenny Lind. Seit sie, die vielfache Millionärin, als Mrs. Goldsmith auf einem wahrhaft fürstlichen Herrensitz in Winds-Point bei London residiert, tritt sie nur noch ganz selten auf. Doch zeigt sie sich sofort bereit, in einer von Bennett zu leitenden Aufführung von „Paradies und Peri“ wieder die Peri zu singen.

Mit vielerlei Besuchen, dem Kennenlernen der ungewöhnlich neuen Verhältnisse und einigen Übungsstunden auf den englischen Klavieren, da man sich mit der sogenannten „englischen Mechanik“ der Broadwood-Flügel erst vertraut machen muß, weil sie eine andere Art des Anschlages erfordert, verfliegt die erste Woche in London wie ein Hauch und naht der Augenblick von Clara Schumanns Debüt in England.

Der Tag erwacht als regnerischer Aprilmorgen, nebelig, feucht und unfreundlich, wie ein Trauertag.

Zunächst freilich sieht es aus, als ob Frau Clara eine angenehme Überraschung bevorstünde. Denn neben ihrem Frühstücksgedeck liegt auf einem silbernen Tablett ein Brief, an dem sie gleich die Schriftzüge von Johannes Brahms erkennt. Ihr Herz schlägt schneller bei diesem Anblick. Es ist nicht nur, daß ihr Johannes schreibt; der Brief muß zudem eine bang erwartete Mitteilung über Roberts Zustand bringen, vor allem Klarheit darüber, ob die Übersiedlung des Kranken in eine andere Anstalt nicht doch Aussicht auf Heilung bietet. Am liebsten möchte Clara Schumann das Schreiben vor den Damen Busby noch vor dem *breakfast* öffnen. Doch das ist völlig untunlich. Sie muß mit heißem Herzen warten, bis alle die Platten mit *porridge, bacon and eggs*, Schinken- und Fischgerichten abserviert werden, zu deren Auswahl schon zum Frühstück sie sich immer noch nicht recht verstehen kann und am liebsten bloß mit Röstbrot-Butterschnitten und Kaffee vorliebnehmen möchte. Erst dann darf sie nach ihrem Brief greifen. Aber schon ein Überfliegen der ersten Seite genügt, um trotz aller Behutsamkeit der Darstellung von Brahms den wahren Inhalt erahnen zu lassen.

„Ist Ihnen nicht gut, Madame Schumann?" fragt die jüngere der Schwestern Busby plötzlich besorgt. Die Stimme kommt zu Frau Clara aus weiter Ferne. Dann wird es schwarz vor ihren Augen.

Sie findet sich erst wieder in ihrem Zimmer, in einem Lehnstuhl sitzend, die beiden alten Damen mit Riechessenzen aufgeregt um sie beschäftigt.

„Es ist schon wieder vorbei", flüstert sie mit unerhörter Anstrengung, als sie die Aufregung ihrer Hauswirtinnen gewahrt, und schließlich, langsam begreifend, daß sie in ihrer Muttersprache nicht verstanden wird, stammelt sie einige englische Entschuldigungen über ihr unvorhergesehenes Unwohlsein und bittet, allein gelassen zu werden.

Dann liest sie Wort für Wort den Brief, der ihr dartut, daß es für Robert Schumann wirklich keine Rettung mehr geben kann und daß ein Übersiedeln in eine andere Anstalt bereits ausgeschlossen ist. Was dieser wahrhaft niederschmetternde Bericht an ihrem ersten Konzerttag in England für sie bedeutet, vertraut sie später ihrem Tagebuch an:

„Solch ein Brief, und heute abend mußte ich zum erstenmal öffentlich spielen! Ich konnte keinen Ton den ganzen Tag spielen, laut weinen mußte ich von früh bis Abend und so nun, abgemattet, betrübt, fuhr ich ins Konzert. Der Himmel war gnädig, es ging alles sehr gut, ich reüssierte vollkommen. Aber, das wußte ich, dieser Tag und noch viele tränenreiche, die folgten, kosten mich einen Großteil meiner Gesundheit ... Meine Tage waren ausgefüllt mit Tränen, und abends im Bett überfällt mich gewöhnlich ein solcher Weinkrampf, daß ich vergehen zu müssen meine ...“

All dieser bittere Seelenschmerz der Frau erhöht aber nur den Erfolg der Künstlerin.

Das Schicksal der Madame Schumann, das bald in aller Munde ist, gilt als „pityful“. Die Neugier, sie zu sehen, verleitet viele, sie zu hören, die sonst sich kaum für eine Pianistin aus Deutschland interessiert hätten.

Sie spielt allein in London mit vorzüglichem Erfolg in Doktor Wyldes Konzert der „New Philharmonic Society“ Roberts Klavierkonzert in a-Moll, wirkt mit John Ella in der „Musical Union“, musiziert vor Königin Viktoria, gibt eine Soirée musicale zu ihrem Vorteil, in der nur Schumannsche Werke gespielt werden, singt bei der Aufführung von „Paradies und Peri“ unter Bennets Leitung im Chor mit, wiewohl man das merkwürdig findet, und erlebt dabei die Auszeichnung des Konzertbesuches durch die Königin; von den Erfolgen in zahlreichen anderen Städten Englands und Irlands ganz zu schweigen. Am 2. Juli spielt sie zum Abschied noch einmal in London in „The Queen’s Concert Room“, Hannover Square, bei einer Veranstaltung, die fünf Stunden dauert und 24 Nummern nur von Robert Schumann umfaßt. Sogar in der Pause gibt es Schumannsche Musik. Irgend jemand, an den sie sich später nicht mehr besinnen kann, führt auf der Orgel den vierhändig gesetzten Geburtstagsmarsch von Robert und den As-Dur-Canon aus den „Studien“ vor. Frau Clara schwankt dabei zwischen Ärger und Rührung.

Am 3. Juli scheidet sie dann, mit vielen Tränen von den gütigen Damen Busby, von William Bennett und zahlreichen neugewonnenen Freunden.

„Es ist sonderbar, daß einem gerade Räume, wo man viel Kummer erleidet, viel Tränen vergossen, so lieb werden können!" vertraut sie über diesen Abschied ihrem Tagebuch an. „Übrigens liebe ich den englischen Charakter sehr. Der Engländer ist erst sehr kalt, schwer zugänglich ... Aber einmal warm, ist er für immer zu jeder Freundschaft fähig. Ich habe einige Menschen recht liebgewonnen", zieht sie das persönliche Resümee aus ihrem Aufenthalt.

Tags darauf betritt sie, müde und abgespannt wie nur je, nach den so schmerzensreichen Wochen und den Strapazen von 26 Konzerten innerhalb dreier Monate in Antwerpen den Boden des Festlandes.

Hier harrt ihrer eine große, freudige Überraschung. Johannes Brahms erwartet sie.

Das ist ein Sonnenstrahl für Claras armes Herz. Er dünkt ein Stück Heimat für die einsame Frau. Ja mehr noch. Ein Stück Leben, frisches, jung pulsierendes Leben. Sie kann den treuen Freund gar nicht lange genug anschauen. Die freudestrahlenden Blauaugen, das langsträhnige, ungebärdige Blondhaar, das jungenhaft-eckige Wesen, das sich zu seltsam mit männlichem Ernst paart, die reizende Verlegenheit, die erst durch den energischen Ruck der ganzen Gestalt überwunden wird, wenn er zu reden anhebt: all das entzückt sie aufs neue.

Auch Johannes kann seine große, nunmehr weltberühmte Freundin nicht genug bewundern.

Dann tut sie die von ihm heiß gefürchtete Frage: „Wie geht es Robert?"

Und da darf er ihr ernsteste Besorgnisse nicht länger verhehlen.

„Er liegt fast immer zu Bett, da er geschwollene Füße hat und in letzter Zeit sehr von Kräften gekommen ist", berichtet der junge Mann bedrückt.

Nun gibt es für Frau Clara nicht Ruhe noch Halt. Obwohl sie einer Erholung dringend bedürftig wäre, drängt sie nach Düsseldorf heim, wo nur die beiden Jüngsten, Eugenie und Felix, die Mutter erwarten; denn Marie und Elise sind seit kurzem in Leipzig in Pension, und Julie weilt noch bei der Großmutter in Berlin.

Von Düsseldorf treibt es die besorgte Frau gegen jedes ärztliche Verbot nach Endenich. Doch läßt man sie dort nicht zu Robert. Sie bittet den Leiter der Anstalt mit aufgehobenen Händen nur um einen Augenblick des Wiedersehens. Der aber schlägt es ab.

„Das würde den Patienten zu sehr aufregen", meint er. „Gönnen Sie ihm doch die wenigen Wochen oder Monate, die ihm noch beschieden sind, die schwer genug erkämpfte Ruhe..."

„Nur Monate? ... Wochen? ..."

Frau Clara starrt den Arzt mit vor Entsetzen weit aufgerissenen Augen an.

„Ist es denn schon so schlimm?"

Der Doktor nickt. Da redet sie kein Wort des Widerspruches mehr. Und geht.

Johannes Brahms bemüht sich verzweifelt, sie auf der Heimfahrt etwas zu zerstreuen. Sie schüttelt traurig den Kopf.

„Ich kann heute nicht fröhlich sein", sagt sie leise. „Wer weiß, wie Robert leiden muß!"

Sogar am nächsten Tag findet sie Johannes noch oft in tiefem Sinnen und vernimmt erschüttert, wie sie, gleichsam bloß für sich selbst, vor sich hinspricht:

„Nur Wochen mehr ..."

Es sind aber nicht einmal mehr Wochen. Neun Tage nach dem Besuch in Endenich hält Frau Clara eine Depesche in Händen, die hart und kalt vermeldet: „Wollen Sie Ihren

Mann noch lebend sehen, dann eilen Sie unverzüglich hieher."

Da geht sie, wie sie glaubt, den letzten Weg. Doch darf sie den Geliebten wiederum nicht sehen; denn sein Befinden hat sich gegen alles Erwarten noch einmal gebessert.

Aber Clara fühlt, auch ohne daß sie zu ihm kommen kann, daß es dem Ende zugeht. Sie fährt zwar heim, kehrt jedoch, kaum in Düsseldorf, schon wieder um und strebt aufs neue gegen Bonn; nach Endenich.

Nun läßt man sie zu Robert.

Erst muß sie noch bei seiner Pflegerin verweilen, weil er angeblich schläft. Die zeigt ihr ein Notenbuch, in dem der Kranke in den letzten Wochen manchmal blätterte. Clara erkennt es sofort, und ihr Herz schlägt schneller. Es sind Lieder ihrer Brautzeit, die „Myrten".

So hat er doch an sie gedacht! Diese Entdeckung erfüllt sie mit wunderbarer Freude. Hinterher bedrückt es sie dann fürchterlich, daß sie in all den zweieinhalb Jahren sich durch Ärzte und Freunde fernhalten ließ. Wer weiß, ob ihre Nähe nicht besser, vielleicht gar heilend für Robert gewesen wäre?

Sie sieht die Lieder langsam durch. Jede Zeile davon war ihr immer lieb und teuer. Doch Note für Note wird nun zum Klagezeichen. Sie hätte früher kommen, sie hätte immer bei ihm bleiben sollen, verraten Buchstaben und Notenbilder dräuend.

Plötzlich hält die Pflegerin eine Seite fest und hindert Clara Schumann am Umblättern.

„Das schien Herr Dr. Schumann in der letzten Zeit besonders zu lieben", sagte sie.

Frau Clara liest den Text mit verschwimmenden Augen:

„Nun hast du mir den ersten Schmerz getan. Der aber traf. So schläfst du nun, du allerliebster Mann, den Todesschlaf", und durch die Tränenschleier sieht sie die Notenköpfe einen krausen Reigen tanzen und hört von irgendwo fernher die Melodie zum Lied der Witwe.

Ehe sie aus ihrer furchtbaren Erschütterung darob zurückfindet, bringt man sie in ein anderes Zimmer. Dort liegt in einem Bett beim Fenster ein Mensch.

Ihr Robert!

Hinstürzen will sie und kann nicht von der Stelle. Den lieben Namen aussprechen, schreien, jubeln, und ihre Kehle ist wie zugeschnürt. Nur langsam, unendlich langsam schiebt sie sich Schritt für Schritt näher heran.

Da trifft sie sein Blick. Der gütige, der edle, der Blick, den sie am meisten in der Welt geliebt!

„Meine ...", spricht Robert sanft, und dieser Blick setzt ihren Namen hinzu: „Clara!"

Hernach versucht sein Arm sie zu umschlingen.

„Ich ... kenne ... dich", flüstert der Sterbende so leise, daß selbst das letzte Wort verweht.

Frau Clara sinkt vor dem Lager in die Knie, faßt Roberts Hände, küßt sie wieder und wieder und taucht den Blick selig in seinen.

Und dann ist alles um sie ausgelöscht.

Zurück bleibt nur die Liebe, die überglückliche Gemeinschaft zweier treuer Herzen. Die Zeit verfliegt, der Raum versinkt. Allein Erinnerung verharrt.

Sie sprechen nicht mehr miteinander. Das haben sie nicht not. Denn Clara ist der felsenfesten Überzeugung, genau zu wissen, was ihr Robert denkt. Und der liest die Gedanken der Frau aus ihren Augen. Wenn Millionen Menschen und alle Ärzte der Welt behaupten, der Mann vor ihr sei nicht mehr im Vollbesitz der Geisteskräfte: sie weiß es anders. Sie fühlt die Strahlung, das Hin- und Widerfluten der Gedanken, die ganze altvertraute, geheimnisvolle Verbundenheit der Seelen, die sie schon beide in der Jugendzeit vereinte. Auch wenn die

Körper nicht Laute, Worte formen – ihre Gedanken, die Doppelgänger ihres Seins, sind eins.

Gemeinsam wandern sie an alte, liebvertraute Stätten. Nach Düsseldorf zu ihren Kindern, durch die holländischen Städte der letzten gemeinsamen Fahrt, nach Dresden in den stillen Winkel, zum Burzelgraben vor den Toren Leipzigs, durch alle die geheimnisvollen Durchgangshöfe ihrer Liebe zwischen Reichsstraße und Markt in Leipzig, in Reichels Garten, zu „Schimmels Teich", zum „Brand-Vorwerk", ins Rosental. Sie feiern die bitteren Abschiede, die frohen Wiedersehen, die Freudentage ihrer Kinder, den ersten Schrei der kleinen Erdenbürger, die glücklichen Stunden seliger Zweisamkeit, die Hochzeitsnacht und schließlich die allerfernste, erste Begegnung in der Kinder- und Jugendzeit.

Und dann begreift Frau Clara plötzlich, daß sie einander schon noch viel länger kennen, daß irgendeinmal in einer unbekannten Zeit sie schon zusammen und verbunden waren, als Dante und Beatrice, Tristan und Isolde, als Abälard und Heloise. Ewig sind sie, so wie die Liebe zwischen Mann und Weib urewig ist. Sie trennt auch nicht das fürchterliche, grauenvolle Gespenst der Krankheit, das sich zeitweise zwischen sie gedrängt. Sie trennt auch nicht der Tod.

Solange Menschenherzen schlagen und Liebe zueinander fühlen, solange leben Robert und Clara Schumann in jedem neuen Menschenpaare fort.

Denn beide sind sie die Liebe selbst.

III.

DIE MUTTER

Sorgen um Ludwig

Bald nach Robert Schumanns Tod entschließt sich Frau Clara auf Anraten ihrer Freunde, mit den beiden älteren Jungen Ludwig und Ferdinand, mit Johannes Brahms und seiner Schwester Elise zu einem durch die aufregenden Ereignisse der letzten Wochen für sie dringend nötig gewordenen Erholungsaufenthalt in die Schweiz zu gehen.

Elise Brahms, die bereits seit einiger Zeit in Düsseldorf weilt, hilft ihr beim Packen. Inzwischen sichtet und ordnet Johannes Papiere und Noten aus Roberts Nachlaß auf Claras Schreibtisch.

Bei dieser Arbeit gleitet sein Blick über ein aufgeschlagenes Buch und haftet unwillkürlich und arglos auf einigen Zeilen von Claras Handschrift darin. Da schießt ihm jäh das Blut zum Herzen; denn er erkennt plötzlich: vor ihm liegt das Tagebuch der hochverehrten und geliebten Frau!

Sie wendet sich auf dieser Seite an ihre Kinder und schildert das übergroße Leid der jüngstvergangenen Jahre. Eine Zeile des erschütternden Berichtes, jene, die er zuerst erfaßte, hält den jungen Mann wie mit Zaubergewalt fest und zwingt ihn zum Weiterlesen, denn sie verkündet:

„... Da kam Johannes Brahms."

Ihr folgen die Worte: „Er kam, um als treuer Freund alles Leid mit mir zu tragen, er kräftigte das Herz, das zu brechen drohte, er erhob meinen Geist, erheiterte, wo er nur konnte, mein Gemüt, kurz, er war mein Freund im vollsten Sinn des Wortes. Er und Joachim waren die einzigen, welche euer teurer Vater während der Krankheit sah und immer mit sichtbarer Freude empfing, solange sein Geist noch lichter war. Und er kannte Johannes nicht, wie ich ihn kenne, durch Jahre hindurch! – Wohl kann ich euch sagen, meine Kinder, daß ich nie einen Freund so liebte wie ihn – es ist das schönste Einverständnis unserer Seelen, nicht liebe ich an ihm die Jugend, nicht ist es vielleicht geschmeichelte Eitelkeit, nein, seine Geistesfrische, seine herrlich begabte Natur, sein edles Herz ist es, das ich liebe, aber eben durch die Jahre hindurch kennenlernte, wie andere es ja nicht können. Vergeßt dies, liebe Kinder, nie, und bewahrt dem Freund, der es gewiß auch euch immer sein wird, ein dankbares Herz ..."

Johannes Brahms, der Zartbesaitete, Feinfühlige, liest das alles in einer seltsamen Erregung und Spannung. Dabei kommt ihm gar nicht zum Bewußtsein, daß diese Worte ja nicht für ihn bestimmt sind, daß er der Freundin ohne ihr Wissen, vielleicht auch gegen ihren Willen, ins Herz schaut, wenn er die Blätter wendet und weiterforscht. Er nimmt alles begierig auf; Seite um Seite, Satz für Satz. Nimmt es in seinem Sinne auf, deutet es so, wie *er* es gedeutet wissen will. Freude erfüllt ihn – ungeahntes, unnennbares Glück. So blieb sein stilles Werben nicht vergebens!

Weiter und weiter verfolgt er Claras Darlegungen, liest sie mit immer größerer Hast bis zu den Stellen, die Robert Schumanns Ende schildern. Die überschlägt er. Nur die beiden letzten Sätze der Tagebucheintragungen fesseln ihn wieder. Sie muß er nochmals und abermals lesen, sie muß er sich einprägen, sie muß er festhalten.

„So war denn mit seinem Hingang all mein Glück dahin", verkündet der eine schmerzgebeugt, aber „... ein neues Leben begann jetzt für mich!" verheißt der andere hoffnungsvoll.

„Ein neues Leben!" jubelt Johannes auf. „Clara will nun ein neues Leben anfangen!"

Damit versinkt für ihn der Alp der letzten Zeit, da er sich oftmals vor sich selbst an seinem großen Freunde Robert Schumann treulos schalt, da in unseligem Zwiespalt ihn Liebe zur herrlichen Frau und Künstlerin und Pflichtgefühl für den todkranken Freund zermürbten. Sie selber, die Wunderbare, Holde, hofft nun auf ein neues Leben! Was das bedeutet, kann man sich nicht oft genug vergegenwärtigen und nicht schön genug ausmalen. Denn Clara ist jetzt frei! ...

Schon in den nächsten Tagen ziehen sie miteinander aus, in die Vergessenheit zu tauchen.

Die Rheingegend, die Pfalz, das Schwabenland werden durchmessen. Je weiter man von Düsseldorf nach Süden kommt, je heller und klarer wird es, dünkt Johannes Brahms. Der Druck der Trauer weicht Schritt für Schritt. Schon kann Frau Clara wieder lachen. Die dunklen Ränder um ihre seelenvollen Augen verblassen. Die alabasterfarbene Haut verschönt ein zarter Rosenhauch.

Am Vierwaldstättersee, wo man sich in dem lieblichen Gersau einmietet, ist Clara schon so weit, daß sie tagelang heiter und unbefangen erscheinen kann. Und Brahms glaubt fest, sie müsse es auch sein.

An einem wunderbaren Frühherbsttag fährt er mit ihr und den beiden Jungen in einem Wagen von Gersau nach Sisikon hinüber, um von dort mit den Kindern eine Wanderung längs der berühmten Axenstraße nach Flüelen zu unternehmen. Die Knaben springen munter voran und Johannes folgt ihnen mit Clara glückselig nach.

Unter den Felsgalerien der Straße und an jedem der vielen bezaubernden Aussichtspunkte halten sie an und bewundern die Majestät des Urirotstocks, die wechselnden Ausblikke auf den düsteren Urnersee, den hinter der Reußmündung weiß herübergrüßenden Bristen und die lieblich ans Seeufer geschmiegten Häuser von Flüelen.

Johannes lehnt mit Clara an dem Steingeländer der Felsenstraße und tastet sachte nach der Hand der Frau. Sie läßt ihn ruhig gewähren. So stehen sie schließlich Hand in Hand – die Frau aus der Leipziger Ebene und der Jüngling von der

Waterkant – und begeistern sich an der Wunderwelt der himmelanragenden Schweizer Berge.

Den jungen Mann berauscht auch das Glück des Augenblicks.

Clara, die Vielbewunderte, die hohe, herrliche Frau, steht an seiner Seite! Er hält ihre Hand, drückt sie erst scheu, dann immer fester, bis er den Blutstrom zu spüren vermeint, der ihre Adern – wie er glaubt – schneller durchpulst. Nun fühlt er gar, schwindelnd vor Seligkeit, wie Claras Händedruck sich verstärkt, so sehr, daß ihn die Hand fast schmerzt. Da sucht er den Blick der Heißgeliebten.

Der aber wendet sich nach vorne, der nahen Krümmung der Axenstraße zu, und dünkt zu Tod erschrocken. Sogar die rosigen Wangen Claras werden plötzlich leichenblaß.

Johannes folgt erstaunt der Blickrichtung der Frau. Doch nun erfaßt auch ihn der gleiche Schreck.

In der nächsten Straßenbiegung balanciert auf der Steineinfassung der Axenstraße, gerade an einer Stelle, die senkrecht gegen denn See abstürzt, in aller Seelenruhe – der achtjährige Ludwig.

Der Mutter stockt bei diesem Anblick der Herzschlag. Sie weiß nicht, soll sie rufen oder schweigen. Und Brahms ist ebenso ratlos wie Frau Schumann.

Jetzt dreht sich Ludwig gar im Gehen um und ruft dem jüngeren Ferdinand zu:

„Versuch's doch auch, wenn du dich traust!"

Daraufhin klettert der zweite Knabe ebenfalls auf das Steingeländer und tänzelt seinem Bruder nach.

Frau Clara steht erstarrt und fürchtet mit jedem Atemzug, eines ihrer Kinder vor ihren Augen in den See stürzen sehen zu müssen. Da erreicht Ludwig glücklich das nächste Felsentor und springt auf die Straße zurück. Ein wenig später folgt ihm Ferdinand. Nun ruft Johannes die Knaben an. Der Mutter fehlt noch jeder Laut. Die Kinder wenden sich um, können aber Brahms' Worte nicht verstehen und glauben offenbar, er habe sie zur Wiederholung ihres Kunststücks aufgefordert, denn sie klettern sofort wieder beide auf das Geländer und kommen jetzt Frau Clara und Johannes entgegen.

Diese Minuten sind für die Erwachsenen fürchterlich.

Bei jedem Schritt bangt Claras Mutterherz, daß sie ausgleiten könnten, und fürchtet sich zugleich, die Kinder mit einer Warnung unsicher zu machen. Es ist entsetzlich! Da. Endlich sind sie nahe, und ehe Johannes ihnen noch helfen kann, springen sie vor ihrer Mutter auf die Straße herab.

„Schön war's, nicht wahr, Mama?" fragt Ludwig mit seinem treuherzigen Augenaufschlag. Und der wildere Ferdinand setzt stürmisch hinzu:

„Ich bin nicht bloß gegangen, sondern oft auf einem Bein gehüpft!"

„Und wenn ihr in den See gestürzt wäret?" Die Mutter stößt es hastig und vorwurfsvoll hervor.

„Dann hätte uns Johannes bestimmt gerettet", erklärt Ludwig mit unerschütterlichem Vertrauen.

Darauf läßt sich schwer entgegnen, wenn man den Kindern die Überzeugung vom Opfermut des Freundes nicht rauben will.

Doch der schöne Ausflug ist Frau Clara nun vergällt. Erst während der Rückfahrt faßt sie sich wieder.

Der Augenblick der inneren Herzlichkeit, die Brahms so sehr beglückte, kehrt aber an diesem Tage nicht mehr zurück.

Ein anderer Ausflug – quer über den See nach dem Rütli – bringt Clara Schumann ähnliche Sorgen und Ärgernisse. Dort sind, obwohl die Mutter nunmehr besonders sorgfältig auf ihre Knaben achtet, plötzlich beide Jungen verschwunden. Eben standen sie noch an ihrer Seite, während man das schöne Landschaftsbild in dem Zusammenklang von Bergen, See und Wolkenstimmung mit der frischüberschneiten weißen Doppelpyramide der Mythen im Hintergrund bewunderte. Jetzt scheinen sie wie vom Wind verweht. Man ruft zurück, schreit, sucht, glaubt da und dort zwischen Baumgruppen huschende Schatten zu entdecken und sieht sich schließlich als Opfer eines spitzbübischen Schelmenstreiches, da sich Ludwig und Ferdinand hinter einem dicken Baume in allernächster Nähe verbargen und nun vergnügt und lachend hervorkommen und die mütterlichen Scheltworte anscheinend nicht im geringsten ernst nehmen.

Was soll man denn da tun? Es ist so häßlich und nicht minder schwer, ständig zu schelten. Noch schwerer, unbillige Wünsche abzuschlagen, wenn sie durch Ludwigs Mund ihr vorgetragen werden. Denn Ludwigs Augen erinnern an Robert, und das entwaffnet sie. Ihm, dem Verewigten, hätte sie niemals einen Wunsch versagen können.

Mit mütterlicher Schwäche und Nachgiebigkeit erzieht man aber Knaben nicht zu Männern, sagt sie sich immer wieder und hält während des Schweizer Aufenthaltes fast täglich mit Johannes über die nächste Zukunft ihrer zwei ältesten Jungen Rat. Nach vielem Für und Wider entschließt sie sich, die beiden vom Herbst ab außer Haus in männliche Obhut und Erziehung zu geben.

Wie es mit den übrigen Kindern werden soll, ist gleichfalls eine schwere Frage.

Vor Clara Schumann steht die Wahl: entweder bei ihren Kleinen zu bleiben und ihnen durch Stundengeben im eigenen Heim ständig ihre Liebe und Fürsorge, jedoch nur einen kargen Lebensunterhalt zu bieten oder hinauszuziehen von Konzert zu Konzert und so viel zu verdienen, daß sie ihnen eine solche Erziehung und Zukunft zu gewährleisten vermag, wie Robert selbst sie allen seinen Kindern ermöglicht hätte, wenn ihm noch zwei Jahrzehnte Schaffenskraft vergönnt gewesen wären.

Die Mutter möchte bei den Kindern bleiben, bei ihnen, die durch Roberts Tod so viel verloren. Die Künstlerin strebt in die Ferne. Sie fühlt, daß sie auch anderen Menschen noch etwas geben kann und soll und ahnt, daß sich für sie durch Schumanns frühen Tod ein Tor auftut, das bisher bloß hin und wieder ein wenig offenstand. Darf sie das aber hier in Betracht ziehen? Lange schwankt sie unentschieden, bis sie den einzig richtigen Weg findet.

Da sie ihren sieben Kindern nunmehr Vater und Mutter zugleich sein muß, hat sie an Roberts Stelle auch seinen Ruhm und Namen zu bewahren und zu erhöhen. Selbst um der Kinder willen verlangt das Lebenswerk von Robert Schumann ihren Dienst. Sie darf die Kompositionen des Meisters nicht ungenutzt vergessen lassen. Aus ihnen sollen ja den Kindern, wenn sie selbst einmal nicht mehr für sie sorgen und schaffen kann, Mittel und Hilfsquellen zuströmen.

So nimmt nach vielen Überlegungen Frau Clara Schumann die dreifach schwierige Aufgabe der Mutter, Familienerhalterin und Künstlerin auf sich und geht wieder auf Reisen.

Diesmal fällt es ihr noch schwerer als je in ihrem Leben. Denn jetzt steht sie wirklich allein.

Als sie vor siebzehn Jahren ihr Vater im fremden Land zum erstenmal allein ließ, da hielt die Hoffnung auf die Vereinigung mit Robert sie aufrecht. Wie vor zwei Jahren die Notwendigkeit zu verdienen an sie herantrat, zog sie mit der festen Überzeugung aus, Roberts Genesung erwarten zu können. Nun aber bleibt ihr keine Hoffnung. Nur die Pflicht.

Allein ihr Pflichtgefühl ist es, das sie gegen die vielen großen und kleinen Widerwärtigkeiten und Schwierigkeiten des Künstlerberufes stärkt und stählt; wenn sie in eine fremde

Stadt kommt und nun erst einflußreiche Persönlichkeiten aufsuchen und einladen, den Saal, das Instrument besichtigen und erproben, mit Kritikern und Zeitungsleuten sprechen, sich auf den Abend vorbereiten, ihre Garderobe in Ordnung bringen muß; wenn sie, nachdem sie zwei Stunden hindurch vor einem oft unbereiten Publikum gespielt, die Türen ihres Herzens weit geöffnet, ihr eigenes Sein und Künstlertum bis zum letzten aufgeboten hat, um eine unbekannte Menge für Kunstwerke empfänglich zu machen und zu begeistern, nachher, todmüde und seelisch verausgabt, noch stundenlang an jedem neuen Ort mit neuen Menschen konversieren muß; wenn sie, in einer Stadt kaum eingewöhnt, schon wieder weiter soll, in unbequemen Eisenbahnzügen und Schiffen, bei Herbstregen, eisiger Winterkälte oder Frühlingssturm, mit ihrem Gepäck allein, oftmals nicht ortskundig oder von niemand abgeholt ankommend; wenn sie über jedes Konzert selbst Abrechnung pflegen und ängstlich auf den finanziellen Erfolg bedacht sein muß.

So gerne sie stets reiste und sich im Lauf der Jahre Geschicklichkeit und Erfahrungen in vielen Lebenslagen aneignete; es ist ja doch unsagbar schwer, wenn man als Frau so ganz allein und ohne Hilfe in der Fremde weilt!

Wie fehlt ihr da auf ihrem Weg vom Niederrhein nach Karlsruhe und Heidelberg und über Frankfurt am Main und Berlin nach Dänemarks Hauptstadt Kopenhagen die zarte, liebevolle Sorgfalt und Hilfsbereitschaft von Johannes. Wie fühlt sie sich glücklich, als sie, zum Weihnachtsfeste heimgekehrt, ihn wieder in Düsseldorf bei ihren Kleinen vorfindet!

Doch auch in diese bescheidene Freude fällt noch am Fest ein Wermutstropfen.

Rosalie Leser kommt am zweiten Weihnachtstag zu Besuch. Man unterhält sich mit der gütigen Blinden wie immer freundschaftlich und herzlich. Clara spielt vor und musiziert mit Brahms. Als aber Johannes die beiden Jüngsten mit Märchenerzählungen zum Schlafen bringt, eröffnet Fräulein Leser ihrer Freundin so schonungsvoll wie möglich, daß es in Düsseldorf nicht wenig Leute gebe, die Claras künstlerisches Eintreten für Johannes Brahms, das Übermaß von Wertschätzung und Vertrauen, das sie dem Jüngling entgegenbringe, besonders aber die Tatsache der gemeinsamen Wohnung beredeten und für sie beide ungünstig zu deuten wüßten.

Frau Clara ist erst eine Weile starr über die ungeheuerliche Mitteilung. Dann aber empört sie sich:

„Sind denn diese Menschen dumm oder bösartig? ... Ich bin doch vierzehn Jahre älter als Johannes!"

„Liebe Frau Clara!" beginnt Fräulein Leser mit so viel Güte in ihrer Stimme, daß man aufhorchen muß. Dabei tastet sie nach der Freundin Hand und streichelt sie zart.

„Es soll schon vorgekommen sein – ich habe es mehr als einmal gehört –, daß Frauen in Ihrem Alter nochmals übermächtig die Sehnsucht nach dem Leben und nach der Jugend erfaßt. Sie kann wahrscheinlich in einem solchen Fall allein der jüngere Mann erfüllen ...", setzt sie unendlich vorsichtig hinzu.

„So glauben auch Sie, Rosalie? ..." fährt Clara entsetzt auf.

„Ich glaube nie, was die Leute reden", antwortet die Blinde ruhig. „Aber ich könnte es immerhin verstehen", sagt sie behutsam und freundlich.

„Eine solche Handlungsweise wäre doch würdelos von seiten der älteren Frau", bäumt sich Clara Schumann noch immer gegen die böse Zumutung auf.

„Vor würdelosem Handeln, liebe Frau Clara, bewahrte euch beide bestimmt eure Kunst", schließt Fräulein Leser weise. Dann spricht man von anderen, gleichgültigeren Dingen.

Doch Rosalie Lesers Worte wirken in Clara Schumann noch weiter. Sie haben ein dunkles, ein unaussprechlich geheimnisvolles Gefühl aufgewühlt und in der Frau eine Unruhe erregt, die sie bisher nicht kannte, die aber jetzt zu schier unerträglicher Spannung anwächst. Als endlich Fräulein Elise Junge, Rosaliens Gesellschafterin, erscheint, um die Blinde heimzuholen, und Johannes, der inzwischen aus dem Kinderzimmer zurückkam, die beiden Frauen zum Tor geleitet, treibt es Clara mit unwiderstehlicher Macht in ihr Studierzimmer.

Dort, wo der Flügel von Robert steht, dort, wo der Hauch seines Geistes lebendig weiterwirkt, dort muß die seltsame, die rätselhafte Unruhe, die sie befallen, weichen, hofft sie.

Diese Hoffnung erweist sich aber als Täuschung.

Wie sie in ihr Zimmer tritt, fühlt sie sofort: Hier kann sie nicht mehr zu Robert flüchten. Der Flügel, das letzte große Geschenk des Verewigten, ist mit Blumen geschmückt, die Johannes' Liebe hier für sie verstreute, die neuen Kompositionen, die Brahms ihr zu Weihnachten schenkte, liegen da aufgeschlagen, sein Bild, mit dem er sie überraschte, steht auf dem Damenschreibtisch, Blumen und Bänder, grüne Blattpflanzen zeugen von seiner Aufmerksamkeit. Seine Fürsorge gab jedem Ding im Raum seinen Platz. Es dünkt, als ob noch sein Atem hier lebte. Bestimmt aber herrscht seine Liebe hier.

Da sinkt die verstörte Frau weinend in einen Stuhl und stöhnt den Hilferuf nach einem, der nicht mehr zu helfen vermag:

„Robert!"

In diesem Augenblick berührt eine Hand ganz zart ihre Schulter.

„Du rufst nach Robert. Kann denn ich nichts für dich tun?" fragt Brahms bedeutsam und liebevoll.

Sie weiß nicht, was sie darauf antworten soll. Und aus dem Wirbel der Gefühle und Gedanken, der sie durchrast, taucht irgendwie das Märchen aus ihrer Kinderzeit empor.

Das wenigstens sind Roberts Worte! Daran klammert sie sich und stößt weinend und verwirrt hervor:

„Das Märchen! ... Roberts Märchen ... Der Königssohn gab doch sein halbes Leben für die Befreiung der verwunschenen Prinzessin hin. Und was tat Robert für mich?"

„Hast du nicht bemerkt, daß dieses Märchen gar keinen richtigen Schluß hat?" sagt Brahms begütigend.

Clara erfaßt das Wort wie einen Rettungsanker.

„Keinen Schluß?" verwundert sie sich. „Mit dem Opfer des Königssohnes ist doch alles zu Ende."

„Für ihn gewiß, aber nicht für seine Gattin. Denn die muß weiterleben", versichert Johannes feierlich.

Wie einer heiligen Verkündigung, so lauscht die Frau dieser Erklärung. Dann aber befällt sie aufs neue die vorige quälende Unruhe. Nun ist es wieder da, das Rätselvolle, vor dem sie bangte: der Einfluß, den Johannes' Rede, sein Blick, seine Gegenwart auf sie gewinnt.

Und vor diesem Einfluß, den sie nach den Warnungsworten von Rosalie Leser nun fürchtet, flieht sie am nächsten Tag. Sie verläßt überraschend schnell Düsseldorf mit der Begründung, mit ihren beiden älteren Töchtern, die in Leipzig weilen, auch Weihnachten feiern zu müssen, obzwar sie ihnen ihren Besuch erst zur Jahreswende, anläßlich ihres Neujahrskonzertes im Gewandhaus, versprochen hat.

Auch Brahms kehrt bald von Düsseldorf nach seiner Vaterstadt Hamburg zurück. Er gehabt sich dort lange recht unzugänglich, wortkarg und mürrisch. Er kann nicht verstehen, was Clara, die ihm, wie er fühlt, an jenem Weihnachtsfeiertage nahe wie nie gewesen, wieder von ihm entfernte. Er muß nun abermals in Tönen um sie ringen und werben; in seinen Melodien, seinen Briefen.

Die Briefe des folgenden Halbjahres sind tatsächlich von seiner Liebe und Hingabe zu der hochverehrten Frau völlig erfüllt. Auch Claras Briefe – ob sie daheim ist, ob sie in übergroßer Sorge um Ludwigs und Ferdinands Erziehung die beiden Knaben nach Jena in ein Institut bringt, ob sie, der Heimat fern, monatelang in England weilt –, alle verraten ein immer wärmer werdendes Gefühl der einsamen Frau zu dem blonden Jüngling, der sich mit seinen Klängen, zuletzt sogar mit einem großangelegten Klavierkonzert, ihr ins Herz schmeichelt.

Und dann beginnt der Sommer, den Clara und Johannes mit Eugenie und Felix in Oberwesel und St. Goarshausen am Rhein verleben. Ein leuchtender Sommer, ein ungewöhnlich heißer Sommer, ein herrlicher Sommer!

Auch Fräulein Leser entstrebt der städtischen Enge und verbringt mit ihrer Gesellschafterin Elise Junge einige Wochen in St. Goarshausen. Fräulein Junge nimmt Frau Clara oft die Sorge um ihre Kleinen ab, ermöglicht ihr trauliche Plauderstunden im Schatten der alten Kastanien am Rheinufer mit Rosalie Leser und prächtige Ausflüge zu den schönsten Stellen des Rheintales mit Johannes Brahms. Manchmal, wenn auch die Kleinen mitkönnen, schließt sich Fräulein Junge an.

So fahren sie nach dem reizenden Städtchen Bacharach mit dem Dampfschiff flußabwärts zu fünft; die drei Erwachsenen und die zwei Kinder.

Sie durchstreifen entzückt gemeinsam das kleine Städtchen und schlagen dann den Weg durch die Rebengärten bergwärts zur alten Wernerkapelle ein.

Im Schatten der roten Sandsteinmauern der Ruine lassen sich Clara und Johannes zu einer kurzen Rast nieder. Elise Junge sucht mit den Kindern nach Blumen. Sie bringt, was sie an leuchtenden Sommerboten findet. Nach ihrer Anleitung lernt dabei die kleine Jenny Seltenes von Häufigerem unterscheiden. Nur Felix trägt, was ihn gerade freut, herbei.

Ob Gras oder Blüte, das ist ihm noch gleich. Er nennt alles „Blume", ja sogar „schöne Blume", und ist über jeden Fund mächtig stolz.

Lerchen trillern in der Luft. Ein irres Glänzen und Funkeln liegt über dem Silberband des Flusses im Tale, das man durch die hohen, mit zierlichen gotischen Maßwerken spitzenartig durchbrochenen Fenster gewahren kann. Und über den warmgetönten, efeuumrankten Buntsandsteinmauern der Kirchenruine lacht wolkenlos ein blauer Hochsommerhimmel. Bienen summen im Sonnenglast, Hummeln fliegen brummend von Blume zu Blume, Falter verirren sich gaukelnd zwischen das alte, von grünendem Leben erfüllte Gemäuer.

Johannes weist auf die Blumen, die Elise Junge und die Kleinen herbeitragen, und fordert Frau Clara auf, daraus Kränze zu winden. Sie tut es erst lächelnd, vom Zauber der Stunde gefangen, dann immer ernster werdend. Schließlich blinken gar Tränen in ihren Augen.

Sie erinnert sich an den Ausflug zum Kaiserswerth vor sechs Jahren mit Robert und ihren älteren Kindern, die jetzt alle fern von ihr sind. Und an das Märchen, das sie dort ihren Kindern zum erstenmal erzählte.

Brahms gewahrt mit Erstaunen die Wandlung, will fragen, forschen, trösten. Sie winkt kopfschüttelnd ab und sagt nur leise:

„Wie denkst du dir den Schluß des Märchens von der verwunschenen Prinzessin?"

Johannes horcht auf.

Schon wieder spricht Clara von dem Märchen – wie damals zu Weihnachten, als sie ihm entglitt. Das ist gewiß nicht bedeutungslos. Vielleicht kommt jetzt das große Glück! Er ahnt die Nähe seiner Stunde und beginnt ohne langes Besinnen:

„Die junge Königin blieb trauernd zurück und lebte jahrelang nur für ihre Kinder, ihr Land und dem Gedächtnis des edlen Mannes, der sich für sie geopfert hatte. Doch war ihr noch nicht Ruhe beschieden. Ein giftiger Lindwurm stürzte ihr Land in arge Bedrängnis. Die Nachbarkönige wußten ihr da nicht zu raten oder zu helfen.

Da kam einmal ein armer Wanderbursch des Weges. Auch ihn bedräute die Giftschlange. Er besaß aber kein Schwert, trug keine Waffe. Mit Steinen, die er vom Boden aufhob, rückte er dem Riesenwurm zu Leibe. Er warf ihm Stein um Stein ins geifernde Maul und erschlug den darob wild keuchenden endlich mit einem gewichtigen Felsstück, mit dem er ihm das Haupt zerschmetterte, noch ehe ihm selbst der giftige Atem schaden konnte.

Die Königin war über diese Heldentat des Jünglings so beglückt, daß sie ihm Hand und Herz anbot und ihn an ihrer Seite herrschen ließ. So kamen für sie auch wieder glückliche Tage. Und wenn die beiden nicht gestorben sind, so leben sie heute noch ...", schließt Johannes Brahms mit schelmischem Lächeln.

Da drückt Frau Clara den Blumenkranz, den sie in der Hand hält, ihm auf das hellblonde Langhaar und flüstert beziehungsvoll:

„Der Jugend den Kranz!"

Johannes aber greift nach der Blumenkrone, die Clara nach ihrer Vollendung beiseitegelegt hat, setzt sie ihr schnell ins dunkle Haar und erwidert glückselig:

„Der Schönheit den Kranz!"

In diesem Augenblick hören sie fröhliches Lachen und werden von obenher mit Blumen bestreut. Es ist Elise, die ihre und der Kinder Blütenbeute über sie beide ausschüttet. Ehe sich die Überraschten noch richtig umgesehen hatten, ist sie schon wieder weggelaufen und ruft ihnen aus der Ferne zu, sie ginge mit den Kindern zur Burg Stahleck hinauf.

Da sagt Johannes Brahms zu Clara, mit leuchtenden Augen auf alle die Blüten weisend:

„Der Liebe die Blumen!“

Und sie legt ihre Hände an seine Schläfen und küßt den darob selig Erschauernden auf die Stirn.

Zwei Tage später lassen sie Claras Kinder in der Obhut von Elise Junge und Fräulein Leser zurück und fahren zusammen rheinaufwärts wie im Vorjahre, bis an die Stelle, wo der Strom den Bodensee verläßt.

Diesmal ist Konstanz ihr Ziel, die Stadt Friedrich Barbarossas und Friedrichs II., die Stadt des berühmten Konzils, die Stadt am rosenumrankten, weinlaubumgrünten Ufer des weiten Rheinsees.

Sie streichen selbander um ihre alten Häuser und Türme, verharren im Schatten des Münsterkreuzganges, in den Efeulauben des Inselklosters, genießen den sonnenüberstrahlten Weitblick von der Münsterplattform und die alles Zeitliche auslöschende Schau auf das Wellenspiel des Rheins, wie er unter der steinernen Brücke dem See entströmt.

Clara ist glücklich in diesen Tagen. Johannes beinahe wunschlos. Denn sein höchster, sein letzter Wunsch – das trägt er als unumstößliche Gewißheit in seiner Brust – reift ihm in jeder Stunde mehr der Erfüllung entgegen. Die nächste, die übernächste, bestimmt aber eine der allernächsten muß sie ihm bringen.

Er lehnt neben Clara am Brückengeländer, hat zärtlich den Arm um ihre Schulter geschlungen, ein herzinnig liebes Wort für sie auf den Lippen.

Ein Stück weiter vorne auf der Brücke steht beim Denkmal Bischof Eberhards ein alter Invalide und erklärt einigen Ausländern in leierndem Fremdenführerton:

„Sie sehen dort den alten Rheintorturm, und diese Brükke ist die erste Rheinbrücke in Deutschland.“

„Die erste Rheinbrücke in Deutschland", nimmt Frau Clara versonnen das Wort auf. Auf einmal aber werden ihre Lippen blaß, die Augen, die eben Johannes glückselig entgegengestrahlt, werden trübe und füllen sich mit Tränen.

„Was ist dir? Was hast du?" fragt Brahms erschreckt.

„Die Brücke, ... der Rhein! ... Die Rheinbrücke in Düsseldorf!" stößt die Frau schluchzend hervor. „Robert! ... Er ... suchte einen Ausweg, suchte Ruhe in den Fluten!"

Und wie ein Aufschrei bricht es aus ihrer Brust: „Nie werde ich ihn vergessen können!"

Da sinkt Johannes' Arm von ihrer Schulter. Der junge Mann tritt schweigend zur Seite.

In diesem Augenblick erkennt er voll Bitterkeit, daß sein höchstes Glück sich für ihn nie erfüllen wird.

Er bleibt den ganzen Tag über einsilbig. Und auch Frau Clara ist sehr still. Still kehren sie beide nach St. Goarshausen zurück, und alsbald trennen sich auch ihre Wege wieder für viele Monate. Denn Brahms geht nach Detmold, wo ihm Frau Clara, die im Vorjahr eine Prinzessin von Lippe unterrichtete, bei Hof über die Wintermonate eine Stellung verschaffte, und Clara Schumann übersiedelt mit den Ihren nach Berlin.

Hier findet sie in Elisabeth Werner, einer Bekannten ihrer Mutter, bald eine ausgezeichnete, verantwortungsvolle Hilfe in der Erziehung ihrer Kinder. Sie kann nun Marie und Elise aus Leipzig heimkommen lassen und Julie von der Großmutter weg ins eigene Haus nehmen, schließlich Fräulein Werner unbesorgt die Obhut ihrer vier Töchter und des kleinen Felix anvertrauen und selbst wieder auf Konzertreisen gehen; ruhelos von Stadt zu Stadt, von Land zu Land.

Sie weiß dabei wohl ihre Kinder in guter Hut. Aber auf den endlos dünkenden Bahnfahrten, morgens und abends, ja selbst im hastigsten Gewühl des Tages wandern ihre Gedanken immer wieder nach Berlin zu den Ihren. Machen Marie und Elise ohne ihre Hilfe im Klavierspiel genügend Fortschritte? Ist Julie, der immer Zarten, Kränklichen, der Berliner Winter nicht zu rauh? Wird Ludwig in Jena besser lernen als bisher, Ferdinand weniger tolle Streiche machen? Strengen sich Jenny und Felix, die beiden Jüngsten, in der neuen Schule nicht zu sehr an? Dazu kommen noch die Sorgen um Gesundheit, Wachstum, Kleider, Schulsachen und tausend kleine Alltagsdinge für die Kinder.

All das verfolgt die Mutter auf ihrer Fahrt durch Süddeutschland, in die Schweiz und das zu Frankreich gehörige Elsaß, die Gegenden, die sie die Herbstmonate hindurch und, nach einer kurzen Unterbrechung um Weihnachten, auch noch in den ersten Monaten des neuen Jahres bereist.

Daneben wird sie an vielen Orten an die schönen Sommertage der zwei vergangenen Jahre mit Johannes erinnert und fühlt dabei, wie lieb und wert der junge Freund ihr ist. Wenn auch seine Briefe in der letzten Zeit viel weniger häufig den Weg zu ihr finden: sie kann ihm deshalb nicht gram sein. Weiß sie ja, daß die neuen Pflichten als Klavierlehrer der Prinzessin Friederike von Lippe, als Solist in Hofkonzerten und Leiter des Singvereines in Detmold ihm wenig Freizeit lassen und daß die seltenen Freistunden in erster Linie seinem Schaffen gewidmet werden müssen. Sie hütet inzwischen ihre schönen Erinnerungen als einen kostbaren Schatz und freut sich innig auf das nächste Wiedersehen mit Johannes.

Es wird ihr um die Osterzeit zuteil, in der Brahms überraschend in Berlin eintrifft und einige Wochen bei ihr verweilt. Er musiziert, wie immer, eifrig mit seiner Herzensfreundin, zieht aber auch den jungen, im Alter zwischen ihm und Clara stehenden Halbbruder Frau Schumanns, Woldemar Bargiel; den hochbegabten Sohn aus der zweiten Ehe von Claras Mutter, häufig zu gemeinsamer Hausmusik heran.

Woldemar schließt sich in diesen Wochen enger an seine Halbschwester an und ersetzt ihr bald die fernen eigenen Brüder, die ihr im Laufe der Jahre und durch völlig andersgeartete Lebenswege fast ganz entfremdet wurden. Denn Brahms, der bei Frau Clara in den vergangenen Jahren die Stelle eines Bruders einnahm, bedeutet für sie, wie sie von Tag zu Tag sicherer erkennt, doch mehr.

Nur sollte er freundlicher und aufgeschlossener sein, wünschte sie sich oft. So wie in Düsseldorf, wie auf den Sommerfahrten! Seit er aus Detmold zurückkam, dünkt er viel ernster, reifer, männlicher. Oder liegt es daran, weil er nunmehr seine ersten größeren Werke für Orchester schafft; ein Klavierkonzert in d-Moll, das Frau Clara als ein Geschenk für sich betrachtet, und eine Serenade in D, von der es allerdings noch nicht ganz sicher ist, ob sie am Ende für Blasinstrumente gesetzt bleibt, für großes Orchester umgeschrieben wird oder gar ein sinfonisches Gewand erhält.

Das Ernste, Männliche am jungen Johannes Brahms wirkt aber nicht weniger reizvoll als der Ausdruck seiner früheren Jugendlichkeit. Clara erliegt dem Zauber dieses geänderten Wesens genauso stark wie seinerzeit bei Robert. Auch gleicht sich dadurch der Altersunterschied fast bis zur Unkenntlichkeit aus. So kreist in der Scheidestunde bereits die Hoffnung um gemeinsame Sommertage. Sie verstärkt sich in der Folgezeit, da Brahms noch seltener schreibt als vor seinem Berliner Besuch, fast bis zur Sehnsucht.

Er weilt nun in Hamburg bei seinen Angehörigen und arbeitet emsig an seinen Orchesterwerken. Um ihm für die Sommermonate die dazu sicher erwünschte Möglichkeit reicher musikalischer Betätigung zu verschaffen, nimmt Frau Clara eine Einladung von Julius Otto Grimm, einem glühenden Verehrer Robert Schumanns und Freund von Brahms, an, mit ihren Kindern nach Göttingen zu kommen, wo sich

Grimm seit einigen Jahren als Musikdirektor eine angesehene Position erobert hat. Grimm lädt natürlich auch Johannes ein und schildert ihm, ebenso wie Frau Clara, die musikalischen Möglichkeiten von Göttingen in leuchtenden Farben.

Zu Claras größter, bitterster Überraschung lehnt aber Brahms ab. Sie ist darüber tief erschüttert, versucht Johannes brieflich umzustimmen, und möchte, als auch das mißlingt, am liebsten selbst auf Göttingen verzichten.

Wenn es nicht der Kinder wegen wäre! Sie hat durch die Übersiedlung nach Berlin so viele Auslagen gehabt, daß die Einnahmen ihrer winterlichen Konzertreisen zum wesentlichen Teil zu ihrer Deckung herangezogen werden mußten. Sie kann sich daher keinen kostspieligen Sommeraufenthalt leisten, will aber die Kinder aus der Großstadt in eine ländliche Umgebung bringen und mit ihnen, wenigstens mit Marie, Elise, Julie, Eugenie und Felix, da Ludwig und Ferdinand in Jena bleiben sollen, einige Zeit zusammen sein. So fährt sie doch nach Göttingen, obwohl ihr die Freude an den Ferien durch die Absage Johannes' nun vergällt ist.

In Grimms Haus auf dem Ritterplan findet sie bei ihm und seiner jungen Gattin Philippine mit ihren Kindern eine überaus herzliche Aufnahme. Das tröstet freilich nicht darüber, daß sie Brahms' Gesellschaft zum erstenmal seit fünf Jahren während des Sommeraufenthaltes entbehren soll. Sie versteht auch seine Weigerung beim besten Willen nicht. Arbeiten könnte er doch ebensogut in Göttingen wie in Hamburg.

Daß nur allein die Arbeit ihm den bitterschweren Verzicht auf sie vergessen machen kann, davon ahnt Clara Schumann freilich nichts.

Sie widmet sich ihren Kindern, geht viel mit ihnen aus, spielt ihnen vor und musiziert daneben häufig mit einer Freundin von Frau Philippine und Schülerin Grimms, der jungen, hübschen Professorstochter Agathe von Siebold, die über eine schöne, warme Stimme verfügt. Gathe, wie das junge Mädchen bei Grimm genannt wird, singt Schumann-Lieder und Lieder von Brahms, und Frau Clara begleitet sie dazu auf dem Klavier.

So auch an einem lauen Sommerabend, als Claras Kinder schon zur Ruhe gegangen sind. Besonders vermag sich Agathe von Siebold in das Brahmssche Lied „O versenk, versenk dein Leid" einzufühlen.

Das Ehepaar Grimm ist davon ganz entzückt, und Frau Clara denkt dabei voll Bitterkeit, daß er, der hier in Tönen zu ihr spricht, jetzt bei ihr sein könnte, wenn er wollte.

Da hört sie, während sie noch spielt, die Türe öffnen, ein Lachen, Wispern und geheimnisvolles Flüstern. Plötzlich hält ihr jemand von hinterher die Augen zu und fragt mit einer vom Tenor gewaltsam zum Baß herabgeschraubten Stimme:

„Wer bin ich?"

„Johannes!" ruft sie, nein, jauchzt sie überselig und muß sich mit Gewalt zusammennehmen, daß ihr nicht vor den anderen Leuten die Freudentränen über die liebe Überraschung in die Augen treten.

In ihrer mächtigen Bewegung überhört sie, daß Brahms der Sängerin ganz begeistert für die schöne Wiedergabe seines Liedes dankt, und übersieht ebenso, daß die hübsche Professorstochter den Blick von dem so plötzlich aufgetauchten jungen Komponisten kaum wenden kann.

Der aber übersieht es nicht. Er merkt sogar, daß Fräulein Agathe von Siebold ganz wundervolle Augen hat. Augen, in die es wahrlich lohnt, sich zu verlieren.

Und das besorgt Johannes Brahms in nächster Zeit ganz gründlich.

Es gibt so viele Stunden im Tag, da er sich nicht Frau Clara zu widmen braucht. Wenn sie die Kinder unterrichtet, mit ihnen spielt, mit ihnen ausgeht. Diese Zeit gehört bald ausschließlich Agathe. Das Ehepaar Grimm vertritt dabei gerne die Vorsehung und schafft die nötige Gelegenheit, daß sich die jungen Leute sehen und sprechen können. Frau Philippine gönnt den beiden prächtigen jungen Menschenkindern vom Herzen das gleiche Glück, das sie mit ihrem Mann vereint.

Nach kaum zwei Wochen hat Brahms für Agathe schon ebensoviel Zeit übrig wie für Frau Clara. Und schließlich kommt es so weit, daß er sich auf Claras Vorhandensein immer erst gewaltsam besinnen muß. So wie auf eine Pflicht, die man zu erfüllen übernommen hat. Dann flüstert er Agathe schalkhaft lächelnd zu:

„Jetzt muß ich aber nach Frau Doktor Schumann sehen! Ich bin doch ihretwegen hergekommen. Sonst wird sie gar am End' noch eifersüchtig."

Darüber lacht die hübsche Göttinger Professorstochter wie über einen Scherz. Ihr erscheint die zwar hochverehrte und berühmte Frau keine ernsthafte Konkurrenz, die sie fürchten brauchte. Die könnte doch beinahe ihre Mutter sein!

Das geht auch Frau Clara manchmal durch den Sinn, wenn sie mit den jungen Leuten beim „Pfänderauslösen" und beim „Blindekuhspiel" mittut und dabei ihre ältesten Töchter, die auch schon mithalten dürfen, denn Marie ist ja bereits siebzehn Jahre, mit Agathe von Siebold vergleichbar. Hätte sie nicht um die Vereinigung mit Robert einige Jahre kämpfen müssen, dann wäre Marie beinahe ebenso alt wie Agathe.

Ziemt es da überhaupt, daß sie hier mit der Jugend scherzt, lacht und spielt, fragt sie sich hinterher. Die beiden Grimm und ihre Göttinger Freunde, Johannes, Agathe, ihre eigenen Töchter; sie alle sind viel jünger als sie. In einem Jahr wird sie doch vierzig!

Es ist ein schmerzliches Gefühl, das sich durch die Verehrung und Liebe, die man ihr allseits entgegenbringt, nicht bannen läßt, sondern nur noch verstärkt.

Gerade das Gefühl des Älterwerdens inmitten einer jugendlichen Umgebung, das sie neben Johannes niemals noch empfand, macht sie nun manchmal reizbar und überempfindlich. Sie findet es kränkend, wenn Brahms beim Pfänderauslösen von ihr begehrt, daß sie einen Stuhl dreimal um den großen Rundtisch des Zimmers tragen müsse, dagegen im gleichen Fall von Agathe einen Kuß fordert. Erst in schlaflosen Stunden der Nacht begreift sie, daß er ihr eine arge Verlegenheit ersparte, weil sie vor allen Leuten und gar vor ihren Töchtern Johannes niemals hätte küssen können. Daß aber Agathe den Freund wirklich geküßt hat, schmerzt um so mehr.

Johannes ist überhaupt seit neuestem nur um Agathe, stellt Clara beunruhigt fest. Er verwendet auch auffallenderweise mehr Sorgfalt auf sein Äußeres. Steht das vielleicht damit gleichfalls in Verbindung? Er trägt sogar jetzt einen Ring, obzwar er sich immer als fanatischer Gegner derartiger Schmuckstücke aussprach.

Der Ring, der Ring kommt ihr zudem bekannt vor! Wo sah ich ihn doch nur? In Hamburg bei den Eltern von Johannes? Bei einem seiner Freunde? Sie kann sich trotz aller Mühe des Nachdenkens nicht darauf besinnen.

Erst an einem Abend, da Brahms Agathe zu seinen Liedern begleitet – Schumann singt sie schon längst nicht mehr –, erwacht in Frau Clara eine deutlichere Erinnerung.

Agathe, wenn sie früher mit ihr sang, das weiß sie auf einmal sehr genau, trug einen Ring. Und zwar auf ihrem Mittelfinger an der rechten Hand, weil er ihr offenbar zu groß war. Er sah ganz ähnlich aus wie jener Ring, der jetzt die Hand von Johannes Brahms ziert.

Sie sucht nun an dem Mittelfinger der rechten Hand der Sängerin nach dem gewohnten Schmuck, kann ihn aber, da sie an ihrer linken Seite sitzt, nicht gewahren. Das macht sie unruhig; so sehr, daß sie selbst der Musik nicht folgen kann. Sie will dieses ungute Gefühl abschütteln. Es läßt sich aber nicht auf die Dauer bannen. Da bittet sie Frau Grimm, mit ihr den Platz zu tauschen. Nun sitzt sie rechts und sieht deutlich Agathes rechte Hand.

Und die ist schmucklos.

Hat Agathe gerade heute den Ring vergessen? Narrt sie ein Spiel des Zufalls? Eine flüchtige Ähnlichkeit? Oder? ... Ein schrecklicher Verdacht steigt in ihr auf. Am Ende ist es Agathes Ring, den nun Johannes trägt! ... Ein Liebespfand? Vielleicht gar der Verlobungsring!

Bei dem Gedanken scheinen sich vor Clara alle Gegenstände im Raum zu drehen. Sie faßt in diesem jäh aufsteigenden Schwindelgefühl nach dem Arm des Hausherrn, der neben ihr sitzt, und bittet Grimm, sie wegzuführen. Ein Unwohlsein habe sie plötzlich befallen. Julius Grimm geleitet sie bedauernd auf ihr Zimmer.

Die anderen merken ihren Weggang kaum.

Frau Clara schließt diese Nacht kein Auge. Und morgen – das nimmt sie sich einige Dutzend Male vor –, morgen muß sie Gewißheit gewinnen. Wie das geschehen soll, überlegt sie sich wieder und wieder und verwirft schließlich alle dieserhalb gefaßten Pläne als unsinnig.

Auf den nächsten Tag fällt ihr Hochzeitstag mit Robert Schumann. Schon achtzehn Jahre sind es her, seit sie beide in der kleinen Kirche zu Schönefeld den glücklichsten Liebesbund der Welt geschlossen. Die Erinnerung daran ist schön, aber auch tieftraurig.

Johannes scheint das zu merken. Denn er schlägt – wohl um sie zu zerstreuen – einen Ausflug in das nahe, liebliche

Werratal zu den drei Burgen Arnstein, Hanstein und Ludwigstein vor. Man fährt in größerer Gesellschaft mit mehreren Wagen dahin.

Herrlich ist der Tag, die Gegend wundervoll; die Menschen sind fröhlich.

Frau Clara aber kann ihre trüben Gedanken doch nicht ganz bannen. Wenn ihr ein unerbittliches Schicksal Robert vorzeitig raubte, so bot es ihr zu einem bescheidenen Ausgleich für ihr Weiterleben die Freundschaft mit einem gleichfalls schaffenden Genie, stellt sie rückschauend fest. Das wiegt freilich die einzigartige Gemeinschaft mit Schumann nicht auf. Es dünkt nur ein Almosen gegen die Liebe, die sie früher beglückte. Gestern jedoch erschien es, als ob sie auch diesen Trost ihres einsamen Lebens verlieren sollte. Das aber darf nicht sein, bäumt sie sich auf. Robert entführte ihr eine größere Macht – der allgewaltige Tod. Johannes Brahms will sie nicht etwa an ein junges, unerfahrenes Ding verlieren. Dagegen stemmt sich ihr Lebensmut und -wille, der letzte Rest von Jugend, den sie an seiner Seite sich erhielt. Vermutlich hat sie gestern nur ein trügerisches Schattenspiel getäuscht. Johannes erweist sich heute den ganzen Tag über so liebevoll und dienstbereit wie je!

Nur abends auf der Heimfahrt steigt er nicht zu ihr in den Wagen, sondern zu Agathe.

Der Wagen der beiden jungen Leute fährt knapp vor jenem, in dem Frau Clara mit ihren Töchtern sitzt. Sie kann daher genau beobachten, wie Brahms erst seinen Arm hinter Agathes Rücken auf das umgeschlagene Wagendach legt, dann langsam der Schulter des jungen Mädchens nähert. Dabei gewahrt sie in aller Deutlichkeit den Ring an seiner Hand und ist plötzlich der vollen Überzeugung, daß es der Ring Agathens ist. Nun aber schlingt Johannes den Arm noch enger um Agathe, zieht sie an sich und küßt das junge Mädchen.

Wie lange das dauert, weiß Frau Clara nicht. Sie schließt vor Schreck die Augen, weil sich ihr das Herz dabei zusammenkrampft. Als sie wieder aufschaut, entzieht ihr eine Wegbiegung, in die der Vorderwagen bereits einschwenkte, den weiteren Anblick.

Die Töchter merken aber auf einmal, daß die Mama ganz bleich wird. Sie fragen besorgt, ob sie sich unwohl fühle. Frau Clara schüttelt den Kopf. Erst einige Minuten später sagt sie mit schmalen Lippen:

„Wir reisen morgen heim."

In der Tat brechen Clara Schumann und ihre Kinder am nächsten Tag überraschend von Göttingen auf. Die Kinder fahren nach Berlin zurück; Clara begibt sich zu ihrer Freundin Rosalie Leser nach Düsseldorf.

Johannes Brahms aber bleibt bei Agathe.

An Rosaliens treuem Herzen weint sich Clara aus. Vor ihr enthüllt sie die seltsame Gefühlsverkettung der letzten Zeit. An ihrem gütigen Zuspruch richtet sie sich wieder auf. Und an der unerbittlich harten Pflicht, die nun mit neuen Sorgen an sie herantritt.

Denn von Jena vermeldet Brief um Brief, daß Ludwig nicht lernen wolle, daß seine Leistungen weit hinter denen des jüngeren Ferdinand zurückblieben, daß er sich der Gemeinschaft nicht einfüge und weder liebevolle Behandlung noch Strenge bei ihm etwas fruchte.

Nach langen, kummervollen Überlegungen mit ihrer blinden Freundin entschließt sich Frau Schumann, die beiden Jungen nach Bonn in Pension zu geben. Vielleicht wirkt die Erinnerung an den berühmten Vater, der dort begraben liegt, auf Ludwig verpflichtend und aneifernd, hofft sie.

Erscheint dergestalt zunächst für ihre beiden größeren Söhne vorgesorgt, so will sie sich die älteren Töchter nun näher als bisher verbinden. Ihr Leben, das in den letzten Jahren ein Leben *für* ihre Kinder war, muß mit der Zeit zum Leben *mit* den Kindern werden. Frau Clara nimmt daher im Herbst zum erstenmal Marie auf ihre Konzertreise mit und fährt im nächsten Jahr mit ihrer zweiten Tochter Elise nach Holland. Das Folgejahr soll dann Julie gehören, beschließt sie.

In die Zwischenzeit fällt in bunter Fülle Gutes und Trauriges.

Zunächst verlebt Frau Schumann bald nach ihrer Rückkehr von der Hollandreise einige schöne Wochen in Wien. Die Donaustadt jubelt ihr zu, fast ebenso wie bei ihrem ersten Besuch im Jahre 38. Jetzt haben sich auch Robert Schumanns Werke in Wien schon durchgesetzt. Seine Klavierkompositionen und Lieder kommen häufig zur Aufführung, ebenso seine Orchesterwerke. Kurz vor Claras Eintreffen führt das 1842 von Otto Nicolai gegründete „Philharmonische Orchester" sogar Schumanns selten gehörte „Ouvertüre, Scherzo und Finale" mit großem Erfolg auf. Der Orchestervorstand Carl Eckert besucht Frau Schumann sofort nach ihrer Ankunft, und als sie gesprächsweise ihm gegenüber ihr Bedauern äußert, dieses Werk lange nicht gehört zu haben, verspricht er ihr spontan eine Aufführung nur für sie.

Die „Philharmoniker" bereiten ihr in der Tat alsbald diese große Freude. Tief bewegt sitzt Robert Schumanns Witwe im dämmerdunklen Saal und hört eine Komposition, die Robert in dem für sie beide so überglücklichen ersten Ehejahr in Leipzig schrieb. Unzählige teure Erinnerungen werden dabei lebendig, und eine künstlerisch vollendete Wiedergabe von Schumanns Werk läßt die ihr allein gehörige Stunde auch zu einem musikalischen Erlebnis werden. Dankerfüllt drückt Frau Clara nachher Eckert die Hand. Am liebsten möchte sie die Hände aller jener drücken, die ihr und ihrem verewigten Robert diese innige Huldigung darbrachten. Wie sehr aber die Philharmoniker sich für Schumanns Werke einsetzten, merkt sie noch stärker beim nächsten „Philharmonischen Konzert", in dem das a-Moll-Klavierkonzert durch sie zur Aufführung gelangt. „Prachtvoll ging alles. Das Concert Roberts spielte ich, herrlich begleitet!" vertraut sie hochbeglückt ihrem Tagebuch an.

Aber nicht nur schöne Stunden sind ihr beschieden. Auch Bitteres birgt die Zeit.

Brahms schickt ihr aus Detmold, wohin er wieder über die Wintermonate ging, einige Lieder, darunter eines, das „Brautgesang" benannt ist.

Das schmerzt nicht wenig. Und außerdem ist es noch schlecht geraten, so daß man deutlich merkt: Die Liebe zu Agathe von Siebold vermag den Künstler nicht zu erheben und zu begeistern. Sie würde wahrscheinlich den Genius in ihm einschläfern oder gar töten. Das ist noch trauriger. Frau Schumann hält daher mit ihrem strengen Urteil nicht zurück.

Andere Leute übrigens noch weniger. Denn das d-Moll-Konzert von Brahms findet bei seiner Aufführung in Leipzig unter Mitwirkung des Komponisten eine vernichtende Ablehnung.

Damit versinken für Johannes und Agathe die Hoffnungen auf eine bald gesicherte Zukunft, und das Verlöbnis wird gelöst.

In Hamburg, wo Brahms sich einen Frauenchor erzieht, zu dessen Darbietungen er Clara, die auch seine neuen „Händel-Variationen" dort erstmals spielen soll, mit ihrer dritten Tochter Julie einlädt, zeigt er mit grimmigem Humor ein noch unbekanntes Werk, das Streichsextett in G, worin er zum Abschied Agathens Namen in der Notenfolge A-G-A-D-H-E zum Gedächtnis an diese nun überwundene Episode seines Lebens festgehalten hat.

Frau Clara treten dabei Tränen der Rührung in die Augen. Sie denkt an den „Carneval" von Robert, in dem eine ähnliche Huldigung Ernestine von Fricken gelten sollte und der doch schließlich ein Werk war, das *ihr* zahllose Ehrungen eintrug. Wiederholt sich auch hier für sie schon einmal Erlebtes mit Johannes Brahms?

Doch nein! Robert und sie einte die ewige Liebe. Ihr Gefühl für Johannes ist nun tot. Nur die Freundschaft blieb. Und die will sie ihm lebendig bewahren.

Während Frau Clara mit Julie in Hamburg weilt, erhält sie auch von Bonn unerquickliche Nachrichten über Ludwig. Der jetzt schon Dreizehnjährige scheint ein durchaus schwer erziehbares Kind zu sein. Die Mutter entscheidet sich daher nach bitteren inneren Kämpfen dafür, ihn von Ferdinand, dem sichtlich höher begabten Jüngeren, zu trennen und zu einem erfahrenen Pädagogen in Pension zu geben. Als solcher wird ihr Pastor Altgelt in Wissen an der Sieg empfohlen. Ferdinand nimmt sie nach Berlin, wo sie ihn mit dem achtjährigen Felix zusammen erziehen läßt. Als aber auch aus Wissen bald Klagen über Klagen eintreffen, faßt die besorgte Mutter einen schwerwiegenden Entschluß.

Sie will allen ihren Kindern für die Sommermonate, die einzige Zeit, die sie ihnen voll und ganz widmen kann, ein gemeinsames Heim in einer ländlichen Umgebung schaffen. Nach längerem Suchen scheint sich dieser Plan in Baden-Baden verwirklichen zu lassen. Frau Clara findet im Vorort Lichtental bei Baden ein ihr zusagendes Häuschen, zu dessen Ankauf ihre Ersparnisse der letzten Jahre reichen. Bis sie es beziehen kann, vergeht beinahe ein volles Jahr. Dann kommt Marie, die sich inzwischen in Berlin als Musiklehrerin niederließ, mit Ferdinand, Eugenie und Felix von dort, Else aus Kreuznach, wo sie eine Stelle als Gesellschafterin innehat, Julie aus Divonne in Südfrankreich, das ihrer zarten Gesundheit im vergangenen Winter Kräftigung bieten sollte, und Ludwig aus Wissen nach Baden-Baden.

Alle sind zunächst von der Kleinheit des bloß ebenerdigen Häuschens überrascht.

Auf der Straßenseite sieht es so einfach und geradezu unansehnlich aus, daß die jüngeren Kinder es spottweise als „Hundehütte“ bezeichnen. Wie sie aber die Stufen im Flur emporsteigen und in das Musikzimmer treten, werden sie anderer Meinung. Denn das Musikzimmer ist recht geräumig und schön eingerichtet. Frau Clara hat die feine graue Tapete mit dem zarten Goldmuster mit Vorbedacht ausgesucht, Marie die alten Kupferstiche selbst aufgehängt. Rechts vom Eingang befindet sich eine Sitzecke mit gut zu den Tapeten passenden goldfarbigen Sitzmöbeln, links fand der Flügel an der Längswand des dreifenstrigen Raumes Platz. In den Ecken stehen, von Frau Clara als Erinnerung an Goethes Haus in Weimar gewünscht, Nachbildungen antiker Statuen; die Venus von Milo und der Apollo vom Belvedere. Vom Sofa an der Schmalwand des Zimmers kann man durch eine Tür in das anstoßende Kabinett und gerade auf Clara Schumanns lebensgroßes Bild vom Düsseldorfer Professor Sohn sehen. Von diesem Kabinett geht es über eine weinlaubumrankte Veranda in den Garten. Der ist von allem das Reizendste an diesem Haus. Die kleine Grünfläche wird von den alten, hohen Bäumen der Nachbarhäuser umrahmt, ein paar junge Obstbäume unterbrechen sie, und dann fällt die Wiesenböschung steil zur Oos ab, die als ungemein flinkes, glasklares Wässerlein glucksend und murmelnd vorbeischießt. Auch Frau Claras Schlafzimmer öffnet sich gartenwärts auf eine verwachsene Veranda, und von seinem Fenster besitzt man die gleiche liebliche Aussicht wie vom Musikzimmer; auf das grüne Gärtchen, die eilig dahinfließende Oos, die hohen Platanen der Lichtentaler Allee am jenseitigen Ufer und die helle Fläche der Klosterwiese, hinter der der Cäcilienberg aufragt. Die Schlafräume der Kinder liegen teils straßenseitig, teils im Dachgeschoß.

Auch Johannes Brahms, der vom lebhaften Treiben des internationalen Kurortes Baden-Baden über die Lichtentaler Allee und die Aubrücke zur köstlichen dörflichen Stille von Lichtental vordringt, findet Claras Häuschen heimelig und freundlich. Er bedauert sichtlich, daß er hier nur drei Tage weilen darf, weil ihn ein neues, ehrenvolles Amt, die Leitung der Wiener Singakademie, unverzüglich in die alte Kaiserstadt an der Donau ruft.

Kaum hat man sich in Lichtental Nr. 14 ein wenig eingelebt und jedes von den Kindern einige kleine Hauspflichten übernommen, so widmet sich Frau Clara vorzugsweise ihrem ältesten Jungen Ludwig.

Sie merkt bald mit Bekümmernis, daß er tatsächlich nicht sehr begabt ist, und entschließt sich, ihn nicht weiter mit den Gymnasialstudien zu quälen, sondern im Winter im nahen Karlsruhe in die Bürgerschule zu schicken. Da er ein leidenschaftliches Interesse für alles Musikalische zeigt, gibt sie ihm auch Klavierunterricht wie Marie und Elise, die beide schon ebensoviel können wie Claras Stiefschwester Marie Wieck, obwohl sie bei allem mütterlichen Stolz sie nie und nimmer für Klavierphänomene erklären würde, wie Vater Wieck dies bei seiner jüngeren Tochter tut.

Wenn sich aber auch die Mutter alltäglich zwei Stunden mit Ludwigs musikalischem Unterricht beschäftigt und der Junge selbst fleißig übt, so läßt sich damit sein völliger Mangel an musikalischem Gehör und rhythmischem Gefühl nicht beheben, und die Fortschritte sind ganz geringfügig.

Das ist für einen Sohn von Robert und Clara Schumann recht schmerzlich, und Ludwig tut Frau Clara auch vom Herzen leid, wenn er sich krampfhaft müht und plagt und sie, die längst die Lektionen als aussichtslos abbrechen wollte, von Tag zu Tag mit seinem treuherzigen Augenaufschlag bittet, ihm weiter zu helfen.

Mit eben jenem Blick, der ihn Robert so ähnlich erscheinen läßt.

Im nächsten Sommer wird es mit Ludwig noch schwerer. Man muß nun an irgendeine Berufsvorbereitung denken. Marie und Elise haben sich schon selbständig gemacht. Jetzt käme die Reihe an ihn. Doch welcher Beruf scheint seinen schwachen Gaben angemessen? Die Mutter berät sich darüber mit Brahms, der zu längerem Aufenthalt kam, im nahen Gasthof „Zum Löwen“ in Lichtental wohnt und alltäglich um vier Uhr nachmittags im Schumann-Hause eintrifft. Die Wahl fällt schließlich auf den Buchhändlerberuf, die Tätigkeit des väterlichen Großvaters und der Schumann-Oheime. So gibt Frau Clara ihren ältesten Sohn zu einem Buchhändler nach Karlsruhe in die Lehre, und Ludwig verbringt nur noch die Sonntage in Baden bei Mutter und Geschwistern.

Da bemüht sich dann Frau Clara auch stets besonders um ihn, läßt sich von ihm vorlesen, bespricht den Inhalt von Büchern mit ihm und fordert ihn auf, sie zu begleiten, wenn sie in die Stadt geht.

Sogar ins Theater nimmt sie ihn einmal mit, als Hector Berlioz aus Paris kommt und seine für Baden-Baden komponierte Oper „Beatrice et Benedict“ dirigiert.

Bald aber merkt sie, daß der seit neuestem hochaufgeschossene Jüngling sich dabei recht unglücklich fühlt.

Wenn seine berühmte Mutter mit ihm über die Lichtentaler Allee geht, trifft sie immer so viele vornehme und weitbekannte Leute, die sie grüßen und sich mit ihr unterhalten. Einmal ist es Brahms mit dem Kupferstecher Allgeyer, dann wieder der Dirigent Hans von Bülow, der Maler Anselm Feuerbach, die weltberühmte Sängerin Pauline Viardot, die Frau Clara schon seit ihren Mädchentagen kennt, hohe russische Aristokraten, die sich an die Triumphe der Künstlerin in Petersburg und Moskau erinnern, französische Diplomaten, die noch Clara Wieck in Paris hörten, oder Engländer, die zu ihren neueren Bewunderern zählen. Einmal läßt sogar die Prinzessin Anna von Hessen ihren Wagen halten, um Clara Schumann huldvoll anzureden und Elise, die zufällig mit ist, aufzufordern, wieder im Winter bei ihr zu erscheinen. Dabei kommt sich Ludwig immer reichlich überflüssig vor. Er kann doch nichts, weiß nichts und wird auch nicht gefragt. Alles dreht sich um seine berühmte Mutter, die mit diesen Leuten richtig umzugehen und in fremden, ihm unverständlichen Sprachen mit ihnen zu reden versteht.

Er darf dagegen nicht stehenbleiben und gaffen, wenn der Schah von Persien mit dem Khediven von Ägypten vorbeigeht, die Schimmeltroika des Fürsten Menschikow die Allee entlangjagt oder die reizenden Ponies mit dem Wagen der Hamiltons vorübertänzeln. Einmal sehen sie gar die beiden Kaiserinnen Eugenie von Frankreich und Elisabeth von Österreich. Wer möchte da nicht so lange schauen dürfen, bis man entscheiden könnte, wer von diesen zwei anerkannten Schönheiten die herrlichere Frau ist?

Aber all das verbietet die Mutter. Es ist ihr auch nicht recht, wenn Ludwig in fröhlicher Entdeckerfreude begeistert auf den einen oder anderen der prächtigen exotischen Bäume oder Sträucher im Umkreis von Kurhaus und Trinkhalle zeigt oder beim neuen, wundervoll sprühenden Springbrunnen verharren will. Nur wenn sie so zeitig über die Allee gehen, daß dort noch nicht die Kurgäste promenieren, nennt ihm die Mutter die Namen verschiedener seltener Pflanzen. Sie erzählt dann vom chinesischen Trompetenbaum, vom Götterbaum, von der aus Japan stammenden Magnolie, vom ostasiatischen Ginkgo, von Rhododendren und Azaleen, Traueresche und Sequoia, und Ludwig darf überall längere Zeit stehen bleiben und sich die ausländischen Gewächse genau betrachten. Ein andermal fragt sie dann hin und wieder im eiligen Vorüberschreiten nach der Herkunft der exotischen Pflanzen oder nach einem ihrer Namen. Er hat sie aber schon wieder vergessen und ist darüber todunglücklich.

Das will nun Frau Clara auch wieder nicht haben und stellt schließlich ihre Versuche, Ludwig mehr unter Menschen zu bringen und ihn zu einem sicheren Auftreten zu erziehen, ob des Mißerfolges tief betrübt, wieder ein.

Es scheint überhaupt ein Unstern über diesem Kind zu walten. Denn eines Tages kommt Ludwig mitten in der Woche aus Karlsruhe heim, geht in sein Zimmer im Dachgeschoß und schließt sich dort stundenlang ein. Endlich gelingt es Frau Clara, ihn in den Garten herabzulocken. Dort erfährt sie, daß er bei seinem Chef gekündigt habe, weil er es im Buchhändlerberuf nicht mehr aushalte.

Die Mutter dünkt darüber ganz unglücklich, und das bedrückt Ludwig sehr. Dann schilt sie über seine mangelnde Ausdauer, und wie er sie mit den Augen Roberts traurig ansieht, stellt sie ihm in bewegten Worten dar, er mache seinem Vater Unehre. Da gesteht ihr der Jüngling, daß es ihn unvorstellbar stark zur Musik zöge. Er wolle wenigstens in eine Musikalienhandlung.

Nun muß wieder Johannes Brahms raten. Er erscheint aber an diesem Tag nicht. Offenbar weil er so intensiv arbeitet, wie häufig in der letzten Zeit. Seit dem Tod seiner Mutter vor einigen Monaten ist er zudem noch unzugänglicher und ziemlich launenhaft geworden. Auch Frau Clara muß darunter manchmal leiden. Er kommt erst spät nach dem Abendessen, setzt sich gleich ans Klavier und spielt einen Teil aus seinem neuen großen Werk, das er „Deutsches Requiem" nennen und dem Gedächtnis der verstorbenen Mutter weihen will.

Sein Spiel erhebt Frau Schumann, erinnert sie aber zugleich an den bitteren Verlust ihres Gatten. So ist sie tief bewegt, als er endet, und besinnt sich erst später an ihre Sorgen um Ludwig.

Brahms verspricht ihr nun auf ihre Bitte, Ludwig bei dem Musikverleger Lienau in Berlin unterzubringen, und löst auch sein Versprechen alsbald ein.

So kommt Ludwig im Winter wieder zu seinen anderen Geschwistern nach Berlin. Nur Elise geht nach Frankfurt am Main, um sich dort als Klavierlehrerin niederzulassen. Sie gibt auch in dieser Stadt ein Konzert, und Frau Schumann erlebt dabei zum erstenmal die aufregende Spannung, eines ihrer Kinder auf dem Podium zu sehen. Das dünkt viel schwerer, als wenn man selbst dort oben steht und den Erfolg durch eigene Kraft herbeizwingen kann. Doch Elises Debüt findet reichen Beifall und wird dadurch zu einem großen Freudentag für ihre Mutter.

Dagegen bereitet der Gesundheitszustand der dritten Tochter Julie in diesem Winter große Sorgen. Sie weilt, wie fast alljährlich, im Süden, erkrankt dort und muß von Marie nach Frankfurt gebracht werden.

Kaum scheint dieser Kummer gemildert, so empfängt Frau Schumann aus Berlin die Nachricht, daß Ludwig seine Stelle bei Lienau infolge fortgesetzter Unpünktlichkeiten verloren habe.

Das ist ein schwerer Schlag. Auch steht ihr, als sie diese Mitteilung auf ihrer Konzertreise erhält, niemand zur Seite, der raten oder helfen könnte. Nach einigen bang durchwachten Nächten wendet sich Frau Clara an den Verleger Härtel nach Leipzig und bittet ihn um seine Hilfe. Und der Verleger von Robert Schumanns Lebenswerk bringt tatsächlich nach einer Weile Ludwig in Leipzig unter.

Inzwischen nähert sich für Clara Schumann die winterliche Konzertsaison ihrem Ende. Am Karfreitag weilt sie in Bremen und erlebt dort tief ergriffen die Erstaufführung des

„Deutschen Requiems“ von Johannes Brahms. Danach besucht sie ihre Kinder; in Frankfurt, in Berlin, in Leipzig.

Hier erfährt sie, daß Ludwig auch in seiner jetzigen Stellung nicht wird bleiben können, da er sich verschiedene unbegreifliche Unregelmäßigkeiten zuschulden kommen ließ.

Frau Schumann ist darüber ganz verzweifelt. So sehr, daß sie, bei Livia Frege auf Besuch, und von ihrer Freundin über das Befinden ihrer Kinder befragt, hemmungslos in Tränen ausbricht.

„Was soll ich jetzt mit Ludwig tun? Ich habe doch, weiß Gott, schon alles Menschenmögliche versucht!“ klagt sie. „Nichts fruchtete bisher. Nun macht er gar in Leipzig dem Namen seines Vaters Schande! Nie hätte ich geglaubt, daß eines meiner Kinder, eines von Roberts Kindern, so mißraten würde!“

Livia Frege berührt das Leid der Freundin tief.

„Tust du Ludwig nicht Unrecht, wenn du ihn mißraten schiltst?“ fragt sie begütigend.

„Ach, wenn ich ihm damit doch Unrecht täte!“ schluchzt die unglückliche Mutter. „Es gibt ja doch nichts Schrecklicheres für eine Mutter als die Befürchtung, daß ihr Kind verkommt!“

„Ich halte aber Ludwigs Charakter nicht für verdorben“, versichert Livia.

„Auch ich nicht. Ich kann einfach nicht glauben, daß diese gütigen, treuherzigen Augen trügen ...“

„Härtel fand eine andere Erklärung“, sagt Livia Frege behutsam und denkt dabei krampfhaft nach, wie sie die bittere Mitteilung so schonungsvoll wie möglich gestalten könnte. „Er meint, der Junge wäre vielleicht nicht ganz gesund“, tastet sie sich langsam weiter. „Vielleicht ist er zu schnell gewachsen ... Vielleicht war Robert damals nicht auf der Höhe ...“

Da wird Frau Schumann mit einem Male hellhörig.

„Meint er am Ende, daß Ludwig etwas vom Leiden seines Vaters mitbekommen hat?“ forscht sie in atemloser Aufregung.

Die Freundin schweigt.

Ihr Schweigen erscheint Clara als Todesurteil.

„Nein! ... Nein! Nur das nicht!“ stöhnt sie auf. „Das wäre das Allerbitterste!“

„Es kann doch wieder vorübergehen“, tröstet Livia die unglückliche Mutter. „Ludwig ist ja noch nicht völlig erwachsen!“

„Glaubst du? Hoffst du das auch?“

Verzweifelt klammert sich Frau Clara an diesen Strohhalm einer winzigen günstigen Aussicht.

„Da soll ich ihn eine Zeitlang wohl völlig in Ruhe lassen; am besten irgendwohin auf Erholung geben“, überlegt sie sofort praktische Maßnahmen.

Livia stimmt ihr zu und wünscht dabei von ganzem Herzen, daß sich noch alles nach Claras Hoffnung glücklich wenden möge.

Frau Schumann macht in der Tat ihrem Sohn diesmal keine Vorwürfe. Sie bringt ihn für mehrere Erholungswochen nach Dresden zu Großvater Wieck, der jetzt im Grünen in Blasewitz draußen wohnt, damit Ruhe und andere Umgebung in einigen Monaten bei dem jungen Menschen eine wohltätige Wirkung zeitigen können.

Leider erweist sich diese Hoffnung als trügerisch.

Als Frau Clara, von einer Reise nach Wien und Graz zurückkehrend, in Dresden Station macht, erzählt ihr Vater Wieck ohne irgendwelche schonende Vorbereitung, daß sich bei Ludwig offenbare Beweise geistiger Unzurechnungsfähigkeit ergeben hätten. Er setze sich in den Kopf, komponieren zu wollen, obwohl ihm jede Eignung dazu mangle, er habe sich im Rathaus als Musiklehrer ausgegeben und wolle allen Ernstes ein Klavierkonzert veranstalten, wiewohl er nicht einmal imstande sei, einfache Etüden und Übungen fehlerfrei zu spielen.

Zur größten Verwunderung ihres Vaters nimmt Clara diese Mitteilungen anscheinend ruhig hin und bittet ihn nur, Ludwig noch weiterhin in seiner Obhut zu behalten.

„Hofft sie noch immer?“ fragt sich Wieck.

Sie hofft nicht mehr. Sie fügt sich nur ins Unvermeidliche. Wie schwer das für sie ist, erfährt kein Mensch. Nur ihrem Tagebuch vertraut sie den bittersten Mutterschmerz an, in dem der schwerste Kummer der unglücklichen Gattin noch einmal auflebt. Es braucht viel Zeit, bis sie die nötige Seelenstärke aufbringt, den letzten Schlag, der ihr bevorsteht, mit Fassung zu ertragen.

Er bleibt ihr nicht erspart, und abermals kommt er von ihrem Vater. Denn alsbald meldet Wieck, er habe Ludwig über ärztlichen Rat in eine Irrenanstalt geben müssen.

Nun gilt es für Frau Schumann, auch noch dieses Leid zu tragen. Zweimal in einem Menschenleben das gleiche Leid! Abermals einen heißgeliebten nahen Angehörigen an die furchtbare Macht der Dunkelheit verlieren! So wie sie zweimal das unvorstellbar große Glück genoß, einem schaffenden Genius helfend zur Seite stehen zu dürfen.

„Im Leben erhält man nichts geschenkt“, denkt Clara Schumann bitter. „Sogar die Stunden der Erhebung über alles Erdenleid durch die Musik von Brahms muß ich bezahlen! Der Wiederholung einer nur wenigen Menschen beschiedenen Freude folgt unerbittlich die Wiederkehr eines ganz außerordentlichen Unglücks.“

Die kleine Julie

An einem wundervollen Frühsommermorgen erwacht Johannes Brahms durch lautes Schwalbengezwitscher früher als sonst.

Er lugt durch das Giebelfenster seines Schlafstübchens im Haus der Witwe Dr. Becker auf der Anhöhe über dem Beginn der Beuerner-Straße in Lichtental und stellt fest, daß das Schwalbenpaar in dem Nest neben dem kleinen Guckfenster im Hausgiebel nunmehr fünf Junge betreut. Die scheinen nur aus ewig hungrig aufgesperrten Schnäbeln und Schreihälsen zu bestehen, findet er, über den Vogellärm ärgerlich. Wie er aber in das anstoßende „blaue Zimmer" hinübergeht, vor seiner berühmten und geliebten schönen Aussicht steht, die Schwarzwaldkuppen im Morgensonnenschein prangen und Leißberg, Cäcilienberg und Fremersberg in rosiges Licht getaucht sieht, ist er den Schwalben gar nicht mehr so gram. Ja, eher dankbar für ihr weckendes Gezwitscher. Denn er hat sich inzwischen zu einem herzerquickenden Morgenspaziergang entschlossen.

Ein Stündchen später steigt er die knarrenden vierzehn Staffeln seiner Holztreppe so sorgsam wie möglich hinab, um nicht die Hausbewohner aufzuwecken, klettert dann den abgestuften Fußpfad, der von dem Haus zwischen den beiden alten Tannen auf der Anhöhe zur Hauptstraße hinunterführt, abwärts und schlendert fröhlich durch den noch halb verschlafenen Vorort von Baden-Baden. Er strebt dem Gunzenbachtal zu. Ein festes Wanderziel besitzt er allerdings noch nicht. Dazu ist er derzeit viel zu sehr in wichtige Gedanken verstrickt.

Denn während er sich anzog, klangen vom nahen Frauenkloster Lichtental die Morgenglocken zu ihm herüber. Und dieser Klang mahnt ihn an sein „Deutsches Requiem", mit dem er immer noch nicht ganz zufrieden sein kann.

Wohl hat er nach der Wiener Uraufführung, wobei der dritte Teil mit dem Orgelpunkt in D ausgepfiffen wurde, Änderungen vorgenommen, die bei der Bremer Aufführung offensichtlich einem günstigeren Gesamteindruck dienten. Aber noch dünkt ihm die einzige Solostimme zu eintönig. Freilich, wenn sie ein großer Künstler, wie Stockhausen in Bremen, singt, mag es angehen. Aber steht der denn überall zur Verfügung?

Johannes Brahms erwägt daher allen Ernstes, seinem sechsteiligen Werk noch einen siebenten Teil hinzuzufügen oder vielleicht besser einzugliedern. Dabei nähert er sich dem dreiseits von der Oos umflossenen Kloster Lichtental. Aus dem Frauenmünster dringt Orgelklang. Aufhorchend entnimmt der einsame Morgenwanderer, gespannt lauschend, dem sphärenartig verhaltenen Nonnengesang die Worte „Agnus Dei". Danach erhebt sich ein einzelner Sopran als Solostimme und schwebt unendlich gütig, mild und trostreich über dem Chor.

Da weiß Brahms plötzlich, was seinem „Deutschen Requiem" noch fehlt: ein gütig tröstender Solo- und Chorsatz mit einer hohen, leuchtenden Sopranpartie. Der Text für ihn ist ihm auf einmal klar, der einzig mögliche von allen Texten dieser Welt. Es scheint der Trost zu sein, den seine tote Mutter aus ihrer ewigen Glückseligkeit über den leise verklingenden Chor der frommen Frauen ihm ins Herz legt. Und auch die Melodien dazu werden in Brahms lebendig. Sie gilt es festzuhalten und zu formen.

Er steigt den schmalen Weg zum Cäcilienberg empor, sucht sich an dessen Nordhang einen Baumstumpf und skizziert dort in fliegender Eile in seinem Taschenbuch die musikalischen Eingebungen dieser begnadeten Morgenstunde.

Dem Sang wissenden Mitleids: „Ihr habt nun Traurigkeit", läßt er die wunderbar melodienreiche Verkündigung folgen: „Aber ich will euch wiedersehen und euer Herz soll sich freuen“, und der Chor greift leise die vom Solo gesungenen herrlichsten Trostworte der Welt auf: „Ich will euch trösten ..., wie einen seine Mutter tröstet.“ Noch einmal schwingt sich die hohe Solostimme auf und bekennt: „Ich habe eine kleine Zeit Mühe und Arbeit gehabt und *großen* Trost gefunden.“ Dann klingen Einzelsang und Chor zusammen, verschmelzen, steigern sich, verschweben.

Als Brahms das alles festgehalten hat, steht schon die Sonne hoch am Himmel. Er erhebt sich und schlägt wahllos den nächsten talwärts führenden Weg ein. Das Schöpferglück der eben verrauschten Stunden schwingt noch in ihm. Die ursprüngliche Absicht, ins Gunzenbachtal zu wandern, ist vergessen. Erst wie er den Reitweg an der Klosterwiese quert, findet er langsam in die Gegenwart zurück. Diese Allee beleben jetzt am hellen Vormittag zahlreiche elegante Reiter auf edlen Pferden; mit einer schönen Partnerin im Damensattel plaudernd im Schritt, in Gesellschaft mehrerer im Trab oder allein im Galopp entlangsprengend. Brahms geht daher schnell zur Aubrücke hinüber und setzt sich in ihrer Nähe auf eine Bank unter den Ahornbäumen der Lichtentaler Allee.

Hier träumt er noch ein wenig den Melodien vom Morgen nach, überlegt da und dort eine besser klingende Wendung, vergegenwärtigt sich das Widerspiel von Einzelstimmen und Chorklang. Das flinke Wässerlein der Oos murmelt und gluckst dazu und stört ihn nicht in seinem Sinnen.

Erst Menschenlaute schrecken ihn auf. Bekannte Laute!

Er merkt auf einmal, daß er dem Garten von Claras Haus, bloß durch das Flüßchen getrennt, gegenübersitzt, hört ihre Stimme und noch die hellere eines jungen Mädchens. Ein reizendes, goldblondes Ding in einem weißen, buntgeblumten Kleidchen sitzt neben Frau Clara im Garten.

Was beide miteinander plaudern, kann er beim Rauschen des Wassers nicht vernehmen. Daß aber die Kleine lieb und süß ist, das sehen seine Augen wohl. Beinahe hätte er Lust, hinüberzurufen und sich Frau Clara, die ihm den Rücken zuwendet, bemerkbar zu machen. Er läßt es aber doch sein und geht nach einer Weile nach Lichtental zurück, zu seinem Mittagstisch im „Löwen", wo er lange sinnend im grünumrankten Erker der Weinstube sitzt.

Am Nachmittag fragt er dann Clara schalkhaft, in welchem Winkel sie denn ihren Vormittagsbesuch verborgen halte.

„Besuch?" erstaunt sich Frau Schumann. „Heute vormittag war niemand bei mir zu Besuch."

„Und das weiße, buntgeblumte Kleidchen?" Johannes hebt komisch drohend den Zeigefinger. „Du wirst doch nicht behaupten wollen, daß das Marie, Elise oder Jenny trug? Ja, ich weiß allerhand. Gestehe nur!"

„Du meinst wohl Julie. Die freilich kam gestern abend an", gibt Clara zu. „Aber die kann man doch nicht als Besuch bezeichnen. Du wirst sie übrigens bald selbst sehen. Jetzt allerdings ist sie mit Marie und Elise bei den Töchtern von Pauline Viardot. Doch hoffe ich, daß du heute abend mit mir auch dorthin gehst ... Pauline veranstaltet in ihrer Kunsthalle auf dem Fremersberg einen Opernabend ..."

„So, so, Julchen war das!" sagt Brahms kopfschüttelnd und erstaunt sich sehr, daß seine Augen auf einmal derart unverläßlich sind. Die blasse, bleichsüchtige, ständig kränkelnde Julie! Er wäre jede Wette eingegangen, das Mädchen neben Frau Clara sei bildhübsch gewesen. Wahrscheinlich weilte er noch in den Sphären seiner Klangträume, erklärt er sich den Irrtum. So hat er vermutlich in seiner Phantasie aus einem noch gar nicht aufgeblühten jungen Ding einen Engel gemacht.

Clara Schumann erwartet auf ihren Vorschlag eine Antwort. Als die ausbleibt, meint sie halb ärgerlich:

„Ich glaubte, *dir* läge an Paulines Opernabend, weil du einmal selbst an eine Oper denkst."

„Gewiß, gewiß", beeilt er sich zu versichern. Denn wirklich lag ihm bisher aus diesem, allein Clara eingestandenen Grund viel daran. Nur heute scheint ihm, seit er seinen neuen Satz zum „Deutschen Requiem" begann, alles andere unwesentlich.

Trotzdem verspricht er Clara Schumann, sie abends abzuholen, und trifft auch in der Tat mit einem Wagen pünktlich zur vereinbarten Zeit vor dem Schumann-Hause ein. Dann fährt man ins Tiergartental zur weltberühmten Sängerin Pauline Viardot.

Vor dem Haus der Sängerin harrt schon eine lange Wagenreihe, darunter prächtige, hochherrschaftliche Equipagen, wie die Rappen des Fürsten Gortschakoff und die einzig schönen, überall bekannten Apfelschimmel des Herzogs von Grammont.

In dem großen Saal mit den vielen kostbaren Gemälden, dessen Schmalwand eine Orgel einnimmt, sind bereits zahlreiche Gäste anwesend. Immer kommen noch neue hinzu. Die Viardot begrüßt Frau Clara und ihren Begleiter herzlich und führt sie selbst zu einer Reihe von Brokatstühlen, die mit goldenen Sesseln abwechseln. Nur die allererste Reihe hat hochlehnige Fauteuils. An der besonderen Achtung, die Pauline Viardot den dort sitzenden Gästen erweist, kann man auf ihre hohe, ja allerhöchste Stellung schließen.

Clara Schumann und Johannes Brahms treffen die Maler Ludwig Pietsch und Anselm Feuerbach und unterhalten sich ein wenig mit Turgenjew, um den sich mehrere hochfeudale Russen scharen, mit Theodor Storm und Anton Rubinstein. Außerdem macht Clara Brahms unauffällig auf die Gruppe aus dem Palais Hamilton aufmerksam, auf die Tochter der vormaligen Großherzogin Stephanie von Baden, Herzogin Marie von Hamilton, und ihre beiden Neffen Leopold und Karl von Hohenzollern-Sigmaringen. Prinz Leopold spricht eben mit Bismarck, während die Herzogin mit einem mittelgroßen, blonden, dicklichen Mann konversiert, den Frau Schumann als den Prince of Wales erkennt. In der ersten Reihe sitzen König Wilhelm von Preußen und seine Gemahlin Augusta, die eben ihrem Leibarzt Dr. Schliep, der mit dem Juwelier Melleris redet, mit dem Fächer zuwinkt, und die Tante des englischen Thronfolgers, Prinzessin Feodora von Hohenlohe-Langenburg.

Die Kunsthalle der Viardot vereinigt heute die wichtigsten Persönlichkeiten des Maison Meßmer, der Villa Hohenlohe, vom Palais Hamilton und Hotel „Victoria“, den Stätten internationaler Politik der Saison von Baden-Baden.

Und nun beginnt die Viardot zu singen. Ihre beiden begabtesten Schülerinnen Aglaja Orgenie und Désirée Artôt spielen die übrigen Frauenrollen der von ihr selbst komponierten Kurzoper über einen Text von Turgenjew. Sogar Theodor Storm betätigt sich als Sänger. Rubinstein begleitet am Flügel. Dazwischen rauschen Orgelklänge auf.

Brahms nimmt davon wenig Notiz; denn schräg gegenüber von ihm sitzt, neben Louise Héritte, der Tochter von Pauline Viardot, und Marie Schumann, das reizende, goldblonde Ding, das ihn heute schon einmal entzückte: die kleine Julie. Sie hat sich derart vorteilhaft verändert, daß er den Blick nicht von ihr lassen kann. Wer hätte je gedacht, daß das zarte, blasse Kind in kurzer Zeit so herrlich aufblühen würde, stellt er erstaunt fest.

Da er vor lauter Bewunderung für das junge Mädchen der Musik kaum achtet, neigt sich die Kurzoper der Viardot dem Ende zu, ohne auf ihn einen wesentlichen Eindruck zu machen. Ihr illustres Publikum kargt aber nicht mit seinem Beifall. Es scheint entzückt, berauscht. Nur Brahms dünkt mit den Darbietungen nicht recht zufrieden.

„Deutsche Musik ist das nicht", brummt er unwillig, geleitet Clara zu seinem Wagen, gibt ihr, Marie und Julie die Hand, wobei er das Pfötchen der Kleinen so zart anfaßt, als wäre es von Glas, und empfiehlt sich dann, um mit Feuerbach und dem jungen Livländer Julius von Eckardt noch einen nächtlichen Bummel zu unternehmen.

Dabei wird er dann plötzlich auffallend heiter und aufgeräumt. Ja geradezu übermütig.

Er steigt über Gitter und Hecke eines Vorgartens durch ein offenes Fenster in das Erdgeschoßzimmer einer fremden Villa ein, weil dort eine Sängerin zu später Stunde bei einer bekannten italienischen Arie ein falsches Tempo nimmt, und spielt das Stück der tiefbestürzten Überfallenen unter dem Beifall der Zaungäste im richtigen Zeitmaß vor. Danach plaudert und zecht er mit seinen Kameraden im Gasthof „Zum goldenen Stern" bis zum Morgengrauen. Selbst dann geht er noch nicht heim, sondern schlägt einen Ausflug auf die Ruine Hohenbaden vor. Aber auf dem Weg dahin verstummt er plötzlich. Die wunderbare Waldesstille, die nur der morgendliche Vogelsang und unzählige Kuckucksrufe unterbrechen, stimmt ihn feierlich. An der Abzweigung des Weges zur Ebersteinburg, knapp unter der Ruine, trifft er jedoch zufällig den Musikverleger Rieter aus Winterthur und verhandelt mit ihm sofort wegen des Druckes seines „Deutschen Requiems" und ist von da ab wieder von ausgelassenster Lustigkeit.

In den nächsten Tagen erscheint er stets pünktlich um vier Uhr nachmittags im Schumann-Haus, Lichtental 14, gehabt sich jedoch oft mürrisch und wenig zugänglich. Besonders die Tischordnung in Baden-Baden gefällt ihm nicht.

Sein Platz befindet sich, wie seit eh und je, neben der Hausfrau. Auch wenn er nicht im Hause weilt, liegt neben Claras Gedeck immer ein zweites für ihn bereit. Den Stuhl neben der Mutter nimmt Marie ein und jenen neben Brahms Elise. Die ist, seit Ludwig fehlt, die Nachbarin der kleinen Julie, der Ferdinand, der Abiturient, gegenübersitzt. In das untere Ende des Tisches teilen sich Eugenie und Felix, die Jüngsten.

Johanns Brahms paßt das anscheinend nicht.

Er spricht einige Male davon, daß man die Lebensjahre nicht unbedingt beim Essen zur Schau tragen müsse. Frau Clara entgegnet darauf kraft ihrer mütterlichen Autorität, Ordnung sei immer empfehlenswert, und Marie und Elise, an die er sich hinterher wendet, zeigen wenig Lust, ihre Ehrenplätze gegen geringere einzutauschen.

Marie und Elise machen sich überhaupt im Hause viel zu wichtig, stellt Brahms bei sich unmutig fest. Das sieht beinahe schon wie altjüngferliche Geschäftigkeit aus. Die anderen Geschwister wollen doch auch Raum haben. Vor allem Julie! Man sollte dem lieben Kind nicht immer so deutlich zeigen: Wir sind die Älteren, wir haben mehr Rechte als du, findet er.

Julie fühlt sich aber keineswegs zurückgedrängt. Sie ist stets gleichmäßig heiter und freundlich, geradezu der Sonnenschein des Hauses. Brahms muß das immer wieder bewundern.

Er versteht Frau Clara nicht, warum sie sich auch jetzt noch so viel Mühe mit Konzertreisen macht. Die älteren Töchter sind schon selbständig. Sie könnte ganz gut mit den vier jüngeren Kindern dauernd in Baden-Baden leben. Schüler aus aller Welt kämen das Jahr über zu ihr, und sie hätte, behütet und umsorgt von Julie, ein viel ruhigeres Leben. Er deutet das einige Male an, und als er kein Gehör findet, schreibt er Frau Clara, während sie in England weilt, allen Ernstes darüber.

Clara Schumann sieht jedoch in diesem Vorschlag einen Angriff auf ihre Künstlerehre und meint, daraus entnehmen zu müssen, daß Brahms der Ansicht sei, sie, für die der Dienst an der Kunst noch immer tiefste Verpflichtung und heilige Aufgabe ist, spiele nun nicht mehr so vollendet wie früher.

Daß er sich gründlich täuscht und ihr Spiel noch auf der alten, glanzvollen Höhe ihrer einzigartigen Kunst musikalischer Wiedergabe steht, beweist sie ihm bei einem gemeinsamen Konzert in Oldenburg, obwohl nun bald ihr 50. Geburtstag naht und sie außerdem wieder schwere Sorgen drücken.

Denn Julie, die den Winter wiederum im Süden verbringt, schreibt ihrer Mutter, sie habe dort den Grafen Vittorio Radicati di Marmorito aus Turin kennen- und liebengelernt, und bittet um die mütterliche Einwilligung zu ihrer Verlobung mit ihm.

Frau Schumann weiß in dieser Sache nicht recht Rat. Einerseits ist sie sich darüber vollkommen klar, daß echte Liebe jedes noch so schwere Hindernis überwindet. Das hat sie selbst mit Robert einst der Welt bewiesen. Dagegen sieht sie bei Julchens Liebe zu viele Hindernisse: die fremde Nationalität, den Standesunterschied, ihr eigenes Unvermögen, Julie so auszustatten, wie es dem Rang ihres künftigen Gatten angemessen wäre, und obendrein die Religionsverschiedenheit, denn Marmorito ist Katholik. Am meisten aber stört sie der Gedanke, ihr blondes, süßes Kind einem völlig andersgearteten Mann zur Frau geben zu sollen, mit dem sie selbst in seiner Muttersprache sich nur schwer verständigen könnte.

Sie legt Julie brieflich alle diese Schwierigkeiten dar, befürchtet aber sehr, mit ihren wohlerwogenen Einwendungen wenig Erfolg zu ernten.

Von dieser Sorge verrät sie jedoch Johannes nichts. Sein brieflicher Rat und die ständige Unfreundlichkeit im vergangenen Sommer bewirkten eine Trübung ihrer Freundschaft.

Brahms bemerkt das in den Folgemonaten an der Kühle ihrer seltener gewordenen Briefe deutlich. Er versucht seinerseit zu begütigen, einzulenken, die Herzensfreundin von fast zwei Jahrzehnten wieder zu versöhnen.

Gänzlich gelingt ihm das erst in den Mai- und Junitagen in Baden-Baden. Die kleine Julie hilft dabei nicht wenig mit.

Sie ist noch reizender geworden als im Vorjahre. Die freudige Erwartung auf die Erfüllung eines nahen Glückes verschönt sie zusehends. Die Mutter hat den Grafen Marmorito bei seinem weihnachtlichen Besuch in Frankfurt kennen- und schätzengelernt und ihre Einwilligung zur Heirat gegeben. Nun steht nur noch das Einverständnis von Vittorios Mutter aus. Dann soll die Verlobung öffentlich bekanntgegeben werden. Die Hoffnung auf diesen Freudentag beschwingt das ganze Wesen des jungen Mädchens, verleiht ihm Charme, Vollkommenheit und Ausgeglichenheit.

Julie kann jetzt kein trauriges Gesicht um sich sehen. Alles muß sie aufheitern und fröhlich machen. Sie umschmeichelt die Mutter, die oft mit Wehmut auf sie blickt, wenn sie daran denkt, dieses liebe Kind alsbald an einen fremden Menschen und an ein fremdes Land verlieren zu müssen. Sie weiß Marie und Elise, die das Liebesglück der jüngeren Schwester manchmal ein wenig nachdenklich stimmt und ihnen zu Vergleichen mit ihrem eigenen, bisher liebeleeren Leben Anlaß gibt, abzulenken und zu zerstreuen. Sie versteht selbst Brahms, der im Vorjahr so bärbeißig war, aufmerksam und zuvorkommend zu machen. Sie tauscht mit Bruder Ferdinand für die Zeit seines Urlaubes – denn er ist bereits wohlbestallter Bankbeamter in Berlin – den Tischplatz, und wenn Johannes schweigsam zu werden droht, wirft sie ihm ein munteres Wort zu oder lächelt ihn mit ihren Schelmengrübchen in den Wangen so lieblich an, daß er gleich aufgeräumt und gesprächiger wird.

Brahms beschäftigt sich auch sonst viel mit Julie. Er plaudert mit ihr im Gärtchen an der Oos, spielt ihr in Frau Claras Musikzimmer die im Vorjahr komponierten „Liebeslieder" vor und unternimmt häufig Spaziergänge mit der Kleinen; zum „Waldhorn" im Beuerner Tal, nach Geroldsau, zum Waldsee, zum Erbersteinschloß, ja sogar auf den Battertfelsen und die Ruine Hohenbaden.

Er will ihr den Zauber der heimatlichen Landschaft erschließen; in der Weihestimmung des feierlichen Waldesdomes, im Felsenmeer der Battert, in der Lieblichkeit der Rheinebene, die sich vor ihren Blicken aus dem grünen Mantel des Schwarzwaldes löst. Er nennt ihr die vielen freundlichen Örtchen und Städte im Umkreis, zeigt ihr den Turm des Straßburger Münsters, der zwischen den waldigen Bergen zur Hohenbaden herübergrüßt, erzählt Geschichten, die sich in den heute noch erhaltenen lebenswarmen, leuchtend roten Mauern der alten Burg zugetragen, und verkostet mit ihr in der traulichen Schenke den Wein des gottgesegneten badischen Landes: den goldgelben Achkarrer vom Kaiserstuhl am Rhein, den rosenfarbenen Glottertäler aus der Umgebung von Freiburg im Breisgau, den feurigen, tief dunkelroten Affetaler, der fast greifbar nahe hinter der Yburg vom Schwarzwald dem Rhein zu wächst.

Julie nimmt das alles fröhlich und unbefangen wie ein süßes, zwitscherndes Vöglein hin, trippelt von Aussicht zu Aussicht, flattert von Blume zu Blume, nippt von Glas zu Glas.

Wie sie aber auf dem Heimweg über „Sophienruhe", „Strohhütte" und „Hungerburg" auf die Terrasse des Badener Schlosses über der Altstadt gelangen und unter uralten ausländischen Nadelbäumen Rast machen, scheint sie sich hier viel wohler zu fühlen als oben auf der freien Höhe. Sie lauscht den Erzählungen über die „Civitas Aurelia Aquensis" unter den römischen Kaisern Hadrian und Caracalla, läßt sich die Stellen zeigen, wo sich einst antike Tempel und Bauten befanden, und von der Pracht der römischen Bäder am Berghang berichten.

Ganz selig aber dünkt sie unten im Tal in der phantastischen Traumwelt des Kurhaus-Bezirkes und der erst in den letzten Jahren in einen exotischen Garten umgewandelten Lichtentaler Allee.

„Das ist wie im Süden!“ versichert sie ein über das andere Mal entzückt. „Deswegen schwärme ich für Baden-Baden ... Die vielen blühenden Sträucher und Bäume, die seltsamen südlichen Gewächse, der Rausch von Grün, Farbig und Silber im Zusammenwirken von Laub, Blüten und Wasser erinnert mich immer an die Riviera, an Südfrankreich, an Italien. Es gibt nur einen Ort in deutschen Landen, der sich mit diesen gesegneten Gegenden vergleichen darf. Und das ist Baden-Baden! Mich zieht es nach dem Süden“, bekennt sie. „Aber auch Baden liebe ich sehr. Und der neue Kurpark, die Spielbank, die Lichtentaler Allee können erfolgreich neben dem Traum von Monte Carlo bestehen.“

Es ist bereits dämmerig, als Julie so schwärmt. Die Trauerbuchen und -weiden wehen mit ihren grünen, bis in die Oos hängenden Schleiern. Auf der Promenade und in den großen Hotels, zu denen die zahllosen Brücklein über die Oos führen, werden Lichter entzündet. Die Trinkhalle mit ihrem Farbenwechsel von Terrakotta, hellem Marmor und rotem Backstein bekommt in den bunten Bildern ihrer Fresken aus den Sagenkreisen von Eberstein, Mummelsee, Fremersberg und allen den vielen Örtlichkeiten um Baden geheimnisvolles Leben. Weiche, lockende Klänge stehlen sich aus dem Musikpavillon herüber.

Seltsam weich wird es auch Brahms ums Herz.

„Johann Strauß aus Wien dirigiert seinen neuen Walzer ‚An der schönen blauen Donau‘“, sagt er, um der Stimmung nicht ganz zu erliegen.

„Ach, wie schön wäre es, nach diesen wiegenden Melodien zu tanzen!" flüstert Julie berauscht.

„Willst du tanzen? Soll ich einmal mit dir einen Ball im Kurhaus besuchen?" fragt Johannes rasch.

Vor Julchens geistigem Auge erstehen dabei Pracht und Prunk der Kurhausräume; der von funkelnden Kristallustern reflektierte und von hohen Spiegeln vervielfachte Schimmer unzähliger Kerzen, der Glanz der Parkette, der Zauber phantastischer Blumenarrangements und einschmeichelnder Musikklänge. Herrliche Toiletten und kostbare Pelze, glitzernder Schmuck schöner Frauen, ordenbesäte Uniformen und dunkle Fracks, unbeschwert fröhliche Menschen und exotische Gestalten wirbeln in der Traumwelt des Tanzes an ihr vorüber.

„Das wäre herrlich!" entzückt sich das Mädchen, von den eigenen Phantasiebildern gefangengenommen.

Weniger begeistert davon zeigt sich die Mutter, der sie daheim diesen Vorschlag sofort unterbreiten.

„Ich fürchte, das würde Julchen viel zu sehr anstrengen", meint sie besorgt und findet überhaupt, daß die weiten Wanderungen für das zarte Kind nicht das Richtige seien.

Ihre Sorge darob erübrigt sich bald und wird durch eine neue ersetzt. Denn bereits am nächsten Tag langt die formelle Werbung des Grafen Marmorito um Juliens Hand in Lichtental ein, weil nunmehr seine Mutter ihre Zustimmung zur geplanten Verbindung gegeben hat.

Julie ist darüber glückselig. Sie umhalst alle weiblichen Familienmitglieder, von der Mutter angefangen bis zu Eugenie, und lacht und weint vor Freude durcheinander.

Die Geschwister gratulieren herzlich. Nur Elise scheint auf einmal verschwunden. Aber während noch die Mutter nach ihr ruft, kommt sie mit einer fürsorglich im voraus beschafften Flasche Sekt und Gläsern, und alle, auch die Kinder Jenny und Felix, dürfen auf das Wohl der ersten Braut der Familie trinken. Das schafft gleich eine Feierstimmung. Da sämtliche Geschwister außer Elise, die ihn in Frankfurt sah, Julchens Bräutigam noch nicht kennen, sind sie voller Neugier und wollen nun über ihn allerlei wissen.

„Ist er auch so südländisch dunkelhäutig, klein und ameisenartig beweglich wie der italienische Gesandte, der im Vorjahr in Baden-Baden war?“ erkundigte sich der fünfzehnjährige Feix.

„Nein, nein“, wehrt Julie lachend ab.

„Aber er redet bestimmt wie ein Wasserfall. Das tun doch alle Italiener. Das liegt ja schon in der Sprache?“ meint Ferdinand.

„Trägt er einen Schnurrbart?“ interessiert sich Eugenie, und Marie fragt geradezu:

„Hast du ihn wirklich so lieb, da du mit ihm so weit von uns allen fortgehen magst?“

„Vittorio ist der beste und liebste Mensch, den ich kenne“, sagt Julie innig. „Mit ihm gehe ich bis ans Ende der Welt.“

Das hört die Mutter, die im Kabinett neben dem Musikzimmer an ihrem Schreibtisch sitzt und schweren Herzens ihren Antwortbrief an Marmorito erwägt, weil irgendein dunkles, ahnungsvolles Gefühl sich wider das schon gegebene Jawort, das sie jetzt noch bestätigen muß, erhebt. Sie vernimmt die Worte ihrer Tochter mit dem wachen Sinn der Mutterliebe, dem kein Nebenklang entgeht, prüft sie in der Erinnerung an die eigene große Liebe ihres Lebens und findet sie so echt und wahr und herzinnig, daß sie mit einem tiefen Seufzer des Verzichts den Brief an ihren künftigen Schwiegersohn in Julchens Sinn beendet.

Sie muß eben endlich lernen, Kinder herzugeben, spricht sie sich selbst dabei Mut zu. Wohl hat sie bereits zwei Söhne an den Tod verloren: den kleinen Emil ganz und unbedingt und Ludwig bitter und leider nicht weniger sicher. Diesmal verliert sie aber ein Kind ans Leben! Es ist auch das nicht leicht und will gemeistert werden; denn es verlangt viel Kraft und völlige Selbstlosigkeit vom Mutterherzen.

Inzwischen deckt Elise im Garten den Kaffeetisch und schmückt ihn festlich mit farbigen Bändern und vollerblühten Rosen. Auch die schönsten Stücke aus Mutters Silberschrank bringt sie herbei.

„Nanu, was ist da los?" fragt Brahms erstaunt, wie er die Tafel sieht.

„Wir feiern heute unter uns Verlobung", erklärt ihm Jenny wichtig.

„Wer hat sich denn verlobt? Du etwa, kleine Kröte?" scherzt Brahms, noch völlig ahnungslos.

Eugenie wehrt lachend ab: „I wo!" Und Ferdinand schlägt vor, zu raten.

„Na, dann wahrscheinlich Marie", geht Brahms gutmütig auf den Vorschlag ein.

„Oh, weit gefehlt", winkt die errötend ab.

„So, so." Brahms wird nachdenklich. „Dann eben die Elise ..."

„Gefehlt, gefehlt! Zum zweitenmal gefehlt!" triumphiert Felix schadenfroh.

„Ja, wer denn sonst?"

Johannes ist mit einem Male sichtlich unruhig geworden.

„Ich", sagt Julie einfach, und ein glückseliges Lächeln läßt das liebe Kind noch reizender erscheinen.

„Julie! ..." ruft Brahms ganz fassungslos.

„Und einen Italiener heiratet sie", berichtet Ferdinand.

„Gar einen Grafen", macht sich Felix wichtig.

„Am Ende treibt ihr loses Volk mit mir nur Scherz ...", stößt Johannes mühsam hervor, und seine Züge verzerren sich zu der Grimasse eines Lächelns.

„Es ist schon wahr", klingt da auch Claras dunkle, volle Stimme hinter ihm. „Ich wollte es dir eben sagen. Doch kam die übereilige Jugend mir zuvor", entschuldigt sie sich freundlich.

„Aber wie kann denn Julie einen wildfremden Menschen, den wir gar nicht kennen, heiraten?" fragt Brahms überwältigt.

„Ich liebe Vittorio", antwortet an Stelle der Mutter Julie mit leuchtenden Augen.

Da dünkt es Brahms, als ob er wieder auf der Rheinbrükke bei Konstanz stünde. Die von ihm heißgeliebte Frau, die sich zu einem andern Mann bekennt, ist aber diesmal Julie.

Wie damals tritt er mit einem Ruck beiseite, sagt rauh:

„Da gratuliere ich und will für heut' nicht stören!" reicht Julie und ihrer Mutter kurz die Hand und geht.

Er nimmt auch die für Julie neu komponierten „Walzer" wieder mit, durch die er das tanzlustige liebe Kind hatte erfreuen wollen. Erst vierzehn Tage später gibt er sie Frau Schumann. Aber die ganzen Folgewochen findet er seltener als sonst ins Schumann-Haus, gehabt sich mürrisch, einsilbig und verdrossen und spricht mit Julie überhaupt nicht mehr.

Bestürzt und überrascht erkennt Frau Clara, daß er für ihre Tochter eine tiefe, herzliche Liebe hegte.

Als gegen Sommersende Graf Marmorito nach Baden-Baden kommt, bleibt Brahms überhaupt aus. Nur am Polterabend taucht er auf und bringt Julie ein schönes Bild ihrer Mutter als Geschenk. Bei der Trauung in der alten Lichtentaler Kirche am nächsten Tag ist er nicht zugegen und fehlt auch bei der Abreise des jungen Paares nach seinem künftigen Wohnort Turin.

Nur einige Tage später, als Frau Clara eben ihren Schmerz über das Scheiden der ersten Tochter aus ihrem Haus dem Tagebuch anvertraut hat und mit den Worten schließt: „Das

Glück der beiden warf einen mildernden Strahl in mein armes Herz, das wahrhaft blutete ...", steht Johannes wieder vor ihr. Er übergibt ihr eine neue Komposition, die „Alt-Rhapsodie" für Solo, Männerchor und Orchester über Worte aus Goethes „Harzreise", und erklärt mit deutlich erkennbarer Bitterkeit:

„Das ist *mein* Brautgesang."

Clara reicht ihm die Hand und versichert mit tränenumflortem Blick:

„Wir haben sie *beide* verloren."

Felix und Ferdinand

„Mutter, Mutter! Weißt du schon das Neueste? Es wird Krieg geben. Krieg mit Frankreich!"

Mit diesen atemlos hervorgestoßenen Worten stürzt der hochaufgeschossene Felix in das grüne Gärtchen an der Oos.

„Krieg? ..." entsetzt sich Clara Schumann.

Dabei durchzittert sie der bange Schreck, den jede Mutter erwachsener Söhne bei dieser Drohung fühlt. Im nächsten Augenblick faßt sie sich aber und fragt ganz sachlich:

„Woher willst *du* das wissen, Lix?"

„Alle Menschen in der Stadt drinnen reden davon. Sie erzählen, die Franzosen hätten die Kandidatur des Prinzen Leopold von Hohenlohe-Sigmaringen auf den spanischen Thron, die angeblich vorigen Sommer hier bei uns in Baden-Baden im Palais Hamilton und im Maison Meßmer ausgeheckt worden sein soll, als eine Beleidigung Frankreichs bezeichnet. Und alle meinen, es wird deswegen zu einem Krieg kommen."

Frau Clara schüttelt ungläubig den Kopf.

„Das verstehe ich nicht", findet sie. „Was kümmert das die Franzosen, woher die Spanier sich ihren neuen König holen! Freilich, es ist der Nachbarstaat", überlegt sie hernach. „Aber, daß es deswegen gleich Krieg geben muß? ..."

„Die Leute sagen, die Thronkandidatur ist nur der Anlaß. Und wenn das wahr ist ... und wenn man *uns* den Krieg erklärt, dann werden wir uns wehren und es ihnen zeigen!" ereifert sich Felix.

Frau Schumann schüttelt über diesen unzeitigen Eifer mißbilligend den Kopf. Von dieser Seite kennt sie ihren Jüngsten gar nicht. Bisher hatte er doch nie für Politik ein Interesse an den Tag gelegt. Im Gegenteil. Sein Herzenswunsch war immer, Künstler zu werden, Klavier- oder Geigenvirtuose. Wirkt da das Beispiel seiner robuster veranlagten Schulkameraden oder eignete er sich wahllos und überschnell Meinung und Ansicht anderer gleichaltriger Kameraden an? Darüber muß man sich als Mutter sogleich Gewißheit verschaffen.

„Du sagtest: ‚Wir werden es ihnen zeigen.' Selbst wenn es zu einem Krieg kommen sollte: Du wirst dabei kaum mittun können", geht sie sofort aufs Ziel los.

„Ich hoffe aber schon, Mutter. Ich möchte mich nämlich als Kriegsfreiwilliger melden", versichert Felix. „Alle meine Schulkollegen sprechen von nichts anderem."

Doch die Mutter scheint nicht derselben Meinung.

„Was fällt dir ein, Lix", verweist sie. „Du bist doch eben erst sechzehn Jahre alt geworden."

„In den Befreiungskriegen nahm man noch jüngere Freiwillige, haben wir gelernt", fällt ihr der Sohn leidenschaftlich ins Wort.

„Sei doch vernünftig, Lix! Das war ja eine andere Zeit", mahnt Frau Clara ernst. „Wenn wirklich wiederum ein Krieg ausbräche, dann mußt du schon so lange warten, bis die Reihe an dich kommt. Das ist mein Wunsch, und das darf ich doch von dir verlangen. Ferdinand hat auch im letzten Krieg vor vier Jahren noch daheim bleiben dürfen."

Jetzt freilich, sagt sie sich selbst, wird der Einundzwanzigjährige wohl einer der ersten sein, die man zu den Soldaten ruft ... Aber vielleicht kann diesmal das Ärgste noch vermieden werden, hofft das Mutterherz.

Und diese Hoffnung scheint sich schon in den allernächsten Tagen zu erfüllen. Denn derselbe Felix, der zuerst vor Eifer flammte, bringt zwei Tage später, nicht weniger begeistert, ein Extrablatt der „Kölnischen Zeitung" ins Haus, das berichtet:

Sigmaringen, 12. Juli.

Als bestimmt wird gemeldet: Prinz Leopold entsagt der Thron-Kandidatur Spanien, den Gefühlen folgend, welche es ihm als preußischem und deutschem Offizier unmöglich machen, um seiner Person willen Deutschland in den Krieg zu stürzen und gleichzeitig Spanien einen blutigen Kampf als Mitgift zu bringen.

Paris, 13. Juli, 3 Uhr nachm.

Man hält den Frieden für gesichert.

Das beruhigt Frau Clara vollkommen. Nun braucht sie auch ihr übermorgen in Bad Kreuznach stattfindendes Konzert nicht abzusagen und macht sich sofort auf die Fahrt.

Wenige Tage später, auf der Heimreise nach Baden-Baden, sieht es ganz anders aus. Alle Eisenbahnzüge weisen bedeutende Verspätungen auf, sind überfüllt von aufgeregten Menschen, und zwei bereits zum Begriff gewordene Worte beherrschen alle Gespräche: „Emser Depesche" und „Mobilmachung".

Von der Hitze, der überlangen, unbequemen Reise und den Sorgen der Stunde aufgerieben, kehrt Clara Schumann zurück. Auf dem Bahnhof von Baden-Baden, den unzählige in Abreise begriffene Kurgäste mit großem Gepäck bevölkern, erfährt sie von der Kriegserklärung.

Was in den letzten Stunden unheilbang und sorgenschwer auf ihr lastete, wird nun Gewißheit. Es ist Krieg, und ihr Ferdinand hat dabei mitzukämpfen.

Die Mutter fügt sich ins Unabänderliche. Äußerlich scheint sie die Ruhe selbst. Und in ihr Tagebuch schreibt sie:

„Ich würde mich schämen, darüber zu klagen, daß mir nun auch diese Sorge wird, aber stillsteht das Mutterherz dabei nicht ..."

Sie bleibt nicht die einzige, die ihren Sohn hergeben muß, tröstet sie sich selbst. Frauen und Mütter werden nicht gefragt. Sobald das Vaterland als gefährdet gilt, müssen die Frauenherzen schweigen. Und daß Gefahr droht, glauben alle, die nahe an der Grenze wohnen, eher als andere. Drum glaubt es bald in Baden-Baden jedermann.

Ein Gerücht jagt das andere. Die Franzosen hätten sofort nach Kriegsausbruch Saarbrücken erobert, heißt es da. Sie setzten gar schon über den Rhein, will jemand wissen. Die Spitzen ihrer Truppen bestünden aus den sogenannten „Turcos" aus Afrika, behaupten Überängstliche. Ob das eigene Heer schon kampfbereit ist, weiß niemand. Die Angst und Unsicherheit wächst von Stunde zu Stunde.

„Sollen wir in die Schweiz flüchten?" fragen die Töchter in diesem Wirbel widersprechender Nachrichten besorgt. „Noch ist der Weg frei!"

Clara Schumann sagt „Nein" und hält an der Entscheidung selbst dann fest, als sich herausstellt, daß Brahms, der brieflich seinen Schutz anbot, der allgemeinen Bahnsperre wegen nicht aus Wien nach Baden-Baden reisen kann. Sie trifft einige umsichtige Maßnahmen für den Fall, daß der Kriegsschauplatz näherrücken würde, und ist im übrigen gesonnen, in Baden-Baden auszuharren.

In den Augusttagen finden die ersten beruhigenderen Meldungen den Weg ins Oos-Tal; die Kunde von Weißenburg und Wörth, die Nachricht vom Kampf um die Spicherer Höhen. Danach folgt eine Botschaft der anderen. Aus den Namen deutscher Erfolgsmeldungen um Metz erwächst die Gewißheit, daß der Krieg immer ferner rückt. Die Siegesglocken von Gravelotte, die aus der Rheinebene über Oos und Scheuem nach Baden-Baden, nach Lichtental und in die fernsten Schwarzwaldtäler dringen, bekräftigen die allgemeine Überzeugung, daß Baden-Baden nicht mehr Kriegsschauplatz werden wird. Auch bei Frau Schumann, obwohl jede Schlacht, in der ihr Ferdinand mitkämpfen muß, zum Prüfstein für ihr Mutterherz wird.

Felix bleibt nun keine Stunde mehr daheim. Immer jagt er neuen Mitteilungen über den Fortgang des Krieges nach. Er ist es, der die Kunde von der Einschließung Straßburgs durch die deutschen Truppen bringt. Felix weilt auch an jenem strahlenden Augusttag nicht daheim, an dem in Baden-Baden erstmals ferner Geschützdonner vernehmbar wird. Marie hört ihn als erste und glaubt zunächst, es würde irgendwo gesprengt. Jenny aber hält das Dröhnen gleich für Kanonendonner.

Die Mutter sitzt beim Klavier und studiert für die herbstliche Konzertsaison. Da tritt Eugenie ins Zimmer und nimmt ihr wortlos die Hände von den Tasten. Nun erkennt auch sie das dumpfe Grollen als ein Geräusch des Krieges.

So also, ja wahrscheinlich viel lauter, schrecklicher, dröhnt es dort, wo Ferdinand weilt, ist ihr erster Gedanke, und die Sorge um den Sohn, die immer wache, niemals ruhende, flammt heißer auf denn je, obwohl sie Ferdinand nicht bei der Belagerung von Straßburg weiß.

Wo mag er im Augenblick sein, fragt sie sich. Steht seine Truppe in Angriff oder Verteidigung? Muß er stürmend dem Tod ins Auge schauen oder mit all seinen Körper- und Geisteskräften dem Andrängen des Feindes wehren? Marschiert er mit seiner Kolonne Stunde um Stunde in Hitze und Staub, mit schwerem Gepäck belastet, auf endlosen Landstraßen, wie sein letzter Brief andeutete, vielleicht hungernd, dürstend, mit schmerzenden Füßen, zum Umfallen müde? Oder schiebt er sich in schützendem Waldesdickicht näher an die feindlichen Linien heran, auf bloßer Erde liegend, durch Morast und Graben dringend? Sind seine Gegner die allgemein als ritterlich bezeichneten Franzosen oder die Turcos aus Afrika? Alle diese Fragen quälen und martern das Mutterherz, wie allein bangste Ungewißheit und bittere Angst um einen lieben Angehörigen, der in Gefahr schwebt, peinigen können.

Äußerlich zwingt sich Frau Schumann vor ihren Töchtern Haltung auf, um nicht auch noch die Mädchen zu verstören. Sie sitzt mit ihnen lange im kleinen Gärtchen an der Oos und lauscht auf die mitleidlose Stimme des Krieges, der nun doch ganz nahegerückt ist. Als Marie, die ihre Gedanken mitzudenken und ihre Kümmernisse mitzuleiden scheint, mitten in das sorgenvolle Schweigen der drei Frauen hinein leise sagt: „Wenn nur Ferdinand gesund heimkommt!“, antwortet sie heißen Herzens:

„Der Himmel möge ihn beschützen!“

Gegen Abend trifft dann Felix erhitzt und übermüdet ein. Er war auf der Yburg und sah von dort brennende Orte um Straßburg.

Von diesem Augustnachmittag an dröhnen Tag um Tag und Nacht um Nacht die Kanonen vor Straßburg nach Baden herüber. Dadurch wird für Clara Schumann jede Ablenkung vom Geschehen des Krieges unmöglich. Immer bleibt er gegenwärtig. Und damit bleibt auch die Sorge um den Sohn allgegenwärtig.

Bisher hatte das Warten von Brief zu Brief die krampfhaft festgehaltene Hoffnung ausgefüllt, die Folgenachricht würde, ja müsse ebenso günstig wie ihre Vorgängerinnen sein. Das Harren im ständigen Geschützdonner wird zur härteren, zu einer schier aufreibenden Nervenprobe. Wohl füllt Frau Clara ihre Tage streng mit Arbeit aus und achtet darauf, daß die Kinder gleichfalls immer beschäftigt sind. Doch da sind die Nächte! Nächte, in denen das dumpfe Grollen jenseits des Rheins keinen Schlaf aufkommen läßt; Morgenstunden, in denen man aus wüstem Traum, durch den neu einsetzenden Kanonendonner aufgeschreckt, emporfährt und pochenden Herzens nur noch weiß, daß man soeben bei dem Sohne geweilt. Da heißt es täglich und stündlich sich Haltung anbefehlen und immerdar bereit und willig sein, wenn es geschehen muß, nun auch zum drittenmal ein Kind, einen Sohn zu verlieren.

Einmal, an einem besonders klaren Tag, läßt sich die Mutter bereden und geht mit den beiden Mädchen auf die Ruine Hohenbaden, um von der Plattform des alten Bergfrieds nach Straßburg hinüberzuschauen.

Tiefe Stille, ein unnennbarer Friede liegt über dem badischen Land, über dem Schwarzwald, als sie auf der Höhe stehen. Ein wolkenloser, blankblauer Himmel verstärkt noch diesen Eindruck. Das leuchtende Blau, das tiefe Rot des Gemäuers, das satte Grün des Waldes gibt einen wundervollen farbigen Zusammenklang. Alle Berge im Umkreis sind genau zu sehen. Der Rhein blinkt aus der Ferne herauf. Ganz deutlich wahrnehmbar breitet sich in der Ebene Rastatt und hart am Horizont noch Karlsruhe. Nur dort, wo sonst die Steinnadel des Turmes vom Münster Erwins von Steinbach in den Äther ragt, liegt eine eigenartige Wolke.

Dort draußen herrscht der Krieg, der Unerbittliche, fühlt Clara Schumann. Und sorgenvoll gedenkt sie ihres Sohnes und betet:

„Herr, schick mir das Kind heil heim!"

Den Rückweg treten die Frauen auf dem stillen Waldpfad an, der zum Bahnhof hinunterführt. Die Mutter spricht dabei kein Wort. Sie ist mit allen ihren Gedanken bei Ferdinand, der wohl die schwerste Pflicht erfüllt, die es in einem Mannesleben gibt.

Ihre Pflichterfüllung besteht dagegen, wie meist im Frauenleben, im Ertragen und stillen Dulden. Auch das fällt gar nicht leicht. Irgend etwas tun und helfen wäre besser.

In den nächsten Wochen arbeitet sie darum mit ihren Töchtern eifrig an Binden und Verbandzeug für Verwundete.

Dabei wird ihr viel leichter ums Herz, weil sie durch ihrer Hände Fleiß das Leid des Krieges lindern kann.

Zu Herbstbeginn verläßt Frau Schumann Baden-Baden und geht mit ihren Kindern nach Berlin. Dort sucht und findet sie ein noch mehr befriedigendes Arbeitsfeld. Sie spielt in Lazaretten vor Verwundeten und sieht tausend Augenpaare aufleuchten; sie setzt ihre Kunst unentgeltlich zur Unterstützung von Familien Gefallener ein und erlebt die hohe Freude, Not mildern zu dürfen. Dabei überwindet man auch die Sorge um den Sohn ein wenig leichter.

Im Jänner 1871 reist sie dann mit Marie und Eugenie nach England. Sie hat sich inzwischen auf den britischen Inseln viele Verehrer und Schätzer ihrer Kunst gewonnen und kann sich dort beinahe heimisch fühlen. In diesem Jahr sind außerdem die beiden Töchter bei ihr. Trotzdem klagt sie in einem Brief an Brahms: „Es vergeht keine Stunde, wo ich nicht einige verstohlene Seufzer nach Deutschland sende." Die Sorge um den Sohn und um die in der Heimat zurückgebliebenen Kinder wächst eben immer höher auf. Auch ist ihre Stellung als Angehörige einer kriegführenden Nation nicht ganz leicht. Sie denkt parteiischer, wo andere als Neutrale ihre Sympathien ungescheut dem schwächeren Teil zuwenden können. So vermag sie die Gefühle der Engländer schwer zu teilen. Denn ihre Besorgnisse kreisen um den Sohn. Allein um seinetwillen muß sie ein baldiges, für Deutschland günstiges Kriegsende wünschen. Und als es in der Tat noch während ihres Londoner Aufenthaltes eintritt, vermögen wieder die Engländer – die nächsten Freunde ausgenommen – ihre Freude nicht zu verstehen.

Als Mutter besitzt sie aber allen Grund zu dankbarer Freude; denn ihr Ferdinand ist trotz ihr unvorstellbar dünkender Strapazen und harter Kämpfe, die er mitmachen mußte, heil geblieben.

So überquillt ihr Herz vor Glück und Dankbarkeit, als sie wieder in ihrem Lichtentaler Häuschen weilt und vom Einzug der heimkehrenden Truppen und der großen Parade in Berlin erfährt, an der auch ihr Sohn teilnimmt.

Wenige Tage später erlebt sie überselig die schönste Überraschung. Ein braungebrannter, sehniger junger Soldat mit einem blonden Vollbart kommt zu Besuch. Ihr Sohn! Sie hält ihn unter Freudentränen in ihren Armen: lebend, gesund und ernster, reifer, männlicher geworden. Sie empfindet das als ein ebenso herrliches Geschenk des Himmels wie jenen Augenblick ihres Lebens, da sie den ersten Schrei des neugeborenen Ferdinand vernahm und man ihr das Kind zum Stillen reichte.

Er ist ihr jetzt neu gegeben, ist wiederum ihr eigen!

Vor diesem Hochgefühl der Mutter verblaßt ein anderes Glück, das ihr gleichzeitig geboten wird: die Freude, daß die kleine Julie in Turin sie zur Großmutter machte. Sogar die Ehre, in diesem Sommer vor Kaiser Wilhelm I. in Baden-Baden spielen und mit ihm reden zu dürfen, verliert davor den Glanz.

Doch schließlich verrauschen die glücklichen Stunden der Mutter. Alltag und Pflicht verlangen ihre Rechte.

Wieder reist sie von Stadt zu Stadt, von Konzert zu Konzert. Es wird der Zweiundfünfzigjährigen schon ziemlich schwer. Mancherlei Schmerzen vorgeschrittener Lebensjahre stellen sich ein, lassen sich oft kaum überwinden. Sie steht ja doch schon tief im Lebensherbst. Nur auf dem Podium erscheint sie noch jung und kräftig. Doch eben diese ungebrochene jugendliche Frische ihres Spiels kostet nun größere Anstrengungen, muß jetzt erkämpft werden, während sie früher bloß das Ergebnis emsiger Arbeit, eines eifrigen Studiums und tiefer Versenkung in den seelischen Gehalt der Werke jener Meister war, für die sie eintrat: Johann Sebastian Bach, Ludwig van Beethoven, Robert Schumann und Johannes Brahms. Sie bleiben wohl weiterhin die Leitsterne ihres Künstlerlebens. Nur fühlt sie gerade an der Wiedergabe dieser Komponisten schon manchmal die Grenzen ihrer physischen Kraft, wenn auch die Zuhörer davon nicht das geringste ahnen.

Das Frühjahr bringt die Notwendigkeit neuer schwerwiegender Entscheidungen.

Felix macht ein glänzendes Abitur und steht vor der Berufswahl.

„Liebe, liebe Mutter! Laß mich doch Musiker werden!" bettelt er immer wieder.

Wie gerne wollte sie ihm diesen Wunsch erfüllen! Wie glücklich wäre sie, wenn ein Sohn Robert Schumanns den Namen seines Vaters in der Musikwelt fortsetzen, ihm höheren Glanz verleihen könnte. Aber in zahllosen, unmerklich vorgenommenen Erprobungen seiner Begabung muß selbst das durch die Liebe zum Kind leicht täuschungsfähige Mutterherz die Hoffnung sinken lassen. Der klare, nüchterne Verstand und Überblick der langerfahrenen Musikpädagogin erkennt zu deutlich: Mit einem anderen Namen gelänge es vielleicht Felix, ein ganz beachtenswerter Künstler zu werden, als Schumann müßte er stets der weniger geniale Sohn des viel berühmteren Vaters bleiben. Das will sie ihm ersparen. Sie hat aus den verzweifelten Bestrebungen Vater Wiecks, aus seiner Tochter Marie Wieck eine zweite Clara Schumann zu machen, gelernt. Sie kennt das tief enttäuschungsreiche Leben ihrer Halbschwester, konnte in England und auf dem Kontinent manche von ihrem Vater durch seinen unverständigen Wunsch gleichzeitigen Konzertierens beider Schwestern heraufbeschworene bittere Stunde von Marie Wieck miterleben. Felix, ihrem jüngsten und unter größten Schmerzen geborenen Sohn, soll nicht ein derart unbefriedigendes, von seelischen Demütigungen erfülltes Dasein beschieden sein.

Der Junge begreift das noch nicht in seinem vollen Umfang, während seine älteren Schwestern Marie und Elise dieselbe Vergleichsgefahr mit der Kunst ihrer Mutter wohl fürchten und daher nicht öffentlich auftreten, sondern nur unterrichten. Frau Clara bemüht sich daher um einen Zeitgewinn für die Entscheidung, der gleichzeitig für Felix keinen Zeitverlust bedeutet. Sie bewegt ihn zum Universitätsstudium und verschiebt dadurch die endgültige Berufswahl auf eine spätere Zeit größerer Reife ihres Jüngsten. Der Hinweis auf die Universitätsjahre des Vaters, besonders auf seine Heidelberger Semester, helfen ihr da.

Felix ist plötzlich Feuer und Flamme für ihren Vorschlag und gern bereit, das beginnende Sommersemester in Heidelberg zu verbringen.

Dagegen hindert die Mutter ihre jüngste Tochter Jenny nicht, sich an der Berliner Musikhochschule für den gleich Marie und Elise gewählten Beruf als Musikpädagogin vorzubereiten. Bietet doch der Lehrberuf eine der ganz wenigen

Möglichkeiten für ein Mädchen aus gutem Hause, selbständig und allein seinen Lebensweg zu gehen.

Keiner der drei musikalischen Töchter eignet der Reiz von Anmut, Schönheit und Klugheit, der Julie so begehrenswert machte. Die Aussicht, sie ebenso gut und glücklich zu verheiraten, ist viel geringer. Da scheint es günstig, wenn sie durch einen Beruf auf eigenen Füßen stehen können.

Ob übrigens Julchen den richtigen Weg wählte, dünkt auch nicht ganz gewiß.

Als sie im Hochsommer mit ihrem Gatten und dem älteren Söhnchen Duaddo nach Baden-Baden zu Besuch kommt, erschrickt die Mutter über das elende Aussehen der jungen Frau. Das soll ihre liebliche kleine Julie sein, die immer Fröhliche, der Sonnenschein der Familie?

Ein blasses, schmales Frauchen, dem kein Unbekannter nur 25 Jahre geben würde, tritt ihr mit müdem Lächeln entgegen und redet dabei auf das herzige, schwarzlockige Bübchen an ihrer Hand in italienischer Sprache so lange ein, bis der kleine Kerl, allerdings ziemlich zögernd, sein Händchen reicht und „Mamma" sagt. Dazu lächelt Julie ein wenig, aber nicht silberhell wie sonst, sondern seltsam heiser, und dieses Lachen endet in einem Hustenkrampf. Graf Marmorito zeigt sich sehr rücksichtsvoll und um Frau und Kind besorgt. Aber irgend etwas scheint bei Julie nicht zu stimmen; denn wie sie Mutter und Geschwister umarmt, stehen ihr die Tränen in den Augen.

Frau Schumann schneidet dieser Anblick so ins Herz, daß auch sie nur mit Mühe ihre Tränen zurückdrängt.

Die älteren Schwestern glauben an eine Überanstrengung der immer zart gewesenen Julie durch die schnelle Aufeinanderfolge der Geburten ihrer beiden Söhne, von denen der jüngere in Turin verblieb. Auch ist das kränkelnde Geschöpf schon wieder guter Hoffnung. Die Mutter fühlt aber, daß hier noch andere Gründe wirksam sind. Sie beobachtet in den Folgewochen scharf ihren Schwiegersohn Vittorio, vermag aber in seinem Verhalten nicht das geringste zu entdekken, was sie bedenklich machen könnte. Er dünkt der beste und aufmerksamste Gatte. Verschiedene Versuche, von Julie selbst etwas zu erfahren, scheitern. Nur einmal, als das Söhnchen eben einschläft, Graf Marmorito mit Felix und seinen drei Schwägerinnen einen Ausflug unternimmt und dadurch Mutter und Tochter ungestört allein zusammen sind, findet sich ein Weg.

„Wie verhält Vittorio sich zu dir?“ forscht die Mutter.

„Ach, Vittorio ist noch immer so gütig, liebevoll und zartfühlend, wie ich ihn kennenlernte. Seine Liebe bedeutet für mich wirklich den einzigen Lichtblick in dem fremden Land, wo mich sonst niemand versteht, niemand kennt und tröstet und niemand meine Sprache spricht ... Nicht einmal meine Kinder!“ sagt die junge Frau traurig.

Damit gesteht sie ein, wie quälend sie das Heimweh verzehrt.

„Mein armes, armes Julchen!“ flüstert Frau Clara und streicht ihrer Tochter tröstend übers Haar, wie einst ihre eigene Mutter, die während ihrer letzten Englandreise in Berlin verstarb, sie früher tröstete. Ihr Schmerz darüber, daß just das eintraf, was sie schon vor der Eheschließung so sehr befürchtete, ist groß; ihr Mitleid mit dem teuren Kinde grenzenlos.

Wie soll man aber da helfen? Um diese Frage kreisen unentwegt ihre Gedanken.

„Wäre es nicht besser, du bliebest eine Weile bei uns?“ versucht sie endlich einen Vorschlag.

„Nein, nein!“ stöhnt Julie gequält auf, und ein krampfhafter Husten durchschüttelt sie, „Dann würde man mir inzwischen meine Kinder entfremden. Sie werden ohnehin schon ganz als Italiener erzogen.“

„Ja, Kind, dann sehe ich im Augenblick hier keinen Rat", gesteht die Mutter bedrückt. Denn sie erblickt nur einen Ausweg für Julie aus ihrem Unglück, den letzten, traurigsten, daß sich das schwache, kränkelnde Frauchen in diesem seelischen Leid verzehrt, bis sie der Tod erlöst.

Frau Schumann fühlt auch, als Julie und die Ihren abreisen, ganz deutlich: „Es ist der allerletzte Abschied von deinem lieben Kind!"

Kurze Zeit später schreibt ihr tatsächlich Graf Vittorio verzweifelt, das Befinden von Giulietta verschlimmere sich leider von Tag zu Tag. Sie huste mehr als je und fiebere ständig. Und sechs Wochen nach der Abreise der Marmoritos ereilt Frau Schumann in Heidelberg die Todesnachricht.

Sie steht eben im Begriff, ins Konzert zu fahren. Ihr Name prangt an allen Anschlagsäulen, das Publikum strömt wahrscheinlich schon in den Saal. Felix, den sie noch nicht begrüßen konnte, wird in der ersten Reihe sitzen. Und sie hat ihre Julie verloren. Die kleine, süße Julie!

Jetzt soll sie spielen? Halb sinnlos vor Schmerz? Vor fremden Menschen spielen, die ihr Leid nicht kennen?

Ach, ist es nicht besser, mit einem unbekannten Leid vor die Menge zu treten, als unter Dornen, die jeder sieht, die jeder aus Neugier und Sensationslust sehen will, meldet sich die Erinnerung an andere bittere Konzertabende ihres Lebens.

Doch wie soll sie spielen, auswendig, ohne Noten spielen, wo der Schmerz alle ihre Sinne gefangenhält, wo ihre armen, wirren Gedanken keine einzige musikalische Phrase mehr erhaschen?

Aber absagen ist auch unmöglich. Das wird ihr klar.

Johann Sebastian Bachs „Italienisches Konzert", Beethovens Sonate op. 109 und einige Werke Schumanns stehen auf dem Programm. Sie denkt an die drei Meister, denen sie dienen soll. Blind wurde der allgewaltige Leipziger Thomaskantor, als er das Wunderwerk aller Musik, „die Kunst der Fuge“, schuf. Völlig ertaubt war Beethoven schon, als er seine letzten Klaviersonaten und Streichquartette schrieb, und hat sie nie in seinem Leben hören dürfen. Mit seiner letzten Geisteskraft, mit seinem Herzblut rang sich Robert „Genoveva“, „Manfred“ und „Faust“ ab. Vor so viel Leiden wiegen ihre Tränen leicht. Vor diesen großen Menschen soll sie schwach werden, erlahmen und erliegen? Das darf nicht sein!

Sie rafft sich auf, nimmt sich die Noten, die Stücke, die sie spielen soll, noch einmal vor und überliest sie aufmerksam und gesammelt Takt für Takt. Dann verschließt sie den heiligen Schmerz der Mutter um ihr liebstes Kind in ihr Herz und tritt vors Publikum.

Niemals hat sie schöner gespielt als an diesem Abend, da sie sich ganz in Gedanken und Werk der großen Meister versenkte, um ihr eigenes Leid nicht aufflammen zu lassen, fühlt sie später dumpf und unbestimmt. Das sagen auch alle ihre Verehrer und Freunde, die sie im Künstlerzimmer nachher umringen. Nur einer, von dem sie es am liebsten vernommen hätte, sagt es ihr nicht.

Denn Felix ist nicht da. Sie fragt nach ihm. Ihr Sohn soll angeblich erkrankt sein, antwortet man ihr behutsam. Da lebt die Muttersorge in ihr auf und damit das Leid der letzten Stunden. Die Kraft, mit der sie sich fast übermenschliche Selbstbeherrschung erzwang, versiegt, und Clara Schumann gleitet ohnmächtig zu Boden.

Doch sie erholt sich rasch.

„Seit dem Krieg bin ich hinsichtlich meiner Söhne ein wenig schreckhaft geworden“, beruhigt sie mit einem schwachen Lächeln die sie bekümmert und sorgenvoll Umstehenden. Dann verlangt sie Kölnerwasser und ein Glas Wein und fährt danach trotz der schon vorgerückten Stunde unverzüglich zu Felix.

Glücklicherweise schläft der Kranke noch nicht und freut sich sichtlich über ihren Besuch.

Sie findet ihn etwas schwach und blaß, aber ganz aufgeräumt und heiter. Seine Krankheit tut er mit einer Handbewegung ab. Er habe sich verkühlt und eine kleine, nichtssagende Lungenentzündung überstanden. Nicht der Rede wert!

Während er spricht, erscheinen aber auf seinen Wangen rote Flecken.

Das macht die Mutter besorgt. Sie sucht gleich am nächsten Tag den behandelnden Arzt auf und fragt ihn ängstlich aus; denn sie glaubt bemerkt zu haben, daß die äußeren Anzeichen der Erkrankung ihres Jüngsten mit jenen von Julies Leiden starke Ähnlichkeit aufweisen.

Der Arzt bemüht sich, Frau Schumanns Bedenken zu zerstreuen. Freilich müsse man trachten, Felix' angegriffene Lunge zu kräftigen, und ganz unbedenklich seien die vorhandenen Beschwerden in seinem Alter auch nicht, gibt er zu. Doch gute Pflege und ein Aufenthalt im Süden würden manches schaffen.

Gute Pflege! Da liegt die Schwierigkeit. Wem sollte sie das Wohl ihres Kindes anvertrauen? Hat sie nicht bei Julie manches versäumt und viel zu wenig selbst eingegriffen? Bei Felix darf sich das nicht wiederholen! Bitter genug, daß sie zwei erwachsene Kinder verlieren mußte.

Felix, nein, Felix könnte sie nicht hergeben!

Daher beschließt Frau Schumann, neben ihrem Sommerheim eine dauernde Winterwohnung einzurichten, damit ihre Kinder auch zur Zeit ihrer winterlichen Konzertreisen zusammen hausen. Dafür kommt natürlich nur Berlin in Frage. Berlin, die Stadt, in der sie selbst sich jedes Jahr einige Zeit aufhielt. Zudem steht Ferdinand, den sie ganz gerne noch etwas in ihrer Obhut haben möchte, in Berlin in Stellung, Marie besitzt dort ihren Wirkungskreis, Jenny absolviert in Berlin ihre Studien. Felix, wenn er wieder völlig auf der Höhe wäre, hätte dann dazu auch die Möglichkeit.

So fällt ihre Wahl auf die seit dem Kriegsende mächtig aufblühende neue Reichshauptstadt, und sie findet in der Tat in den nächsten Wochen mit Hilfe von Bekannten eine ihr zusagende Wohnung im Tiergartenviertel, „In den Zelten 11“, die sie zu einem behaglichen Heim für ihre Kinder ausgestaltet.

Mitten in dieser Tätigkeit besucht Ferdinand sie einmal überraschend und zu ungewohnter Zeit.

Schon wie er vor ihr steht, merkt sie, daß er ihr Wichtiges mitteilen will. Gleichzeitig erscheint ihr, als ob sich etwas in seiner äußeren Erscheinung entscheidend verändert hätte. Bei näherem Zusehen gewahrt sie, daß er, der stets, gleich seinem Vater, auf eine ruhige, vornehme, unauffällige Kleidung Wert legte, heute eine grellbunte Halsbinde trägt, die mit seinem Anzug nicht harmoniert.

„Was hast du denn heute für eine seltsame Halsbinde?“ forscht sie gleich nach der Begrüßung. „Meine neue Halsbinde? ... Ach, liebste Mama! ... Ja. Merkwürdigerweise steht auch meine Krawatte mit meinem jetzigen Besuch in Zusammenhang“, antwortet Ferdinand verlegen und platzt dann geradwegs heraus:

„Ich habe mich nämlich verlobt, und die Halsbinde ist ein Geschenk meiner Braut.“

Die Mutter erschrickt heftig.

„Verlobt? Ja mit wem?“ fragt sie hastig und kann dabei ein unbehagliches Gefühl nicht unterdrücken; denn die Halsbinde ist ungewöhnlich. So etwas trägt man nicht in Deutschland.

Doch Ferdinand wird sofort warm.

„Mit einem lieben, guten Mädchen“, strahlt er. Frau Schumann schüttelt den Kopf.

„Das konnte ich mir denken", sagt sie trocken. „Ich habe nicht erwartet, daß mein junger Sohn sich mit einer schon geschiedenen Frau oder einer Witwe verlobt."

Ferdinand zuckt bei der Erwähnung seiner Jugend leicht zusammen, faßt sich aber gleich und versichert:

„Eben deswegen komme ich ja zu dir, um mir dein Einverständnis zu erbitten."

Diese Bemerkung schmerzt.

„Sonst wärst du *nicht* zu mir gekommen?"

Die Mutter dünkt plötzlich so traurig. Da faßt Ferdinand in jäh aufwallendem Gefühl ihre Hand und küßt sie.

„Verzeih, Mama, die ungeschickte Rede", fleht er. „Natürlich hätte ich mir immer deinen Segen erbeten."

Frau Claras Miene hellt sich wieder auf.

Er ist ja doch ein lieber Kerl! Er hat mir noch nie Kummer bereitet, findet sie. Es war von mir nicht schön, ihn an seine Jugend zu erinnern. Es steht ja doch kein unreifer Junge mehr vor ihr, sondern ein ehemaliger Soldat, der für sein Vaterland mannhaft gekämpft hat. Daneben aber meldet sich sogleich die Muttersorge. Sie spricht aus der Frage:

„Wie heißt deine Braut, und wer sind ihre Eltern?"

„Antonie Deutsch. – Die Eltern kenne ich noch nicht. Nur ihren Bruder, der mit mir im Bankhaus Plaut arbeitet. Bei ihm sah ich zuerst ihr Bild ..." gesteht Ferdinand etwas zaghaft ein. „Ihre Verwandten sind sicher hochachtbare Leute. Aber Toni hat bis vor einem Halbjahr mit ihrer Mutter und ihrem Stiefvater in St. Louis in Nordamerika gelebt. Auf einer Farm. Und aus Amerika ist auch meine neue Halsbinde ..."

„Und daraufhin willst du gleich heiraten!" entsetzt sich Frau Schumann, und vor ihrem geistigen Auge entrollt sich Juliens Schicksal, die auch die ausländischen Eltern ihres Gatten vorher nicht kannte.

„Man muß doch wissen, welcher Familie der Mensch entstammt, mit dem man künftig den Lebensweg gemeinsam gehen will“, belehrt sie sorgsam ihren Sohn.

„Ich kannte die Mutter deines Vaters und alle seine Geschwister lange, bevor wir heirateten, und dein Vater ebenso meine Familie“, setzt sie nicht ohne Bitterkeit hinzu. „Ist dir überhaupt mit dem Heiraten schon ernst bei deiner Jugend?“ forscht sie bang.

„Ich werde heiraten. – Weil ich muß“, antwortet Ferdinand rasch und entschlossen.

„Du mußt?“

Frau Schumann kann ihr Erschrecken nicht verbergen.

„Ich habe Toni mein Wort gegeben und bin ein Ehrenmann, Mama, der sein Eheversprechen richtig hält“, erklärt der Sohn fest.

Diese eindeutige Versicherung erschüttert die Mutter tief.

„Kind, mein Kind! Was machst du mir für Sorgen!“ klagt sie. „Du hast dich, trotz deiner Jugend, schon gebunden. Ich fürchte sehr, ein wenig vorschnell; denn du besitzest doch keine übermäßig einträgliche Position. Wie denkst du dir denn das?“

„Deshalb wollte ich mir deine Hilfe erbitten, Mama.“

Ferdinand wird plötzlich ganz kleinlaut.

„Es handelt sich ja nur um eine bescheidene Ausstattung!“ sagt er leise. „Toni ist von Amerika her nicht verwöhnt. Wir wollen uns in der Tempelherrenstraße vorerst eine ganz kleine Wohnung einrichten; zwei Stübchen und eine Küche. Wenn es einmal so weit ist: So viel verdiene ich schon, daß ich jetzt eine Frau und später einmal ein Kind erhalten kann.“

Frau Schumann antwortet darauf nichts. Ihre Gedanken schweifen in die Vergangenheit.

Auch sie und Robert fingen bescheiden an. Aber einen kleinen Grundstock besaßen sie doch; ihr Gatte sein Erbteil im Geschäft des Bruders, sie einige tausend Taler Ersparnisse. Die Wohnung am Burzelgraben in Leipzig war alles andere denn hochherrschaftlich – sie hielten anfangs nicht einmal eine Magd –, doch umfaßte sie immerhin drei Stuben, zwei Kammern und Nebenräume und lag in einer Gegend, in der sich inzwischen der gesamte Buchhandel der alten Messestadt niederließ. Wenn auch Roberts Verdienst aus seiner Zeitschrift bescheiden dünkte, so konnte doch sie durch Konzertveranstaltungen und Unterricht ihm hilfreich zur Seite stehen. Daß ihre Erwerbsfähigkeit nicht gering galt, bewiesen die Jahrzehnte seit ihres Gatten Tod, da sie eine achtköpfige Familie standesgemäß zu erhalten, ein Haus anzukaufen und noch Ersparnisse zu sammeln vermochte.

Ihr Sohn erwähnte nichts Derartiges von seiner Braut, und danach zu fragen verbietet das Zartgefühl. Es kommt ja selten vor, daß Frauen Berufe haben. Um wieviel tiefer unten fängt er demnach an? Ließe sich das vor Robert und seinen Vorfahren, vor ihren eigenen Angehörigen verantworten? Denn selbst Vater Wiecks Familiengründung mit ihrer Mutter stand unter wesentlich günstigeren Aussichten. Am Ende liegt bei Ferdinand und seiner Braut von einem Elternteil her ein Nationalitätsunterschied vor wie bei dem Grafen Marmorito und Julie, sorgt sich die Mutter. Wie sich derlei auswirken kann, das steht als tiefe Kummerfalte in ihrem Antlitz. Darf sie zugeben, daß sich vielleicht jetzt wieder ein Kind mit einem fremden Partner verbindet?

Jedoch, ließe es sich denn verhindern, erwacht die Gegenfrage. Auch Ferdinand besitzt ein Recht auf eigene Lebensgestaltung. So wie sie selbst ihr Glück sich schmiedete, von dem Vater Wieck erst bei ihrem Besuch in Dresden nach Ludwigs Erkrankung behauptete, es sei ihr Unglück gewesen, so wie die kleine Julie ihrem Herzen folgte, so muß sie gleicherweise dem Sohn die Freiheit eigener Wahl und Entscheidung lassen. Sie darf nur raten und hier, wo es anscheinend nichts zu raten gibt, helfen. Ja, eine Mutter hat es oft gar nicht leicht!

Der Sohn wird schon unruhig über das lange Schweigen seiner Mutter. Als sie ihn aber plötzlich, wohl ernst und nachdenklich, aber nicht unwillig, ansieht und sagt:

„So bring mir deine Braut einmal!“ ist er sehr glücklich, küßt ihr voll Begeisterung die gütigen Hände und verläßt sie überselig.

Frau Schumann bleibt sehr sorgenvoll zurück, und die Besorgnisse bestehen weiter, als sie Ferdinands Braut zum erstenmal sieht.

Antonie Deutsch ist ihr gefühlsmäßig nicht recht sympathisch, obwohl sie bescheiden auftritt. Sie kann die Jugendjahre auf der Farm nicht ganz verleugnen. Die eigenartige Frische einer fremden Welt sagt Clara nicht zu. Auch nicht die lebhaft-bunte Kleidung und die freiheitlichen Ansichten der Amerikanerin, die ihrer Meinung nach weit eher als Reiterin gut wirken könnte als im stilvollen Musiksalon einer Künstlerin. Wenn sie auch selbst Klavier spielt, wie sie erzählt, erwartet die anspruchsvolle Virtuosin in dieser Hinsicht nicht zu viel.

Sie beredet hinterher mit Ferdinand, der seine Braut mit den Augen der Liebe sieht und von ihrem Wesen ganz entzückt dünkt, wie weit sie ihm zur Gründung eines bescheidenen Hausstandes behilflich sein kann, ohne seine Geschwister empfindlich zu schädigen, und stellt ihm auch die erforderlichen Mittel alsbald zur Verfügung.

Dann verläßt sie Berlin tief enttäuscht und geht auf ihre alljährliche winterliche Konzertreise. Sie bereut jetzt ihre Dauerniederlassung in der Reichshauptstadt sehr. Felix ist gesundheitlich noch nicht so weit, daß sie ihn hieherkommen lassen könnte, Ferdinand macht sich durch seine Heirat selbständig. Um Jennys willen, die ja doch bald ausstudiert haben wird, wäre die Einrichtung der Berliner Wohnung nicht nötig gewesen.

Alle ihre Kinder um sich zu scharen, ist ihr anscheinend nicht beschieden, denkt sie oft bekümmert.

Doch glückt es ihr im folgenden Sommer bei einer besonderen Gelegenheit.

Im Hochsommer 1873 feiert Bonn am Rhein sein erstes Schumann-Fest. Es soll die Schumann-Anhänger aus aller Welt vereinen und die Mittel zur Errichtung eines Denkmals für den Meister liefern.

Clara Schumann fährt mit Marie, Felix und Eugenie nach Bonn. Elise trifft dort ein, am ersten Tag des Festes sogar Ferdinand, der sich mit seiner jungen Frau Antonie auf der Hochzeitsreise befindet.

Die Mutter sitzt inmitten aller ihrer Kinder in der ersten Reihe. Juliens Platz nimmt ihre neue Tochter Antonie ein. Nur Ludwig fehlt. Das fällt ihr schmerzlich auf die Seele, weil er als einziger der Ihren fern weilt. Denn jener Edle, Große, dem sie den Triumph dieser Tage am meisten gegönnt hätte, Robert, ist hier! Sein Geist schwebt herrlich und unzerstört, ja ewig unzerstörbar über den Seinen. Er erfüllt Marie und Elise, die noch neben dem vergötterten Vater heranwuchsen und schöne Kindheitserinnerungen an ihn bewahren, er durchschauert Ferdinand, der sich nur noch an den feinen, stillen Mann besinnt, der seinen Kindern in der Dämmerstunde Märchen erzählte, er zwingt Eugenie, Felix und Antonie, die ihn nicht kannten, zu ehrfürchtiger Bewunderung. Und er dünkt Frau Clara so deutlich gegenwärtig, daß sie mehr als einmal glaubt, dort oben vor dem Pult stehe nicht ein fremder Dirigent, sondern der teure Verewigte, und leite selbst seine 4. Symphonie und „Das Paradies und die Peri“.

Neben der geistigen Gegenwart Roberts und dem unnennbaren Glück, allen seinen Kindern die Größe ihres Vaters in so herrlicher Offenbarung zeigen zu können, wird die sonst so hochgeschätzte Anwesenheit der liebsten und treuesten Freunde bedeutungslos. Frau Schumann begrüßt wohl herzlich Johannes Brahms, Livia Frege und den Kammerrat, Jenny Lind und ihren Gatten Mr. Goldsmith, drückt Albert Dietrich, Grimm, Bendemann und vielen anderen warm die Hand; wirklich vorhanden ist sie aber nur für *Ihn* und ihre Kinder.

Und für das Publikum, dem sie am zweiten Tag jenes Klavierkonzert in a-Moll vorführt, das Robert für sie geschaffen hat.

Als Clara Schumann in einem weißen, schwarz unterlegten Spitzenkleid aufs Podium tritt, in ihrem Anzug Trauer von Freude überlagert ausdrückend, da erhebt sich als erste die hohe Lichtgestalt der Lind, und ihrem Beispiel folgt das ganze Publikum. Alle stehen plötzlich, klatschen, rufen, das Orchester bläst einen Tusch, der Dirigent winkt mit seinem Taschentuch, und schließlich flattern lauter weiße Tücher, und alle, alle winken. Es dauert lange, bis sich Frau Clara setzen und zu spielen anfangen kann.

Ihre Wangen sind vor Freude hoch gerötet, das Glück der Stunde verschönt sie und verjüngt sie. Selig wie eine Braut sitzt sie in ihrem weißen Kleid vor dem schwarzen Flügel, und wie ein Brautschmuck schmiegt sich die einzige weiße Rose, die sie trägt, ihr ins dunkle Haar, an dem man die vielen Silberfäden gar nicht bemerkt.

Die Kinder können den Blick nicht von ihr wenden. So haben sie ihre Mutter niemals noch gesehen. Aber auch noch nie so herrlich spielen gehört. Marie und Elise sehen sich nach dem ersten Satz des Klavierkonzerts an. „Nie werden wir das ebenso wiedergeben können“, gestehen ihre Blicke einander. Und Eugenie kann nur horchen und schauen und jede Nuance als Kostbarkeit aufnehmen. Die beiden Söhne aber stehen völlig im Bann der einmalig großen Künstlerin, die sie Mutter nennen dürfen.

Für Frau Schumann bedeutet das Fest in Bonn viel mehr, als irgendeiner ihrer Angehörigen und Freunde ahnen kann. Es ist für sie der eben noch rechtzeitig eingetretene Ausgleich des Schicksals.

Im Vorjahr wurde Richard Wagner nach hartem Ringen um sein Werk durch die Einweihung des Festspielhauses in Bayreuth die Krönung seines Schaffens zuteil. Es war damals nicht leicht mitanzusehen, daß jener Meister, der in den Jahren gemeinsamen Wirkens in der gleichen Stadt mit Schumann kraft seiner stärkeren dramatischen Begabung, wie sie jetzt weiß, ihren Robert überflügelte, nunmehr nach mannigfachen schweren Rückschlägen doch triumphieren durfte. Das Schumann-Fest in Bonn bewies aber, daß Roberts musikalische Schöpfungen – seine in Melodie wie Begleitung tief in den Stimmungsgehalt des Gedichtes eindringenden Lieder, seine Klavier-, Kammermusik- und Orchesterkompositionen, die vom klassischen Formideal abweichen, ohne in die Verflachung ihrer Zeit zu verfallen, und das reiche, gefühlsmäßige Erleben eines romantischen Gemütes in einer Musik von seltenem Wohllaut zum Ausdruck bringen – in ihrer Art ebensosehr die allgemeine Anerkennung und Würdigung finden können wie Wagners Bühnenwerke. Es ist nun völlig klar, daß Schumann und Wagner nicht miteinander verglichen werden können, genauso klar aber auch, daß Schumanns Schaffen und ihre eigene Mühe, seine Werke den Menschen zu erschließen, nicht vergeblich waren.

Nach den Feiertagen des Schumann-Festes studiert Frau Clara wieder eifrig für die kommende Konzertsaison. Täglich verbringt sie mehrere Stunden am Flügel.

Wie seit ihrer Kindheit gewohnt, spielt sie stets eine halbe Stunde, aber niemals länger, Skalen, Akkorde und ihre Zerlegungen sowie mannigfache technische Übungen für Finger und Handgelenk, die Vater Wieck sie gelehrt. Danach beginnt das eigentliche Studium eines Konzertstückes abschnittsweise, jedoch stets eine musikalische Einheit umfassend. Manchmal ist es ein Thema, manchmal eine ganze Periode, oft bloß ein musikalisches Motiv, das sie sich genau einprägt. Dann greift sie mehrere kleine Abschnitte auf und schließt sie zu größeren zusammen. Dabei bemüht sie sich, in den seelischen Gehalt des Kunstwerkes einzudringen. Ist er für einen namhaften Teil des Musikstückes erfaßt, so setzt wieder Kleinarbeit ein. Der Silberklang eines Trillers, das Perlen einer Passage, der seelenvolle Gesang einer musikalischen Phrase, die Belebung einzelner Töne oder einer Melodie durch besonderen Fingerdruck oder leichtes Vibrieren in der Tongebung werden stets aufs neue versucht und vollkommener gestaltet. Dazwischen spielt sie von Zeit zu Zeit den ganzen Satz oder sogar das ganze Stück, um nicht etwa durch die nötige Kleinarbeit des Studiums die große Linie zu verlieren. So reift das Werk in seiner Wiedergabe zur Vollendung.

Clara Schumann hat zudem jetzt mehr Zeit zum Studieren neuer Werke denn je zur Verfügung. Muß sie doch nicht mehr so ruhelos wie früher von Konzert zu Konzert hetzen. Liebe Freunde im Rheinland haben ihr im vergangenen Jahr ein Ehrengeschenk von 30.000 Talern übereignet. Einige weitere Verehrer vermehrten es fast um die Hälfte. Mit einem Kapital von mehr als 130.000 Mark ist sie der Sorge für ihr Alter und für die materielle Zukunft der Kinder ledig. Sie brauchte überhaupt nicht mehr zu konzertieren. Doch mag sie nicht untätig sein. Der heilige Zwang, der jeden Begnadeten der Kunst beherrscht, erfüllt auch sie noch immer. Zudem stellen sich in letzter Zeit oft Nervenschmerzen und

Rheumatismus in den Armen ein. Sie weiß daher nicht, wie lange sie noch auftreten können wird, und nützt darum jede sich bietende Gelegenheit, um für Robert und Johannes Brahms zu wirken. Außerdem erwachsen ihr ja für Ludwigs Anstaltspflege und Felix' Aufenthalt im Süden bedeutende Auslagen.

Sie sucht auch Ludwig hin und wieder auf. Freilich stets neuerlich tief erschüttert über sein unglückliches Geschick. In ihrem Tagebuch klagt sie darüber:

„Ich fühle mich innerlich wie zerrissen. Ludwigs Aussehen war gut, besser als je früher, aber im Blick dasselbe etwas Irre, aber Gemütvolle ... Er freute sich außerordentlich, mich zu sehen, umarmte mich ganz krampfhaft und bat mich, ihn fortzunehmen, da er ganz gesund sei. Welche Qual, ihm nun sagen zu müssen, daß das nicht anginge ... Es war mir zu furchtbar. Alles! Mein Kind wie in einem Gefängnis zu sehen, sein flehender Blick, als ich ging. Ich vergesse es nie!"

Daneben wird ihr auch ein freudiges Erlebnis zuteil.

Als sie ihre Tochter Elise besucht, trifft sie bei ihr Mr. Louis Sommerhoff, einen in Amerika ansässigen deutschen Großkaufmann, den die Tochter zu ihrer maßlosen Überraschung spontan als ihren Bräutigam vorstellt.

Erst ist die Mutter mehr erschreckt als erfreut. Diese Überrumpelung schließt sich dem Verhalten von Julie und Ferdinand würdig an. Doch macht Sommerhoff einen sehr guten Eindruck, und ebenso auch seine Angehörigen, die sie gleichfalls alsbald schätzen lernt. Vermögens-, Standes- oder Nationalitätsunterschiede sind keine vorhanden. So bleibt als einzige Schwierigkeit für das Mutterherz der Umstand, daß Louis zunächst Elise nach Amerika mitnehmen will, bis die Möglichkeit besteht, sein Geschäft nach Deutschland zu verlegen. Das schmerzt freilich. Man verliert so abermals ein liebes Kind. Wo doch die Sorge um Felix ohnehin nicht zum

Schweigen kommt! Aber erzieht denn eine Mutter ihre Kinder für sich selbst? Mit diesem Seufzer fügt sich Frau Schumann ins Unvermeidliche und hofft nur heiß, daß wenigstens Elise viel Glück in der Ehe beschieden sein möge.

Wenn doch nur dieses Kind zufrieden sein würde, wünscht sie, nun schon bescheidener geworden.

Marie lebt allein in der Pflicht, ihrer Mutter tatkräftig zur Seite zu stehen. Das Schicksal von Eugenie ist noch nicht klar.

Ferdinand? Ach, den erkennt sie in letzter Zeit kaum wieder. Er, der früher für alles Hohe und Edle schwärmte, scheint die vormalige Begeisterung ganz zu verlieren. Wirkt so der Einfluß der mehr praktischen Amerikanerin, erwägt oft Clara Schumann. Doch will sie ihn nicht mit solchen Andeutungen kränken oder unsicher machen. Antonie ist jetzt seine Frau. Die Ehe ein heiliger Bund. Ein dritter Mensch, selbst eine Mutter, darf niemals hier mitreden. Sie hat daher kein Recht, sich zwischen die Eheleute zu drängen. Die müssen allein ihr eigenes Leben führen. Wenn es auch schlecht, wenn es auch hart wird. Denn bei Ferdinand zeigt sich jetzt als Folge der Kriegsstrapazen ein rheumatisches Leiden. Vielleicht macht ihn auch das für alles außerhalb seiner Berufspflichten Liegende unempfänglich!

Und Felix?

Über ihn könnte man lachen und weinen zu gleicher Zeit. Er erbte, wie jetzt immer sichtbarer wird, als einziger des Vaters poetisches Talent. Mehrere dramatische Versuche, besonders aber seine aus der Schweiz und aus Sizilien den Weg zur Mutter findenden Gedichte deuten auf eine nicht alltägliche dichterische Begabung. Wie traurig ist es da, daß sein Krankheitszustand trotz aller Kuraufenthalte keine Anzeichen zur Besserung zeigt. Vielleicht sollte sie ihn doch das ganze Jahr über bei sich haben, überlegt die Mutter in vielen schlaflosen Nächten und auf ihren Konzertfahrten. Doch der Winter in Berlin wäre für ihn Gift.

So nimmt Frau Schumann ein ihr in Frankfurt nach einem Konzert plötzlich und unverhofft gestelltes Anerbieten, an dem neugegründeten Dr. Hochschen Konservatorium in einer Meisterklasse für Klavier zu unterrichten, nach längerer Überlegung an, zumal man ihr noch vorschlägt, ihre beiden Töchter Marie und Eugenie als Hilfslehrerinnen für sie zu bestellen. Selbst Brahms, mit dem sie sich darob brieflich berät, redet ihr zu. Auch ist es die Last der Jahre – es naht schon der 60. Geburtstag –, die sie einen geruhsameren Winter und eine mühelose Verdienstmöglichkeit leise ersehnen läßt.

Die Last der Jahre, vor allem der seit einiger Zeit immer wieder auftauchende rheumatische Schmerz in den Armen, veranlaßt Frau Clara, im Sommer 1878 Wildbad Gastein aufzusuchen.

Sie, die schon viele Male die Wunderwelt des Hochgebirges in der Schweiz bestaunte, die durch den jahrelangen Aufenthalt im Weltbad Baden-Baden Verwöhnte, findet in Bad Gastein die eigenartige Verbindung von großartiger Naturumrahmung in der gewaltigen Gebirgsszenerie mit dem Betrieb eines Heilbades von Weltruf. Sogar politische Bedeutung ist Gastein nicht abzusprechen; denn es wird ebenso von Potentaten und diplomatischen Persönlichkeiten frequentiert, die hier die Fäden spinnen, nach denen später das Weltgeschehen sich gestaltet, wie Baden-Baden. Sooft Frau Schumann über den von der Kaiserin Elisabeth von Österreich so sehr geliebten Reitweg nach Böckstein wandert oder auf der Kaiserpromenade zum „Grünen Baum“ spaziert, wo Wilhelm I. gerne lustwandelt, wenn sie an Bismarcks Wohnhaus vorübergeht oder das Haus Meran betrachtet, das sich einst der bekannte Erzherzog Johann erbauen ließ, gedenkt sie der Tage, an denen sie die gleichen allerhöchsten Persönlichkeiten auf der Lichtentaler Allee ausfahren sah.

Tag für Tag sitzt sie am Fenster ihres Zimmers im Hotel Moser unterhalb der Kirche und starrt in das Naturwunder des großen Wasserfalles, das sich in allen seinen Stufen vor ihr entfaltet.

Dünkt er nicht wie ein Abbild ihres eigenen Lebens, fragt sie sich dabei mehr als einmal.

Seine oberste Steilstufe, die ihr am weitesten entrückt ist, gleicht wohl den Mädchenjahren ihrer Jugendzeit, als man die Hindernisse, die das Leben bietet, mit einem kühnen Sprung zu überwinden sich bemühte. Die zweite, mittlere Stufe, in der das Wasser zwischen zwei starren Felsen in eine Steilschlucht gepreßt erscheint, ähnelt der Zeit, da ihr Leben als Robert Schumanns Gattin in jähem Fall von höchster Seligkeit eines unnennbar großen Eheglückes in die allertiefste Bitternis des Leidens stürzte. Und erscheint nicht dieser dritte Absatz des mächtigen Wasserfalles der Gasteiner Ache, der unterhalb des Hauses beim Grabenbäcker endet, wie ein Abbild der Jahrzehnte ihres mütterlichen Pflichtenkreises, dem Sichverströmen und Ausgeben bis zum letzten, alles umfassend, alles verzeihend, alles überwindend, wie dieser breite Gischt, der nicht mehr tost und stürzt wie weiter oben, sondern – wiewohl noch über Felsengrund schäumend dahinfließt, um endlich unten in Ruhe sich zu sammeln?

Das fragt Frau Clara auch Johannes Brahms, als er gegen Ende Juli kommt, um sie nach einigen Tagen der Gemeinsamkeit nach Frankfurt zu geleiten. Und Brahms muß zugestehen, daß manches in ihrem Dasein mit jenem Wunder der Natur zu vergleichen wäre.

Dabei gibt seine Freundin auf einem Nachmittagsspaziergang ins walderfüllte Hochtal der Proßau zu, daß doch das Sichverströmen für die Kinder die schönste aller Pflichten im

Frauenleben ist. Ach, wenn sie nur mit aller ihrer Liebe und Hingabe das allzu schwache Lebensflämmchen ihres Jüngsten aufs neue entfachen könnte, klagt die Frau hernach und wünscht inbrünstig, daß die Verlegung ihres Wohnsitzes nach Frankfurt vor allem ihrem Felix zugute kommen möge. Er könnte doch vielleicht dann gänzlich bei ihr sein, ergeht sie sich in Zukunftsträumen und fiebert schier der Stunde entgegen, in der sie ihn bei sich erwarten darf.

Felix trifft in der Tat, sobald die Unruhe der Übersiedlung überwunden ist, in Frankfurt ein.

Langsam, wie ein siecher alter Mann, schleppt er sich die wenigen Stufen des neuen Hauses in der Myliusstraße 32 zum ersten Geschoß empor, kämpft oben gegen heftige Atemnot und hustet ununterbrochen. Die Mutter sieht auf den ersten Blick, daß bei ihm jede Hilfe vergebens ist. Sie muß sich mit Gewalt beherrschen, damit sie dem Todkranken nicht ihre schmerzlichen Gedanken verrät.

Nun freut sie das neue Haus, das ihm ein dauerndes Heim hätte bieten sollen, nicht mehr. Die beiden Akazien am Ende des kleinen Gartens scheinen ihr die kahlen Äste wie eine ständige Todesdrohung entgegenzurecken, die rostbraun sich verfärbenden Kastanien mahnen sie an die Vergänglichkeit. Es naht das große Sterben des Winters draußen, und innen lauert ebenso schon der Tod. An jenem Tage, da der erste Schnee in Frankfurt fällt und auch das letzte Grün im Garten schwinden macht, weil nun sogar die Kiefernzweige weiß verschleiert werden, empfindet sie das ganz besonders stark. Und zu Weihnachten beherrscht sie der Gedanke, Felix verlieren zu müssen, so übermächtig, daß sie am liebsten das Fest nicht feiern und immer weinen möchte.

Aber gerade weil es für ihren unglückseligen Jüngsten das letzte Fest ist, soll er es einmal noch so schön als möglich haben, meldet sich das Pflichtbewußtsein. Frau Schumann sorgt daher für eine besondere Überraschung vor, die den lieben Kranken bei allem Leid beglücken muß.

Johannes Brahms sandte vor kurzem neue Lieder. Da schickt sie ihm einige Texte und bittet ihn, etwas Geeignetes davon in Musik zu setzen. Ein Lied von diesen kommt noch vor Weihnachten. Jenny singt es dann unter dem Lichterbaum, obgleich es noch zu früh für ein so frühlingshaftes Gedicht erscheint.

„Meine Lieb' ist grün wie der Fliederbusch", beginnt sie.

„Mein Gedicht! ... Meine Worte!" flüstert er selig, und „Nie hätte ich gedacht, daß es so schön klingt ..."

Alle sind tief ergriffen von der Freude des lieben Jungen.

Nach den Feiertagen reist Clara Schumann zu mehreren Konzerten in die Schweiz. Als sie von dort zurückkommt, findet sie Felix noch elender und schwächer vor. Sie möchte nun am liebsten jede freie Minute an seinem Bett verbringen, doch hat sie noch ein früher gegebenes Wort einzulösen und muß in einem Konzert der Frankfurter Museumsgesellschaft auftreten.

Den ganzen Abend über sieht sie, während sie spielt, nur ihr unglückliches Kind vor sich; die traurig abgemagerte Gestalt, den halb erloschenen Blick, das bleiche Antlitz. Bewegt sich das Stück in tieferen Tonlagen, so vermeint sie sein ständiges Husten zu vernehmen.

Und aus den Läufen, Trillern und Passagen der Kadenzen hört sie das qualvolle Röcheln des von Atemnot Gequälten.

Heimgekehrt in die Myliusstraße, läßt ihr die Sorge keine Ruhe, und sie begibt sich sofort in das Krankenzimmer. Marie wacht bei dem Bruder und legt den Finger mahnend auf den Mund, da der Leidende erst vor kurzem einschlummerte. Die Mutter umfaßt noch einmal ihr Kind mit einem liebevollen Blick und geht dann leise aus dem Raum.

Am nächsten Morgen erfährt sie, daß sie dabei den Lebenden zum letztenmal gesehen hat.

In den Folgewochen verbleichen auch die wenigen noch dunklen Haare auf Clara Schumanns Haupt. Nun ist sie völlig weiß geworden. Und in das gütige Antlitz der Greisin graben sich neue Falten.

Aber noch mehr und tiefere gräbt Ferdinands Schicksal ein.

Das Leiden aus der Kriegszeit und die dadurch immer unsicherer werdenden materiellen Verhältnisse lassen Ferdinand zur Betäubung von Schmerzen und Enttäuschungen zu narkotischen Mitteln Zuflucht nehmen. Das Gift frißt sich schnell in den durch Krankheit geschwächten Körper. Kuren in Wiesbaden und Blankenburg erweisen sich als erfolglos. So kommt es schließlich zu einem schweren Zusammenbruch. Das ist gar nicht verwunderlich.

Bereits seit 1887 vermag der Kranke nicht mehr seinen Berufsobliegenheiten im Berliner Bankhaus Mendelssohn & Co. nachzukommen. Damit wird die im Vertrauen auf die seinerzeitige Arbeitsfähigkeit und das Wohlwollen seiner Chefs, das ihm ein gutes Vorwärtskommen zu versprechen schien, im vornehmen Westen am Kurfürstendamm beim Zoo-Eingang gemietete Wohnung unerschwinglich. Die kinderreiche Familie – Antonie hat ihm Ende August 1874 ein Mädchen und seither noch fünf Söhne geschenkt – standesgemäß zu erhalten, wäre selbst dem Gesunden nicht leicht möglich gewesen. Der völlig Arbeitsunfähige sieht mit Entsetzen Verpflichtungen und Sorgen und das Gespenst der Not vor sich.

Da zu all dem Unglück auch noch Frau Antonie erkrankt, muß die Mutter eingreifen und Rat und Hilfe schaffen. Zunächst wird die kostspielige Berliner Wohnung aufgegeben und die Aufnahme Juliens bei der Großmutter bewerkstelligt.

Später erhält die Enkelin durch Frau Claras Beziehungen einen Freiplatz im vornehmen Luisenstift und die Knaben kommen zu den Schumannschen Verwandten nach Schneeberg. Ferdinand versucht zuerst eine Kur in Meran. Danach erweist sich sein Aufenthalt in einer Heilanstalt in Köstritz als nötig. Das alles lastet nun auf Clara Schumann.

Nach Wochen großer Sorge und vielen Monaten bangen Harrens sucht der letzte Schumann-Sohn die Mutter in Frankfurt auf.

Freudigen Herzens unterbricht Frau Clara sofort ihre Lektion an die Konservatoriumsschüler, die sie im eigenen Haus in ihrem Musikzimmer im ersten Stock unterrichtet, als sie von Ferdinands Ankunft hört, und eilt gleich ins gassenseitig gelegene Wohnzimmer hinunter. Alle Mühen des Alters, alle Beschwerden vergißt sie dabei. Ihr Schritt wird schnell und leicht. Sie selbst dünkt sich plötzlich jugendlich.

Wie sie aber den frühgealterten, verfallenen Menschen mit dem grauen, faltigen Antlitz sieht, der sich nur mühsam von seinem Sitz erheben kann, versinken Freude und Hoffnung jäh.

Der Sohn macht auch kein Hehl daraus, daß er sich selbst bereits aufgibt. Es ist ihm klar, daß er niemals mehr arbeitsfähig werden wird. Was nützt ihm da das schöne Dienstzeugnis der Firma Mendelssohn & Co., das er voll Bitterkeit Frau Clara vorlegt. Er will nur mehr die Zukunft seiner Familie mit der stets hilfsbereiten Mutter besprechen.

Frau Schumann möchte nicht, daß etwa ihre Schwiegertochter von Mendelssohn fallweise oder ständig Zuwendungen empfangen soll. Daher verspricht sie ihm sofort bereitwillig, sich seiner Gattin wie einer eigenen Tochter anzunehmen.

Als sie ihn bezüglich seiner Kinder beruhigt und für Antonie zu sorgen versprochen hat, hält Ferdinand nichts mehr länger in der Myliusstraße. Er drückt der Mutter noch einmal dankerfüllt die Hand und geht.

Sie weiß, es ist für immer.

Mit einem unsäglichen Wehgefühl schaut sie ihm lange nach, wie er die Straße müde entlangschleicht. Einige Wochen später empfängt sie aus Gera die Nachricht von seinem Tod. Sie nimmt sie stumm entgegen. Ihr Herz ist still geworden.

„Jetzt habe ich auch den letzten Sohn verloren“, sagt sie nach einer Weile ergebungsvoll.

Mutter und Töchter

Über Frankfurt braust der Herbststurm. Er treibt den Main in grünlich-weißen, schaumbekrönten Wellen gegen die roten Sandsteinpfeiler der alten Brücke. Er schleppt grau-weiße Nebelfetzen und tiefhängende Wolken mit sich und wickelt sie um den kronenartigen Turmhelm des Kaiserdomes und verschleiert mit dem grauen Brodem die grünen Kupferdächer und die lebenswarm leuchtenden Buntsandsteinfassaden von Paulskirche und St. Nikolas. Ja selbst den maßwerkverzierten Treppengiebel des altehrwürdigen Römers hüllt er damit ein. Dann fegt er fauchend beim Rententurm in die Altstadt, fährt schleifend durch die Enggäßchen am Fünffingerplätzchen und schnaubt mit einer ganzen Staubwolke gegen die „Wurstschirn“, daß die Verkäuferinnen nicht wissen, wie sie ihre verzweifelt baumelnden Frankfurter Würstchen, die langen Braunschweiger Stangen und die dikken Göttinger vor ihm bergen sollen. Sogar mit dem Gerechtigkeitsbrunnen auf dem Römerberg treibt der ungefügige Geselle seinen Mutwillen und peitscht die Wasserstrahlen wild durcheinander, daß es nur so sprüht.

Er tobt auch draußen, wo es gegen Bockenheim geht, heulend und winselnd um das Schumann-Haus in der Myliusstraße.

Frau Schumann sitzt gerade in ihrem Musikzimmer und schaut in den windzerwühlten Garten hinaus. Sieht, wie der Sturm die längst abgeblühten Rosenstöcke unbarmherzig biegt, die zwei jungen Akazien hinten am Zaun neben der Wiesenaustraße gegeneinander schüttelt und ihr gelbes Laub, vermischt mit dem rostbraunen der Kastanien, auf die Rasenfläche streut und dort damit ein seltsames, verwirrendbuntes Teppichmuster bildet. Nur die knorrige Kiefer, die mit ihren Ästen bis zur Höhe des ersten Stockwerks und nahe an das Fenster des Musikzimmers heranreicht, bietet ihm einigen Widerstand.

So wie sie selbst sich noch immer gegen den rauhen Sturm des Lebens wehrt, das ihr nur noch so wenig Grün wie die paar Föhrenzweige draußen übrig läßt, denkt Clara Schumann. Früher, da gab es freilich hin und wieder Blumen.

Als Blumen erschienen ihr die seit 1865 fast alljährlich wiederkehrenden Konzertreisen nach England. Wenn sie in der Erinnerung daran verharrt, wird ihr stets warm ums Herz.

Vor 23 Jahren hatte sie zum erstenmal beglückt empfunden, wie sich seit ihren vorigen Aufenthalten die allgemeine Stimmung völlig zu Robert Schumanns Gunsten geändert. Man wollte seither nur noch Schumanns Musik von ihr hören; in kleinen und in großen Sälen, in Adelshäusern und im riesigen Kristallpalast, wo sie erstmals in ihrem Leben vor vielen Tausenden von Zuhörern spielte und Roberts a-Moll-Klavierkonzert einen unnennbaren Erfolg erlebte. Sogar die Königin wünschte Schumannsche Kompositionen, als sie im Buckingham-Palast konzertierte; die mit ihr gleichaltrige Queen Victoria, von der doch sonst die Sage ging, daß ihre

Lieblingsmusik die Klänge der Volksweisen schottischer Bagpipers seien! Vor sieben Jahren ernannte man sie sogar zum Ehrenmitglied der „Royal Academy of Music“ in London, und ihre Konzerte lieferten den bisher noch nicht überbotenen Betrag von 10.000 Mark. Am schönsten aber war jene Englandreise, die ihr als sonderliche Überraschung das unerwartete Zusammentreffen mit ihrer zweiten Tochter Elise, mit Sommerhoff und ihren Enkeln bescherte, als die gesamte Familie ihres Schwiegersohnes für immer aus Amerika nach Deutschland zurückkehrte, um nun mit ihr in Frankfurt am Main zu wohnen.

Die Töchter um sich haben, das gilt ihr nun als jenes wenige Grün, das ihr verblieben ist, fühlt Clara Schumann. Wahrhaftig immergrün ist doch die Liebe ihrer mit ihr zusammen hausenden Töchter Marie und Eugenie, mit der sie ihre Mutter unermüdlich und zart umsorgen.

Eben sitzen sie am Flügel, dem letzten kostbaren Geschenk des Vaters, und spielen ihrer Mutter vor; einmal Marie, dann wieder Eugenie. Marie hat sich Werke des Vaters für heute auserkoren. Jenny spielt Brahms. Das bildet das neueste Sonntagsvergnügen von Mutter und Töchtern.

Frau Schumann regte diese Übung an, um Marie und Jenny die Möglichkeit zu geben, auch hin und wieder vor einem kritischen und künstlerisch anspruchsvollen, wenn auch kleinsten Publikum, da es nur aus ihr allein besteht, zu spielen. Denn wenn Besuch kommt, tun sie das doch nie, die lieben Mädchen. Da lassen sie die Ehre nur der Mama. Und doch sind sie beide bedeutende Künstlerinnen, die alle technischen Fertigkeiten sicher beherrschen, einen Anschlag besitzen, um den sie viele Virtuosen beneiden könnten, und mehr Geschmack im Vortrag, Verständnis für das Werk und warmlebendiges Gefühl als Dutzende berühmter Namen miteinander, stellt Frau Clara voll Stolz fest.

Wie Marie eben die „Davidsbündlertänze“ von Robert vorführte, so glücklich trifft dieses Stück allein sie selbst an guten Tagen, wenn sie in Form ist und nicht über Rheumatismus und Nervenschmerzen zu klagen hat, was in der letzten Zeit immer häufiger der Fall ist. Und jetzt die „Kinderszenen“! Wie vermag Marie den eigenartigen poetischen Reiz dieser kleinen Stücke herauszuarbeiten! Das kann nicht jeder, obwohl die Kompositionen technisch zum Leichtesten gehören, was die Klavierliteratur zu bieten hat. Aber das Seelenvolle, der Ausdruck bedeutet eben bei diesen Kleinformen alles. Wie in der unnachahmlich schönen „Träumerei“! Wenn Marie sie so herrlich wiedergibt, dann werden die unglaublich glücklichen ersten Ehewochen in Leipzig wiederum lebendig. Die Liebe, die Robert ihr in reichem Maße schenkte, erwacht in seinen Töchtern wieder.

Roberts Musik ist überhaupt die Liebe selbst, sinnt Frau Clara weiter. Darum wohl enthält sie eine solche Überfülle herrlichster Melodien. Melodisch wie die Liebe war auch das Wesen des edlen Mannes, und voll unbeschreiblich süßen Wohllautes sein ganzes musikalisches Lebenswerk. Sie weiß keinen zweiten Meister der Musik, von dem sie ein gleiches sagen könnte. Höchstens jenen jungen, früh verstorbenen Wiener Franz Schubert, den Robert so sehr schätzte und dessen noch wenig bekannte Klavierkompositionen sie selbst in den letzten Jahren ihrer künstlerischen Wirksamkeit so oft in den Konzertsälen zu Gehör brachte.

Dagegen Johannes Brahms! – Jenny beginnt soeben seine g-Moll-Rhapsodie – Brahms ist viel herber, grüblerischer, verschlossener. Ihm eignet nicht das liebevolle Herz von Robert. Wohl hat sie es einmal geglaubt: in jenen Jahren, als er sich mit viel Zartgefühl und Hingabe um sie, die damals durch Schumanns Krankheit und Tod so tief Gebeugte, bemühte. Doch scheint das, was sie einst für Liebe hielt, doch nur die erste heiße Leidenschaft der Jugend gewesen zu sein. Seit ihrer beider so beseligenden Rheinfahrt im Sommer 57 rückte er langsam und stetig mehr und mehr von ihr ab. Wenn sie in zarter Anspielung darauf hinwies, widersprach er stets. Doch dünkt es zweifelsfreie Wahrheit. Wären denn sonst die Tage von Göttingen und seine Schwärmerei für Agathe von Siebold erklärlich? Und daß sein Wesen im tiefen Grund nicht liebevoll ist, wie jenes Roberts war, steht gleichfalls fest. Wie wortkarg und unfreundlich konnte er doch manchmal in Baden-Baden sein! Erst meinte man, es sei nur eine stille, vielleicht sogar uneingestandene Eifersucht gegen Marie und Elise, die damals, eben erwachsen, neben die Mutter traten. Später vermutete man, seine unglückliche Liebe zur kleinen Julie mache ihn mürrisch, unzugänglich und verschlossen. Das alles müßte aber schon seit langem überwunden sein. Er jedoch findet trotzdem nicht mehr die alte Herzlichkeit. Alle die Jahre hindurch stand man ihm als treue Freundin zur Seite, setzte sich unermüdlich für die Anerkennung seiner Werke mit jedem Konzert neu ein und beriet den Komponisten bei seinen jüngsten Schöpfungen. Wenn auch räumliche Trennung vorlag, so sorgte ein reger Briefwechsel für den geistigen Gedankenaustausch. Alle seine neugeschaffenen Kompositionen legte er doch, genau so wie der junge Mann in Düsseldorf, zuerst seiner ältesten und musikalisch erfahrensten Freundin Clara vor.

Jetzt aber scheint auch diese geistige Gemeinschaft zu zerbrechen. Sein letzter Brief bekundet das.

Und während Jenny die herben Harmonien, seltsamen Rhythmen und viel mit Dissonanzen untermischten Melodien von Johannes Brahms zu Gehör bringt, greift die Mutter zu dem weißen Briefblatt auf dem Schreibtisch und überliest es schmerzbewegt noch einmal.

Es steht hier klar und deutlich:

„Ich habe die neulich erwähnte Violinsonate an Herzogenbergs geschickt und kriege einen so unverhofft freundlichen Brief darüber, daß ich nun daran denke, ob sie Dir auch wohl gefallen könnte. Lust, sie anzusehen, möchte ich voraussetzen, aber hast Du auch Zeit dazu, so schreibe ein Wort an Herzogenberg, daß sie Dir die Sonate sogleich schicken sollen.

Vielleicht magst Du sie mit Koning probieren, und da ich höre, daß Du nach Berlin gehst, gar dort mit Joachim. Herzogenbergs haben eine gut lesbare Abschrift und auch die Violinstimme.

Verzeih, daß ich Dir nicht zuerst die Sonate geschickt habe. Aber den Hauptgrund glaubst Du mir nicht!? Ich traue nie einem neuen Stück zu, daß es gefallen könnte. So auch diesmal, und zweifle ich auch noch sehr, ob Du Frau Herzogenbergs Brief unterschreibst. Gefällt Dir aber die Sonate beim Durchspielen nicht, so probiere sie nicht erst mit Joachim, sondern schicke sie mir zurück ..."

Diese Herzogenbergs, was mögen das für Menschen sein, überlegt Frau Clara. Sie kennt die beiden nur ganz flüchtig. Der Mann ist zwar auch Komponist; doch darf er sich keineswegs mit Robert oder Johannes vergleichen. Der kann wohl kaum als richtiger Ratgeber für Brahms gelten. Und seine Gattin? Frau Elisabeth von Herzogenberg muß man als schön bezeichnen. Außerdem als wesentlich jünger als Johannes Brahms. Sollte es das sein? Ist der schon Fünfundfünfzigjährige noch einmal entflammbar?

Frau Schumann sinnt darüber nach und merkt aber auf einmal mit Schrecken, daß sie, in ihre Grübeleien verstrickt, den Schluß der Brahms-Rhapsodie überhört hat.

Verständig und rücksichtsvoll wie ihre Mädchen sind, dünkt Jenny nicht etwa über diese mangelnde Aufmerksamkeit ihrer Mama gekränkt, sondern unterhält sich inzwischen mit Marie im Flüsterton, um die Mutter in ihren Träumereien nicht zu stören. Dabei allerdings, das fällt jetzt Clara Schumann auf, werfen die Töchter schalkhafte Seitenblicke auf die Mutter, wie wenn sie ein Geheimnis vor ihr hüteten.

Sie will eben danach fragen, da wird für Fräulein Marie Besuch gemeldet.

„Was habt ihr denn, Jenny?“ forscht die Mutter, als Marie gegangen ist und sie sich bei der jüngeren Tochter mit ein paar lieben Worten für ihre geistige Abwesenheit entschuldigt hat.

Eugenie lächelt spitzbübisch.

„Vorläufig nichts für dich, Mama“, versichert sie schnell. „Es könnte allerdings sein, daß wir dich noch ins Vertrauen ziehen müssen ...“

In diesem Augenblick tritt Marie wieder ein, hört diese Worte und ergänzt sie:

„Ich glaube, der Moment ist da. Mein Besuch hat nämlich an dich, Mama, ein großes Anliegen vorzubringen. Und Jenny und ich bitten dich im voraus: Sag ihm bestimmt nicht nein!“

„Ihr seid mir schlau!“ Frau Schumann droht mit dem Finger. „Ihr wollt mich listig einfangen. Wer weiß, was da von mir gefordert werden soll, wenn man sich sogar eurer Fürsprache bedient!“

„Nur etwas, was du ohne Mühe tun kannst, ja schließlich auch gerne tun wirst, Mama“, erwidern die Töchter.

„So. Nun, dann will ich das Wagnis auf mich nehmen“, gesteht Frau Schumann lachend zu. „Wer aber ist der Besuch?“

Der Direktor des Hochschen Konservatoriums, wird ihr bedeutet. Und unten in dem kleinen Erkerzimmer, das so viel Ähnlichkeit mit dem ihr liebgewordenen Kabinett in Baden-Baden besitzt und, ebenso wie jenes, auf eine Veranda und von dort in den Garten hinabführt, erfährt sie von dem Angekündigten, daß man in der Musik-Hochschule, wo sie als berühmteste und beliebte Lehrkraft seit einem Jahrzehnt schon wirkt, zu Ehren ihres sechzigjährigen Künstlerjubiläums eine Feier plane und sie bitten möchte, an dem Gedenktag in Frankfurt zu verweilen.

Ursprünglich hat sie zwar beabsichtigt, sich an diesem Tage, der sie an ihr erstes Auftreten im Leipziger Gewandhaus erinnert, durch eine regelrechte Flucht allen Ehrungen zu entziehen. Nun aber sieht sie sich überlistet und verspricht, wenn auch ein wenig ungern, den 20. Oktober 1888 in Frankfurt zu verbringen.

Am Tage selbst bereut sie das nicht mehr.

Sie wird am Vormittag vom Direktor des Konservatoriums abgeholt und im Wagen von der Myliusstraße nach der Eschenheimer Landstraße gebracht. Vor dem Gittertor des Schulgebäudes stehen schon Konservatoriumsschülerinnen und empfangen sie mit einem wahren Blumenregen. Mit Blumen bestreut findet sie auch die Treppe, den Flur, das Zimmer des Lehrkörpers, wo man ihr den Ehrenplatz zuweist. Der Direktor und eine Schülerin halten Ansprachen, dann überreicht man ihr einen Lorbeerkranz, und schließlich veranstalten sämtliche Lehrkräfte eine Matinee, in der nur Werke von ihr gespielt und gesungen werden; ihre letzten Lieder, die in Düsseldorf entstanden, das Klavier-Trio, die Geigen-Romanzen und das Klavier-Konzert mit Orchester.

Clara Schumann ist von dieser Feier tief bewegt. So viel Liebe und Verehrung hat sie nicht erwartet. Als sie nun gar ihre Schüler, wie sie bereits wieder im Wagen sitzt, nochmals mit Blumen überschütten, treten ihr die Tränen in die Augen. Der letzte Blumengruß, den sie empfängt, ist ein Veilchenstrauß, den ihr der begabteste Schüler, der junge Borwick, geradewegs in den Schoß wirft.

Daheim harren ihrer aber noch weitere Überraschungen. In der Myliusstraße versammelten sich inzwischen ihre Privatschülerinnen, und zahllose Geschenke aus allen Ländern Europas sind im Erkerzimmer aufgebaut. Alle Räume zeigen reichen Blumenschmuck, ja selbst Treppe und Vorplatz zum Musikzimmer zieren Blattpflanzen und Lorbeerbäumchen.

An der Spitze der Schülerinnen stehen neben ihren Töchtern Marie, Eugenie und Elise, die nun auch wieder in Frankfurt wohnt, Florence May und Natalie Janotha, die sie schon in Baden-Baden unterrichtete.

Im Museumskonzert am Abend aber erheben sich alle Zuhörer, als sie erscheint, und hinterher erhält sie noch einen goldenen Lorbeerkranz.

Dann heißt es eine Unzahl von Glückwunschschreiben beantworten. Darunter befindet sich ein Brief von Brahms, der als Beitrag zur Erziehung ihrer Enkel, der Kinder Ferdinands, einen Betrag von 15.000 Mark zur Verfügung stellt.

Das freilich ist eine echte Freundestat, und Clara Schumann möchte dafür Johannes manchen unmutvollen Gedanken abbitten. Kann aber eine noch so hohe Summe Ersatz für ein warmfühlendes Herz bieten, fragt sie sich wieder hinterher.

Besonders als sie nach Leipzig kommt, wo eben Brahms' neue Violinsonate in d-Moll aufgeführt wird. Sie selbst kann diesmal nichts für das neue Werk von Johannes tun, weil die Nervenschmerzen in ihren Armen in den letzten Wochen das Studium einer neuen, noch dazu technisch schwierigen Komposition verboten. Brahms fehlt daher der äußere Anlaß, sich um sie eifrig zu bemühen. Er wohnt – wie stets – bei den Herzogenbergs und widmet seine Freizeit Frau Elisabeth, was Clara Schumann, leicht verstimmt, nicht gerne hinnimmt.

Lisl von Herzogenberg erweist sich als eine seltene Frau: jung, schön, gescheit, feingebildet, gütig, musikalisch. Es dünkt kein Wunder, daß sie selbst den bärbeißigen, nunmehr langbärtigen Brahms bezaubert und zähmt. Daß aber das in ihrer, Claras, Gegenwart geschehen muß, wäre vielleicht nicht nötig, stellt Frau Schumann bitter fest. Doch schmerzt das eigenartige Verhalten von Johannes diesmal nicht mehr so tief wie seinerzeit in Göttingen.

Man wird eben doch schon langsam alt!

Das sieht man auch an Livia Frege, die ihrem Goldenen Hochzeitstag in Bälde entgegensieht. Ihr, der ältesten von allen Freundinnen, die sie im Laufe des Lebens gewann, vertraut Frau Clara die Sorge an, die außer ihr nur noch die Töchter ahnen; die Angst vor der nun alsbald nötig werdenden Resignation als Künstlerin.

„Es ist so schrecklich, was ich in letzter Zeit an Kummer vor jedem Auftreten ausstehe“, klagt sie. „Einerseits fürchte ich immer, mein Gedächtnis könnte versagen, und ich müßte in meinen Jahren mit Schimpf und Schande während des Spieles steckenbleiben. Noch mehr aber peinigt mich die Sorge, plötzlich die körperliche Kraft zu verlieren. Meine Hände ermüden leicht, die Arme schmerzen. Schon habe ich heuer zum letztenmal in England konzertiert. Aber ganz aufhören kann ich noch nicht. Wozu lebe ich dann? Ich käme mir doch ganz unnütz vor!“

Livia, die nun gleich ihr weißhaarig und alt geworden ist, lächelt schmerzlich.

„Du hast ja doch noch Kinder, hast Enkelkinder, hast Schüler, die dein Wirken fortsetzen können“, sagt sie. Es klingt fast neiderfüllt. „Du bist zudem viel besser daran als eine Sängerin. Sieh mich an, denk an die Jenny Lind, die Schröder-Devrient! Wir alle mußten doch weit früher resignieren. Es sind schon mehr als zwei Jahrzehnte her, daß ich die Wunderweisen Robert Schumanns nicht mehr singen kann. Du konntest noch bis jetzt für ihn wirken und für Johannes Brahms ..."

Da beugt sich nun auch Clara Schumann, die Frau mit den beseelten Händen, und nimmt sich vor, diesmal der Vaterstadt als Künstlerin endgültig Lebewohl zu sagen.

Leicht wird es ihr nicht. Und ihre Tochter Marie, die sie, wie stets, hierherbegleitete, hat es in diesen Tagen doppelt schwer mit ihr. Sie ist so reizbar. Jedes Geräusch erregt sie. Dabei fragt sie wohl jede Stunde fünfmal, ob sie auch wirklich noch gut spielen können werde. Marie besitzt zwar eine engelhafte Ausdauer und Geduld. Aber auch sie kann kaum mehr mit; auch sie bangt, bebt und betet, daß dieser letzte Leipziger Abend gut vorübergehen möge.

Er geht vorüber.

Die Greisin mit dem weißen Haar entfacht bei ihren Zuhörern den gleichen Enthusiasmus, wie sechzig Jahre früher das kleine, zarte Wunderkind. Der Saal des Leipziger Gewandhauses nimmt ebenso wie damals jede feinste Schwebung ihres Spieles auf. Ihr Herz blutet freilich dabei, und mehr als einmal muß sie mit aller Kraft die jäh aufsteigenden Tränen zurückdrängen.

Noch einmal umfaßt der Blick der alten Frau die Stätte der Triumphe ihrer Kindheit, den Raum, in dem sie unzählige Male um Robert und später um die Anerkennung seines Schaffens rang, den Saal, der sie glücklich und leidvoll sah.

Während sie sich wieder und wieder verneigt, scheint er ihr plötzlich mit allen alten, liebgewordenen Gestalten ihres Lebens besetzt. Vater Wieck, der längst verstorbene, ist da, Robert und seine „Davidsbündler", der alte Dirigent Pohlenz, der junge Richard Wagner, Livia Frege in voller Jugendkraft und Schönheit, Liszt, Paganini, Jenny Lind ... Sie alle jubeln ihr einmal noch, zum letzenmal zu. Von ihnen allen nimmt sie Abschied.

Ans Abschiednehmen denkt Clara Schumann auch in den Folgetagen allen Ernstes.

Sie fährt mit ihrer Tochter nach Weimar hinüber und geht ins Goethehaus auf dem Frauenplan. So wie im Jahre 31 der Vater ihre Schritte lenkte, so sorgt sich jetzt die Tochter um sie. An ihrem Arm steigt sie die Treppe zum ersten Stockwerk hoch, verharrt ein wenig in dem Gelben Saal und steht dann tief ergriffen vor dem Streicherflügel im Junozimmer, auf dem sie damals spielte. Sie ist nun selbst beinahe so alt, wie damals der Herr Geheimrat war. Ein ganzes reiches Menschenleben, randvoll erfüllt mit Leid und Lust, und mit drei Kronen, die das Schicksal ihr bescherte, liegt hinter ihr. Zur Lorbeerkrone ihres Künstlertums gesellte sich die Brautkrone der Gattin Robert Schumanns, und während ihres ganzen Lebens trug sie Qual, Last und Schmerzen der Dornenkrone ihrer übergroßen Leiden. Und Goethes Wort von ihrer Kraft erwies sich als wahr.

Viel stiller und noch weit gütiger als sonst, kehrt sie nach diesem Abschiedsbesuch mit ihrer Tochter nach Frankfurt heim.

Der Winter aber gibt sie ganz und ausschließlich den Töchtern in die Hand. Denn Clara Schumann erkrankt nun schwer. Marie und Jenny pflegen sie aufopfernd. Dankbar erkennt sie jetzt, wie sehr die kinderlose Livia Frege recht hatte, als sie um des Besitzes ihrer Töchter willen sie glücklich pries. Was täte sie ohne Marie und Jenny? Sogar Elise, die nun mit ihrem Gatten und ihren Kindern in Frankfurt lebt, kommt häufig und ehrlich besorgt, sie zu besuchen. Auch ihr Eidam Sommerhoff bemüht sich um sie. Und Marmorito sendet ermunternde Briefe.

Nur Brahms schreibt seltener als sonst. Ist es die Arbeit, die ihn fesselt? Die Töchter meinen, es wäre der immer größer werdende Ruhm, der ihm nun viele Freunde schafft. Frau Clara fürchtet, der wahre Grund heiße Elisabeth von Herzogenberg. Obwohl sie diese junge Frau in Leipzig beinahe liebgewonnen hat, stimmt diese Überlegung traurig.

Am traurigsten für sie gestaltet sich aber Johannes Brahms' Besuch zu Frühlingsanfang.

„Wir sehen Brahms wenig, nur eigentlich bei dem Frühstück etwas gemütlicher", klagt sie über den Gast ihres Hauses im Tagebuch. „Ich vermisse wie immer einen inneren Austausch ... Diesmal dachte ich ..., war ich doch krank gewesen, ich hätte sterben können, jedes Wiedersehen kann das letzte sein, ich meine immer, daran müsse er doch auch denken ... und da müßte ihm denn doch einmal das Herz aufgehen!"

Doch Brahms bemerkt nicht, daß seine alte Freundin nach ein paar lieben, herzenswarmen Worten hungert. Auch nicht, als er nach Jahresfrist abermals im Frankfurter Schumann-Haus eine Woche zu Besuch weilt. Im Gegenteil. Er kränkt Clara gleich am ersten Tag schwer durch seine abfälligen Bemerkungen über ihren hoffnungsvollsten Konservatoriumsschüler Borwick, der zwischendurch in Wien konzertiert und dabei seine d-Moll-Sonate gespielt hat. Der Ärger darüber quält Frau Clara so sehr, daß er ihr das ganze Zusammensein mit Brahms gründlich verleidet.

Und dann kommt gar der schwerste Schlag.

Brahms gibt die erste Fassung der d-Moll-Sinfonie von Robert Schumann, die sie ihm einst schenkte, ohne ihre ausdrückliche Einwilligung in Druck, obwohl das gegen den Wunsch des Verewigten ist, der dieses Werk in Düsseldorf umarbeitete.

Das dünkt Frau Clara geradezu ein Vertrauensbruch.

In einem bitteren, dem bittersten Brief ihres Lebens an Brahms, spricht Clara Schumann das unumwunden aus und läßt dem ehemals teuersten Freund durchblicken, daß sein

Verhalten ihr gegenüber für sie eine sehr traurige Erfahrung darstellt.

Kaum ist der Brief zur Post gegeben, so packt sie schwere Reue ob ihrer scharfen Worte. Sie möchte ihn aufhalten, wieder zurückerlangen. Da Jenny und Marie gerade nicht daheim sind, macht sich die Zweiundsiebzigjährige allein auf den Weg zur Hauptpost, wo sie hofft, ihn doch noch zu erreichen. In ihrer Eile und Besorgnis, nicht zu spät zu kommen, vergißt sie auf den warmen Mantel und eilt bloß mit der kurzen Pelerine in den schon ziemlich kühlen Oktobernachmittag hinaus.

Ihr ist ja warm von der Erregung, die sie gepackt hat. Und während der vielfältigen Bemühungen, den Brief zurückzuerobern, wird ihr noch heißer. Sie läuft im Hauptpostamt von Abteilung zu Abteilung, von Vorstand zu Vorstand; verspricht, bittet, beschwört. Der Brief ist aber nirgends auffindbar. Sie geht sogar zur Bahn. Ihr Herz klopft hart und hell vor Aufregung. Auch dort bleibt alle Mühe umsonst. Ermüdet, von Selbstvorwürfen zerquält und in der Kühle des Abends heftig zitternd, sinkt Clara Schumann unten am Mainufer auf eine Bank. Dort findet sie, schon fiebernd und bewegungsunfähig, eine Schülerin des Hochschen Konservatoriums und bringt sie in einem Wagen heim. Wenige Tage später ringt sie an einer schweren Lungenentzündung mit dem Tode.

Nun zeigt sich erst, welch einen Schatz sie in ihren Töchtern besitzt.

Marie übernimmt alle ihre Stunden an der Musikhochschule. Das läßt sich insofern unschwer durchführen, weil Clara Schumann ja schon von allem Anfang an daheim unterrichtete. Jenny aber sitzt Tag und Nacht bei der Mutter, macht ihr Umschläge, gibt ihr Eiskompressen, reicht ihr die verordneten Medizinen und das Essen oder einen erfrischenden Trunk. Sie weiß ihr, als das Fieber sinkt, die Sorgen um den Brief von Brahms auszureden, sie liest ihr vor, erzählt, berichtet.

Elise und Marie lösen die Jüngere zeitweise ab, damit sie sich einige Stunden Schlaf gönnen kann.

So wird Frau Schumann durch die Liebe und Fürsorge ihrer Töchter noch einmal dem Leben wiedergegeben. Der Arzt legt die Betonung ausdrücklich auf die Worte „noch einmal".

Da weiß die Greisin alles.

Es heißt nun auch vom Letzten Abschied nehmen, was ihr bisher das Leben lebenswert gemacht, vom Reisen, den beglückenden Besuchsfahrten zu alten, lieben Freunden, von ihren jungen, hoffnungsvollen Schülern und Schülerinnen. Sogar zum Großteil von der Musik. Denn als eine böse Folgeerscheinung ihrer Krankheit treten Gehörstörungen auf. Das ist das schmerzlichste! Doch hofft sie noch, daß es sich geben werde. Aber das Klavierspiel im gleichen Stockwerk, das in den Tagen, als das Fieber sie noch umkrallt hielt, ihr wie ein süßeinschläfernder, altvertrauter Klang erschien, dünkt ihr nun unerträglich.

Sie eröffnet daher ihren beiden Töchtern schweren Herzens den Entschluß, das Konservatorium aufzugeben.

Damit gibt sie den Umgang mit der Jugend preis. Das wird ihr nicht leicht, wo sie nunmehr soviel Liebes und Schönes entbehren muß. Jedoch in mancher einsamen Besinnungsstunde, da sich die Kranke schlafend stellt, um ihren Töchtern auch etwas Ruhe zu verschaffen, erkennt sie nun die letzte Pflicht des Alters: den Verzicht.

Es ist unklug, ja mehr noch, unrecht, sich im Greisenalter weiterhin an das zu klammern, was man bisher als eigenen Besitz gehütet. Der Leib wird schwach, des Geistes Bande lösen sich. Die Lieben, die man schätzte, holt der Tod. Das Alter unterliegt ganz anderen Gesetzen. Es ist nicht mehr das Leben; es ist noch nicht der Tod. Ein Grenzfall dünkt es, losgelöst von beiden. Das sieht Frau Schumann ein. Man muß nunmehr für jede Erdenfreude dankbar sein und jeden neuen Tag als ein Geschenk genießen. Und nichts mehr wünschen, nichts mehr wollen. Allein sich selbst für andere verströmen und sich bescheiden, sichert ein würdiges Alter.

Daher will sie nur noch für ihre Töchter leben. Aber auch da harrt ihrer ein Verzicht. Jenny entschließt sich, dauernd nach England zu übersiedeln, wo sie die Möglichkeit besitzt, sich als Klavierpädagogin eine Lebensstellung zu schaffen. Da erkennt Frau Schumann: Man darf den Kindern nicht im Wege stehen. Ihr Glück und Wohlergehen geht allen eigenen Wünschen vor. Als Mutter soll man geben, doch niemals fordern. Das ist der Mutterliebe heiliges Gesetz. Nur was die Kinder aus freien Stücken bieten, bringt wahrhafte Beglükkung. So nimmt sie Mariens Opfermut, die bei ihr lebenslang ausharren will.

„Nun habe ich von allen Kindern nur noch dich", sagt sie oft, schmerzlich lächelnd.

„O nein, Mama! Du hast noch deine Enkel!" widerspricht Marie lebhaft.

Die dunklen Augen der Greisin leuchten auf.

„Ach ja! Ich muß mich endlich ganz daran gewöhnen, Großmutter zu sein", nimmt sie sich vor.

Großmutter

In den Dachtraufen gluckst das Schmelzwasser. Von den Dächern träufelt es und fällt in dicken Tropfen auf das Klinkerpflaster. „Klipp, klipp", verkündet es mit einem hohen, messerspitzenscharfen Ton den Untergang des Winters. In den Anlagen rund um die Frankfurter Altstadt, am Schauspielhaus, beim Eschenheimer Turm und wo die Zeil das alte Festungsgelände durchschneidet, brechen schon überall die Knospen auf, und goldgelbe Hartriegelgebüsche verraten den allbereits erfolgten Frühlingseinzug. Auch der laue Wind, der vom Rhein her über den Isenburger Forst und den Stadtwald kommt, weiß von ihm zu sagen. Er bringt den Geruch von Feuchtigkeit und Erde in die Stadt.

Den herben Frühlingsduft ganz gründlich zu genießen, läßt sich Frau Schumann von ihren Enkeln Julie und Ferdinand in einem längeren Spaziergang durch die Stadt geleiten.

Es ist ein recht stattlicher Fußmarsch, die Bockenheimer Landstraße stadtwärts bis zur Oper und dann durch die Mainzerstraße hinaus zum Fluß. Nie könnte die bald Siebenundsiebzigjährige ihn mehr bewältigen. Aber der Rollstuhl, den sie sich im Sommer 92 für den Ferienaufenthalt in Interlaken anfertigen ließ, ermöglicht ihr die mühelose Bewältigung weiter Strecken. Ihn schiebt Antoniens Tochter, Julie, fürsorglich auf dem Sachsenhauser Ufer den Main entlang, und Ferdinand, ihr älterer Bruder, der nun schon über zwanzig zählt und wohlbestallter Apothekergehilfe ist, streicht voraus und fahndet mit allerlei Lockpfiffen nach buntgefiedertem Lenzgelichter in den Vorgärten der Villen am Schaumainkai.

Frau Schumann schaut mehr nach den kleinen, weißen Frühlingswölklein aus, die auf dem blauen Grund flink dahinsegeln, nach dem feuchten Glanz der silbergrauen Schieferdächer der Altstadt und dem warmen Rot der alten Kirchen. Den roten Sandstein hat sie in den fast zwanzig Jahren ihres Hierseins lieben gelernt. Auch Frankfurt – und ihre Enkelkinder – und jeden neuen Tag, den ihr Gott schenkt.

Während Ferdinand so vor ihr hinschreitet, beschäftigen sich die Gedanken der Greisin mit ihm und allen ihren Enkelkindern. Sie läßt sie im Geist vor sich Revue passieren.

Die beiden Marmorito-Söhne, ihre ältesten Enkel, gleichen ihrem Vater, dem Grafen, und sind richtige Italiener. Nur Duaddo erinnerte ein wenig an seine Mutter, die kleine Julie. Doch der ist ja schon lange tot. Die Sommerhoffschen Kinder, die jüngsten ihrer Enkel, sehen gleichfalls ihrem Schwiegersohn Louis mehr ähnlich als Elise. Julie Schumann, die ihre Osterferien jetzt bei der Großmutter verbringt, und deren jüngere Brüder in Schneeberg ähneln vielleicht ihrer Mutter Antonie. Ferdinand aber, der Sohn Antoniens und ihres Ferdinand, scheint ein echter Schumann. Ja mehr noch. Er dünkt wie die leibhaftige Vereinigung aller ihrer Söhne. Der treuherzige Blick – jetzt eben wendet er ihn ihr zu – gemahnt an ihren unglücklichen Ludwig. In seiner Selbständigkeit und Haltung gleicht er seinem Vater Ferdinand. An Felix erinnert seine Freude an allem Schönen, die zweifelsfreie musische Begabung, das Alter, in dem der schwer vermißte Lieblingssohn in ihrem Gedächtnis unverändert fortlebt.

Inmitten ihrer Vergleiche fällt der Großmutter plötzlich ein, daß heute doch ein Werktag ist. Wieso hat Ferdinand da frei? Er machte gestern doch nicht Nachtdienst? Sie ruft den Enkel an ihre Seite und forscht ihn darob aus.

„Ja, soll ich ehrlich sein, Großmutter?“ fragt er, ein wenig lächelnd, mit Ludwigs treuherzigem Blick.

„Das versteht sich von selbst“, erklärt Frau Schumann schnell.

„Nun denn: Ich lasse meine Apotheke eben Apotheke sein.

„Was soll das heißen, Nand?“ Die Großmutter stößt diese Worte angstvoll hervor; denn plötzlich steht das Bild des unglücklichsten Sohnes vor ihr, der gleichfalls ständig seine Stellung wechselte.

„Ich will nicht Magister werden!“ sagt Ferdinand trotzig.

„Du willst nicht?“ entsetzt sich Clara Schumann. „Verfügst du über gar kein Pflichtgefühl? Ein jeder Mensch hat dort, wo ihn das Schicksal hinstellt, treu und verantwortungsbewußt zu wirken. Dein Vater hielt das so, dein Großvater und ich und deine beiden Urgroßväter. Wo wärest du, wenn keiner von uns ein Pflichtgefühl besessen hätte?“

„Für mich bedeutet das Apothekersein nur eine unerquickliche Beschäftigung. Das nenne ich nicht Beruf“, antwortet Ferdinand, obwohl ihm seine Schwester Julie hinter dem Rücken der Großmutter durch Gebärden bedeutet, doch einzulenken und die sichtlich Hocherregte nicht noch mehr aufzuregen.

Die Greisin bebt vor Zorn über die Leichtfertigkeit.

„Und was nennst du Beruf?“ flammt sie auf.

„Musiker sein“, entgegnet der Jüngling ruhig. „Wie Onkel Felix einer werden wollte, und wie Großvater einer war.“

Das spricht er leise und unverkennbar ehrfurchtsvoll aus. Und damit ist die strenge und pflichtbewußte Rechtlichkeit der Großmutter entwaffnet.

„Ein Musiker, wie Felix einer werden wollte“, wiederholt sie träumerisch. „Einer, wie Robert Schumann war ...“

Mit Staunen gewahrt die junge Julie diese Wandlung; der Bruder aber nickt ihr schelmisch lächelnd zu.

Doch die Versponnenheit mit der Vergangenheit dauert nicht lange. Schon scheint die Greisin wieder mitten in der Gegenwart zu weilen.

„Du stellst dir das wohl leicht vor?“ fragt sie wieder scharf. „Erkundige dich doch bei Tante Marie, ob es so ist! Der Dienst an der Musik erfordert Selbstzucht und Selbstverleugnung. Ich stand unzählige Abende mit wehem Herzen auf dem Podium. Ein jeder wahre Diener einer Kunst kennt das. Vor allem aber mußt du erst was können. Und das erwirbt sich nicht in wenigen Monaten. Dann mußt du selber an dir weiterschaffen. Das ist das weitaus Schwierigere. Daran scheitert der Nichtberufene unweigerlich und wird zum Handwerker, wo der Berufene sich als Fürst dünkt. Traust du dir selber so viel zu? Wirst du das durchstehen?"

„Wenn du mir hilfst, Großmutter, gerne", erwidert Ferdinand entschlossen.

Vor diesem männlich-ernsten Wort zerschmelzen Ärger und Sorge, die Frau Schumann eben noch bewegten, und machen einer unnennbaren Freude Platz.

So soll doch noch ein Schumann Künstler werden, jubelt ihr Herz auf. Das, was sie bei ihren Söhnen heiß ersehnte, aber nicht zugelassen hat, weil die große Begabung fehlte, was Felix, ihr lieber Felix, auf dem Gebiet der Dichtkunst sicher erreicht hätte, wird nun ein Enkel schaffen!

Die Freude ist so groß, daß sie fast schmerzt. Nein, wirklich und wahrhaftig: Ihr Herz klopft schnell und immer schneller. Ein leichter Schwindel erfaßt sie, und dann durchfährt es ihre linke Seite messerscharf.

Der jungen Julie fällt zuerst die plötzliche Veränderung im Antlitz der Großmutter auf. Auch Ferdinand ergreift Besorgnis, wie er die Starrheit der linken Gesichtshälfte bemerkt. Frau Schumann aber meint, es sei ein jäher Anfall von Rheumatismus, wohl durch die Feuchtigkeit der Flußnähe hervorgerufen. Entgegen ihrem Wunsch drängen die Enkel heim.

Marie holt einen Arzt, und der stellt einen leichten Schlaganfall fest und verordnet strengste Ruhe und äußerste Schonung.

So liegt Frau Schumann in ihrem Zimmer. Halb dämmert sie dahin, halb schläft sie. Ihr Schlaf belebt sich mit Gestalten, wird zum Traum.

Dazwischen hört sie wie verloren und aus weiter Ferne die Stimmen ihrer Angehörigen, die Tochter Marie, die Enkel

Julie und Ferdinand, und auch noch fremde Stimmen. Man bringt ihr Essen, versorgt sie, bettet sie um. Sie läßt das alles willenlos mit sich geschehen. Es kommt ja bloß von außen her und dünkt daher nicht wesentlich.

Wesentlich und wesenhaft allein sind nur die Bilder und Menschen aus der Vergangenheit, die sie nun einfangen und festhalten.

Vater Wieck tritt auf und bereitet sie als Kind zu ihrem ersten Konzert vor. Robert Schumann kommt in Selliers Hof und erzählt ihr ein Märchen. Sie spielt vor Goethe in Weimar und geht in Kassel mit Spohr auf ihren ersten Ball. Als junges Mädchen empfängt sie von Robert unten im Hausflur in der Nikolaistraße den ersten Kuß, erhält das Brautbukett und seine Perlenkette, trifft ihn in Kochs Hof, am „Dreitürmeblick“, in Reichels Garten. Die Mutter steht zum erstenmal an ihrer Seite, dann wieder sie mit Robert gegen ihren Vater vor Gericht. Sie findet, mit dem Herrlichsten zusammen, die erste Wohnung ihrer Ehe am Burzelgraben, sie wiegt das kleine Mariechen und ruft Livia Frege zu Hilfe, damit Robert die Kraft zur Ausführung der „Peri“ gewinnt. Mit ihm zieht sie nach Dresden, nach Düsseldorf, verharrt des Nachts mit ihm am Fenster eines holländischen Hotels, sich an Ständchen und Fackelzug der Rotterdamer erfreuend, und hält ihn in Endenich zum letztenmal in den Armen.

Und dann verwischt sich Roberts Bild.

Johannes ist auf einmal da; der junge, blondköpfige, milchgesichtige Johannes in Düsseldorf, Johannes in Bacharach am Rhein, Johannes in Göttingen, in Baden-Baden, in Berlin, und schließlich der alt und grau gewordene Johannes mit dem mächtigen Silberbart, hier in Frankfurt bei seinem letzten Aufenthalt im vorigen Oktober, wo er so lieb und herzlich sein konnte wie in den Jugendtagen und durch sein freundliches Verhalten die bittere Verstimmung über seine eigenmächtige Herausgabe von Roberts Sinfonie vergessen machte. Und endlich Johannes im allerletzten Konzert mit ihr zusammen im Frankfurter Museumsverein, wie ihn das Publikum begeistert ruft und er nun Hand in Hand mit ihr zu ihrer unnennbaren Freude vor allen Leuten auf dem Podium steht ...

Frau Clara vermeint noch seinen warmen Händedruck zu spüren, während sie langsam erwacht. Doch sitzt an ihrem Bette nicht Brahms, sondern ihr Enkel Ferdinand und fühlt nach ihrem Pulsschlag.

„Ich glaube, Großmutter, es geht dir wieder gut", sagt er befriedigt.

Clara Schumann nickt dazu bestätigend.

Denn wirklich scheinen Schmerz und Müdigkeit verschwunden. Nur in ihrem armen Kopf, da summt und brummt und bohrt und feilt es noch. Vielleicht vergeht auch das, wenn sie erst aufsteht, hofft sie.

Die Enkelin Julie kommt, hilft ihr ankleiden, geleitet sie auf ihren Wunsch hinüber in ihr Musikzimmer. Am offenen Fenster sieht sie, daß ihre Krankheit längere Zeit gedauert haben muß; denn unten im Garten steht alles schon in Blüte.

Sie setzt sich ans Klavier, greift etliche Akkorde, probiert technische Übungen. Es ist wie immer in den letzten Monaten. Sie hört unklar und vernimmt zu den gespielten Tönen noch andere dazu.

Nun weiß sie sicher, daß sie selbst nie mehr wird spielen können.

Doch Ferdinand! Der wollte ja Musiker werden, erinnert sie sich plötzlich. Sie läßt den Enkel rufen, heißt ihn neben sich am Instrument Platz nehmen und spielen; die Fis-Dur-Romanze von Robert, das es-Moll-Scherzo von Johannes Brahms. Das kann sie ganz genau verfolgen, weil jede Note in ihrem wunderbaren Musikgedächtnis lebt. Da stört sie nicht der wirre Klang, so wie den großen, heldenhaften Dulder Beethoven beim Komponieren seine Taubheit nicht behinderte, denkt sie für einen Augenblick beruhigt. Sie kann auch noch ganz gut die eine oder andere musikalische Phrase vorzeigen, kann Fehler rügen, auf Klang und Ausdruck des jungen Pianisten verbessernd einwirken. O ja! Sie vermag ihm sicherlich zu helfen, die Künstlerlaufbahn erfolgreich zu beginnen, findet sie nach einer Lektion von fast drei Stunden recht zufrieden.

Nun aber will sie in den Garten.

Die Kastanienbäume haben schon ihre Festkerzen angesteckt. Soll das zur Feier ihrer Genesung sein? Päonien öffnen eben ihre prallen Kelche, und vom Zaun an der Wiesenaustraße her durchdringt den ganzen Garten der wundervolle, betäubend süße Duft der blühenden Akazien.

Clara Schumann läßt sich einen Lehnstuhl bringen und setzt sich unter die geliebte Föhre, die auch hellgrüne, kerzenartige Spitzen zeigt. So stehen die blühenden Kastanien am günstigsten vor ihrem Blick und sie kann sich an ihrer Blütenpracht erfreuen.

Doch gar nicht lange. Denn plötzlich stürmen ihre jüngsten Enkel, die Sommerhoffschen Kinder, in den Garten.

„Großmutter! Großmutter!“, jauchzen sie glückselig, umringen sie, küssen die zarten, faltenreichen Hände und betteln um ein Märchen.

Wie lange ist das schon her, daß sie zuletzt Märchen erzählte? War es in Kaiserswerth bei Düsseldorf? War es in Bacharach am Rhein? Sollte es hier in Frankfurt am fröhlich prasselnden Kamin bei Sommerhoffs gewesen sein? Sie weiß es nicht mehr sicher. Sie hat auch alle Märchen, die sie jemals den Ihrigen erzählte, völlig vergessen. Nur eines klingt aus der Traumwelt der letzten Wochen noch in ihr. Und leise, wie in einer seltsamen Verzauberung, beginnt sie und sieht die Bilder ihrer Erzählung ganz deutlich, bunt und vielgestaltig, selbst vor sich:

„Es war einmal ein kleines Prinzeßchen, das hielt ein böser Zauberer in seinem festen Schloß gefangen. Er nahm ihm seine goldenen Kleider weg und ließ es in einem groben Kittelchen alle Hausarbeit tun. Nur wenn er schlief, holte das arme Prinzeßchen seine schönen Kleider hervor, zog sie an, stellte sich an das vergitterte Fenster seines Stübchens und wartete auf einen, der es aus der Gewalt des bösen Zauberers erlösen würde.

Da kam einmal ein junger Königssohn geritten ...“

Ein laues Mailüftchen erhebt sich, während die Greisin spricht. Es löst von den Kastanienkerzchen Blütchen um Blütchen und weht sie über den schmalen Rasenstreifen auf die weißhaarige Frau unter der Föhre und über die andächtig lauschende Kinderschar zu ihren Füßen. Sie, die am Silberschleier des Märchens webt, und ihre Enkelkinder hüllt ein Blütenschleier ein. In ihrem Haar, auf ihren Schultern und Armen, auf ihrem halb herabgeglittenen Schal, in ihrem Schoß liegen zahlreiche weißrote Blütchen, wie sie das Märchen ausklingen läßt und von dem Königssohn berichtet; der eines Tages, als er sein halbes Leben vollendet hat, davonreitet. Sie sieht dabei fast selbst wie eine gütige alte Fee der Märchenwelt aus; beinahe wie Frau Holle ...

Mit stiller Verwunderung gewahren die Enkelkinder das und meinen, so müsse es im Märchen sein.

Darum wohl sind sie auch unzufrieden, daß die Erzählung schon zu Ende sein soll. Sie wollen es nicht glauben, nicht wahrhaben, und betteln inständig:

„Erzähl doch weiter, Großmutter! Das Märchen ist ja noch nicht aus“, und fragen: „Was geschah denn mit der Prinzessin, nachdem der Königssohn sie verlassen hatte?“

So sucht die Greisin nach einem anderen Schluß.

Sie denkt nicht an Johannes Brahms' Bemerkung, daß dieses Märchen unvollendet wäre; sie denkt nicht an den Schluß, den er in Bacharach dazu fand.

Leise, mit seltsam verschleierter Stimme und irgendwohin in die Ferne gerichtetem Blick, spricht sie weiter:

„Die Prinzessin, vielmehr die junge Königin, wartete lange auf die Rückkehr ihres Gemahls. Es kamen Freier und boten ihr Herz und Hand, es kamen Freunde und wollten sie über seinen Verlust trösten. Es wurden ihre Kinder groß, zogen hinaus in die Welt, verheirateten sich und hatten wieder Kinder. Die Königin wurde allgemach alt und weißhaarig ..."

„Wie unsere Großmutter", flüstert der aufgeweckte Robert Sommerhoff ganz heimlich seinen Geschwistern zu.

„... Sie wartete noch immer. – Bis einmal an einem lauen Maientag die Blüten einen Schleier um sie warfen und sie verzauberten. Da hörte sie plötzlich die liebe, altvertraute Stimme ihres Gemahls wieder! Er stand bei ihr, faßte nach ihrer Hand. – Sie waren wiederum vereinigt ..."

Noch eine Weile verharren die Kinder in ehrfurchtsvollem Schweigen vor der von Blüten überwehten Greisin. Dann macht der kleine Robert seine Geschwister durch Flüstern und Gebärden aufmerksam, daß die Großmutter anscheinend eingeschlafen ist. Nun erheben sich die Enkel und schleichen auf den Zehenspitzen aus dem Garten.

Ein wenig später kommen Elise Sommerhoff, Marie, Julie und Ferdinand und holen Clara Schumann in die Wohnung, damit sie sich nicht noch erkältet. Sie scheint ein wenig geistesabwesend, wohl aber wach, läßt sich von den Enkeln wieder ins Musikzimmer führen und verlangt dort, einer plötzlichen Eingebung folgend, nach ihren Tagebüchern.

Man bringt ihr das letzte, das sie am 1. März 1896 neu begann. Sie will aber auch die übrigen haben. Da schleppen

Julie und Ferdinand sie herbei; alle, alle, insgesamt 47 Bände. Sie liegen nun vor ihr, ein volles, reiches Menschenleben als Künstlerin, als Frau, als Mutter enthaltend. Von vielen Lorbeerkränzen berichten die abertausend Seiten, von einer Brautkrone, die ihr Robert, der ewig Unvergeßliche, ins Haar gedrückt, und von der Dornenkrone, die ihr das Herz zerriß.

Sie blättert da und dort in einem Buch, liest ein paar Zeilen hier, dann wiederum woanders. Danach begehrt sie den letzten Brief von Brahms.

Julie reicht ihn ihr.

So wie ein Labsal nach langer Wanderung durch Fels und Stein nimmt Clara Schumann seine Worte, den Dank für ihren Geburtstagsgruß an Brahms, auf:

„Das Letzte, das Beste, ist mir nie so schön gepredigt worden als heute, da das Liebste, da Dein Gruß zum Siebenten kommt. Habe tausend Dank und möge Dir bald so herzlich Erfreuendes kommen – vor allem natürlich das köstliche Gefühl der wiederkehrenden Gesundheit ..."

Sie heißt Ferdinand das „Wiegenlied" von Brahms spielen. Der Enkel beginnt. Julie singt mit ihrer Silberstimme. Die Greisin summt leise mit:

Guten Abend, gut' Nacht!
Mit Rosen bedacht,
Mit Näglein besteckt,
Schlupf unter die Deck'! ...

Julie fährt leiser fort:

Morgen früh, wenn Gott will,
wirst du wieder geweckt ...

Clara Schumann singt aber nicht mehr mit. Sie flüstert nur verklärt und selig:

„Robert! ... Ich komme! ...“

INHALTSVERZEICHNIS

I. Die Künstlerin

II. Die Frau

III. Die Mutter